北京市社会科学基金规划项目
"北京'两区'建设下境外仲裁机构准入的法治保障研究"研究成果
(项目编号：21FXC014)

北京"两区"建设下境外仲裁机构准入的法治保障研究

Study on Legal Guarantees of the Access of
Overseas Arbitration Institutions
Under the Construction of "Two Zones" in Beijing

张建 ◎ 著

首都经济贸易大学出版社
Capital University of Economics and Business Press

·北京·

图书在版编目（CIP）数据

北京"两区"建设下境外仲裁机构准入的法治保障研究/张建著.—北京：首都经济贸易大学出版社，2022.6

ISBN 978-7-5638-3345-0

Ⅰ.①北… Ⅱ.①张… Ⅲ.①境外-仲裁机构-研究-北京 Ⅳ.①D927.161.2

中国版本图书馆 CIP 数据核字（2022）第 079407 号

北京"两区"建设下境外仲裁机构准入的法治保障研究
张　建　著
BEIJING "LIANGQU" JIANSHE XIA JINGWAI ZHONGCAI JIGOU ZHUNRU DE FAZHI BAOZHANG YANJIU

责任编辑	佟周红　彭伽佳
封面设计	砚祥志远·激光照排　TEL: 010-65976003
出版发行	首都经济贸易大学出版社
地　　址	北京市朝阳区红庙（邮编 100026）
电　　话	（010）65976483　65065761　65071505（传真）
网　　址	http://www.sjmcb.com
E-mail	publish@cueb.edu.cn
经　　销	全国新华书店
照　　排	北京砚祥志远激光照排技术有限公司
印　　刷	北京建宏印刷有限公司
开　　本	710 毫米×1000 毫米　1/16
字　　数	382 千字
印　　张	23.5
版　　次	2022 年 6 月第 1 版　2022 年 6 月第 1 次印刷
书　　号	ISBN 978-7-5638-3345-0
定　　价	79.00 元

图书印装若有质量问题，本社负责调换
版权所有　侵权必究

前　言

2020 年 9 月 4 日，习近平主席在中国国际服务贸易交易会全球服务贸易峰会上的致辞中倡议要扩大开放新举措，给北京市的改革创新、促进服务贸易不断升级赋予新使命。致辞中重点提出："为更好发挥北京在中国服务业开放中的引领作用，将支持北京打造国家服务业扩大开放综合示范区，加大先行先试力度，探索更多可复制可推广经验；设立以科技创新、服务业开放、数字经济为主要特征的自由贸易试验区，构建京津冀协同发展的高水平开放平台，带动形成更高层次改革开放新格局。"由此，正式拉开了北京作为国家服务业扩大开放综合示范区和自由贸易试验区（以下简称"两区"）建设的序幕。

2020 年 9 月，北京市政府先后发布了《国务院关于印发北京、湖南、安徽自由贸易试验区总体方案及浙江自由贸易试验区扩展区域方案的通知》和《国务院关于深化北京市新一轮服务业扩大开放综合试点　建设国家服务业扩大开放综合示范区工作方案的批复》。自此，"两区"建设成为北京改革开放新高地。北京市在"两区"建设中着重突出科技创新、服务业开放、数字经济，推动构建京津冀协同发展的高水平开放平台，以首善标准搭建立体化开放体系，探索形成"北京样板"。围绕"三个片区、七个组团"的功能定位，北京市十六个区和北京经济技术开发区，分别制定了推进"两区"建设的细化工作方案，明确了推进"两区"建设的时间表、路线图。

值得强调的是，加快推进北京"两区"建设，其目的是园区开放和产业开放的结合，其核心任务是制度创新。北京市政府工作报告提出，2021 年北京将对标国际先进规则和最佳实践，探索实施供地、融资、人才、技术、数据等要素配置的突破性政策，加紧建设国际商事仲裁中心。同时，北京将开展跨境数据流动试点，打造国际信息产业和数字贸易港。其中，将北京打造为国际商事仲裁中心包括两个层面的含义：第一，进一步提升北京现有仲裁机构的国际化水平，使国际商事争端预防与解决组织等机构充分发挥其优势，吸引中外当事人选择由北京的仲裁机构以北京为仲裁地解决争议；第二，吸引享誉全球的国际争议解决机构入驻北京，明确境外仲裁机构的市场准入条件，支持符合要求的机构在北京设立业务机构，为中外当事人提供更多的争议解决选项，同时激活北京争议解决及整个法律服务市场的竞争，提升法律服务质量，铸就中国仲裁的国际公信力。

吸引中外当事人选择在北京仲裁，引进国际商事争议解决机构在京落地，推动"一带一路"高质量发展及北京"两区"高标准建设，都离不开良好的法治环境保障。在北京"两区"建设中，尤其是在境外仲裁机构准入的过程当中，加强涉外法治建设，促进多元化解商事纠纷，对助力高水平对外开放、构建新发展格局具有重要意义。据此，必须深刻理解涉外法治建设的内在含义及其在北京"两区"建设中的重要意义。

首先，涉外法治既不同于国内法治，也不同于国际法治，其有独特的概念与内涵。所谓国内法治，通常是指国家基于主权依法治国，处理自己对内、对外事务的立法、执法、司法、守法、用法的活动。国内法治既包含处理纯国内事务的法治活动，也包含处理本国对外事务的法治活动。严格地讲，国内法治是一个大概念，包含纯国内法治和涉外法治两个方面。换言之，国内法治和涉外法治分别是全面依法治国、法治中国建设的两个面向。对于涉外法治的正确理解，应先明晰"涉外"的界定标准。"涉外"并不完全等同于"国际"。任何法律关系都是由主体、内容和客体三个因素构成的。国际法律关系是国际社会中因不同国家之间的交往而产生的一种社会关系，也可称为跨国法律关系，就一国而言，可以称为涉外法律关系。涉外法治是从我国自身的角度而言的，是指我国立法、执法、司法机关和法律服务机构、相关自然人、法人，依我国法律法规，特别是涉外法律法规以及我国缔结或者参加的国际条约，处理涉外事务的法治活动。涉外法治在国内法治和国际法治之间发挥着桥梁和纽带的作用，也发挥着互动和融通的作用。

其次，坚持统筹推进国内法治和涉外法治有着重要的意义。党的十八大以来，习近平总书记就涉外法治和国际法治发表了一系列重要论述，特别是在 2020 年中央全面依法治国工作会议上，习近平总书记明确提出要"坚持统筹推进国内法治和国际法治"，这对于加快构建涉外法治工作战略布局、强化法治思维、运用法治方式、有效应对挑战、防范风险、坚定维护以国际法为基础的国际秩序、推动全球治理体系变革和建设、推动构建人类命运共同体等目标的实现具有相当重要的现实意义。我国正处于中国特色社会主义新时代，世界正经历百年未有之大变局；习近平法治思想中关于坚持统筹推进国内法治和涉外法治的重要论述，正是产生于这两大特殊的时代背景。统筹国内和国际两个大局是关系党和国家事业发展全局的重大战略思想，而坚持统筹推进国内法治和涉外法治的思想是统筹国内和国际两个大局思想在法治领域的具体化。所以说，统筹国内和国际两个大局就意味着要统筹推进国内法治和涉外法治，协调国内法治和国际法治。另外，坚持统筹推进国内法治和涉外法治的思想对于维护国家主权、尊严与核心利益以及维护以联合国为核心的国际体系、维护以国际法为基础的国际秩序、推动构建人类命运共同体有着关键的指导作用。

再次，坚持统筹推进国内法治和涉外法治重要论述有着丰富的内容。习近平总书记反复强调，要"加强国际法研究和运用"。党的十九届四中全会决定和党的十九届五中全会的"十四五"规划建议都增加了"加强国际法研究和运用"的内容。要正确处理国内法治和涉外法治、国内法治和国际法治的辩证关系，即强调在全面依法治国过程中，要加快涉外法治工作的战略布局。中国特色社会主义法治体系是推进全面依法治国的总抓手，而涉外法治体系是中国特色社会主义法治体系的重要组成部分。加强涉外法治体系建设，可以从加快形成完备的法律规范体系、高效的法治实施体系、严密的法治监督体系、有力的法治保障体系入手推进，也可以从加强科学立法、严格执法、公正司法、全民守法、善于用法入手。其中，要实现善于用法，就离不开对涉外法治人才的培养，要建设一支优秀的涉外法治人才队伍。

最后，涉外法治与国际法治的互动与交融，在全球治理体系变革中具有重要地位。世界正经历百年未有之大变局，这体现在世界格局正在发生深刻调整、新冠肺炎疫情全球肆虐、经济发展低迷、非传统安全此起彼伏、中美两个大国展开战略竞争等方面。国际法面对这样的国际局势变化，应当且必须发挥其应有的价值和作用。历史经验表明，在大动荡之后必定会有国际法的重建、复兴和进步，国际法仍是处理当前复杂多变的国际关系特别是中美关系的利器，是中国参与全球治理体系改革和建设的法律武器，是构建新型国际关系和构建人类命运共同体的法律基础。中国一向以积极正确的态度，接受公认的国际法原则、规则和制度，为国际法的编纂、创制和发展做贡献，并且在处理对外事务中继续坚持国际法立场，积极推进和建设国际法治。

仲裁是国际通行的纠纷解决方式，是我国多元化解纠纷机制的重要"一元"。仲裁在保护当事人的合法权益、保障社会主义市场经济健康发展、促进国际经济交往等方面发挥着不可替代的重要作用。党中央、国务院高度重视仲裁工作。党的十八届四中全会提出，要完善仲裁制度，提高仲裁公信力。现行《中华人民共和国仲裁法》（以下简称《仲裁法》）颁布于1994年，分别于2009年和2017年对个别条款进行了修订。近年来，我国仲裁界认真贯彻落实习近平总书记关于仲裁工作的重要指示精神，不断完善仲裁制度，提高仲裁公信力，注重培育一批国际一流的仲裁机构，不断提升涉外法治保障和服务水平，成效卓著。据统计，自1995年《仲裁法》实施以来，全国共依法设立270多家仲裁机构，办理仲裁案件400多万件，涉案标的额共计5万多亿元，解决的纠纷涵盖经济、社会诸多领域，案件当事人涉及全球100多个国家和地区。仲裁作为独特的纠纷解决机制，对促进改革开放、经济发展，维护社会稳定，发挥了积极而重要的作用。

为了加快形成以国内大循环为主体、国内与国际双循环相互促进的新发展格局，推动"一带一路"高质量发展及北京"两区"高标准建设，必须凝聚国际仲裁界的优秀资源，分别从立法创新、行政支持、司法审查等多个层面提供全方位的法治保障。打造北京国际仲裁中心，需要精准对标国际先进水平，适应现代国际经济贸易发展需求，进一步加大仲裁服务改革开放力度。具体而言，一方面，北京市现有的国内仲裁机构，如中国国际经济贸易仲裁委员会、中国海事仲裁委员会、北京仲裁委员会要充分发挥商事服务法律资源数量多、能力强的优势，打造国际商事服务高地，从政策扶持、机构改革、人才培养等方面着手，有效提升国际仲裁服务水平，持续赢得国内外商事主体的认可。另一方面，推进北京国际仲裁中心的建设，不仅需要具备完备的政策制度、专业的管理机构、业务精湛的仲裁人才队伍，还需要能够从事仲裁工作的专业律师、调解员加入作为人才保障。未来的国际仲裁中心应当是一个综合性的争议解决平台，需要仲裁机构、法院、调解机构协同打造诉、仲、讼、调相结合的多元化法律服务高地。

目　录

绪论 …………………………………………………………………… 1

第一章　境外仲裁机构在北京"两区"准入的问题由来与发展 ……………………………………………………… 15

第一节　制度型开放背景下的北京"两区"建设与我国仲裁国际化 …… 15

第二节　境外仲裁机构在内地仲裁的历史、现状及问题 …………… 40

第三节　境外仲裁机构入驻自贸试验区"先行先试" ………………… 49

第四节　我国引入境外仲裁机构的法治意义与制度困局 …………… 53

第二章　境外仲裁机构在北京"两区"准入的法律性质 ………… 62

第一节　我国法律语境下对仲裁委员会含义的词源考察 …………… 63

第二节　仲裁机构的组织形式及其设置模式 ………………………… 77

第三节　境外代表性仲裁机构及仲裁规则 …………………………… 85

第四节　WTO 多边贸易体制下开放仲裁服务市场的合规性论证 ……… 123

第三章　境外仲裁机构在北京"两区"所作裁决的籍属认定 …………………………………………………………… 129

第一节　比较法视野下仲裁裁决籍属的判定标准 …………………… 130

第二节　我国关于仲裁裁决国籍认定的立法与司法实践 …………… 145

第四章　境外仲裁机构在北京"两区"所作裁决的司法审查与协助 ……… 153

第一节　境外仲裁机构在内地仲裁的司法审查原理 ……… 155

第二节　境外仲裁机构在内地仲裁的司法审查法律依据 ……… 161

第三节　申请确认仲裁协议效力案件的司法审查 ……… 186

第四节　申请撤销及不予执行仲裁裁决案件的司法审查 ……… 234

第五节　国际商事仲裁临时措施发布权的归属与司法协助 ……… 267

第五章　境外仲裁机构准入下我国《仲裁法》的立法完善 ……… 285

第一节　《仲裁法》修订的顶层设计与基本理念 ……… 286

第二节　对仲裁协议效力及临时仲裁的制度更新 ……… 305

第三节　对仲裁机构和仲裁程序现代化的调适 ……… 314

第四节　对仲裁裁决司法审查机制的完善建议 ……… 320

结论 ……… 331

缩略语表 ……… 353

参考文献 ……… 356

后记 ……… 365

绪　论

一、研究背景及意义

对于中国新时代的涉外经贸而言，实施更大范围、更宽领域、更深层次的对外开放与加快构建以国内大循环为主体、国内国际双循环相互促进的新发展格局是两大趋向。为贯彻落实《国务院关于深化北京市新一轮服务业扩大开放综合试点　建设国家服务业扩大开放综合示范区工作方案的批复》和《国务院关于印发北京自由贸易试验区总体方案的通知》，积极推进北京"两区"建设，为境外仲裁机构来京设立业务机构提供友好、便利、规范、透明的制度环境，北京市司法局于2020年12月28日颁布了《境外仲裁机构在中国（北京）自由贸易试验区设立业务机构登记管理办法》，明确了境外仲裁机构的业务范围以及设立业务机构的条件和程序，鼓励开展业务交流与合作并提出相关管理要求。该办法在我国仲裁发展史上具有里程碑意义，标志着北京对境外仲裁机构的落地打开了规则上的方便之门。就其价值而言，对境外仲裁机构的准入，是在北京推进"两区"建设背景下，通过充分发挥自贸试验区法治"先行先试"功能，对国际仲裁全球竞争格局的形成、中国深度参与全球治理体系变革、进一步扩大对外开放等做出的有效回应。作为我国仲裁参与全球治理的一个缩影，研究境外仲裁机构在我国内地仲裁的现状、困境及改革一直是国际商事争议解决领域的核心课题。

2020年7月，为落实好国家服务业扩大开放综合示范区和中国（北京）

自由贸易试验区建设工作部署，加强法律服务领域的体制机制创新，促进法律服务业专业化、高端化、国际化发展，北京市发展和改革委员会、北京市司法局联合印发《北京市关于改革优化法律服务业发展环境若干措施》。该文件重点强调了将北京市打造为国际商事仲裁中心。具体举措包括："支持境外知名仲裁机构和国际商事调解组织在中国（北京）自由贸易试验区设立业务机构，开展民商事争议领域涉外仲裁和涉外调解业务，依法支持中外当事人在仲裁前和仲裁中的财产保全、证据保全、行为保全等临时措施的申请和执行。设立北京国际争议解决中心，支持国际知名仲裁机构、争议解决机构、律师事务所等落地。支持央企和市管企业在签署涉外合同时选择北京仲裁机构进行商事仲裁，并约定北京作为仲裁地。在中国（北京）自由贸易试验区探索构建安全便利的国际互联网数据专用通道。做好中国（北京）自由贸易试验区范围内仲裁机构等法律服务机构访问国际学术前沿网站的安全保障服务。"

2021年8月，国务院印发的《关于推进自由贸易试验区贸易投资便利化改革创新若干措施》（国发〔2021〕12号）中申明：建设自由贸易试验区（以下简称"自贸试验区"）是以习近平同志为核心的党中央在新时代推进改革开放的重要战略举措，在我国改革开放进程中具有里程碑意义。为贯彻落实党中央、国务院决策部署，以制度创新为核心，积极发挥改革的突破和先导作用，加快对外开放高地建设，推动加快构建以国内大循环为主体、国内国际双循环相互促进的新发展格局，特就推进自贸试验区贸易投资便利化改革创新提出具体的措施。主要措施之一是完善仲裁司法审查，具体包括："明确对境外仲裁机构在自贸试验区设立的仲裁业务机构作出的仲裁裁决进行司法审查所涉及的法律适用问题。在认可企业之间约定在内地特定地点、按照特定仲裁规则、由特定人员对有关争议进行仲裁的仲裁协议效力的基础上，进一步明确该裁决在执行时的法律适用问题。支持国际商事争端预防与解决组织在自贸试验区运营，为区内企业提供'事前预防、事中调解、事后解决'全链条商事法律服务。"

仲裁法律制度是联结中外法治的重要一环，也是对外展现中国法治软实力的重要窗口。在经济全球化、各国交往日益密切的大背景下，中国与各国携手推进的"一带一路"建设正向纵深发展，亚投行、丝路基金等重大国际经济合作成果不断涌现，国际商事仲裁已经成为解决国际经贸纠纷、投资争端，以及推进国际法治建设不可忽视的力量，我国仲裁正面临前所未有的机遇和挑战。但与此同时，必须坦诚地指出我国涉外仲裁的人才储备尚不足以使我们迅速成为国际仲裁舞台的核心，中国对国际仲裁的思维方式、全球视野、战略高度的认识还亟待提高，中国仲裁法治建设需要进一步加强。在北京加快推进"两区"建设的背景下，如何把握机遇发展创新，既立足国情又有国际化视野，制定出中国仲裁自己的标准，打造出中国仲裁自己的品牌，提高中国仲裁的公信力、影响力、凝聚力，谋取国际仲裁舞台上中国仲裁更大的话语权和规则制定权，是中国仲裁界、司法界需要共同思考的问题和努力的方向。深入研究境外仲裁机构准入的法治保障问题，实际上为我国司法界、仲裁界、学术界深度参与全球治理体系革新提供了一扇"窗口"，同时也为检验中国营商环境的市场化、法治化、国际化，有序扩大服务业对外开放提供了实践渠道。

二、研究对象及范围的界定

北京在发展和扩大对外法律服务业方面，具有其独特优势。建设国际商事仲裁中心，是北京开展"两区"建设的重要内容之一。从历史发展来看，北京市始终秉持着改革、创新、开放的思路，致力于加大法律服务业的开放力度，持续优化法律服务业发展环境，进一步完善境外人员来京跨境收支、简化行政审批手续等，不断扩大仲裁业对外开放，这为境外知名仲裁机构及争议解决机构在中国（北京）自由贸易试验区开展业务提供了法律基础和现实便利。

值得一提的是，以最高人民法院为代表的中国司法界，为中国国际商事仲裁的司法审查进行了卓有成效的探索，这为北京"两区"引入境外仲裁机构提供了客观可能性。具体来看，我国近年来不仅成立了国际商事法庭，而且专门制定并发布了《关于为进一步推进服务业改革开放发展提供司法保障的意见》和《最高人民法院关于人民法院为北京市国家服务业扩大开放综合示范区、中国（北京）自由贸易试验区建设提供司法服务和保障的意见》，设立了北京国际商事法庭，支持北京国际商事纠纷一站式多元解纷中心在北京市第四中级人民法院揭牌成立，这些均为保障北京"两区"建设的重要措施。从工作重点来看，最高人民法院对北京构建国际商事仲裁中心提供的支持、服务与保障包括但不限于："支持数字经济发展，助推北京打造数字经济试验区；助力服务业开放，保障北京服务业扩大开放综合示范区建设；健全国际商事纠纷解决机制，支持北京打造面向世界的国际商事纠纷解决中心；加强涉外审判体系和审判能力现代化建设，充分发挥北京在涉外法治建设中的示范引领作用等。"

特别是在2021年9月，北京市司法局联合北京市发展和改革委员会颁布的《北京市关于改革优化法律服务业发展环境若干措施》，从提供更加便利的工作居留和出入境服务、促进法律业务跨境收支便利化、优化司法行政审批服务、打造国际商事仲裁中心、支持涉外法律服务机构开拓市场、加大涉外法律服务人才培养力度等六大方面支持法律服务业对外交流，促进法律服务业的专业化、高端化、国际化发展。

就研究对象而言，本书基于时序视角开展实证比较，通过对关联仲裁司法审查案件的观察、归纳，就当事人约定境外仲裁机构准入所引起的协议效力认定规则转变背后的总体趋势、法理动因进行深入阐析。本书紧密围绕在北京"两区"建设背景下开放境外机构在北京设立业务机构这一新政策的实施，探索引进境外仲裁机构对国家及北京"两区"法治建设的客观需求和制度性衔接，就《仲裁法》的修订、仲裁司法审查规范的调适建言献策，从而提升营商环境的市场化、法治化、国际化，为进一步扩大对外开放提供法治保障。

为了更好地对研究范围加以确定，有必要对本书所涉的关键词加以界定，这主要涉及以下三个层面的问题：首先，"境外仲裁机构"具体指的是哪些机构？其次，在本书所论述问题的语境下，"准入"一词的法律含义指向如何？最后，所谓"法治保障"，在政策层面、立法层面、司法层面具体涵盖哪些举措？

对于境外仲裁机构这一表述，笔者认为有必要先行界定。根据设立主体和设立依据的不同，争端解决机构可以分为国内法上的争端解决机构与国际法上的争端解决机构。国内法上的争端解决机构是特定国家依据其国内法设立的国内机构。由于各国法律确认的方式不同，不同国家的争端解决机构具有不同的法律地位和法律性质。以仲裁机构为例，其法律地位的确认主要存在以下三种模式：第一，明确规定仲裁机构是法人。该模式以日本商事仲裁协会的商事仲裁机构为代表。第二，明确规定仲裁机构是公司。该模式以伦敦国际仲裁院、新加坡国际仲裁中心、中国香港国际仲裁中心为代表。第三，仲裁机构在法律上没有独立的地位仅作为民间机构而存在，或是其他有独立地位的机构的附属机构，如美国仲裁协会、国际商会仲裁院、斯德哥尔摩商会仲裁院等。对于我国仲裁机构的法律地位，《仲裁法》并未做出明文规定，但从有关规则及其他相关法律来看，中国的各类仲裁机构主要作为一种特殊的事业单位法人而存在。[1] 国际法上的争端解决机构通常是根据国际条约或由国际组织所设立的。以区域性的吉隆坡区域仲裁中心（KLRCA）和全球性的解决投资争端国际中心（ICSID）为例说明：KLRCA 是由亚非法律协商委员会建立，专为亚洲地区提供国内仲裁和国际仲裁服务的机构，而亚非法律协商委员会是亚非地区的法律协商政府间组织，其设立的 KLRCA 是一个具有独立性和非营利性的非政府间国际机构；ICSID 则是基于《华盛顿公约》所创设的，专门解决外国投资者与东道国政府间投资争端的机构，是世界银行下属的政府间国际组织，具有独立的法律地位。本书所述及的境外仲裁机构，既包括成立地及主要办公所在地位于我国境外的国际仲裁机构，也包括根据外国法律在境外设立的国内仲裁机构。

就境外仲裁机构的准入这一研究对象而言，也有学者采用其他类似的表述，如"境外仲裁机构内地仲裁""境外仲裁机构在境内仲裁""境外仲裁机构在中国仲裁""我国内地引入国际商事仲裁机构"等。笔者认为，有必要对"准入"这一用语的法律含义加以探讨和界定。这一表述常见于国际贸易法和国际投资法领域，在国际商事仲裁领域较少提及。具体而言，在国际贸易法中常谈及的市场准入，往往是在贸易自由化的语境下使用的，它指的是两国政府间为了相互开放市场而对各种进出口贸易采取的限制措施，其中包括关税和非关税壁垒准许放宽的程度的承诺。落实到实践上，市场准入是指一国允许外国的货物、劳务与资本参与国内市场的程度。根据《服务贸易总协定》第十六条的规定，一成员方给予其他成员方服务和服务提供者的待遇应不低于其在承诺义务的计划表中确定的期限、限制和条件，这就是对准入所做出的一般化承诺。在国际投资法中，外国投资活动发生的阶段大致分为外资准

---

[1] 漆彤：《"一带一路"国际经贸法律问题研究》，高等教育出版社 2018 年版，第 77 页。

入阶段与外资运营阶段，前者又具体分为准入前与准入后。据此，准入侧重于一国允许外国投资者及外资进入本国市场，这常被视为纯属于东道国国内立法上的管理事项。从东道国角度看，准入就是指一国允许外国投资进入的自由程度，包括允许接受何种投资、投资的领域、投资准入的条件、对外国投资的审批等内容；从投资者的视角讲，准入则指国际直接投资进入东道国管辖领域的权利和机会，其实质是东道国有权从本国利益出发，自行决定是否允许外国进入的领域和条件。参考国际贸易法与国际投资法中对准入的理解，笔者所探讨的境外仲裁机构的准入就体现为当事人在选定境外仲裁机构的同时，选择以我国内地特定地点作为仲裁地，此时我国是否允许境外仲裁机构在我国内地从事仲裁业务、受理仲裁案件、进行仲裁程序、作出仲裁裁决的程度及条件。从已有的实践来看，境外仲裁机构的准入又涵盖两类不同的情况，需要做出具体的澄清和解释：第一，当事人选择境外仲裁机构的同时，选择中国为仲裁地。境外机构在中国内地仲裁指的是仲裁地在中国的情况，这部分内容本书后面章节将具体探讨。仲裁地是一项公认的法律概念而不单纯是事实概念，故该境外仲裁机构可能并没有事实上在中国内地进行开庭、审理和裁决，但根据当事人的约定、仲裁规则的规定或仲裁庭的决定而使中国成为仲裁地，此类情况是否为中国法律所认可并具备合法性尚需进一步探讨。第二，境外仲裁机构在符合我国法律法规所设定的条件，并且履行了法律法规要求的批准、登记、备案等程序的基础上，在我国内地设立相应的业务机构，并以此为据在其权限范围之内受理仲裁案件、开展仲裁业务。这种情况亦属于境外仲裁机构在中国内地仲裁，但是其表现与前一种情况存在显著差异，即其往往依托于某一具体的业务机构实体，且经过我国相应管理部门的正式登记和备案，同时有更加健全的人力、资源、物质、制度方面的保障。相比之下，第二类情况与我国的仲裁联系更为紧密，不单纯是仲裁地因素的结合，更重要的是境外机构从客观上参与到了中国涉外仲裁法律服务的市场竞争。当然，这里仍然存在一些未决问题，譬如，当事人选择境外仲裁机构在我国内地设立的业务机构，同时约定境外某地点为仲裁地，此种情况究竟属于境外仲裁机构在我国内地仲裁，还是境外仲裁机构在我国境外仲裁，目前还无具体的实践进入公众视野。但正如笔者在后面章节中详细论证的，这取决于国际商事仲裁的国籍（或称籍属）是采取仲裁机构所在地标准，还是采取仲裁地标准。

仲裁的法治保障，在实践中包括政策、立法、司法各方面的支持性举措。事实上，关于国际商事仲裁的司法审查、司法监督、司法支持、司法协助等问题，国内外学者已有大量研究。仲裁与司法的关系本身就是一个历久弥新的问题。但笔者在具体写作中，没有将法治保障限定为狭义上的仲裁司法支持，而是立足于司法支持但又溢出了司法支持的范畴。法治保障具体落实到研究对象上，境外仲裁机构能不能在中国内地设立业务机构、在中国开展仲裁业务时要符合哪些具体的条件，需要政策方面的支持。在准入的基础上，境外机构在内地开展仲裁业务的过程中，对仲裁协议效力的认定、对临时措施的协助执行、对仲裁裁决的监督与救济等，则需要司法机关提供相应的保障；考虑到我国现有《仲裁法》相比《联合国国际贸易法委员会国际商事仲裁示范法》（以下简称《示范法》）存在一定的差距，立法机关目前正在对《仲裁法》进行相应的修订和完善，如何从立法上使境外仲裁机构在内地仲裁成为可能，是法律修订过程中所不容忽视的重要环节；此外，我国《仲裁法》规定了中国仲裁协会这一重要的行业组织，但这一构想长期以来却未能真正落地，导致仲裁机构的行业管理存在缺位，亦不利于对境外仲裁机构在内地仲裁进行相应的协助。概言之，对境外仲裁机构准入提供法律保障，是谋全局、打基础、固根本、稳预期、利长远的系统性工程，需要各界的通力协作与通盘筹划，而本书的写作试图为此提供一定的思路。

三、学术史回顾及研究现状评析

（一）学术史梳理及动态

迄今为止，国内外法学界对境外仲裁机构在中国仲裁的研究成果丰硕，但也存在明显的不足，主要表现在以下三个方面：

首先，已关注到境外仲裁机构所涉法律问题，但缺乏具体应对方案的探讨。针对境外仲裁机构在我国内地仲裁面临的法律障碍、中国当事人选择境外机构的利弊、仲裁协议效力认定困境的成因的研究充分，但对仲裁市场对外开放的法理基础、应对困境的解决方案的研究欠缺。经济全球化的深入正在改变国际社会结构，同时也影响着国际仲裁竞争格局的演变。现有的研究将境外仲裁机构内地仲裁的成因概括如下：第一，政治国家与市民社会之间的分野日益模糊，以意思自治为底层逻辑的市民社会随着涉外经贸活动的频繁而呈现出跨域融合，《纽约公约》不仅促进了仲裁裁决的全球流通，也形塑了国际仲裁在全球市场的竞争架构，使仲裁机构得以跨越国界线在不同仲裁地提供仲裁服务（刘晓红、冯硕，2020）；第二，现行仲裁立法和司法审查中对机构仲裁重视有余，而仲裁地、临时仲裁等国际通行规则长期缺位，不但与主流国际趋势背道而驰，也从根本上阻却了境外机构在内地开展业务，导致仲裁治理框架出现运转"失灵"和调整滞后的弊病（高菲、徐国建，2017）；第三，在北京加速推进"两区"建设视阈下，引入境外仲裁机构可以为当事人提供更加多元的争议解决选项，借助外部竞争倒逼国内制度变革从而消除全球治理的合法性危机，借此就国内仲裁与涉外仲裁"双轨制"加以重构（Kingsburg & Stewart，2005）。然而，现有研究没有进一步论证：境外仲裁机构能否契合中国当事人的需求、开放仲裁市场在WTO多边服务贸易体系下的正当性、仲裁立法的滞后问题如何通过其他方式加以解决等基础问题。

其次，已密切观察外在现象和政策变动，但对共性规律和个性差异的研究不足。境外仲裁机构内地仲裁的政策演进、改革动因、司法审查已有详尽梳理和整合，但现有研究局限于上海自贸试验区，对北京"两区"背景下引入境外仲裁机构的问题缺乏特别的关注，且对境外仲裁机构入驻自贸试验区现象背后的本质属性和内在规律缺乏深入探究。开放中国仲裁市场，允许境外仲裁机构完全入驻中国，对国内仲裁机构的业务不无冲击，但此种效果不会"立竿见影"，需要一定的过渡期（陶景洲，2015）。当事人的意思自治权受到仲裁机构案件管理权的必要约束（杜焕芳，2020）。北京仲裁业在全国仲裁界居于重要地位，一方面源自中国国际经济贸易仲裁委员会、中国海事仲裁委员会、北京仲裁委员会等国内乃至国际上居于领先地位的仲裁机构均坐落于此，从而使北京市各级人民法院的仲裁司法审查案件受到高度重视；另一方面源自国际商事争端预防与解决组织（ICDPASO）这一非政府间国际组织的总部位于北京，该组织将商事仲裁与投资仲裁作为重要受案范围，其规则设计科学合理，且办案理念先进，服务水准比肩国际，代表了国际仲裁最新的发展趋势。因此，有必要总结并汲取我国其他自贸试验区的法治经验，并紧密贴合北京"两区"建设的客观情况，对境外仲裁机构的内在规律进行整理思考。

最后，已从宏观层面提出了境外仲裁机构制度开放的需求，但缺乏微观法律制度的全方位保障。对于境外仲裁机构准入北京"两区"的法治保障，国务院、最高人民法院、北京市司法局先后发文，推动政策"落地"，譬如《境外仲裁机构在中国（北京）自由贸易试验区设立业务机构登记管理办法》（京司发〔2020〕91号）和《境外仲裁机构在中国（北京）自由贸易试验区设立业务机构申办指引》。但是，单纯依靠政策性文件和地方立法难以缓冲仲裁市场开放的制度需求，还必须审视境外机构入驻后与《仲裁法》的深度衔接及协调问题。境外仲裁机构准入中国市场的主要障碍来自法律层面，尤其是我国《仲裁法》规定采取仲裁机构中心主义模式，要求有效的仲裁协议必须选定仲裁委员会（林一飞，2016）。但仲裁委员会的含义在我国法律下具有特定指向，仅限于依据《仲裁法》第十条、《仲裁委员会登记暂行办法》第三条设立的机构。对于仲裁机构跨区设立分支机构、异地受理案件的情况，国务院法制办公室持否定立场。由此，国内仲裁机构深陷地域性困局，境外仲裁机构入驻中国似乎能突破这一局面（梅傲，2020）。如何通过立法的完善服务于政策创新，激励境外仲裁机构在北京设立业务机构，从而将北京打造为国际商事争议解决的新高地，在路径上仍待深入探讨。此外，伴随仲裁业的蓬勃发展，经过探索、完善、创新三个阶段，我国已初步形成较完善的仲裁司法审查制度（宋连斌，2018）。但有学者已经注意到，《仲裁法》的修订仍将重点停留在对仲裁机构本位标准的优化上，没有打破传统束缚，对仲裁地的识别及其对司法审查的实效影响还要做持续研究（肖永平，2015）。此外，涉外仲裁协议的法律适用、跨境仲裁临时措施发布权的归属、仲裁裁决籍属的认定标准、仲裁裁决撤销权的管辖等传统法律问题的处理，也关系到境外机构在京仲裁的可操作性，因此需要进行系统性全方位的法治架构（陈卫佐，2016）。

（二）研究现状述评

国内外对境外仲裁机构在我国内地仲裁的政策变革、法制变迁、司法审查立场演进的研究较多，对国内立法的配套完善及仲裁服务业市场准入、对外开放的辐射效应的关注不够，且多为零散的、碎片化的、不成体系的案例范畴的考察，对北京"两区"建设视阈下境外机构在京仲裁的具体举措及微观体系的探讨欠缺。在相关议题的研究中，市场准入、裁决国籍、承认执行是有机整合的三部分，缺一不可，但现有的研究过多关注前端问题，如此类仲裁协议的效力认定，对后端缺乏深入探索。就国内外现有研究而言，偏重于规范罗列及逻辑推演，仲裁协议、中间措施、裁决执行这些司法审查问题在北京"两区"建设过程中的内嵌亟待体系化。换言之，以市场眼光、法治维度、治理视野统合研究境外机构的准入问题，需要融入更多的现实关怀与实践视角，更多关注制度衍生与社会运行的社会背景，从管辖权、法律适用、裁决之承认与执行这一连贯的体系中得到诠释。本书是对境外仲裁机构在北京"两区"仲裁问题的整体性研究，受前人启发并在已有研究基础上展开。

四、本书基本框架及主要研究问题

2013年以后，特别是"一带一路"倡议实施以来，为助推中国企业"走出去"，扩大国际贸易与投资自由化，依法处理国际民商事争议，优化营商环境，保护中国当事人的海外权益，最高人民法院出台了一系列旨在为自由贸易试验区提供司法服务与保障的司法解释和具体的举措，中国的涉外仲裁制度迎来了前所未有的发展机遇。国内外仲裁规则的修订愈发频繁，国际商事仲裁法理论研究和实务经验交流取得丰硕成果。但是，受限于历史条件及《仲裁法》中的具体制度，我国仲裁的国际化水平并没有完全达到与国际同步的状态，国内的涉外仲裁服务市场仍然受到多方面的限制，对于仲裁协议有效性的认定、仲裁裁决的司法审查、仲裁临时措施的域外执行等，我国还有很大的完善空间，现行《仲裁法》及有关司法解释的衔接和配合还有待进一步加强。特别是长期以来我国对于境外仲裁机构在内地仲裁采取封闭的处理方式，对此类仲裁协议的有效性持否定态度，这已经成为我国仲裁要实现国际化所面临的最为突出的问题之一，且该问题的存在影响了《仲裁法》的权威和商事仲裁的运行效果。

鉴于此，本书选择以北京"两区"建设作为视角，重点探讨境外仲裁机构在我国仲裁的理论基础、制度架构、实践展望。本书试图处理好四组关系以提升研究成果的理论价值和实践价值。一是国内法与域外法的关系。比较法是本书的主要研究方法，本书的出发点和落脚点是以仲裁地为标准对国际商事仲裁裁决的国籍进行框定，最终结合我国涉外仲裁制度现代化的需要，做出相应选择或制度设计。比较法研究路径荆棘密布，希望能够尽量绕开"带着弓箭埋伏的土人们"（拉贝尔语）布下的陷阱。二是商法与国际私法的关系。我们不仅要看到，境外仲裁机构在我国内地仲裁的逐步放宽是出于国际商事交易当事人具有争议解决的特殊需要，也要透析境外仲裁机构准入后所面临的国际商事仲裁法律冲突及法律选择问题，尤其是涉外仲裁协议的法律适用、跨境商事仲裁裁决的籍属等表层问题背后的国际私法原理，不能因为对法律适用问题研究的浅尝辄止而轻言对商事制度的"创新"与"突破"。本书注重运用国际私法基本原理分析境外仲裁机构在我国内地仲裁的现实问题，力求增强论证的理论说服力和制度设计的正当性。三是仲裁法学基本理论与仲裁司法审查实践的关系。本书试图梳理近年来我国各级人民法院审理的境外仲裁机构境内仲裁司法审查的典型案例，对法院认定仲裁协议效力、撤销仲裁裁决、执行仲裁裁决的裁判要旨予以重点剖析，以当前和今后审判实践的需要作为出发点展开学理论证，提出制度建议。四是立法论与解释论的关系。《仲裁法》的修订已经被列入十三届全国人大常委会立法规划第二类项目，2021年7月，我国司法部发布了《仲裁法（修订）（征求意见稿）》。本书不仅旨在对我国仲裁协议司法审查的现行法律规范进行解释论层面的阐释，而且从立法论层面探讨了相关法律规范的缺陷并提出完善建议，希望能够为我国《仲裁法》司法解释的起草与《仲裁法》修订工作提供参考。

本书先以北京"两区"建设总体方案中放开境外仲裁机构准入的政策创新为出发点，继而从行业市场准入、仲裁协议效力、中间措施发布、仲裁裁决籍属、仲裁司法审查这五项基本议题展开分析和探讨。然后在研究过程中综合运用规范研究与实证研究方法，遴选当事人约定境外仲裁机构在中国内地仲裁的司法审查典型案件（含仲裁协议效力认定、仲裁财产保全、仲裁裁决承认及执行等）进行分析与评判，并在此基础上辨释境外仲裁机构在内地所作仲裁裁决的籍属及其司法审查的趋向。最后以北京"两区"建设中引入境外仲裁机构在京仲裁作为落脚点，为其中所涉及的法律问题进行系统性总结和梳理（见图1），并基于现有的案件实践、法律法规、司法解释，借鉴国际仲裁的成熟经验，结合本土情况提出相应的建议。

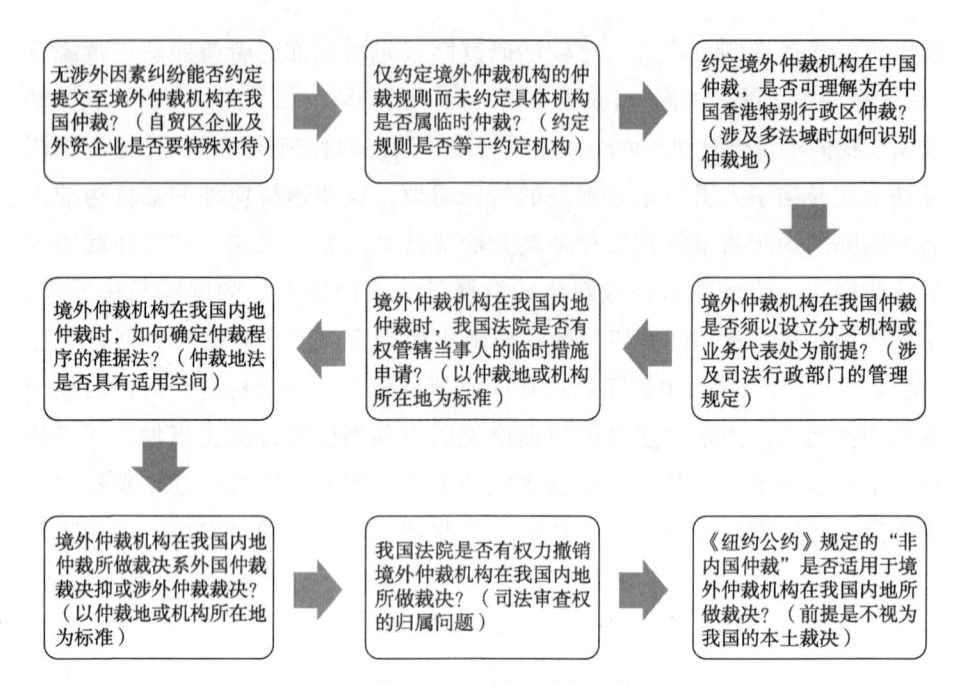

```
┌──────────────┐   ┌──────────────┐   ┌──────────────┐
│无涉外因素纠纷能否约定│──▶│仅约定境外仲裁机构的仲│──▶│约定境外仲裁机构在中国│
│提交至境外仲裁机构在我│   │裁规则而未约定具体机构│   │仲裁，是否可理解为在中│
│国仲裁？（自贸区企业及│   │是否属临时仲裁？（约定│   │国香港特别行政区仲裁？│
│外资企业是否要特殊对待）│   │规则是否等于约定机构）│   │（涉及多法域时如何识别│
└──────────────┘   └──────────────┘   │仲裁地）          │
                                       └──────────────┘
                                              │
                                              ▼
┌──────────────┐   ┌──────────────┐   ┌──────────────┐
│境外仲裁机构在我国内地│◀──│境外仲裁机构在我国内地│◀──│境外仲裁机构在我国仲裁│
│仲裁时，如何确定仲裁程│   │仲裁时，我国法院是否有│   │是否须以设立分支机构或│
│序的准据法？（仲裁地法│   │权管辖当事人的临时措施│   │业务代表处为前提？（涉│
│是否具有适用空间）   │   │申请？（以仲裁地或机构│   │及司法行政部门的管理 │
│              │   │所在地为标准）    │   │规定）          │
└──────────────┘   └──────────────┘   └──────────────┘
        │
        ▼
┌──────────────┐   ┌──────────────┐   ┌──────────────┐
│境外仲裁机构在我国内地│──▶│我国法院是否有权力撤销│──▶│《纽约公约》规定的"非│
│仲裁所做裁决系外国仲裁│   │境外仲裁机构在我国内地│   │内国裁决"是否适用于境│
│裁决抑或涉外仲裁裁决？│   │所做裁决？（司法审查权│   │外仲裁机构在我国内地所│
│（以仲裁地或机构所在地│   │的归属问题）     │   │做裁决？（前提是不视为│
│为标准）        │   │              │   │我国的本土裁决）   │
└──────────────┘   └──────────────┘   └──────────────┘
```

图 1　境外仲裁机构涉及法律问题梳理

五、研究方法及创新性

本书共采用四种研究方法。

第一，文献分析法。在梳理学界关于中国商事仲裁国际化、境外仲裁机构在我国内地仲裁、涉外仲裁司法审查、国际商事仲裁"非当地化"、当事人意思自治及其限度等文献资料的基础上，总结归纳出在国际商事仲裁中当事人自治的超越性、概略性、先行性、封闭性等特征，在此基础上将境外仲裁机构准入问题与我国涉外仲裁法律服务市场的开放问题紧密联系在一起进行综合探讨。确切地说，正是在国家全面对外开放的新格局下，当事人约定境外仲裁机构在我国内地仲裁，以及我国放宽并允许境外仲裁机构在我国内地设立业务机构才成为可能。故而，境外机构的准入与国内政策的放缓实质上是密不可分的，即准入是开放的结果，而开放是准入的前提。

第二，历史分析法。任何制度都是历史的产物，国际商事仲裁亦不例外。将境外仲裁机构在我国内地仲裁这一现象及国家政策的变迁置于历史长河中，清晰展示其演变进程，梳理其发展脉络，以期更有利于对国际商事仲裁中当事人自治及其限度的理解，促进当事人自治限度有效救济体系的建立。

第三，比较分析法。在现有资料基础上，运用比较研究的方法，对域内外国际商事仲裁当事人自治的立法与实践进行对比分析，从中总结出共同性、差异性的技术性设置，并在此基础上探求国际商事仲裁中当事人自治的有效救济体系。

第四，实证分析法。择取知名仲裁组织作为调查样本，采取问卷调查、观摩仲裁、案卷抽查等实证调研的方法，对国际商事仲裁当事人自治及其限度的救济立法与实践予以梳理，特别是对仲裁历史经验、存在问题、完善路径加以探讨。

需要指出的是，境外仲裁机构在我国内地仲裁的路径，可以在逻辑上区分为渐次深入的三个层次：第一个层次是有关仲裁的法律服务市场的对外开放如何表达；第二个层次是国家为什么要允许境外仲裁机构在我国内地进行仲裁；第三个层次是当事人能否自治，即境外仲裁机构准入后能否获得当事人的接纳，以及我国司法如何对境外机构的仲裁协议、仲裁程序、仲裁裁决进行相应的监督、审查与制约。本书不仅从事实上回顾分析我国放开境外仲裁机构准入内地市场的政策变迁，而且分别从中国仲裁国际化、国际商事仲裁"非当地化"、国际商事仲裁市场的开放等层面探讨为什么要允许境外仲裁机构在我国内地仲裁及其在法律上的效果。

相比国内外已有研究，本书试图在现有研究的基础上实现两个拓展、一个转变：两个拓展指在研究视角上的拓展和在研究范围上的拓展，一个转变即立场、观点上的转变。

首先，相比国内外众多学者，本书对境外仲裁机构在我国内地仲裁的研究视角从国内拓展至国际，不仅关注我国涉外仲裁中所涉及的问题，还关注世界其他国家特别是仲裁体制较为发达国家发生的类似现象，同时特别强调北京"两区"建设下对打造国际商事仲裁这一目标的定位。我国的仲裁体制总体上落后，因此若视角自我局限，将错失对当前仲裁领域最新发展的观察研究。事实上，绝大多数关于我国仲裁法制改革的研究已达成这样的共识：仲裁理念的提升和现代化才是我国仲裁体制转型的根本所在。因此，放眼全球颇为必要。把握当今世界国际商事仲裁制度的发展规律，可以在很大程度上判明我国仲裁制度的未来走向，同时为我国仲裁体制的完善提供更多有价值的参考。

其次，本书对境外仲裁机构在我国内地仲裁的研究范围从单纯的程序方面的规则和实践拓展至整个仲裁流程，既包括作为管辖前提的可仲裁事项和仲裁当事人领域，也包括作为事后救济的司法审查、内部上诉等领域。这种视角有利于从全局和全程来分析境外仲裁机构的准入问题，避免"只见树木、不见森林"，而且可以观察到各领域之间的影响和互动，从而更好地理解仲裁机构准入机制产生的机理并评估其发展态势。

最后一个转变即观点、立场上的转变。通过综述现有文献可以发现，已有的研究成果对境外仲裁机构在我国内地仲裁的发展更多是从宏观政策层面展望的，对不允许境外仲裁机构准入的传统现象采取的多为负面、消极、否定性评价，将"非当地化"视为完善仲裁法治的洪水猛兽，同时对境外仲裁机构入驻中国后对国内仲裁服务业市场造成的竞争和冲击感到忧虑，担心仲裁的前景和命运。相比之下，本书的研究立场从先入为主的否定转变为中立，通过辩证分析、历史分析等方法，力争对开放仲裁市场形成客观认识，在一分为二的基础上，合理划分并评估境外仲裁机构在我国仲裁的利弊，最终实现兴利除弊、去粗取精之目标。

第一章
境外仲裁机构在北京"两区"准入的问题由来与发展

为高质量推进"两区"发展建设，为自贸试验区提供法治保障，北京市商务局研究起草了《中国（北京）自由贸易试验区条例》，并于2021年9月对社会发布并公开征求意见。该条例第五十七条规定："自贸试验区鼓励专业服务资源国际国内双向流动，采取以下措施促进专业服务开放：（一）鼓励市场主体在区内设立会计、法律、咨询、广告、人力资源、资产评估、资信评级、建筑设计等领域专业服务机构；允许境外知名仲裁及争议解决机构经登记备案，在区内设立业务机构，为国际商事、投资等领域民商事争议提供仲裁服务。"第七十九条规定："自贸试验区推行公证、调解、仲裁、行政裁决、行政复议、诉讼等有机衔接、相互协调的多元化纠纷解决机制。加强国际商事纠纷一站式多元解纷中心建设，为自贸试验区企业提供司法保障。支持国际商事争端预防与解决组织在自贸试验区内设立运营。"

第一节 制度型开放背景下的北京"两区"建设与我国仲裁国际化

一、我国仲裁法律制度对外开放的历史演进

2014年10月，党的十八届四中全会明确提出"完善仲裁制度，提高仲裁

公信力",这为我国仲裁事业的发展指明了方向。要实现我国仲裁制度的完善与发展,争取国际社会相关话语权,在国际仲裁界树立中国标准,需要立法部门、司法机关、仲裁界、学术界的共同努力。

2015年4月8日,国务院批准《进一步深化中国(上海)自由贸易试验区改革开放方案》,其中提出:"进一步对接国际商事争议解决规则,优化自贸试验区仲裁规则,支持国际知名商事争议解决机构入驻,提高商事纠纷仲裁国际化程度。探索建立全国性的自贸试验区仲裁法律服务联盟和亚太仲裁机构交流合作机制,加快打造面向全球的亚太仲裁中心。"这为境外仲裁机构入驻上海自贸试验区提供了强有力的政策依据。2015年11月19日,香港国际仲裁中心在上海自贸试验区设立代表处。2016年2月24日,国际商会仲裁院在上海自贸试验区设立仲裁办公室。2016年3月3日,新加坡国际仲裁中心在上海自贸试验区设立代表处。为了使自贸试验区内的当事人约定境外仲裁的条款不至于被认定为无效,最高人民法院于2016年12月30日发布《关于为自由贸易试验区建设提供司法保障的意见》,其中申明:"在自贸试验区内注册的外商独资企业相互之间约定商事争议提交域外仲裁的,不应仅以其争议不具有涉外因素为由认定相关仲裁协议无效。"

2018年12月,中共中央办公厅、国务院办公厅印发《关于完善仲裁制度提高仲裁公信力的若干意见》,重点强调:组织、支持仲裁委员会"走出去、请进来",加强与国际仲裁组织及境外仲裁机构的交流合作,积极参与国际仲裁规则、国际调解和国际商事法律规则的制定,提高我国仲裁的国际认知度、话语权和影响力。与此同时,提升仲裁委员会的国际竞争力。加强国际仲裁法律制度研究,探索国际投资争端仲裁。统筹规划,制定措施,支持有条件的仲裁委员会积极拓展国际仲裁市场,逐步把发展基础好、业务能力强的仲裁委员会打造成具有高度公信力、竞争力的区域或者国际仲裁品牌。仲裁委员会要按照中央关于推动建设开放型世界经济的精神,苦练内功,全方位加强自身能力建设,完善适应国际仲裁的仲裁规则,培养具有国际仲裁能力的仲裁从业人员,提高我国仲裁的国际化水平。

2019年7月27日,国务院发布《中国(上海)自由贸易试验区临港新片区总体方案》,其中规定:"支持新片区加强国际商事纠纷审判组织建设。允许境外知名仲裁及争议解决机构经上海市人民政府司法行政部门登记并报国务院司法行政部门备案，在新片区内设立业务机构，就国际商事、海事、投资等领域发生的民商事争议开展仲裁业务，依法支持和保障中外当事人在仲裁前和仲裁中的财产保全、证据保全、行为保全等临时措施的申请和执行。"

2019年7月30日，上海市人民政府发布《中国（上海）自由贸易试验区临港新片区管理办法》，其中规定："境外知名仲裁及争议解决机构经市司法行政部门登记并报国务院司法行政部门备案后，可以在新片区内设立业务机构，就国际商事、海事、投资等领域发生的民商事争议开展仲裁业务。"这标志着境外仲裁机构入驻上海自贸试验区后的从业范围从原来的宣传、推广、交流、合作拓展到了涵盖对具体个案进行仲裁的业务，真正使境外仲裁机构在我国仲裁从规则层面成为可能。

2019年10月，上海市司法局发布《境外仲裁机构在中国（上海）自由贸易试验区临港新片区设立业务机构管理办法》（以下简称《管理办法》）。《管理办法》明确，符合规定条件的，在外国和我国香港、澳门特别行政区合法成立的，不以营利为目的的仲裁机构，以及我国加入的国际组织设立的开展仲裁业务的机构，均可以向上海司法局申请在临港新片区设立业务机构。业务机构可以受理国际商事、海事、投资等领域发生的民商事争议，开展涉外争议的庭审、听证、裁决、案件管理和服务，以及业务咨询、管理、培训、研讨等仲裁业务。

当然，境外仲裁机构在我国境内开展仲裁业务，同样需要受到我国人民法院的司法审查和监督。为此，我国最高司法审判机关及上海各级司法审判机关、司法行政部门制定了一系列相应的规范性文件，对此予以明确。2019年12月，最高人民法院颁布《关于人民法院为中国（上海）自由贸易试验区临港新片区建设提供司法服务和保障的意见》，上海高级人民法院颁布《上海法院服务保障中国（上海）自由贸易试验区临港新片区建设的实施意见》，上海市司法局发布了《境外仲裁机构在临港新片区设立业务机构管理办法》。2020年1月，上海海事法院发布了《上海海事法院服务保障中国（上海）自由贸易试验区临港新片区建设的实施意见》，上海市第三中级人民法院发布了《关于服务保障上海自由贸易试验区新片区建设、进一步促进营商环境优化的实施意见》。2020年4月，上海市检察院出台《关于服务保障中国（上海）

自由贸易试验区临港新片区的工作意见》，加快临港新片区的国际法律服务中心建设，加强对法律服务机构的招商推介。

2020年5月，上海市临港新片区管委会发布《中国（上海）自由贸易试验区临港新片区促进法律服务业发展若干政策》，为新片区更深层次、更宽领域、更大力度的全方位高水平开放提供优质法律服务，促进临港新片区集聚境内外知名法律服务机构和高端法律服务人才，完善临港新片区商事纠纷"诉讼、调解、仲裁"一站式解决功能，推进临港新片区国际法律服务中心建设，为着力营造一流的国际化、法治化营商环境提供保障。值得一提的是，这份政策性文件对境外仲裁机构在新片区设立业务机构给予了特别扶持，其中规定：对在临港新片区设立业务机构的国际商事海事仲裁、调解等争议解决机构，给予一次性专项奖励100万元；对在临港新片区设立公证、司法鉴定、域外法律查明等其他法律服务机构，给予一次性专项奖励20万元。考虑到上海的许多跨国企业更愿意选择仲裁调解以解决非诉讼争议，鼓励境外仲裁机构在临港新片区设立业务机构，企业可以在新片区解决争议，不用再去香港、伦敦、新加坡等地，从而进一步实现新片区营商环境的优化。

2020年8月28日，国务院发布《关于深化北京市新一轮服务业扩大开放综合试点建设国家服务业扩大开放综合示范区工作方案的批复》（国函〔2020〕123号），其中原则同意《深化北京市新一轮服务业扩大开放综合试点建设国家服务业扩大开放综合示范区工作方案》，而该方案第八条明确指出："允许境外知名仲裁机构及争议解决机构经北京市司法行政部门登记并报司法部备案后，在北京市特定区域设立业务机构，就国际商事、投资等领域发生的民商事争议提供仲裁服务，依法支持和保障中外当事人在仲裁前和仲裁中的财产保全、证据保全、行为保全等临时措施的申请和执行。"

2020年8月30日，国务院发布《关于印发北京、湖南、安徽自由贸易试验区总体方案及浙江自由贸易试验区扩展区域方案的通知》（国发〔2020〕10号）。其中，《中国（北京）自由贸易试验区总体方案》第二十一条规定："强化多元化法治保障。允许境外知名仲裁及争议解决机构经北京市人民政府司法行政部门登记并报国务院司法行政部门备案，在区内设立业务机构，就国际商事、投资等领域民商事争议开展仲裁业务，依法支持和保障中外当事人在仲裁前和仲裁中的财产保全、证据保全、行为保全等临时措施的申请和执行。

积极完善公证、调解、仲裁、行政裁决、行政复议、诉讼等有机衔接、相互协调的多元化纠纷解决机制。支持国际商事争端预防与解决组织落地运营。"

2020年12月，北京市司法局公布了《境外仲裁机构在中国（北京）自由贸易试验区设立业务机构登记管理办法》，该办法已于2021年1月1日生效实施，其中第三条规定："境外仲裁机构经登记可以在中国（北京）自由贸易试验区设立业务机构，就国际商事、投资等领域民商事争议开展涉外仲裁业务。其他条款则对境外机构落地北京自贸区的具体条件、审批程序等作出了详细且具体的规定，具有较强的可操作性。"

2021年3月，最高人民法院发布了《关于人民法院为北京市国家服务业扩大开放综合示范区、中国（北京）自由贸易试验区建设提供司法服务和保障的意见》（法发〔2021〕11号），对境外仲裁机构在北京自贸试验区内落地从更高层面给予明确支持。其中第十九条规定："支持境外知名仲裁及争议解决机构在自由贸易试验区内设立业务机构，就国际商事、投资等领域民商事争议开展仲裁业务。依法支持和保障中外当事人在仲裁前和仲裁中的财产保全、证据保全、行为保全的申请和执行。支持在自由贸易试验区内注册的企业之间约定在特定地点、按照特定仲裁规则、由特定人员对相关争议进行仲裁。恪守国际公约义务，依照《承认及执行外国仲裁裁决公约》承认和执行外国仲裁裁决。支持国际商事争端预防与解决组织落地运营。"上述意见有两点为业界所称赞：第一，该意见再次明确了仲裁中行为保全的有据性、合理性；第二，该意见再次对"临时仲裁"表达出一种开放性态度，支持自贸试验区企业之间仲裁时，可以在现有国内仲裁体制基础上放宽仲裁规则、仲裁员名录对其的限制。

2021年7月，北京市发展和改革委员会、北京市司法局联合印发了《北京市关于改革优化法律服务业发展环境若干措施》（京发改规〔2021〕2号）。其中重点强调了致力于将北京打造为国际商事仲裁中心。支持境外知名仲裁机构和国际商事调解组织在中国（北京）自贸试验区设立业务机构，开展民商事争议领域涉外仲裁和涉外调解业务，依法支持中外当事人在仲裁前和仲裁中的财产保全、证据保全、行为保全等临时措施的申请和执行。设立北京国际争议解决中心，支持国际知名仲裁机构、争议解决机构、律师事务所等落地。支持中央企业和市管企业在签署涉外合同时选择北京仲裁机构进行商事仲裁，并约定北京作为仲裁地。在中国（北京）自贸试验区探索构建安全便利的国际互联网数据专用通道。做好中国（北京）自贸试验区范围内仲裁机构等法律服务机构访问国际学术前沿网站的安全保障服务。

2021年7月，司法部发布《关于〈中华人民共和国仲裁法（修订）（征求意见稿）〉的说明》以及《中华人民共和国仲裁法（修订）（征求意见稿）》。前者在文件中阐述，考虑到国务院文件已经允许境外仲裁机构在北京、上海等地设立业务机构，且这一开放政策会逐步扩大的发展趋势，增加了境外仲裁机构在我国设立业务机构的登记管理规定。根据修法后法律制度配套的需要，以及统一规范境内外仲裁机构登记管理的需要，授权国务院制定仲裁机构登记管理办法。后者的第十二条规定："外国仲裁机构在中华人民共和国领域内设立业务机构、办理涉外仲裁业务的，由省、自治区、直辖市的司法行政部门登记，报国务院司法行政部门备案。仲裁机构登记管理办法由国务院制定。"

二、我国商事仲裁国际化的现实需求及法律症结

（一）我国仲裁国际化的背景

仲裁，就其通常含义而言，是作为一种纠纷解决机制而存在的，特指两方或更多有利益关系的当事人，通过私人协议授权一个或多个主体在协议所约定的事项范围内推进程序进展并裁判案件、解决纠纷。究其本质而言，仲裁中裁判者的仲裁权来自当事人的授权而非国家权威。但传统的仲裁在法治文明进程中已然被注入了新的"血液"，自1889年英国率先制定仲裁法以来，纯粹民间性的仲裁开始被立法所认可，并赋予仲裁裁决以法律上的强制执行力。而从国际商事仲裁的角度分析，作为在市民社会背景下商人之间因从事国际贸易而衍生的自治制度，因其与诉讼相比具有天然优势而被各国广泛运用。各国之间为合作解决仲裁裁决跨国执行问题而于1958年在纽约达成的《承认及执行外国仲裁裁决公约》（以下简称《纽约公约》）曾被视为商事领域最成功的国际条约。截至2022年5月4日，《纽约公约》的成员国已达到170个。[1] 这意味着，在正当程序基础上所作出的仲裁裁决，无论其在哪一

---

[1] 据悉，2022年5月4日，伊拉克加入《纽约公约》的批准程序正式完成，伊拉克成为该公约第170个成员国。https://www.newyorkconvention.org/countries，最后访问日期：2022年5月11日。

缔约国作出,都可以在另一缔约国得到执行,国际仲裁天然的国际性优势愈发得以彰显。而现代仲裁法的显著特征之一,即对国际仲裁和国内仲裁作出区分。

值得注意的是,早期的仲裁雏形是以临时仲裁(ad hoc arbitration)作为蓝本的,仲裁机构(arbitration institutional)是在专业化的常设性仲裁管理组织基础上发展的,但仲裁机构本身并不审理案件,负责裁判纠纷的仍然是为特定案件临时组建的仲裁庭,其在仲裁程序审结后即宣告解散。就我国而言,以仲裁方式解决纠纷的制度形态起步较晚,与西方国家有所区别,早期的仲裁机构由行政机关创设并隶属于行政机关,我国的行政仲裁特征较为明显。1994年《仲裁法》起草的目标之一即在于改变我国国际经济贸易仲裁的行政性,代之以民间性、独立性,但仲裁机构的行政色彩并未因立法的出台而完全消除,仲裁机构转型问题仍然颇受关注。相反,临时仲裁则被我国拒之门外,《仲裁法》第十六条明确规定了仲裁协议的必备要件之一即有明确选定的仲裁委员会。言外之意,非由常设仲裁机构管理运作的临时仲裁在我国并未得到立法的认可。简言之,中西方仲裁不仅在历史演进方面迥异,在制度建构与程序运作等诸多细节方面也存在微妙的差异,不可同日而语。但是在经济全球化的趋势下,国际商事仲裁格局也呈现日新月异的态势,各国的仲裁理念与法律文化显露出冲突与弥合并存的面貌。实践中,这种弥合体现在国际商事仲裁裁决的跨国承认与执行案件中。

(二)仲裁裁决的分类及其差异

我国《仲裁法》将仲裁裁决分为涉外仲裁裁决与不具有涉外因素的国内仲裁裁决,关键区别在于是否存在涉外因素。通常,判别仲裁裁决的涉外性,主要通过"法律关系三要素标准"加以区分。区分涉外仲裁与国内仲裁的程序主要有三点意义:其一,对于完全不具备涉外因素的仲裁案件,我国原则上不允许当事人约定境外仲裁,也不能约定境外的仲裁机构;其二,在裁判纠纷的法律适用过程中,涉外纠纷需依据冲突规范的指引来寻求准据法,因而存在适用外国法的可能,而国内仲裁则适用仲裁地法;其三,在不予执行的法定事由方面,国内裁决的不予执行须遵行《仲裁法》第六十三条,涉外仲裁裁决的不予执行则须遵行《仲裁法》第七十一条。

但在承认与执行问题的语境下,国内仲裁裁决与涉外仲裁裁决都属于在我国领土内作出的"内国仲裁裁决",其在我国的执行问题依据我国国内法。除此之外,还存在所谓的"外国仲裁裁决"。但何种裁决属于外国裁决,属于哪一国家的裁决,涉及仲裁裁决的国籍判定问题。从《纽约公约》的文本来看,在外国仲裁裁决的判定过程中奉行两项标准:第一为地域标准,即在一缔约国领土内作出的仲裁裁决,将被其他缔约国视为《纽约公约》框架下的"外国仲裁裁决"而予以执行;第二为非内国标准,即尽管仲裁裁决的执行地与作出地位于同一国家境内,但执行地国依本国法律并不认为该裁决属于本国仲裁裁决,此类"非内国裁决"也可被视为《纽约公约》框架下的外国仲裁裁决而得以执行。但由于我国在加入《纽约公约》时做出了"互惠保留",因而只对在另一缔约国领土内作出的仲裁裁决视为"公约裁决"而予以执行,对非公约框架下的裁决则需要依据《中华人民共和国民事诉讼法》(以下简称《民事诉讼法》)第二百八十三条予以执行。

(三)我国法院关于我国仲裁国际化的典型裁判要旨

问题一:涉外案件约定境外仲裁机构,但仲裁地约定在中国,是否合法?

2013年,最高人民法院发布《关于申请人安徽省龙利得包装印刷有限公司与被申请人B P Agnati S. R. L. 申请确认仲裁协议效力案的复函》(〔2013〕民四他字第13号),首度认可选择国际商会仲裁院仲裁、管辖地为上海的仲裁协议有效。这对中国内地向境外仲裁机构开放其仲裁业务市场具有里程碑意义,并引发国内外仲裁界热议。

此案申请人安徽省龙利得包装印刷有限公司(以下简称"龙利得公司")与被申请人B P Agnati S. R. L(以下简称"Agnati公司")以及江苏苏美达国际技术贸易有限公司(以下简称"苏美达公司")于2010年签订了编号为BPAC049/10的《销售合同》,合同的第10.1条约定:"任何因本合同所引起的或与其有关的争议应被提交国际商会仲裁院(ICC),并根据国际商会仲裁院规则按照该等规则所指定的一位或多位仲裁员予以最终仲裁,管辖地应为中国上海,仲裁应以英语进行。"纠纷发生后,龙利得公司向合肥市中级人民法院申请确认仲裁协议无效,并主张:第一,国际商会仲裁院不是我国仲裁法项下的仲裁委员会,依据中国法该仲裁条款无效;第二,国际商会仲裁院在我国仲裁侵犯了我国的公共利益与司法主权;第三,国际商会仲裁院在我国作出的裁决属于我国仲裁法规定的"内国裁决",不适用《纽约公约》进行执行。

合肥市中级人民法院经审查后认为：根据2006年《仲裁法司法解释》第十六条，该案仲裁协议的当事人未约定仲裁协议的准据法，但约定了仲裁地，因而应适用仲裁地法即中国法判断仲裁协议的效力。但是我国立法并未规定ICC可以在中国境内开展仲裁活动，我国《仲裁法》第十条规定：设立仲裁委员会，应当经省、自治区、直辖市的司法行政部门登记。合肥市中院据此推断，在我国开展仲裁业务的仲裁机构必须经行政机关特许、登记，而我国并未向国外开放仲裁市场，据此ICC不能在我国境内仲裁，仲裁条款当属无效。

经过层报，安徽省高级人民法院讨论形成了不同意见：首先，本案仲裁协议效力认定所适用的准据法为中国法这一点基本没有异议；其次，对于在我国《仲裁法》框架下仲裁条款的效力形成了两派意见。多数意见认为，本案仲裁条款符合《仲裁法》第十六条所规定的仲裁协议要件，应属有效；少数意见听取了合肥市中院的立场，主张因我国并未对境外开放仲裁市场，据此不应当认可ICC在我国仲裁的仲裁条款效力。经过上报，最高人民法院发布的复函同意了安徽省高院的多数意见，明确指出该条款既有请求仲裁的意思表示，又约定了仲裁事项，也选定了明确具体的仲裁机构，符合《仲裁法》第十六条，最终确认该仲裁协议为有效。

值得思考的是，在"龙利得案"之前，对于境外仲裁机构能否在我国仲裁的问题，学界已有过激烈争执，并形成了如安徽省高级人民法院类似的两派意见。部分专家指出，从《仲裁法》第十条的立法主旨出发，"仲裁委员会"并不包括境外仲裁机构，且仲裁是需要经过行政机关特许才能提供的专业服务，而中国政府亦未向境外开放仲裁服务市场，因此境外仲裁机构依法不能在中国境内进行仲裁。也有学者提出，对"仲裁委员会"的含义应做灵活的扩大解释，外国仲裁机构在内地仲裁并不存在实质的法律障碍。简言之，"仲裁委员会"概念的法律解释对立场的形成起到了至关重要的作用，如果从体系解释的角度考虑，第十六条中的"仲裁委员会"应限定为与第十条的外延保持一致；如果从扩大解释的角度考虑，则可能将"仲裁委员会"理解为国际上更为通行的"仲裁机构"的概念。

从我国以往司法判例的角度来审视，"龙利得案"中最高人民法院的态度与之前的"旭普林案"（〔2003〕锡立民终字第074号民事裁定）、"德高钢铁公司案"（〔2008〕甬仲监字第4号）所展现的立场截然不同。在"旭普林案"中，当事人所签订的合同采用的是国际咨询工程师联合会（FIDIC）示范合同文本，合同附件中规定通过仲裁解决争议的条款以英语写明是："Arbitration：15.3 ICC Rules，Shanghai shall apply"。最高人民法院〔2003〕民四他字第23号批复认为，该条款并未约定中国《仲裁法》第十六条中规定的"选定的仲裁委员会"，因而认定仲裁协议无效。在"德高钢铁公司案"中，国际商会仲裁院（ICC）依据合同中仲裁条款的约定在中国北京作出了仲裁裁决后，在执行过程中，宁波市中级人民法院提出ICC在中国境内作出的仲裁裁决为"非内国裁决"，被执行人也并未提出仲裁协议或仲裁裁决的异议，最终依据《纽约公约》第一条第一款裁定予以承认和执行。但笔者对宁波市中级人民法院关于"非内国裁决"的理解不无质疑。前已提及，我国在加入《纽约公约》时提出了"互惠保留"，即我国仅对另一缔约国领土内作出的仲裁裁决予以执行，言外之意，裁决作出地与执行地必须分属于不同的国家，而"非内国裁决"则要求裁决作出地与执行地位于同一国境内，只是因执行地不认为该裁决是内国裁决才视为外国裁决，这意味着我国在提出"互惠保留"的同时，间接对"非内国裁决"也提出了保留，所以当时宁波市中级人民法院的理解存在偏差，值得研判。

该案的复函不仅明确了选择境外机构在中国境内仲裁的仲裁协议有效，宣告了中国内地仲裁服务市场的进一步开放，而且从长远来看，为国际商会仲裁院等境外机构在我国内地仲裁扫清了主要的法律障碍。但是，就外国仲裁机构在中国境内开展仲裁业务的配套法律制度，如证据及财产保全措施的采取、仲裁裁决的执行等而言，我国《仲裁法》规定由仲裁委员会所在地的中级人民法院提供司法监督与协助，而ICC的总部所在地在巴黎，不可能存在中国的中级人民法院，法律条文如何协调实践将成为接踵而来的难题。

问题二：涉外案件约定国内仲裁机构，但约定采用境外仲裁机构的仲裁规则或国际仲裁规则，是否合法？

在浙江逸盛石化有限公司与英威达技术有限公司（INVISTA Technologies S.a.r.l.）申请确认仲裁协议效力纠纷案（〔2012〕浙甬仲字确字第4号）中，最高人民法院对这一问题给出了明确答复。本案中，申请人浙江逸盛石化有限公司（以下简称"逸盛公司"）与被申请人英威达技术有限公司（以下简称"英威达公司"）于2003年签订的《技术许可协议》中第11章约定："11.1因履行本协议或与本协议有关的所有争议、纠纷或诉求（包括但不限于本协议的违反、终止或无效）应当由双方通过友好协商解决。如果通过协商无法达成一致，有关争议、纠纷或诉求应当提交仲裁解决；11.2仲裁应在中国北京中国国际经济贸易仲裁委员会（CIETAC）进行，并适用现行有效的《UNCITRAL仲裁规则》。每一方有权指定一名仲裁员，第三名仲裁员将由CIETAC依据本协议签署之日有效的CIETAC仲裁程序指定，并且不能是任何一方的成立地或注册地国家的国民；11.3本协议适用中国香港法律，仲裁语言为英文……"2012年7月，英威达公司以逸盛公司违约为由，向中国国际经济贸易仲裁委员会提起了仲裁；同年10月底，逸盛公司向宁波市中级人民法院申请确认仲裁条款无效，理由称：本案中《技术许可协议》中的仲裁条款英文原文为"The arbitration shall take place at CIETAC Beijing, P. R. China"，即仲裁应在中国北京的CIETAC进行，该条款系关于仲裁地点的约定，并非中国《仲裁法》中关于"选定的仲裁委员会"的约定，且双方选定的仲裁规则也不是CIETAC的仲裁规则，而是适用于临时仲裁的《UNCITRAL仲裁规则》，显然该仲裁条款属典型的临时仲裁，而中国立法并不认可在中国境内开展临时仲裁，故该仲裁条款不符合《仲裁法》第十六条关于"选定的仲裁委员会"的要求，应当认定为无效。

宁波市中级人民法院、浙江省高级人民法院均认为根据仲裁条款的约定以及CIETAC在案件程序中所扮演的角色，本案仲裁条款应认定为临时仲裁条款，并拟认定为无效。根据《关于人民法院处理与涉外仲裁及外国仲裁事项有关问题的通知》，宁波市中级人民法院层报至最高人民法院，最高人民法院的复函则迥然有别，其答复如下："本案所涉仲裁条款的约定：仲裁应在中国北京中国国际经济贸易仲裁委员会（CIETAC）进行，并适用现行有效的《UNCITRAL仲裁规则》。当事人没有明确约定该仲裁条款效力的准据法，但明确约定了仲裁地点中国北京，根据《法律适用法》第十八条，本案应适用中国内地法律确定所涉仲裁条款的效力。当事人在仲裁条款中虽然使用了'take place at'表述，此后的词组一般被理解为地点，然而按照有利于实现当事人仲裁意愿目的的解释方法，可以理解为包括了对仲裁机构的约定。虽然当事人约定的仲裁机构中文名称不准确，但从英文 CIETAC 可以推定当事人选定的仲裁机构是在北京的中国国际经济贸易仲裁委员会。根据《仲裁法司法解释》第三条，'仲裁协议约定的仲裁机构名称不准确，但能够确定具体的仲裁机构的，应当认定选定了仲裁机构'。因此，本案所涉仲裁条款并不违反仲裁法的规定，应当认为有效。"宁波市中级人民法院最终依据最高人民法院的复函裁定驳回了确认仲裁协议无效的申请。

从该案来看，最高院的裁判意义在于确认了国内仲裁机构也可采用其他仲裁机构（包括境外仲裁机构甚至国际性仲裁机构）的仲裁规则来审理仲裁案件。这里有必要特别介绍《UNCITRAL 仲裁规则》，其是为保证非机构的临时仲裁顺利展开及推进仲裁程序，而允许当事人在约定临时仲裁的同时供当事人选用的仲裁规则。经过近 40 年的使用，这些规则广泛用于临时仲裁和常设机构仲裁，这些规则不仅涵盖仲裁过程的所有方面，提供了示范仲裁条款，对任命仲裁员和仲裁过程规定了程序规则，还对裁决的形式、效力和解释等问题确立了规则，为商事交易的当事人提供了明确的指引。2012 年 12 月，针对 2010 年修订版《UNCITRAL 仲裁规则》，联合国国际贸易法委员会发布了《关于协助仲裁机构和其他有关机构根据 UNCITRAL 规则 2010 年修订本进行仲裁的建议》，该文件第六条将《UNCITRAL 仲裁规则》的适用方式细化为三类情形：其一，作为仲裁机构或其他有关机构的机构规则，即将《UNCITRAL 仲裁规则》作为各机构起草本机构仲裁规则的范本；其二，仲裁机构和其他有关机构根据《UNCITRAL 仲裁规则》管理仲裁或者提供一些行政服务；其三，仲裁机构或个人担任指定机构。从第二类情形可以发现，2010 年修订版《UNCITRAL 仲裁规则》不复局限于适用于临时仲裁，也完全可以适用于机构仲裁。受此裁判的启发，《CIETAC 仲裁规则》第四条第三款、《BAC 仲裁规则》第二条第一款都提出了允许约定本机构仲裁的同时可以选用其他机构的仲裁规则。

如上所述，当事人在选定某一仲裁机构仲裁的同时，约定适用其他仲裁机构的仲裁规则在国内外实践中已经初见端倪，但该问题在涉及 ICC 仲裁规则时却出现了障碍，该难题突出体现在 2011 年杭州市中级人民法院审理的阿尔斯通公司申请承认与执行新加坡国际商会仲裁院仲裁裁决的案件中（〔2011〕浙杭仲确字第 7 号民事裁定）。该案中，仲裁条款约定："任何和所有该等争议应由新加坡国际仲裁中心（SIAC）根据届时有效的 ICC 仲裁规则进行最终裁决，仲裁地点为新加坡，所用语种为英语。"后 SIAC 在混合适用 ICC 仲裁规则和 SIAC 仲裁规则的基础上作出了仲裁裁决。阿尔斯通公司向杭州市中级人民法院申请承认并执行该裁决，但杭州市中级人民法院、浙江省高级人民法院、最高人民法院均认为 SIAC 并未完全遵守 ICC 仲裁规则的规定，而是依据 SIAC 仲裁规则的规定组成仲裁庭，因此违反了当事人关于仲裁程序的特别约定，符合《纽约公约》第五条第一款拒绝执行的法定事由，最终于 2013 年作出了拒绝执行的裁定。事实上，2012 年新版《国际商会国际仲裁院仲裁规则》（以下简称《ICC 新规则》）生效后，替代了原 1998 年版本的 ICC 仲裁规则。《ICC 新规则》第一条第二款规定："国际商会仲裁院是唯一经授权对仲裁规则项下仲裁活动实施管理的机构，包括对按照仲裁规则所作出的裁决进行核阅、批准。"该款明确了国际仲裁院作为唯一管理国际商会仲裁机构的地位。这一新变化与国际商会对"浙大网新案"的答复延续了一致的立场，同时 ICC 的这种立场也促使各大国际商事机构争先恐后地修订自身的仲裁机构，以争取当事人在仲裁条款中选用。从最高人民法院的角度分析，该案所反映的趋势在于：随着国际经贸的深入，国际商事仲裁条款的约定呈现多元化，混合仲裁条款的出现是各方利益妥协的结果，实质性地增加了仲裁协议和仲裁方式合法性的风险，最高人民法院以最大程度在尊重当事人仲裁意愿和维护仲裁程序合法中寻找一种平衡。

另外，"浙江逸盛公司案"引发了广泛探讨的另一个要点是：如何根据仲裁协议中对仲裁机构角色的约定来判断当事人旨在进行的是机构仲裁抑或临时仲裁？一方面，2010 年《UNCITRAL 规则》不仅适用于临时仲裁，而且可以适用于机构仲裁；另一方面，即便 1976 年的《UNCITRAL 仲裁规则》适用于临时仲裁，但也允许仲裁机构的介入，那么，约定的仲裁机构在适用《UNCITRAL 仲裁规则》的过程中究竟发挥何种功能？如何根据仲裁机构所充当的角色来解释仲裁协议的含义？在论证与分析这一问题时，必须要对"临时仲裁"的概念本身进行重构，现代化的临时仲裁并不意味着完全排除任何机构的介入，仲裁机构在 UNCITRAL 仲裁中可以扮演三种角色。

第一类，指定机构（appointing authority）。2010 年《UNCITRAL 仲裁规

则》第六条所规定的"指定机构"是指争议当事人约定的或者由常设仲裁法院秘书长指派的机构,其主要职责是指定独任仲裁员或首席仲裁员,行使这一职责的前提是当事人无法就独任仲裁员的约定达成一致或者经当事人指定的两名仲裁员无法就首席仲裁员人选达成一致。

第二类,管理机构(administered authority)。1996年《联合国国际贸易法委员会关于组织仲裁程序之备注》第二十四条规定:为行使其职能,仲裁庭可能需要各种管理服务(例如开庭室或秘书服务)。当仲裁由仲裁机构管理时,该机构通常会提供仲裁庭所需的全部或大部分管理支持。据此,管理机构主要是为仲裁庭提供管理上或者行政上的服务,具体的服务内容大体包括:通信联络、文件转递、预订开庭室、速记、口译、仲裁费用托管以及仲裁庭提出的其他服务要求等。

第三类,仲裁机构(arbitral institution)。即使当事人约定适用《UNCITRAL仲裁规则》,但如果同时约定"提交某仲裁机构仲裁"时,则该机构的身份视为机构仲裁语境下的仲裁机构,与仲裁机构自身平常受理仲裁案件唯一的不同是,所适用的仲裁规则不同。在仲裁日益灵活及开放的趋势下,各个机构仲裁规则的差异日渐缩小,众多仲裁机构都允许当事人选择本仲裁机构的同时,可以采用其他机构的仲裁规则。

问题三:境外仲裁机构在我国作出的裁决是外国裁决抑或涉外裁决?

2020年8月,中国广州市中级人民法院(以下简称"广州中院")就布兰特伍德工业有限公司(Brentwood Industries)、广东阀安龙机械成套设备工程有限公司申请承认与执行仲裁裁决一案作出裁定,明确认定国际商会仲裁院(ICC)在广州作出的仲裁裁决属于中国涉外仲裁裁决,应当按照《民事诉讼法》第二百七十三条而非《纽约公约》向中国法院申请执行。

本案中,布兰特伍德工业有限公司(以下简称"布兰特伍德公司")、广东阀安龙机械成套设备工程有限公司、广州市正启贸易有限公司于2010年签订了《建设工程设备采购合同》,合同第16条约定:"凡因本合同引起的或与本合同有关的任何争议,双方应通过友好协商解决。如果协商不能解决,应提交国际商会仲裁委员会根据国际惯例在项目所在地进行仲裁。该仲裁委员会作出的裁决是终局的,对双方均有约束力。除仲裁委员会另有裁定外,仲裁费用由败诉一方负担。仲裁语言为中、英文双语。"合同第17条适用法律约定:"本合同适用法律为中华人民共和国法律。"未履行上述合同,各方当事人签订了《补充协议》,其中第3条载明,本合同项下的货物用于名称为"广州猎德污水处理厂四期工程"的项目,最终用户名称为"广州市污水治理有限责任公司",地址为中国广州市某地。

2011年5月,布兰特伍德公司向广州中院申请确认涉案仲裁条款无效。2012年2月,广州中院作出裁定①,确认涉案仲裁协议有效。2012年8月,布兰特伍德公司向国际商会仲裁院提起仲裁申请。2014年3月,国际商会仲裁院独任仲裁员简·威廉(Jane Willems)作出第18929/CYK号最终裁决。2015年4月,布兰特伍德公司向广州中院申请承认本案仲裁裁决。

广州中院认为:仲裁裁决系外国仲裁机构在中国内地作出的仲裁裁决,可以视为中国涉外仲裁裁决。涉案仲裁裁决的被申请人不履行仲裁裁决的,布兰特伍德公司可参照《民事诉讼法》第二百七十三条的规定向被申请人住所地或者财产所在地的中级人民法院申请执行。布兰特伍德公司现主张依据《纽约公约》或《关于内地与香港特别行政区相互执行仲裁裁决的安排》的规定申请承认及执行该仲裁裁决,其提起本案申请的法律依据显属错误,经法院多次释明后又拒不纠正,应自行承担由此导致的相应法律后果。鉴此,该案不应作为承认及执行外国仲裁裁决案件,依法应予终结审查。本案终结审查后,布兰特伍德公司可依法另行提起执行申请。

关于境外仲裁机构能否在中国内地进行仲裁的问题,理论上存在分歧。实践中,这一问题可以进一步区分两种情况:第一,当事人约定境外仲裁机构在中国内地仲裁的仲裁协议是否有效?第二,境外仲裁机构在中国内地作出的仲裁裁决,中国法院应当如何确定裁决的国籍?此类裁决属于外国裁决还是中国裁决?中国法院对此类裁决的司法审查及执行应当适用《纽约公约》,抑或《民事诉讼法》?

对于第一个问题,如果当事人约定将争议提交至某境外仲裁机构,同时约定中国内地某地点作为仲裁地,此类仲裁协议的有效性应依据《法律适用

---

① 广州市中级人民法院(2011)穗中法仲异字第11号民事裁定书。

法》第十八条①、《仲裁司法审查规定》第十三条、第十四条、第十五条②确定准据法。如果当事人没有专门选择仲裁协议适用的法律，或者仅选择了合同适用的法律，则视为未对仲裁协议的准据法作出选择，应当适用仲裁机构所在地或者仲裁地法律中能够确认仲裁协议为有效的法律。对于此类条款，仲裁机构虽位于境外，但仲裁地位于中国内地，应当重点依据中国法律审查仲裁协议是否有效。根据我国《仲裁法》第十六条，有效的仲裁协议应当同时符合三个要件：①请求仲裁的意思表示；②仲裁事项；③选定的仲裁委员会。

一种观点认为，依据《仲裁法》第十条③，仲裁法认可的"仲裁委员会"不包括境外仲裁机构，且仲裁是需要经过行政机关特许才能提供的专业服务，而中国政府亦未向境外开放仲裁服务市场，因此境外仲裁机构依法不能在中国境内进行仲裁，此类仲裁协议无效。④ 在2004年的"旭普林案"中，最高人民法院认为适用《国际商会仲裁规则》在上海进行仲裁的仲裁协议无效。据此，无锡高新技术产业开发区人民法院裁定涉案仲裁协议无效。⑤ 2006年"达利特案"中，法院认定仅约定适用《国际商会仲裁规则》、仲裁地点在北

---

① 《法律适用法》第十八条：当事人可以协议选择仲裁协议适用的法律。当事人没有选择的，适用仲裁机构所在地法律或者仲裁地法律。

② 《最高人民法院关于审理仲裁司法审查案件若干问题的规定》第十三条：当事人协议选择确认涉外仲裁协议效力适用的法律，应当作出明确的意思表示，仅约定合同适用的法律，不能作为确认合同中仲裁条款效力适用的法律。第十四条：人民法院根据《中华人民共和国涉外民事关系法律适用法》第十八条的规定，确定确认涉外仲裁协议效力适用的法律时，当事人没有选择适用的法律，适用仲裁机构所在地的法律与适用仲裁地的法律将对仲裁协议的效力作出不同认定的，人民法院应当适用确认仲裁协议有效的法律。第十五条：仲裁协议未约定仲裁机构和仲裁地，但根据仲裁协议约定适用的仲裁规则可以确定仲裁机构或者仲裁地的，应当认定其为《中华人民共和国涉外民事关系法律适用法》第十八条中规定的仲裁机构或者仲裁地。

③ 《仲裁法》第十条：仲裁委员会可以在直辖市和省、自治区人民政府所在地的市设立，也可以根据需要在其他设区的市设立，不按行政区划层层设立。仲裁委员会由前款规定的市的人民政府组织有关部门和商会统一组建。设立仲裁委员会，应当经省、自治区、直辖市的司法行政部门登记。

④ 康明：《我国商事仲裁服务市场对外开放问题初探——兼与生长同志商榷》，《仲裁与法律》，2003年第6期；李健：《外国仲裁机构在中国内地仲裁不可行》，《法学》，2008年第12期。

⑤ 《最高人民法院关于德国旭普林国际有限责任公司与无锡沃可通用工程橡胶有限公司申请确认仲裁协议效力一案的请示的复函》，（〔2003〕民四他字第23号）。德国旭普林国际有限责任公司与无锡沃可通用工程橡胶有限公司申请确认仲裁协议效力案，无锡高新技术产业开发区人民法院（2004）新民二初字第154号裁定书。

京的仲裁协议无效。① 2009 年的"夏新电子案"中，法院认定约定适用《国际商会仲裁规则》、仲裁地点包括厦门的仲裁协议无效。② 2011 年的"江苏外贸公司案"中，合同中文本约定由设在中国北京的国际商会仲裁委员会仲裁，英文文本约定依据《国际商会仲裁规则》在北京仲裁，最高人民法院最终以双方当事人不能就仲裁机构达成一致为由认定所涉仲裁协议无效。③

另一种观点认为，对"仲裁委员会"一词应作扩张解释，外国仲裁机构在内地仲裁不存在法律障碍。④ 2004 年 12 月，在厦门象屿集团有限公司与米歇尔贸易公司确认仲裁条款效力案中，厦门市中级人民法院认可了约定适用《国际商会仲裁规则》、仲裁地点为北京的仲裁条款的效力。⑤ 2009 年 4 月，在"德高钢铁公司案"中，宁波市中级人民法院裁定执行国际商会仲裁院在北京作出的仲裁裁决，理由是该裁决构成《纽约公约》第一条第一款的非内国裁决。

2013 年 3 月，我国最高人民法院在《关于申请人安徽省龙利得包装印刷有限公司与被申请人 BP Agnati S. R. L. 申请确认仲裁协议效力案的复函》⑥ 中明确指出：当事人约定由国际商会仲裁院（ICC）进行仲裁，管辖地应为中国上海（PLACE OF JURISDICTION SHALL BE SHANGHAI, CHINA）的仲裁协议是有效的。从仲裁协议的上下文看，对其中"管辖地应为中国上海"的表述应当理解为仲裁地在上海。该案对我国内地向境外仲裁机构开放其仲裁业务市场具有里程碑意义。无独有偶，2020 年 6 月，上海市第一中级人民法院在申请人大成产业气体株式会社、大成（广州）气体有限公司与被申请人普莱克斯（中国）投资有限公司申请确认仲裁协议效力一案⑦中，认定当事人约定由新加坡国际仲裁中心（SIAC）在中国上海仲裁的仲裁协议有效。法院

---

① 《最高人民法院关于仲裁条款效力请示的复函》，（〔2006〕民四他字第 6 号）。河北省高级人民法院（2006）冀民三初字第 2-1 号裁定书；最高人民法院（2007）民四终字第 15 号裁定书。
② 《最高人民法院关于夏新电子股份有限公司与比利时产品有限公司确认经销协议仲裁条款效力的请示的复函》，（〔2009〕民四他字第 5 号）。
③ 《最高人民法院关于 Salzgitter Mannesmann International GmbH 与江苏省对外经贸股份有限公司之间仲裁协议效力的复函》，（〔2011〕民四他字第 32 号）。
④ 王生长：《国际商会仲裁院能否在中国内地进行仲裁?》，《仲裁与法律》，2003 年第 6 期。
⑤ 福建省厦门市中级人民法院（2004）厦民认字第 81 号裁定书。
⑥ 最高人民法院（2013）民四他字第 13 号。
⑦ 上海市第一中级人民法院（2020）沪 01 民特 83 号民事裁定书。

特别指出，被申请人有关外国仲裁机构不得管理仲裁地点在国内的仲裁的观点，我国欠缺明令禁止性法律规定，且与国际商事仲裁发展趋势相悖。该案受到中国仲裁界的高度赞扬。

对于第二个问题，在确认境外仲裁机构在中国内地仲裁的仲裁协议有效的前提下，对此类仲裁裁决应如何进行司法审查？2009年4月，宁波市中级人民法院在德高钢铁公司（Duferco S. A.）申请承认与执行ICC第14006/MS/JB/.IEM号仲裁裁决案[1]中，认为国际商会仲裁院（ICC）在中国境内作出的仲裁裁决为"非内国裁决"，并按照《纽约公约》第一条第一款裁定予以承认和执行。这一案件表明，中国法院以作出仲裁裁决的机构是中国仲裁机构还是外国仲裁机构来判断仲裁裁决的国籍，将境外仲裁机构在我国内地作出的裁决视为外国仲裁裁决，并适用《纽约公约》进行司法审查，这在我国仲裁界引起巨大争议。在国际商事仲裁实践中，通行标准是按照仲裁地判断仲裁裁决的国籍。[2] 在"德高钢铁公司案"中，中国以仲裁机构为标准将此类裁决视为外国裁决，与国际仲裁发展趋势不符。

相比于"德高钢铁公司案"，"布兰特伍德公司案"明确纠正了错误，第一次将外国仲裁机构在中国内地作出的仲裁裁决归类为中国涉外仲裁裁决，并适用中国《民事诉讼法》予以司法审查和执行，这无疑是正确的。以仲裁地为标准确定仲裁裁决的国籍、有权撤销仲裁裁决的管辖法院、仲裁司法审查所适用的程序法是国际上的通行做法。

自2013年以来，中国内地仲裁服务市场的开放程度不断增强。2019年11月，上海市司法局发布《境外仲裁机构在中国（上海）自由贸易试验区临港新片区设立业务机构管理办法》，其中明确："自2020年1月1日起，符合规定条件的在外国和我国香港、澳门特别行政区、台湾地区合法成立的不以营利为目的仲裁机构以及我国加入的国际组织设立的开展仲裁业务的机构，可向上海司法局提出申请在上海自贸区临港新片区登记设立业务机构，开展相关涉外仲裁业务。"2019年12月，最高人民法院发布《关于人民法院进一步

---

[1] 宁波市中级人民法院（2008）甬仲监字第4号民事裁定书。
[2] 高晓力：《司法应依仲裁地而非仲裁机构所在地确定仲裁裁决籍属》，《人民司法（案例）》，2017年第20期。

为"一带一路"建设提供司法服务和保障的意见》，第 35 条指出："支持境外仲裁机构在上海临港新片区设立的分支机构开展仲裁业务。"2020 年 8 月，国务院发布《关于深化北京市新一轮服务业扩大开放综合试点建设国家服务业扩大开放综合示范区工作方案的批复》，该方案第 8 条明确规定："允许境外知名仲裁机构及争议解决机构经北京市司法行政部门登记并报司法部备案后，在北京市特定区域设立业务机构，就国际商事、投资等领域发生的民商事争议提供仲裁服务。"

以"布兰特伍德公司案"为契机，中国法院对境外仲裁机构在我国内地作出的仲裁裁决的司法审查发生了明显转向。今后，此类裁决将被视为中国涉外裁决，而不再是外国裁决。对此类仲裁裁决的执行，应依据《民事诉讼法》而非《纽约公约》。同时，中国法院对此类裁决既可拒绝执行，也可予以撤销。对于在中国内地设立了代表机构或办事处的外国仲裁机构，其裁决应由代表机构或办事处所在地法院进行审查。对于在中国内地没有设立代表机构或办事处的外国仲裁机构，其在中国内地作出的裁决应由哪些法院进行司法审查，中国立法尚无规定。对此，可行的方案是由最高人民法院在全国范围内指定若干城市（比如北京、上海、广州等）的中级人民法院进行司法审查，同时兼顾当事人的选择，以避免混乱。

三、境外仲裁机构在我国内地准入的理论动因

（一）对商事仲裁市场属性的反思与重构

商事仲裁作为一种需要双方当事人一致同意才能被实际采用的纠纷解决方式，从其诞生之日起就面临着市场的考验。仲裁机构的竞争对手不仅包括同行的仲裁机构，还包括诉讼、调解、工程评审等同样具有纠纷解决功能的其他机构。如果一家仲裁机构提供的纠纷解决服务跟其他仲裁机构或其他纠纷解决机构的服务相比没有明显的优势，就无法赢得当事人的信赖和选择，机构也难以生存和发展。虽然在推广仲裁时一般都会提到仲裁具有专业、高效、保密、灵活、经济、易于执行等优势，但这些优势并不一定天然存在，而是需要仲裁机构采取一系列的机制或措施，才能把潜在的制度优势落到实处。当然，这些都是从仲裁使用者的视角来思考的。而如果从行业的高度出发，相关主事者更要认识到商事仲裁在涉外场合的适用并不仅是在替当事人

解决纠纷。

首先，商事仲裁已经成为国家和商事主体争夺国际投资和贸易规则界定权和解释权的方式。通过商事仲裁的方式来解决一个个国际商事纠纷的过程实际上就是重申、解释、实施和调整国际贸易游戏规则的过程。在国际商事仲裁领域享有话语权和决定权，不仅能够为一国赢得争议解决层面的经济收益，也有利于国家控制国际贸易和海外投资风险，为国家影响和塑造国际投资或贸易秩序提供有效渠道。我国在"一带一路"倡议推进过程中作为对外投资的主导方，有必要积极推介商事仲裁并将其作为争议纠纷的主导处理方式，不断参与国际贸易竞争，熟悉国际贸易规则，提升国际话语权。

其次，商事仲裁的发展状况已经被世界银行集团列为衡量一个城市投资环境和法治环境的重要指标。高度发达的仲裁业和完善的仲裁机制，将为仲裁机构所在城市发展全球性的金融、商务、物流、贸易中心提供有力的保障。而且商事仲裁作为具备技术水平高、知识含量高并具有全球竞争性质的高端法律服务业，本身就能带动律师、公证、咨询等与法律相关产业的发展，进而产生良好的经济效益和社会效益，成为一个城市展现其良好的法治环境的标签。

再次，商事仲裁带有国际法律文化传播的使命和功能，它不仅能够吸引国际顶尖仲裁专家为当事人提供高端、优质的法律服务，而且能够创造国际交流平台，为国内外高端法律人才创造切磋、沟通的机会，促进信息的交流。以国际商事仲裁理事会主办的国际商事仲裁大会（以下简称"ICCA 大会"）为例，ICCA 大会被称为国际仲裁界的"奥林匹克"盛会，已经成为聚集国际法律人才，传递争议解决国际前沿文化、资讯，畅谈争议解决发展趋势的最佳平台。每届 ICCA 大会都会吸引逾千名在各自国家或地区有相当的话语权和决定权的仲裁专家，与会专家结合不同的文化习惯、政治背景和法律理念及自身经历，进行国际仲裁行业规则的深度研讨。中国作为世界大国，若能从更多、更高层面参与到类似的国际仲裁盛会之中，将不仅有利于推动中国仲裁行业的整体发展，更将有利于在国际舞台上树立中国的法治形象，促进中国在国际舞台上赢得更多话语权。

党的十八届四中全会在《中共中央关于全面推进依法治国若干重大问

题的决定》中提出"完善仲裁制度，提高仲裁公信力"的总体要求后，我国政府进一步加大了对商事仲裁的扶持力度，中国商事仲裁市场备受瞩目。

一方面，国际知名仲裁机构纷纷将目光聚焦在我国仲裁市场。国务院在2015年上海自贸试验区扩区时宣布"支持国际知名商事争议解决机构入驻"后，以国际商会仲裁院（ICC）、新加坡国际仲裁中心（SIAC）、香港国际仲裁中心（HKIAC）为代表的知名机构陆续在我国上海开设分支机构，设立办事处，在短时间内迅速登陆中国内地，引领了国际仲裁机构进驻我国的发展潮流。随后，各机构开展一系列国际仲裁的推广活动，同时强调快速程序、简易程序等更适合中国当事人的规则和指引，扩大国际仲裁机构在我国的影响力，努力争取中国仲裁的市场份额。

另一方面，国内仲裁机构面对激烈的竞争，顺势革新求变。尽管由于机制、体制等问题，我国现有的两百多家仲裁机构发展程度不一，但面对新时代、新机遇，国内仲裁机构在新形势下不断寻求新发展。北京仲裁委员会继续坚持市场化，新增"北京国际仲裁中心"这一名称，并全面实施国际化程度更高的新仲裁规则，发起了"一带一路"仲裁行动计划，成立了中非联合仲裁中心——北京中心和内罗毕中心，注重专业化和国际化制度建设，加快了"智慧仲裁"的服务体系建设的步伐；中国国际经济贸易仲裁委员会在香港、北京等多个城市陆续设立分会，并首次推出了投资仲裁规则，探索投资仲裁领域的发展；上海国际仲裁中心陆续设立中国（上海）自由贸易试验区仲裁院、上海国际航空仲裁院、金砖国家争议解决上海中心、中非联合仲裁上海中心、产权交易仲裁中心等，从不同专业领域出发为当事人提供个性化争议解决服务，积极探索自贸试验区仲裁发展新模式；广州仲裁委员会对"互联网+"时代的网络仲裁进行了有益探索，率先制定网络仲裁规则及信息化平台；深圳国际仲裁院在2017年的12月25日实现了与深圳仲裁委员会的合并，成为我国仲裁发展历史上首家合并运行的仲裁机构，合并后的深圳国际仲裁院（即深圳仲裁委员会）实行以理事会为核心的法人治理结构，采取市场化运作的决策、执行和监督有效制衡的管理模式。其他仲裁机构如哈尔滨仲裁委员会、青岛仲裁委员会、珠海仲裁委员会、石家庄仲裁委员会等也都在积极探索国际化发展道路，更多仲裁机构开始通过合作建设仲裁联盟、研究中心等方式，拓展仲裁业务和市场。

可见，随着"一带一路"倡议的不断推进，亚太地区经济获得迅速发展，国际仲裁法律服务市场正不断由传统的欧美地区向亚太地区转移。中国作为亚太地区最大的贸易国家，已成为最受国际仲裁关注的目标之一。不论是国际仲裁机构还是国内仲裁机构，都已经认识到我国仲裁市场的巨大潜力，并纷纷发力。中国仲裁市场跨地区的竞争明显加剧，各个仲裁机构对战略机会的争夺日益激烈。与此同时，国际仲裁业也不断呈现出中国市场国际化和国际竞争中国化的趋势。

（二）对中国仲裁国际化的探寻与追求

按照陈福勇博士的理解，所谓中国仲裁的国际化，至少包括三层含义：一是仲裁案件来源的国际化，即所受理的案件当事人遍及世界各地。这是一个直观的标准，也是中国仲裁国际化面临的第一个挑战。二是仲裁服务水准的国际化，即有能力提供世界一流的争议解决服务。这是仲裁国际化的实质和最重要的方面。三是品牌塑造战略的国际化。对仲裁机构而言，只有建立起高端的品牌形象，才有可能对中低端的市场形成自然辐射，对国家来说是要有意识地进行行业政策的调整，争取在全球商事纠纷解决市场的竞争中取得主动地位，不断向高端市场渗透。① 在以上三个方面，中国仲裁国际化的首要任务是仲裁服务水准的国际化，即便是一个国际案件都没有，也应该让中国当事人有条件享受国际水准的纠纷解决服务。推进中国仲裁的国际化给争议解决从业者提出了更高的要求，正如著名仲裁员沈四宝教授所总结的：第一，无论个人还是仲裁机构，都要有国际视野；第二，要学习和借鉴国外的先进经验，尊重和遵守国际仲裁规则和惯例；第三，完善国内仲裁制度应考虑适应国际化的需要，要不断推进国际仲裁规则的创新和国际惯例的发展，积极、及时地总结国际仲裁的新经验，促进国际仲裁规则的推陈出新。

国际商事仲裁的特殊性首先表现在国内仲裁机构及仲裁从业人员必然面临着国际层面的竞争。目前，除了国际上老牌的国际商事仲裁机构，如国际

---

① 陈福勇：《新时代的融合：中国仲裁的国际化与国际仲裁的中国化》，《人民法治》，2018年第5期，第7页。

商会仲裁院、伦敦国际仲裁院、斯德哥尔摩商会仲裁院、美国仲裁协会之外，其他的后起之秀，如新加坡国际仲裁中心、香港国际仲裁中心、韩国商事仲裁院等，都在全球范围内积极拓展其仲裁业务，争取案源的同时提升国际影响力，铸造全球范围内的公信力。必须清醒地认识到，一个国家的仲裁在世界仲裁界的地位，不仅关涉优化本国的投资贸易法律环境，而且也是本国在国际层面综合竞争能力的展现。

要想开创中国国际商事仲裁工作新局面，巩固中国作为国际商事仲裁中心的地位，积极促进中国仲裁活动的产业化发展，应当加快推进国际化与本土化兼备的仲裁法律制度和仲裁实践进程。其中，建立与国际接轨的涉外仲裁法律制度、营造良好的仲裁法律环境，是重中之重。

当然，内国仲裁的国际化和仲裁法治环境的自由化并不意味着仲裁的全球趋同化。仲裁的国际化并不是根除或取缔仲裁的本土化，其目标在于使国内的仲裁法律制度、商事仲裁营商环境实现与国际通行规则接轨，从而迎合经济全球化及国际贸易与投资自由化的需求。相比之下，仲裁的本土化则要求国家立足于本国的国情，结合本国既有的法律文化传统，弘扬仲裁制度中独具内国特色的方面，发挥自身的长处，从而寻求仲裁国际化和本土化的结合点，实现仲裁法律制度立足当下、面向未来，根植国情、对标国际的目标。

具体落实到中国的国际商事仲裁，其秉持为当事人服务、注重营造和谐氛围、公平公正裁判的理念，以合理的收费水平减轻当事人的讼累，充分发挥仲裁与调解相结合等传统经验，这些对当事人而言都颇具吸引力，而传承这些本土制度特点并不必然与国际规则相违背。

相比之下，国际仲裁的中国化可以理解为，国际仲裁实践可经适度调整被中国业界所接受。在这个阶段，为了实现"中国仲裁国际化"的目标，中国仲裁机构会采取开放的姿态去接受国际规则，尽可能与国际接轨。不过随着实践的发展，中国仲裁国际化的另一层含义越来越被人所提起并推崇，那就是推动中国仲裁实践被国际仲裁界所接受，这无疑还有很长的路要走。在这一过程中，有抱负的仲裁机构要能团结一切可以团结的力量，包括仲裁员、仲裁代理律师、国内仲裁同行和国际友人等一起来做"中国仲裁国际化和国际仲裁中国化"的梦。每个人的世界观（视野）、人生观（情怀）、价值观（得失）、使命感（进退）的不同，都将让其对仲裁相关事项有不同的看法和实践。

(三) 国际商事仲裁市场的自由化

从严格意义上讲，自由化不仅是消除对市场造成扭曲的政策性限制和歧视的过程，也是对政府干预彻底放弃的过程。坚决反对国家对经济进行干预的亚当·斯密认为："在一个自由放任的制度之中，利己的润滑油会使经济的尺度奇迹般地正常旋转。不需要计划者，不需要政府颁布法令控制价格或管理生产，市场会解决一切问题。"

不过，在现代国际商事仲裁的发展中，完全排斥国家管制和司法监督的做法已证明不可取，能够实现的只是司法干预的最小化。换言之，商事仲裁市场的自由化、国际化和全球化，指的是在商事争议解决中最大限度地容许当事人实现意思自治、弱化国家干预，使公权力对仲裁市场竞争和仲裁资源配置的影响最小化。

具体到更深的层面，国际商事仲裁的自由化趋势包括两重含义：对内的中性化和对外的开放性。中性化是指国家对国内仲裁市场，包括对全国各地仲裁机构乃至经批准在国内设立代表机构的外国仲裁机构在国内仲裁市场上的竞争，应采取不偏不倚的立场，同时对外国机构遵行国民待遇和最惠国待遇的基本要求。开放性则是允许外国以及境外仲裁机构在中国仲裁市场上开展相应的仲裁业务，在政策和法律上的具体表现是不断放宽市场准入的门槛。总的来看，允许外国仲裁机构在国内仲裁实际上是一个动态推进的过程：开放性是它的起点，中性化是朝向自由化不断迈进的重要阶段，而完全的无障碍、甚至是没有干预性法律制度的约束，才是自由化的理想型终端状态。

任何一种新生事物的成长，都有其产生的必然规律和存在的合理性基础，而其成长大多是建立在对传统的否定或"扬弃"的基础上的。它与性质迥异的传统事物的矛盾、斗争、暂时妥协、胜出，及其对传统的扬弃贯穿于这种成长过程，决定其螺旋式的前进轨迹。

国际商事仲裁市场的进一步扩大开放符合这一基本发展规律，它是在对过往严格封闭仲裁服务业市场的立场加以变通和调整的基础上所采取的，对于中国仲裁市场准入经历的"封禁—缓和—开放"这一变迁历程的根源和理论基础加以分析，将其中所涉及的具体现实问题加以归纳、总结，并结合我国进一步扩大对外开放、构建国内国际双循环相互促进的新发展格局、统筹推进国内法治与涉外法治等背景，从制度的内生性和新发展格局的必然性视角对所涉及的问题给出相应的对策，是解释这一现象的重要基础。

（四）国际商事仲裁制度的"非当地化"趋势

国际商事仲裁的"当地化"（localization）与"非当地化"（delocalization）代表了国家主权原则与经济全球化的博弈在仲裁场域下的嵌入。经济领域的传统国家经济主权制度把整个世界市场分割成条块林立、以邻为壑的破碎体系，而国际商事仲裁的"非当地化"恰恰是以拆除妨碍跨境争议解决壁垒、消除传统制度对国际仲裁市场统一化的障碍为己任，从而与经济主权的传统制度相冲突。

国际商事仲裁制度的"非内国化"与国际营商环境的自由化本身就是经济主权传统观念变迁的过程。必须看到，中国仲裁市场国际化的重要特征之一，就是从传统强调"管制"逐渐转变为"放松"。以往中国国际商事仲裁法的研究集中于仲裁管辖权、仲裁协议、法律适用，以及仲裁裁决的司法审查等话题性较强的主题，这些研究对于中国仲裁立法的完善、司法解释的出台、中国当事人参与国际商事仲裁等无疑是有益的。相对来说，开展此类研究是比较便利的，因为仲裁裁决一旦进入司法审查阶段，便意味着要向社会公众进行公开，且《纽约公约》及各国的仲裁立法、仲裁机构的仲裁规则等文本普遍对这些问题做出了对应解答的规定。与此不同，对境外仲裁机构在我国内地仲裁开展研究则困难得多，因为既有的仲裁立法几乎没有对此加以规定，即使对仲裁机构本身的设立、登记和管理做出了少许规定，但相关条款在内容方面极为简略，部分国家甚至没有对仲裁机构做出规定，而是兼采机构仲裁与临时仲裁。因此，开展此项研究只能通过考察大量的政策性文件和国内法院关于此类仲裁协议效力认定、仲裁裁决承认与执行的案例，除此别无他途。然而，随着我国仲裁国际化程度的逐步提升，自由贸易试验区战略的推广，我国的仲裁市场不断深化对外开放，中国仲裁法学者有可能、更有必要多关注中国允许境外仲裁机构机构准入后的法治保障问题。不妨认为，本书标志着中国国际商事仲裁法研究从以规则的建构和完善为导向的研究范式迈向以创新政策的落地和具体问题的解决为导向的研究范式，其理论及实践参考价值是毋庸置疑的。

第二节　境外仲裁机构在内地仲裁的历史、现状及问题

理论上，基于仲裁的意思自治原则，国际商事仲裁的当事人可以自由选择仲裁机构和仲裁地。在国内案件中，当事人对仲裁机构的选择和对仲裁地的选择高度同一，即当事人往往在选择中国仲裁机构的同时，也将中国内地的特定地点选为仲裁地。但在国际商事仲裁中，仲裁机构与仲裁地分属于不同国家的错位现象较为常见，这也是当事人意思自治所允许的，即选择一国仲裁机构的同时，将境外某地点选择为仲裁地。从市场的眼光审视，仲裁的本质是为当事人提供的一种以解决争议为内容的法律服务。当事人作为国际商事仲裁的最终用户，他们在不同的可能选项之间拥有鉴别和决定的自由。具体来看，当事人不仅可以选择机构仲裁，也可以选择临时仲裁。在选择机构仲裁的前提下，既可以选择设立在甲国的仲裁机构仲裁，也可以选择设立在乙国的仲裁机构仲裁，既可以选择以甲国为仲裁地，也可以选择以乙国为仲裁地。仲裁机构和仲裁地的多元化为当事人的意思自治提供了现实基础。各国的仲裁机构，作为潜在仲裁地的各个国家，存在一定的竞争关系，它们必须凭借制度优势、法律环境、市场化水平以及当事人的便利因素等在国际商事仲裁市场中争取一席之地。实践中，当事人协商选择仲裁机构时往往会综合考虑该机构的国际知名度、公信力、服务水平、仲裁员队伍的国际化、仲裁规则认可度、裁决承认与执行的比例等。当事人协商选择仲裁地时往往会综合考虑该地的交通便利、基础设施完善以及营商环境法治化等因素。[1] 因此，在国际上享有卓越声誉和丰富经验的仲裁机构成为跨国商事争议当事人的首选。一国仲裁机构在境外其他国家或地区开展仲裁业务、进行仲裁活动，实际上相当于将业务的范围延伸至本国仲裁法律服务市场之外。严格来讲，考虑到各个国家拥有经济主权和司法主权，在未经本国允许的情况下，其他国家的实体在本国境内的活动范围是受限的，只有在仲裁地所属国采取对外

---

[1] Alan Redfern and Martin Hunter, Law and Practice of International Commercial Arbitration, London: Sweet and Maxwell, 2004, p. 270-271.

开放的立场并允许准入的前提下,对境外仲裁机构能否在中国内地进行仲裁的分析才具有现实意义。

一、境外仲裁机构在内地仲裁的典型案例及裁判要旨

（一）永宁公司案

1995年12月,塞尔维亚共和国 Hemofarm DD、MAG 国际贸易公司与济南永宁制药股份有限公司（以下简称"永宁公司"）签订了《济南—海慕法姆制药有限公司合资合同》（以下简称"合资合同"）,成立济南—海慕法姆制药有限公司（以下简称"合资公司"）。该合同第58条就争议解决事项规定如下:"凡因执行本合同所发生的或与本合同有关的一切争议,双方应通过友好协商解决；如果协商不能解决,应提交巴黎国际商会仲裁院,根据该会的仲裁暂行规则进行仲裁。"

在履行合资合同的过程中,由于合营企业股权和注册资本的变更导致合资企业与股东永宁公司之间就土地和财产的租赁发生了纠纷。2002年至2003年,永宁公司先后向山东省济南市中级人民法院（以下简称"济南中院"）对合资公司提起诉讼,请求法院判定后者返还其财产并支付土地租金。合资公司向济南中院提出管辖权异议,称涉案租赁纠纷应依据合资合同第58条的约定提交国际商会仲裁院（International Chamber of Commerce, ICC）予以仲裁解决。经审查,济南中院认定,永宁公司在该案中提起的诉讼请求系基于永宁公司与合资公司之间的资产租赁纠纷,合资合同中的仲裁条款则仅约束合资公司的各个投资主体,而合资公司本身并非投资主体,故与其有关的纠纷不受仲裁条款约束,故裁定驳回合资公司的管辖权异议。在济南中院进行诉讼的过程中,永宁公司向法院提出了财产保全的申请,并提供了相应的担保,济南中院准许保全申请并对合资公司的部分存款和财产进行了冻结和查封,最终作出了有利于永宁公司的判决。

2004年9月,Hemofarm DD、MAG 国际贸易公司、苏拉么媒体有限公司（以下统称"外方投资者"）作为共同申请人向 ICC 对永宁公司提出仲裁请求,主张永宁公司拒绝按照合资合同第58条的约定以仲裁方法解决争议并在中国法院起诉等行为,违反了合资合同和法律规定的义务。与此同时,外方投资者诉称,永宁公司在中国法院起诉的同时提出了财产保全等申请,最终

导致合资公司的财产被查封，致使合资公司无法维持正常经营，造成了合资公司商业价值的实际贬损，损害了各位外方投资者的权益。基于此，外方投资者共同请求 ICC 仲裁庭判令：永宁公司赔偿投资损失 1 076 万美元及相应的利润损失 2 000 余万美元；裁决合资公司不应向永宁公司支付中国法院所判决的租金；责令永宁公司撤回在中国法院的起诉；裁决永宁公司赔付各位外方投资者在中国参加诉讼和开展抗辩所支出的所有费用。经审理，ICC 仲裁庭认定，永宁公司在济南中院提起诉讼并获得财产保全裁定等一系列行为，最终对外方投资者的权利和利益造成了直接的、实质的不利影响，并最终引发了合资公司的关停和终止运营。永宁公司提起诉讼、申请财产保全等行为构成对合资合同的违反，故外方投资者有权依据合资合同第 58 条之约定对永宁公司提起仲裁请求。具体而言，永宁公司的起诉构成对合资合同第 58 条仲裁条款的违反，而财产保全申请是造成合资公司终止的唯一原因。基于此，ICC 仲裁庭于 2007 年 3 月在法国巴黎作出仲裁裁决：裁定永宁公司向外方投资者支付损害赔偿金 645 万美元，赔偿外方投资者在中国法院参加诉讼的费用 9 509 万美元及其他费用 127 万美元，并由永宁公司负担本案仲裁费用 29 万美元。

  仲裁裁决作出后，因永宁公司拒绝履行裁决义务，外方投资者向济南中院申请承认并执行该裁决。在承认与执行程序中，永宁公司向济南中院抗辩称：本案仲裁裁决审理和裁决的范围已经超出合资合同中仲裁条款约定的范围，如果承认并执行该裁决，将违反中国的公共政策，故请求不予承认及执行。经审查，济南中院认为，该案合资合同第 58 条虽订有仲裁条款，但该条款所约束的争议范围仅限于签署合资合同的各方当事人因合资事宜所发生的争议，不能涵盖永宁公司与合资公司就土地及财产租赁所引发的纠纷。然而，ICC 仲裁庭却对永宁公司与合资公司之间的租赁合同纠纷一并进行了审理，显然已超出仲裁协议的范围，故构成超裁。与此同时，鉴于中国法院已经在仲裁庭受理案件之前就对永宁公司与合资公司之间的租赁纠纷作出了保全裁定及实体判决，仲裁庭仍然对相同当事人之间的相同纠纷进行审理和裁决，显然已侵犯了中国的司法主权和中国法院的司法管辖权。鉴于此，依据《承认及执行外国仲裁裁决公约》（以下简称《纽约公约》）第五条第一款丙项和第二款乙项之规定，济南中院认定应拒绝承认及拒绝执行该 ICC 裁决。

依据最高人民法院《关于人民法院处理与涉外仲裁及外国仲裁事项有关问题的通知》中规定的报核制度，济南中院、山东省高级人民法院将本案报请最高人民法院进行司法审查。后最高人民法院作出复函，认定仲裁庭的审理和裁决确已超出仲裁协议的范围，侵犯了中国的司法主权和中国法院的司法管辖权，同意对该仲裁裁决不予承认及执行。①

（二）华龙公司案

2003年，美国TH&T公司向四川省成都市中级人民法院（以下简称"成都中院"）申请承认并执行ICC仲裁庭适用ICC仲裁规则在美国洛杉矶作出的仲裁裁决。在该案中，美国TH&T公司与成都华龙汽车配件有限公司（以下简称"华龙公司"）之间订立的买卖合同中约定了仲裁条款，该条款规定："因市场销售、货款支付产生的商事争议，根据国际商会的调解与仲裁规则在洛杉矶进行仲裁。"双方在合同履行中发生争议，美国TH&T公司向ICC提出仲裁请求，依据ICC仲裁规则组建的独任仲裁庭在美国洛杉矶作出仲裁裁决，要求华龙公司支付相应款项。因华龙公司未履行仲裁裁决，于是美国TH&T公司向成都中院申请承认并执行该裁决。经审查，成都中院认为，该裁决应依据《纽约公约》决定是否承认及执行，鉴于我国在加入该公约时提出了互惠保留声明，故我国仅对在另一公约成员国境内作出的仲裁裁决适用该公约予以审查。成都中院特别强调，所谓另一缔约国领土，应特指仲裁机构所在国，而非仲裁地所在国。②该案中，因ICC位于法国巴黎，故仲裁裁决虽然在美国洛杉矶作出，其仍然属于法国裁决。换言之，从该案法院的司法审查意见中不难窥见，我国据以确认仲裁裁决籍属的标准为仲裁机构所在地，而非仲裁地或裁决作出地。

（三）天利公司案

1998年6月，山西天利实业有限公司（以下简称"天利公司"）与香港伟贸国际有限公司（以下简称"伟贸公司"）签署了焦炭购销合同，其中订立的仲裁条款约定："无论是自然产生的或以任何方式与合同或合同的解除或

---

① 万鄂湘、于喜富：《中国法院不予承认与执行国际商会仲裁院第13464/MS/JB/JEM号裁决评述》，《国际经济法学刊》，2009年第3期。

② 赵秀文：《民诉法关于国际仲裁规定的不足与完善》，《法治研究》，2013年第9期。

履行有关的任何可能会被提起仲裁的争议，应在香港提起并依照国际商会仲裁规则和英国法进行。在分歧或争议不能协商解决确定之日起 30 日内，当事人中任何一方可就争议的分歧提起仲裁。仲裁费用由仲裁中败诉的一方承担。"在合同履行过程中，伟贸公司以天利公司交付的货物不合格为由拒绝收货，并向 ICC 对天利公司提起仲裁主张索赔。2001 年 10 月，依据 ICC 仲裁规则成立的独任仲裁庭经审理后，在我国香港特别行政区作出仲裁裁决，认定天利公司构成违约，应予赔付，并应当承担 90%的仲裁费。鉴于天利公司拒绝履行仲裁裁决，伟贸公司于 2002 年 5 月向山西省太原市中级人民法院（以下简称"太原中院"）申请承认并执行该仲裁裁决。

经审理，太原中院、山西省高级人民法院将该案层报至最高人民法院予以审查。2004 年 7 月，最高人民法院就本案作出复函认为，该案所涉裁决系 ICC 依照当事人达成的仲裁协议及申请作出的机构仲裁裁决，因 ICC 系在法国设立的仲裁机构，而我国与法国均为《纽约公约》的缔约国，故该案裁决的承认与执行应依据《纽约公约》予以审查，而不应当适用《最高人民法院关于内地与香港特别行政区相互执行仲裁裁决的安排》。[1] 由此可见，我国法院将 ICC 仲裁庭依据 ICC 仲裁规则在香港特别行政区作出的仲裁裁决识别为法国裁决的理由主要是基于对仲裁机构所在地的考虑，而不是根据仲裁地实际居于何地。

（四）旭普林公司案[2]

2000 年 12 月，德国旭普林国际工程有限责任公司（以下简称"旭普林公司"）与中国无锡沃可通用工程橡胶有限公司（以下简称"沃可公司"）签署了国际工程承包合同，由旭普林公司承包建设沃可公司位于中国江苏省无锡新区的一处厂房。该合同采用国际咨询工程师联合会（Fédération Internationale Des Ingénieurs Conseils, FIDIC）示范合同文本，该合同文本第

---

[1] 宋连斌、董海洲：《国际商会仲裁裁决国籍研究——从最高人民法院的一份复函谈起》，《北京科技大学学报（社会科学版）》，2009 年第 3 期。
[2] 《最高人民法院关于德国旭普林国际有限责任公司与无锡沃可通用工程橡胶有限公司申请确认仲裁协议效力一案的请示的复函》，（[2003]民四他字第 23 号）。《德国旭普林国际有限责任公司与无锡沃可通用工程橡胶有限公司申请确认仲裁协议效力案》（无锡高新技术产业开发区人民法院（2004）新民二初字第 154 号裁定书）。

15.3 条规定："异议通知书所指的任何争端，应当由一名独立的仲裁员依据协议附件中规定的规则作出最终处理。如果双方当事人不能就仲裁员的人选达成一致，则由协议附件中规定的机构指定。案件审理应当在协议附件中规定的地点进行，并使用第 1.5 条规定的语言。"合同附件中明确以英文规定："Arbitration：15.3 ICC Rules，Shanghai shall apply。"

后双方当事人在合同履行过程中因工程价款结算发生争议，2003 年 4 月，旭普林公司向 ICC 申请仲裁，沃可公司则对仲裁庭提出管辖权异议。随后，旭普林公司向我国江苏省无锡市新区人民法院（以下简称"无锡新区法院"）提起诉讼，申请确认涉案仲裁协议有效。后无锡新区法院、无锡市中级人民法院（以下简称"无锡中院"）、江苏省高级人民法院将本案层报至最高人民法院予以审查。2004 年 9 月，无锡新区法院依据最高人民法院的复函作出本案裁定，确认本案所涉仲裁协议无效，理由是：鉴于当事人没有约定仲裁协议效力的准据法，故应根据仲裁地法律即中国法律确认仲裁协议的效力，而根据我国《仲裁法》的相关规定，有效的仲裁协议必须同时具备仲裁的意思表示、仲裁事项、选定的仲裁委员会三个要素，因本案仲裁协议未约定明确的仲裁委员会，故应当认定为无效仲裁协议。

但是 ICC 依据国际通行的仲裁庭"自裁管辖权原则"（the doctrine of competence-competence）以及 ICC 仲裁规则的规定，早在 2003 年 11 月就作出中间裁决，确认本案仲裁协议有效，仲裁庭对双方当事人之间的争议具有管辖权。据此，仲裁庭对本案争议的实体问题进行了开庭审理，沃可公司参加了实体审理。2004 年 3 月，仲裁庭就本案作出仲裁裁决，判定沃可公司向旭普林公司支付相应的工程欠款及利息。鉴于沃可公司拒绝履行仲裁裁决，旭普林公司于 2004 年 8 月向无锡中院申请承认并执行仲裁裁决。经审理，无锡中院于 2006 年 7 月作出民事裁定，驳回旭普林公司的执行申请，理由是：本案仲裁裁决由 ICC 在中国上海作出，属于非内国裁决，承认与执行该裁决的申请应当适用《纽约公约》予以审查。鉴于沃可公司已经提供证据证明无锡新区法院在此前的裁定中业已判定本案仲裁协议依据中国法律属于无效的仲裁协议，裁决具有《纽约公约》第五条第一款甲项之情形，故而不应得到承认与执行。

本案裁定作出后，在国内外仲裁理论与实务界引发强烈的反响。无锡中院的裁定中首先认定 ICC 在中国上海作出的仲裁裁决属于我国《民事诉讼法》第二百八十三条所规定的国外仲裁机构裁决,继而明确对此类裁决承认与执行申请的审查应依据国际公约或互惠原则办理。而在实际运用《纽约公约》的过程中,无锡中院又明确该裁决属于非内国裁决。有学者称,无锡中院的裁定没有厘清外国仲裁裁决、国内外仲裁机构的裁决、非内国裁决三者之间的差异,引发了实践上的混淆。① 毋庸置疑的是,本案中无锡中院的裁定实际上遵循了我国法院识别 ICC 裁决国籍的一贯传统,即采取机构标准而非仲裁地标准。最终的效果可谓殊途同归,都明确了《纽约公约》的司法适用,并以此作为评判裁决是否可予承认及执行的法律标准。

(五)宁波工艺品公司案

2003 年 1 月,宁波市工艺品进出口有限公司(以下简称"宁波工艺品公司")与瑞士 DUFERCO S. A.(以下简称"德高钢铁公司")在我国签订了买卖冷轧钢的合同,合同约定:"一切因执行本合同或与本合同有关的争议,应由双方通过友好协商方式解决。如经协商不能得到解决,应提交位于中国的国际商会仲裁院按照《联合国国际货物销售合同公约》仲裁。裁决是终局的,对双方当事人均有拘束力。仲裁费用由败诉方承担,但须服从仲裁委员会裁决。"在合同履行期间,双方发生争议。德高钢铁公司于 2005 年 9 月向 ICC 对宁波工艺品公司提起仲裁索赔请求,新加坡籍独任仲裁员采取书面方式对本案进行了审理。在案件审理期间,仲裁庭先后向被申请人宁波工艺品公司送达了审理范围书、仲裁程序时间表等文件,宁波工艺品公司签收了文件,但未提交答辩,也未提出管辖权异议。2007 年 9 月,ICC 在北京就本案作出了仲裁裁决,裁决认定应由宁波工艺品公司承担违约责任并向德高钢铁公司支付相应款项。鉴于宁波工艺品公司未执行仲裁裁决,德高钢铁公司于 2008 年 2 月向我国浙江省宁波市中级人民法院(以下简称"宁波中院")申请承认并执行该仲裁裁决。案件受理后,宁波工艺品公司向宁波中院提出抗辩,声称应涉案仲裁协议无效,法院应当拒绝承认并拒绝执行该裁决。

经审理,宁波中院认为,宁波工艺品公司并未在仲裁程序中对仲裁协议的效力提出异议,且 ICC 已在仲裁裁决中认定涉案仲裁协议有效,根据《仲

---

① 赵秀文:《国际商事仲裁现代化研究》,法律出版社 2010 年版,第 79 页。

裁法司法解释》第十三条之规定，鉴于当事人未在仲裁庭首次开庭前提出管辖权异议，且仲裁机构已对仲裁协议效力作出了认定，故宁波工艺品公司关于仲裁协议无效的抗辩理由不成立。本案仲裁裁决属于《纽约公约》项下的非内国裁决，不存在公约规定的拒绝承认及执行的事由，故宁波中院于2009年4月作出裁定，认定涉案ICC仲裁裁决应予承认并执行。本案系自"旭普林公司案"之后又一起ICC在中国境内所作仲裁裁决予以承认与执行的案件，宁波中院再次将此类裁决界定为非内国裁决，从而将其归入《纽约公约》的适用范围，再度折射出法院否认以仲裁地标准作为确认裁决国籍的标准这一立场。

二、约定外国仲裁机构在我国内地仲裁的协议效力问题

（一）仲裁协议的有效性认定

关于境外仲裁机构能否在我国内地进行仲裁的问题，理论上存在分歧。实践中，这一问题可以进一步区分为两种情况：第一，当事人约定境外仲裁机构在我国内地仲裁的仲裁协议是否有效？第二，境外仲裁机构在我国内地作出的仲裁裁决，我国法院应当如何确定裁决的国籍？此类裁决属于外国裁决还是中国裁决？我国法院对此类裁决的司法审查及执行应当适用《纽约公约》，抑或适用我国的《民事诉讼法》。

对于第一个问题，如果当事人约定将争议提交至某境外仲裁机构，同时约定中国内地某地点作为仲裁地，此类仲裁协议的有效性应依据《法律适用法》第十八条、《仲裁司法审查规定》第十三条、第十四条、第十五条确定准据法。如果当事人没有专门选择仲裁协议适用的法律，或者仅选择了合同适用的法律，则视为未对仲裁协议的准据法作出选择，应当适用仲裁机构所在地或者仲裁地法律中能够确认仲裁协议为有效的法律。对于此类条款，仲裁机构虽位于境外，但仲裁地位于中国内地，故应当重点依据中国法律审查仲裁协议是否有效。根据我国《仲裁法》第十六条，有效的仲裁协议应当同时符合三个要件：①请求仲裁的意思表示；②仲裁事项；③选定的仲裁委员会。

一种观点认为，依据《仲裁法》第十条，仲裁法认可的"仲裁委员会"不包括境外仲裁机构，且仲裁是需要经过行政机关特许才能提供的专业服务，而中国政府未向境外开放仲裁服务市场，因此境外仲裁机构依法不能在中国

境内进行仲裁，此类仲裁协议无效。① 2006年"达利特案"中，法院认定仅约定适用《国际商会仲裁规则》、仲裁地点在北京的仲裁协议无效。② 2009年的"夏新电子案"中，法院认定约定适用《国际商会仲裁规则》、仲裁地点在厦门的仲裁协议无效。③ 2011年的"江苏外贸公司案"中，合同中文文本约定由设在中国北京的国际商会仲裁委员会仲裁，合同英文文本约定依据《国际商会仲裁规则》在北京仲裁，最高人民法院最终以双方当事人不能就仲裁机构达成一致为由认定所涉仲裁协议无效。④

另一种观点认为，对"仲裁委员会"一词应做扩张解释，外国仲裁机构在内地仲裁不应存在法律障碍。⑤ 2004年12月，在厦门象屿集团有限公司与米歇尔贸易公司确认仲裁条款效力案中，厦门市中级人民法院认可了约定适用《国际商会仲裁规则》、仲裁地点为中国北京的仲裁条款的效力。⑥ 2009年4月，在"德高钢铁公司案"中，宁波市中级人民法院裁定执行国际商会仲裁院在北京作出的仲裁裁决，理由是该裁决构成《纽约公约》第一条第一款的非内国裁决。

（二）仲裁裁决的国籍及其执行的法律依据

对于第二个问题，在确认境外仲裁机构在中国内地仲裁的仲裁协议有效的前提下，应如何对此类仲裁裁决进行司法审查？2009年4月，宁波市中级人民法院在德高钢铁公司（Duferco S. A.）申请承认与执行ICC第14006/MS/JB/. IEM号仲裁裁决案⑦中，认为国际商会仲裁院（ICC）在中国境内作出的仲裁裁决为"非内国裁决"，并按照《纽约公约》第一条第一款裁定予以承认和执行。这一案件表明，中国法院以作出仲裁裁决的机构是中国仲裁机构

---

① 康明：《我国商事仲裁服务市场对外开放问题初探：兼与生长同志商榷》，《仲裁与法律》，2003年第6期；李健：《外国仲裁机构在中国内地仲裁不可行》，《法学》，2008年第12期。
② 《最高人民法院关于仲裁条款效力请示的复函》（〔2006〕民四他字第6号）。河北省高级人民法院（2006）冀民三初字第2-1号裁定书。最高人民法院（2007）民四终字第15号裁定书。
③ 《最高人民法院关于夏新电子股份有限公司与比利时产品有限公司确认经销协议仲裁条款效力的请示的复函》（〔2009〕民四他字第5号）。
④ 《最高人民法院关于Salzgitter Mannesmann International GmbH与江苏省对外经贸股份有限公司之间仲裁协议效力的复函》，（〔2011〕民四他字第32号）。
⑤ 王生长：《国际商会仲裁院能否在中国内地进行仲裁？》，《仲裁与法律》，2003年第6期。
⑥ 福建省厦门市中级人民法院（2004）厦民认字第81号裁定书。
⑦ 宁波市中级人民法院（2008）甬仲监字第4号民事裁定书。

还是外国仲裁机构判断仲裁裁决的国籍,将境外仲裁机构在中国内地作出的裁决视为外国仲裁裁决,并适用《纽约公约》进行司法审查,这在中国仲裁界引起巨大争议。在国际商事仲裁实践中,普遍接受的通行标准是按照仲裁地判断仲裁裁决的国籍。① 在"德高钢铁公司案"中,中国以仲裁机构为标准将此类裁决视为外国裁决,与国际趋势不符。

相比于"德高钢铁公司案",之前述及的"布兰特伍德公司案"明确纠正了错误,第一次将外国仲裁机构在中国内地作出的仲裁裁决归类为中国涉外仲裁裁决,并适用中国《民事诉讼法》予以司法审查和执行,这无疑是正确的。如前所言,以仲裁地为标准确定仲裁裁决的国籍、有权撤销仲裁裁决的管辖法院、仲裁司法审查所适用的程序法是国际上的通行做法。

第三节 境外仲裁机构入驻自贸试验区"先行先试"

一、境外仲裁机构入驻自贸试验区的政策动因

2020年9月,国务院发布《深化北京市新一轮服务业扩大开放综合试点建设国家服务业扩大开放综合示范区工作方案》,允许境外知名仲裁机构及争议解决机构经北京市司法行政部门登记并报司法部备案后,在北京市特定区域设立业务机构,就国际商事、投资等领域发生的民商事争议提供仲裁服务。具体来看,该工作方案允许境外仲裁机构"在北京特定区域"设立"业务机构","就国际商事、投资等领域发生的民商事争议提供仲裁服务"及"……支持和保障……在仲裁前和仲裁中的财产保全、证据保全、行为保全等临时措施的申请和执行"。所谓境外仲裁机构,涵盖在中国内地以外设立的仲裁机构。该工作方案并未说明仲裁业务机构有权在北京开展活动的确切范围。仲裁业务机构可能会被许可在北京安排场地组织开展仲裁庭审,甚至在北京提供案件管理服务等活动。相较于此前国务院2017年出台的政策文件《国务院

---

① 高晓力:《司法应依仲裁地而非仲裁机构所在地确定仲裁裁决籍属》,《人民司法(案例)》,2017年第20期。

关于深化改革推进北京市服务业扩大开放综合试点工作方案的批复》，旧文件仅允许境外仲裁机构"在北京设立代表机构"，新工作方案则更进一步扩大开放。2017年政策出台之后，一直没有境外仲裁机构在北京设立代表机构。此前，国务院曾对上海自贸试验区出台类似政策。2015年，国务院出台政策文件，允许境外仲裁机构在上海自贸试验区开设代表机构。之后，香港国际仲裁中心、新加坡国际仲裁中心和国际商会在上海设立了代表机构。但是上述代表机构仅可从事联络活动，未获准在中国内地提供案件管理服务。

2019年8月，国务院进一步出台政策性文件，允许境外仲裁机构在上海自贸试验区新片区设立业务机构，"就国际商事、海事、投资等领域发生的民商事争议开展仲裁业务"。2019年11月，上海市司法局发布了《境外仲裁机构在中国（上海）自由贸易试验区临港新片区设立业务机构管理办法》（以下简称《管理办法》）。据此，自2020年1月1日起，符合条件的境外仲裁机构可在上海自贸试验区临港新片区设立业务机构，并开展相关领域的仲裁业务。《管理办法》对境外仲裁机构在临港新片区设立业务机构的所需资质及可开展的仲裁业务进行了明确，其中第3条规定："符合规定条件的在外国和我国香港特别行政区、澳门特别行政区、台湾地区合法成立的不以营利为目的仲裁机构以及我国加入的国际组织设立的开展仲裁业务的机构，可向上海市司法局提出申请在上海自贸试验区临港新片区登记设立业务机构，开展相关涉外仲裁业务。"第5条规定："业务机构及其负责人、工作人员、仲裁员开展涉外仲裁业务活动，应当遵守我国法律、法规和规章，恪守仲裁职业道德和职业纪律，不得损害我国国家利益和社会公共利益。"第6条规定："境外仲裁机构申请在新片区设立业务机构的，应当具备下列条件：①在境外合法成立并存续5年以上；②在境外实质性开展仲裁业务，有较高国际知名度；③业务机构负责人没有因故意犯罪受过刑事处罚的。"第14条规定："业务机构可就国际商事、海事、投资等领域发生的民商事争议开展下列涉外仲裁业务：①案件受理、庭审、听证、裁决；②案件管理和服务；③业务咨询、指引、培训、研讨。"此外，《管理办法》第18条特别规定："业务机构不得开展不具有涉外因素争议案件的仲裁业务。"

根据这一系列规定，包括国际商会仲裁院（ICC）、伦敦国际仲裁院（LCIA）、新加坡国际仲裁中心（SIAC）、香港国际仲裁中心（HKIAC）在内的各大国际知名仲裁机构通过向上海市司法局提出申请并提交相应材料,均可以在临港新片区内设立业务机构,提供具有涉外因素争议案件的仲裁业务。该《管理办法》是继2015年4月8日国务院批准《进一步深化中国(上海)自由贸易试验区改革开放方案》,明确优化自贸试验区仲裁规则,支持国际知名商事争议解决机构入驻之后,上海自贸试验区对境外仲裁机构涉外仲裁业务开放的又一突破性推进,无疑将为我国打造面向全球的亚太仲裁中心提供强有力的政策支持。

二、境外仲裁机构入驻自贸试验区的规范性依据

有关境外仲裁机构入驻自贸试验区的规范性文件总结如表1-1所示。

表1-1 有关境外仲裁机构准入的规范性文件汇总表

规范性文件的名称	发布或生效日期	规范要点
《境外仲裁机构在中国(北京)自由贸易试验区设立业务机构登记管理办法》	2021年1月1日施行	境外仲裁机构经登记可以在中国(北京)自由贸易试验区设立业务机构,就国际商事、投资等领域民商事争议开展涉外仲裁业务
《国务院关于深化北京市新一轮服务业扩大开放综合试点建设国家服务业扩大开放综合示范区工作方案的批复》(国函〔2020〕123号)	2020年9月7日发布	方案第8条强调,推进在服务业重点行业领域深化改革扩大开放,包括允许境外知名仲裁机构及争议解决机构经北京市司法行政部门登记并报司法部备案后,在北京市特定区域设立业务机构,就国际商事、投资等领域发生的民商事争议提供仲裁服务
国务院发布《中国(北京)自由贸易试验区总体方案》	2020年9月21日发布	方案第21条指出,强化多元化法治保障。允许境外知名仲裁及争议解决机构经北京市人民政府司法行政部门登记并报国务院司法行政部门备案,在区内设立业务机构,就国际商事、投资等领域民商事争议开展仲裁业务
《中国(上海)自由贸易试验区临港新片区促进法律服务业发展若干政策》	2020年5月	临港新片区是全国首个允许境外仲裁机构设立业务机构并受理仲裁案件的区域。《若干政策》对在临港新片区设立业务机构的国际商事海事仲裁、调解等争议解决机构,给予一次性专项奖励100万元

续表

规范性文件的名称	发布或生效日期	规范要点
《境外仲裁机构在中国（上海）自由贸易试验区临港新片区设立业务机构管理办法》	2020年1月1日施行	境外仲裁机构专指在外国和我国香港、澳门特别行政区、台湾地区合法成立的不以营利为目的的仲裁机构，以及我国加入的国际组织设立的开展仲裁业务的机构。业务机构可受理的涉外仲裁业务涵盖：①案件受理、庭审、听证、裁决；②案件管理和服务；③业务咨询、指引、培训、研讨
国务院印发《中国（上海）自由贸易试验区临港新片区总体方案》	2019年8月发布	要求：以习近平新时代中国特色社会主义思想为指导，坚持新发展理念，坚持高质量发展，推动经济发展质量变革、效率变革、动力变革，对标国际上公认的竞争力最强的自由贸易园区，选择国家战略需要、国际市场需求大、对开放度要求高，但其他地区尚不具备实施条件的重点领域，实施具有较强国际市场竞争力的开放政策和制度，加大开放型经济的风险压力测试，实现新片区与境外投资经营便利、货物自由进出、资金流动便利、运输高度开放、人员自由执业、信息快捷联通，打造更具国际市场影响力和竞争力的特殊经济功能区，主动服务和融入国家重大战略，更好服务对外开放总体战略布局
国务院发布《进一步深化中国（上海）自由贸易试验区改革开放方案》	2015年4月发布	方案中明确要求加快打造上海自贸试验区成为亚太的仲裁中心，支持国际知名商事争议解决机构入驻上海自贸试验区，提高商事纠纷仲裁国际化程度

《中国（上海）自由贸易试验区临港新片区总体方案》提出，到2025年，新片区将建立比较成熟的投资贸易自由化、便利化制度体系，打造一批更高开放度的功能型平台，区域创造力和竞争力会显著增强，经济实力和经济总量大幅跃升；到2035年，将建成具有较强国际市场影响力和竞争力的特殊经济功能区，形成更加成熟定型的制度成果，完善全球高端资源要素配置的核心功能，成为我国深度融入经济全球化的重要载体。

第四节　我国引入境外仲裁机构的法治意义与制度困局

一、境外仲裁机构的准入有助于繁荣我国涉外仲裁事业

2021年9月13日，中国国际经济贸易仲裁委员会（以下简称"贸仲"）发布了《中国国际商事仲裁年度报告（2020—2021）》（以下简称《年度报告》），对过去的一年里贸仲及中国内地仲裁机构受理案件情况进行了统计，用具体的数据反映了中国内地仲裁2020—2021年的整体发展情况。根据年度报告，2020年，中国内地259家仲裁委员会共受理案件400 711件，其中传统商事仲裁案件为261 047件，较2019年减少20 364件，同比降低7%；有47家仲裁委员会运用网上仲裁方式处理案件139 664件，较2019年减少65 880件，同比降低32%；中国内地仲裁案件标的总额为7 187亿元，较2019年减少411亿元，同比降低5.4%。

从上述数据可以看出，新冠肺炎疫情不仅对世界经济产生了消极影响，也给国内商事仲裁机构带来了挑战。《年度报告》的负责人杜焕芳教授指出，2020年中国内地仲裁事业虽受到一定程度的疫情影响，但仍保持积极向好的稳步发展态势。例如，在金融类仲裁案件方面，《年度报告》显示，金融类仲裁无论是在案件数量上还是在标的金额上，都显示出逐年增长的趋势，体现了仲裁在金融类争议解决中受到的认可。《年度报告》总结认为，金融仲裁因其平等性、快捷性、保密性和权威性，有助于降低金融机构、投资机构及金融消费者的法律救济成本和救济风险。金融仲裁同时也在防范化解金融风险、维护金融安全稳定等方面发挥了积极作用，为金融行业提供了高质量和国际化的仲裁服务。

此外，根据《年度报告》2020年共有61家仲裁委员会受理涉港澳台地区和涉外案件共计2 180件。其中，涉香港特别行政区案件938件，涉澳门特别行政区案件64件，涉台湾地区案件108件，其他涉外案件1 070件。数据显示，处理涉港澳台地区和涉外案件超过100件的共有5家仲裁委员会，分别为：贸仲739件，深圳国际仲裁院310件，广州仲裁委员会284件，北京仲

裁委员会215件，上海国际经济贸易仲裁委员会112件。

针对新冠肺炎疫情的影响，贸仲等仲裁机构出台了相应的措施保障疫情下仲裁活动的顺利进行，综合运用互联网信息技术，对于远程庭审也制定了相应的制度规范。在全球疫情严峻的形势下，上述实践不仅为特殊情境下仲裁的推进提供了范本，同时也为疫情之下仲裁程序的顺利进行提供了保障。

综合贸仲连续7年发布的年度报告来看，国内仲裁机构在我国商事仲裁的发展历程中始终坚持顺应时代的发展，坚持对外开放，坚持国家的整体发展方略，为我国商事仲裁的发展发挥了引领作用。结合"一带一路"的延伸效应、建设自由贸易试验区/自由贸易港、加强区域经贸合作和参与全球治理体系改革等背景，尤其是《仲裁法》修订的利好，中国内地仲裁事业在不断提高服务能力和水平、确保公信力的努力之下，必定未来可期。

二、境外仲裁机构准入的司法保障发展

研究境外仲裁机构在我国内地开展仲裁业务的历程，不能忽略的就是最高人民法院对约定境外仲裁机构在中国内地仲裁的仲裁协议效力的态度转变。

自1986年12月2日我国加入《承认及执行外国仲裁裁决公约》（以下简称《纽约公约》）以来，最高人民法院对于约定由境外仲裁机构在中国内地进行仲裁的仲裁协议效力认定的态度一直是学界和实务界议论的焦点。

1996年，在《最高人民法院关于海南省高级人民法院审理诺和诺德股份有限公司与海南际中医药科技开发公司经销协议纠纷案的报告的复函》（法经〔1996〕449号）中，最高人民法院以无明确的仲裁机构而无法执行为由，否认了约定适用《国际商会仲裁规则》在英国仲裁的仲裁协议的效力。

2004年，在《最高人民法院关于德国旭普林国际有限责任公司与无锡沃可通用工程橡胶有限公司申请确认仲裁协议效力一案的请示的复函》（〔2003〕民四他字第23号）中，最高人民法院延续了这一观点，认为约定适用《国际商会仲裁规则》在上海进行仲裁的仲裁协议无效。

自此，最高人民法院关于此类仲裁协议效力认定的逻辑一直不变。直到2012年，国际商会发布了新的《国际商会仲裁规则》，修改了1998年版仲裁规则关于适用范围的规定，要求国际商会仲裁院是唯一经授权对《国际商会

仲裁规则》项下仲裁活动实施管理的机构,且当事人同意按照仲裁规则进行仲裁,即接受由国际商会仲裁院对仲裁进行管理。以此确定了选择《国际商事仲裁规则》即选择国际商会仲裁院作为仲裁机构的原则。随后,最高人民法院对于此类仲裁协议的态度因其可被视作约定了仲裁机构而改变,开始承认其效力。在 2013 年 3 月《最高人民法院关于申请人安徽省龙利得包装印刷有限公司与被申请人 BP Agnati S. R. L 申请确认仲裁协议效力案的请示的复函》(〔2013〕民四他字第 13 号)中,最高人民法院认为,约定由国际商事仲裁院在上海仲裁的仲裁协议,应根据《仲裁法司法解释》第十六条的规定,适用仲裁地法律即我国法律确认仲裁协议效力,并认定协议有效。2013 年 12 月,最高人民法院发布《最高人民法院关于宁波市北仑利成润滑油有限公司与法莫万驰公司买卖合同纠纷一案仲裁条款效力问题请示的复函》(〔2013〕民四他字第 74 号),以当事人约定适用国际商会仲裁规则但未同时约定其他仲裁机构进行仲裁,应认定其选择国际商会仲裁院作为仲裁机构为依据,承认了约定在北京依据《国际商会仲裁规则》进行仲裁的仲裁协议的效力。

虽然在关于境外仲裁机构在中国内地仲裁相关事项,例如境外仲裁机构在中国内地大陆作出的仲裁裁决是"外国裁决"、"中国裁决"还是"非内国裁决",及境外仲裁机构是否属于中国仲裁法规定的"仲裁委员会"等问题上我国法律规定依旧模糊,在学术界及实务界依旧存在争议,但最高人民法院通过"龙利得案"与"北仑利成案"向仲裁界释放出了积极的信号。

如果说最高人民法院通过对约定境外仲裁机构在中国内地大陆仲裁的仲裁协议效力认定态度的改变让仲裁界看到了希望,作为努力打造面向国际商事仲裁中心的北京,更是在对境外仲裁机构及仲裁制度的政策上不断地突破。北京自贸试验区的"先行先试"不仅有助于吸引国际商事仲裁机构入驻,也为我国《仲裁法》吸纳国际创新制度创造了可能。

2013 年 9 月 29 日,上海市人民政府发布《中国(上海)自由贸易试验区管理办法》,其中第 37 条规定:"支持本市仲裁机构依据法律、法规和国际惯例,完善仲裁规则,提高自贸试验区商事纠纷仲裁专业水平和国际化程度。"上海国际仲裁中心于 2013 年成立了中国(上海)自由贸易试验区仲裁院,2014 年 5 月正式实施《中国(上海)自由贸易试验区仲裁规则》。现行《自贸区仲裁规则》经修订后于 2015 年 1 月 1 日起施行,完善了"临时措施"，并增设了"紧急仲裁庭"制度，突破了当事人选定仲裁员的"名册制"限制，确立了仲裁员开放名册制等。

2015年4月20日，国务院发布《进一步深化中国（上海）自由贸易试验区改革开放方案》，明确要求上海加快打造面向全球的亚太仲裁中心，其中第11条指出："进一步对接国际商事争议解决规则，优化自贸试验区仲裁规则，支持国际知名商事争议解决机构入驻，提高商事纠纷仲裁国际化程度。"目前已有4家全球知名的国际仲裁机构在上海自贸试验区设立了代表处，包括国际商会仲裁院、香港国际仲裁中心、新加坡国际仲裁中心以及韩国商事仲裁院。

2017年1月9日，最高人民法院发布了《最高人民法院关于为自由贸易试验区建设提供司法保障的意见》，其中第9条突破了我国仲裁法及其他法律确立的"无涉外因素争议不能提交境外仲裁"以及"不承认临时仲裁"的原则，以上海自贸试验区内注册的企业为试点，对现有法律规定做出重大突破，具有非常重要的积极意义。

2019年10月，为贯彻落实《关于完善仲裁制度提高仲裁公信力的若干意见》和首次全国仲裁工作会议精神，进一步理顺仲裁工作管理体制、发挥行业自律管理作用，推动仲裁行业高质量发展，加快打造面向全球的亚太仲裁中心，上海市司法局依照《社会团体登记管理条例》的规定，筹建了上海仲裁协会。经上海市民政局登记设立的上海仲裁协会，为专业性非营利社会团体法人，英文名称为Shanghai Arbitration Association，缩写为SHAA。这是中国首个由省级司法行政机关筹建设立的地方仲裁协会。据介绍，上海仲裁协会是由上海市司法局核准登记的仲裁机构及其聘任的仲裁员、调解员，以及其他从事仲裁实务工作、理论研究和专业服务的组织、人员自愿组成的仲裁行业自律组织，宗旨是加强仲裁行业自律，增进行业交流，推动业务研究，促进仲裁事业发展，维护会员合法权益和正当竞争秩序。

上海仲裁协会的业务范围是组织开展教育培训、理论研究、交流合作、宣传推广、编撰书刊资料等工作，协助业务主管部门开展工作，实施自律管理。上海仲裁协会的活动包括：

①依法支持会员开展仲裁有关活动，维护会员的合法权益；

②组织开展教育培训、工作交流、宣传推广、理论与和实务研究等活动；

③制定并实施会员规则，落实会员奖惩制度，促进仲裁行业规范发展；

④制定并监督实施仲裁规范、职业道德和职业纪律；

⑤加强仲裁行业诚信体系建设，促进仲裁事业健康发展；

⑥组织开展国际交流与合作；

⑦参与立法活动，向有关部门提出法治建设及仲裁工作的建议；

⑧协调与司法、执法和行政机关的关系，加强与政府、企业和社会各界的联系；

⑨为会员提供福利和其他保障；

⑩接受业务主管单位的指导和监督，承担业务主管单位委托的其他职责；

⑪承担法律、法规规定的其他职责。

上海仲裁协会创始会员包括上海仲裁机构及其聘任的仲裁员和其他从事仲裁实务工作、理论研究、专业服务的人员等65人。

成立上海仲裁协会，由上海市司法局发布《管理办法》，允许境外仲裁机构在临港新片区内设立业务机构开展仲裁业务，为上海打造面向全球的亚太仲裁中心提供强有力的政策支持，这为北京引入境外仲裁机构提供了重要参考和有益借鉴。

三、境外仲裁机构的准入对我国涉外法治的推动作用

在北京"两区"积极引入境外仲裁机构，无疑会对我国的涉外仲裁实践和涉外法治建设起到重要的推进作用。

首先，在中国内地当事人不断参与境外仲裁的背景下，如果故步自封，不允许境外仲裁机构在中国内地仲裁，最终不一定能够阻碍外方当事人选择域外仲裁机构，却可能反过来损害参与境外仲裁的中国内地当事人的利益。换言之，在过去中国禁止境外仲裁机构准入的背景下，有些当事人不得不为此远赴境外参与仲裁，增加争议解决的成本和风险。相反，允许境外仲裁机构在中国内地仲裁，一方面将大大减少我国当事人的各种成本和支出，另一方面一旦境外知名仲裁及争议解决机构在新片区设立业务机构并展开仲裁业务，程序上将适用于我国《仲裁法》，更有助于当事人在自己熟悉的司法环境下解决争议。

其次，长期以来，境内外当事人对选择中国内地仲裁的顾虑主要集中在

独立性、公正性、开放性等关键问题上。通过制度创新，我国的仲裁法律制度，尤其是北京"两区"的涉外仲裁和国际仲裁实践，在公正性和开放性上有了很大的提升。但是，我国内地仲裁机构多采取传统的事业单位管理模式，决策层与执行层混为一体，当事人对仲裁独立性的顾虑难以消除。此次引入境外仲裁机构，更有利于在保证我国司法主权的前提下，发挥境外仲裁机构独立性的优势，吸引更多境外当事人选择在我国内地进行投资，并在争议发生时选择在国内进行仲裁。

再次，在既往的仲裁司法审查实践中，由于我国法院对境外仲裁机构在国内所作裁决的效力认定并不统一，基本采取不认可的态度，导致境外当事人往往在仲裁条款中选择境外仲裁机构在境外仲裁；即使最终约定由境外仲裁机构在我国内地仲裁，争议发生后，境外当事人也往往在境外开始申请仲裁或诉讼程序。这种做法经常得到境外仲裁机构和法院的支持，主要理由正是中国不允许境外仲裁机构在中国内地仲裁。因此，允许境外仲裁机构在中国内地仲裁，有助于改变境外法院、机构和当事人对我国裁判系统的偏见，减少歪曲我国司法形象以及恶意解释与适用我国法律法规的情形，当发生争议时可以按照合同的约定进行仲裁，符合当事人关于争议解决的合理预期。

最后，允许境外仲裁机构在中国内地仲裁，有助于我国涉外法律服务业的发展。涉外仲裁机构在中国内地仲裁，将促使我国涉外法律服务机构在良性竞争中稳步提高。更多的国际竞争，在短期内可能会让国内的仲裁机构感受到压力，但长期来看，将会吸引更多国际仲裁业务在国内展开，并让当地仲裁机构获得新的经验，从而提高国际化程度，提升服务水平。我国的各种专业性人才也可以通过代理案件、被指定为仲裁员等各种方式参与境外仲裁机构在中国内地的仲裁实践，提升自身涉外法律素养。

据此，本书通过对北京"两区"建设背景下境外仲裁机构准入的法律问题展开探讨，具有以下理论意义：第一，仲裁法律制度是链接中外法治的重要一环，研究境外仲裁机构在北京仲裁的理论基础、制度困境、完善进路，有助于系统梳理自治性仲裁法律秩序，廓清仲裁准据法的确定方法。第二，本书试图从观念和行动上对国际仲裁机构参与全球治理和市场竞争的现象进行阐释，以尊重当事人意思自治作为核心方案，借此对传统涉外仲裁司法审查机制展开反思并重构。与此同时，本书的应用价值亦不言而喻：第一，中国仲裁法律制度体系正处于调整变革的关键时期，本书以北京推进"两区"建设作为研究场域，探索从立法、司法、行政层面全方位保障境外仲裁机构准入的具体配套举措，有助于为境内外仲裁机构的有序竞争和良性仲裁法治环境的构建提供扎实的准备。第二，借助《仲裁法》的修改契机与境外仲裁机构在内地仲裁这一切入点，提炼推进北京高质量发展的首善标准，对《仲裁法》修改中的国际化、现代化、本土化元素加以平衡，提升中国国际仲裁的思维方式、全球视野、战略高度。第三，运用国际私法、仲裁法、民事诉讼法的跨学科方法，依约析法、以案释法，就进一步对外开放仲裁市场所需的制度体系进行剖析并诠释，减少因为错误判定仲裁协议效力、发布临时措施、审查仲裁裁决所引发的偏差，为培育仲裁人才做储备。

四、我国涉外仲裁法律制度下境外仲裁机构准入面临的困局

辩证唯物主义认为，本质和现象是一对反映事物的内在规定性和外在表现相互关系的哲学范畴。前者是事物的根本性质，是由事物的现象所表现的内在规定性，后者是事物本质的表现，是事物的外部联系和表面特征。将这对哲学范畴引入法学研究领域，就是法哲学上通常所描述的法的现象与本质的概念。具体来讲，法的现象是指法的外部表现形态，即法的具体存在形式，包括法律、法令、条例、规范性决定、指示、命令、判例、契约、条约、经认可的习惯等。对于法的本质，有学者将其理解为国家权力的象征，有学者将其归为永恒正义的体现，还有学者将其与理性、人性、民族精神等联系在一起。就本书的研究对象而言，着眼于境外仲裁机构准入这一客观的外在现象，但究其本质，实则是中国仲裁市场开放与中国仲裁法律制度创新的"试金石"。

因为《境外仲裁机构在中国（北京）自由贸易试验区设立业务机构登记管理办法》（以下简称《管理办法》）由北京市司法局公布，由于职权限制，只能就境外仲裁机构的准入资质及可开展业务做出规定。相关法律法规尚未对境外仲裁机构的业务开展规范做出调整，对于境外仲裁机构及当事人来说尚存很多疑问及挑战。

首先，对于境外仲裁机构来说，如何认定内地业务机构的"身份"十分重要。境外仲裁机构在内地的业务机构是否等同于中国《仲裁法》规定的"仲裁委员会"，是否可以将其业务机构作出的仲裁裁决视作境内裁决，从而不需要国内法院的承认就可以直接执行。而且，我国《仲裁法》中规定仲裁裁决撤销权主体为仲裁委员会所在地的中级人民法院，与《纽约公约》中规定的仲裁地法院不同，境外仲裁机构的内地业务机构所在地是否可以作为仲裁委员会所在地从而受当地中级人民法院管辖尚不确定。另外，我国《仲裁法》第十六条规定，仲裁协议应该包含选定的仲裁委员会，而在第二章对仲裁委员会的组成进行了要求，境外仲裁机构的业务机构是否可以保持其原有组织架构，是否需要根据《仲裁法》进行适当调整，在调整后是否可以保持其相较国内仲裁委员会的独立性与优越性，都需要打上大大的问号。

其次，《管理办法》第五条规定，境外仲裁机构在内地的业务机构开展涉外仲裁活动应遵守我国法律，因此，如何适应我国《仲裁法》，并处理好其自身的仲裁规则与《仲裁法》规定中的冲突，是其来华开展业务面临的另一大挑战。例如《国际商会仲裁规则》中加入了紧急仲裁员规则，仲裁庭和紧急仲裁员在审理过后均可以对当事人的临时措施申请作出裁决。但是我国《仲裁法》第二十八条明确规定，仲裁委员会应该将当事人的财产保全申请提交人民法院，我国法院在实践中不承认境外仲裁庭作出的临时措施指令是《纽约公约》下的"仲裁裁决"，因此不承认和执行其相关临时措施。因此，境外仲裁机构在内地的业务机构能否适应我国《仲裁法》的规定，解决类似仲裁中临时措施申请向谁提出的问题，以及境外仲裁机构是否需要另行制定适应其内地业务机构发展的仲裁规则，目前都是未知数，不排除相关境外仲裁机构会推出适应其临港新片区业务机构发展的单行仲裁规则、示范仲裁条款，甚至仲裁员名册。

最后，对于当事人来说，学会如何正确地选择仲裁机构最为重要。根据《管理办法》，境外仲裁机构的在内地业务机构不得开展不具有涉外因素争议案件的仲裁业务。那么，如何判断争议是否具有涉外因素？根据《法律适用法司法解释》（法释〔2020〕18号）第一条之规定："民事关系具有下列情形之一的，人民法院可以认定为涉外民事关系：（一）当事人一方或双方是外国公民、外国法人或者其他组织、无国籍人；（二）当事人一方或双方的经常居所地在中华人民共和国领域外；（三）标的物在中华人民共和国领域外；（四）产生、变更或者消灭民事关系的法律事实发生在中华人民共和国领域外；（五）可以认定为涉外民事关系的其他情形。"另外，根据《最高人民法院关于为自由贸易试验区建设提供司法保障的意见》，在自贸试验区内注册的外商独资企业相互之间的商事争议也可以提交域外仲裁。一方或者双方均为在自贸试验区内注册的外商投资企业，约定将商事争议提交域外仲裁，发生纠纷后，当事人将争议提交域外仲裁，相关裁决作出后，其又以仲裁协议无效为由主张拒绝承认、认可或执行的，人民法院不予支持；另一方当事人在仲裁程序中未对仲裁协议效力提出异议，相关裁决作出后，又以有关争议不具有涉外因素为由主张仲裁协议无效，并以此主张拒绝承认、认可或执行的，人民法院不予支持。

综上，当争议当事人之一注册地在境外，或争议的标的物所在地或合同的签订地或履行地在境外，或双方都是在上海自贸试验区注册的外商独资企业，均可以将争议提交境外仲裁机构仲裁。否则即使境外仲裁机构通过在内地业务机构完成仲裁裁决，也可能会因为不具有涉外因素被人民法院撤销或拒绝执行。

概言之，《境外仲裁机构在中国（北京）自由贸易试验区设立业务机构登记管理办法》无疑是北京打造面向全球的国际商事仲裁中心目标的突破性尝试，为我国国际商事仲裁发展注入了新的活力。虽然在现有法律框架下，境外仲裁机构在国内的业务开展仍将面临很多不确定性和挑战，但是有理由相信，随着《管理办法》的正式实施，相关法律法规将会更加完善，会逐渐消除目前制度中存在的不确定性，真正让北京乃至中国的涉外争议解决大跨步地前进。

第二章
境外仲裁机构在北京"两区"准入的法律性质

仲裁作为一种替代性纠纷解决方式，其在性质上可以归属为一种法律服务。对境外仲裁机构在我国市场准入的探讨，其立足点是自由贸易的法治环境与贸易自由化的政策动因。具体来看，历史上，世界各国主要形成了两种相互对立的贸易政策：一种是自由放任的贸易政策，另一种是保护主义的贸易政策。前者主张取消各种进出口限制，允许商品和服务自由地跨越国境开展进口和出口，并强调政府不得干预贸易；后者则主张强化政府的干预职能，限制外国商品、服务和技术的进口，从而保护本国的产业。从实际效果来看，这两类较为极端的贸易政策都没有很好地维系国家之间正常的贸易往来。实行自由贸易政策的国家，由于其国内产业容易遭受进口竞争的损害，其自由放任政策往往不能长久地推行；当这类国家本国的国内产业遭受损害时，迫于国内有关利益集团的压力，此类国家很可能转而实行保护主义的贸易政策，从一个极端走向另一个极端。相比之下，那些奉行保护主义贸易政策的国家，因其严格限制外国商品、服务、资本、技术的进口，故本国的出口也会受到其他国家的严格限制，难免使本国的对外贸易及投资活动陷入困境。为了克服自由放任的贸易政策和保护主义贸易政策的弊端，大多数国家逐步倾向于采取公平的贸易政策，该政策通常有两个方面的基本要求：其一，各国必须开放市场，允许自由贸易；其二，各国有权采取必要措施，以防范不公平贸易行为和贸易损害后果的发生。① 参照这一思路,在加速推进北京"两区"建设背景下引入境外仲裁机构,归根结底是我国仲裁市场的开放问题。本章将重点探讨境外仲裁机构在北京"两区"准入的法律性质及其所面临的法律障碍,为后文探讨解决对策奠定基础。

第一节 我国法律语境下对仲裁委员会含义的词源考察

一、我国仲裁机构设置现状以及设置依据

我国在 1994 年制定了《仲裁法》,将机构仲裁规定为唯一合法的仲裁形式,并将"仲裁委员会"规定为唯一的仲裁机构的法人形式,由此形成了我国独有的仲裁体系,即没有临时仲裁而只有机构仲裁的局面。在这种摒弃临时仲裁的立法思路下,全国各地纷纷设立仲裁机构,商事仲裁事业蓬勃发展,仲裁员队伍不断壮大。但学界与实务界逐渐出现了一些针对我国仲裁机构行政化、仲裁程序诉讼化、仲裁活动司法化的批评。同时,由于我国临时仲裁制度的缺失,我国的国际仲裁实践也面临着较为尴尬的境地:一方面,作为《纽约公约》的缔约国,我国法院有义务承认在外国作出的临时仲裁裁决;另一方面,我国却不允许开展临时仲裁,这种国际与国内不对等的状况无疑不利于我国仲裁事业的国际化和长足发展。许多学者积极呼吁对我国仲裁机构开展市场化改革,以现代化的仲裁制度优化我国的营商环境,并提出我国仲裁法律制度迫切需要与国际接轨。②

现行《仲裁法》第十条规定,仲裁委员会可以在直辖市和省、自治区人民政府所在地的市设立,也可以根据需要在其他设区的市设立,并由相应市的人民政府组织有关部门和商会统一组建。因此,自 1995 年《仲裁法》实施以来,在省级政府所在地的市、直辖市或设区的市仲裁机构如雨后春笋般设

---

① 高维新:《WTO 贸易救济权研究》,对外经济贸易大学出版社 2012 年版,第 37 页。
② 何晶晶、石绍良:《临时仲裁制度的国际比较研究》,中国社会科学出版社 2020 年版,第 1 页。

立起来。设置模式都是在当地政府组织下设立，商会参与，仲裁委主任多由当地政府或人大或政协副职担任，副主任或常务副主任多由当地政府秘书长或政府办主任或当地的法制办或司法局局长担任。仲裁委的设立经设立地政府、省级司法部门批准后，报司法部复核（现在已调整为省级司法部门复核，报司法部备案），再由省级司法部门登记设立。少数民族自治州参照设区的市相继批准了延边仲裁委员会、凉山仲裁委员会、恩施仲裁委员会等。其他少数民族地级市因为《仲裁法》要求设区的市等原因拟设立仲裁委的还未予批准，而且目前已经设立的少数民族地级市仲裁委未纳入统一管理，包括文件下达、日常会议、组织活动等。

事实上，目前我国立法对仲裁机构的主体资格和法律性质尚无明确规定。全国多数仲裁机构由其办公室或办事处或秘书处作为日常办事机构来解决仲裁开户、收费、完税、工资发放、仲裁程序以及相关后勤保障事宜。就仲裁办事机构设置而言，全国参差不齐，有的是参公单位、有的是全额拨款事业单位、有的是差额补款事业单位、有的实行全额自收自支，还有的是以理事会为决策主体、仲裁委为事业单位法人的单位（如深圳仲裁委）。有的仲裁委员会同时挂牌某某国际仲裁院（如深圳市、海南省、北海市），其某某国际仲裁院皆由当地政府以政府规章或规范性文件等方式批准设立。总而言之，我国未就仲裁机构的设置明确定性，仲裁机构设置没有统一的名称、要求与标准。

过去仲裁委由省级司法部门登记，但未定性，仲裁作为事业或参公单位设立主要根据国务院办公厅《重新组建仲裁机构方案》（国办发〔1995〕44号）的规定，"要求仲裁委员会下设办事机构，负责办理仲裁案件受理、仲裁文书送达、档案管理、仲裁费用的收取与管理等事务；其设立初期，由所在地的市人民政府参照有关事业单位的规定，解决仲裁委员会的人员编制、经费、用房等并逐步做到自收自支"。在《仲裁委员会章程示范文本》中也有同样的规定。为此，全国仲裁委基本参照事业单位设置运营，各地设立仲裁委办事机构作为参公或事业法人主体，仲裁委作为决策机构（非法人主体），上层归国务院法制办和司法部双重管理。《仲裁法》第十五条规定："中国仲裁协会是社会团体法人。仲裁委员会是中国仲裁协会的会员。中国仲裁协会的章程由全国会员大会制定。"国务院法制办专门成立了中国仲裁协会筹备领导小组，拟成立中国仲裁协会，但现在国务院法制办已经予以撤销并合并至司法部，而仲裁委的行政部门仍未成立。《仲裁法》的立法初衷是想将仲裁民间化、市场化、去行政化，但目前皆未实现，而且《仲裁法》的相关规定与仲裁机构的实际设置与运营也存在诸多问题。

以上我国仲裁机构设置问题探讨主要是指按照《仲裁法》规定，由各省级政府所在地的市、直辖市或设区的市与当地商会共同组建的、全国范围内的各大国内仲裁机构，而非由中国国际贸易促进委员会（CCPIT）主管及内设的常设仲裁机构——中国国际经济贸易仲裁委员会（CIETAC）和中国海事仲裁委员会（CMAC），其系我国受理涉外仲裁案件的具有典型性、代表性的两家仲裁机构。其中，CIETAC 由原中央人民政府政务院于 1956 年 4 月设立，当时名为对外贸易仲裁委员会，1988 年改名为中国国际经济贸易仲裁委员会。设有深圳、上海、重庆等多个分会以及海外仲裁中心，经贸仲委授权开展工作。CMAC 是 1959 年 1 月经国务院批准成立，2017 年 5 月正式独立运营。CMAC 总部设在北京，在上海、天津、重庆、深圳、香港、福建设有分会。2020 年 11 月 6 日，在第二届上海国际仲裁高峰论坛开幕式上，中国海事仲裁委员会上海总部正式揭牌，其系上海市人民政府和贸促委批准，将中国海事仲裁委员会上海分会更名为中国海事仲裁委员会上海总部，形成中国海仲"北京+上海"南北双总部发展格局，系国内率先探索国际仲裁机构双总部发展管理的新模式。因此，贸仲委与海仲委的设置情况和依据与其他非常设涉外仲裁机构在审批程序和要求上存在很大区别，皆系贸促会内设机构，是我国为了解决国际商事纠纷的需要单独设立的两家国际性涉外仲裁机构，这里不单独细化讨论。

综上，我国仲裁机构设置还处于在国际仲裁大环境下探索试点阶段，其设置依据不明确、名称不规范不统一、主体资格缺失、机构定性模糊、行政色彩浓厚。"仲裁私法自治的本性决定了仲裁机构的非官方性和独立性。而我国仲裁机构与政府以及机构设立人之间的关系无法厘清，仲裁机构与行政机关界限模糊，仲裁机构法律性质不明问题正在使仲裁机构面临丧失独立法人地位、背离《仲裁法》立法精神、在激烈的国际仲裁市场竞争中完全缺位等风险。"因此，要厘清仲裁与行政的关系，明确仲裁的法律属性，改革仲裁对政府的依赖及从属性，推动仲裁机构民间化、市场化改革。

二、我国仲裁机构的市场化改革及其制度基础

我国现行的仲裁法律制度是为适应社会主义市场经济发展需要与国际上通行的仲裁制度接轨，根据1995年9月1日起施行的《仲裁法》确立的。前面已经提及，新中国成立后我国就设立了国内仲裁和涉外仲裁两种仲裁制度。涉外仲裁机构即贸仲和海仲，这两个涉外仲裁机构按国际惯例设立和运行。而国内仲裁制度系以经济合同仲裁为代表、按行业归口管理，其基本特征可概括为：行政色彩过浓，仲裁独立性差；管辖强制，未完全实行仲裁意思自治；仲裁可起诉，非一裁终局；仲裁立法不完善、不统一，仲裁机构种类繁多等。因此，我国原有的仲裁体制已偏离了仲裁意思自治、一裁终局、办案与政府管理独立等特征，与世界各国通行做法有一定差距，不利于我国仲裁事业向现代化、国际化方向发展，不能适应建设社会主义市场经济的要求。为适应社会主义市场经济发展，我国在加入WTO后与时俱进，《仲裁法》应运而生。而且从国际仲裁特征看，仲裁机构在法律上独立，其独立性不仅表现在独立办案，也表现在其非政府性或民间性，即无论是以公司形式存在，还是以社团法人形式存在，抑或是商会下属机构，均非政府的分支机构。政府虽然可能参与仲裁机构的设立，但仲裁机构最终并没有成为政府的一部分。而无论是公司、社团或是商会，均属于政府之外的民间力量。因此，我国仲裁机构改革是有国内外理论与实践基础的。事实上，从仲裁的词源以及仲裁的基础意思自治来说，仲裁权的取得来源于案件双方的授权，基于双方的合意，以此理解仲裁的性质也应该是民间性的。"仲裁机构的民间化是由仲裁的私权属性所决定的。仲裁机构的性质问题在仲裁的性质得到定位之后便已尘埃落定，不再存在理论上的分歧。"因此，仲裁私法属性的民间性质是不容置疑的，完全可以向市场化方向改革发展。

从我国《仲裁法》第十条关于仲裁的组建和设立规定看，已经考虑到仲裁委员会必须有商会参与组建，《仲裁法》实施二十九年来的实践证明，仲裁委员会是完全可以由商会或企业或相关社会组织独立组建运营的，当地政府是完全可以不参与仲裁委员会组建与具体登记、换届以及日常管理的，只需要监督指导、宏观管理即可。《仲裁法》第十四条、第十五条规定仲裁委员会与行政机关独立且没有隶属关系；仲裁委员会是中国仲裁协会会员，并根据

协会章程以及其自律性特征对仲裁相关成员的违纪行为予以监督管理。《仲裁法》相关规定已经为仲裁机构非官方性和独立性进行了定位，虽然目前仲裁机构基本为事业单位或参公运行，但这被视为过渡安排，而1995年国办发〔1995〕44号文件要求仲裁设立初期参照事业单位设置就是印证："非官方性和独立性奠定了仲裁机构在实践中处理'内外'关系的法理基础，对外仲裁机构不隶属任何行政机关，应当自主决定仲裁事务，享有独立的人事、财务、业务权限，独立承担责任。"仲裁机构改革与重建应按照《仲裁法》的相关规定朝市场化方向发展。

2018年12月中共中央办公厅、国务院办公厅印发《关于完善仲裁制度提高仲裁公信力的若干意见》的通知（中办发〔2018〕76号），该意见第二部分明确"改革完善仲裁委员会内部治理结构，明确仲裁委员会系提供公益性服务的非营利法人。要求各地可根据实际情况对仲裁运行机制和具体管理方式进行探索改革、先行试点等。"这是在我国仲裁历史上第一次将仲裁定性为"公益性非营利法人"，是我国仲裁史上具有里程碑意义的大事。《民法总则》第八十七条规定，"非营利法人即为公益目的或其他非营利目的成立，不向出资人、设立人或者会员分配所取得利润的法人。非营利法人具体包括事业单位、社会团体、基金会、社会服务机构等。"这与《民法典》第八十七条的规定是一致的。因此，仲裁委员会可以定性为社会服务机构并实现民间化、市场化管理。

为与《民法典》中非营利法人概念的衔接统一，2018年民政部起草了《社会组织登记管理条例（草案征求意见稿）》，2019年7月3日列入民政部2019年立法计划，拟提请国务院审议。如果该《社会组织登记管理条例》（以下简称《条例》）正式实施，现行的《社会团体登记管理条例》、《基金会管理条例》和《民办非企业单位登记管理暂行条例》将同时废止。根据《条例》的相关规定，社会组织包括社团、基金会、社会服务机构。而社会服务机构，是指自然人、法人或者其他组织为了公益目的，利用非国有资产捐助举办，按照其章程提供社会服务的非营利法人。这和《关于完善仲裁制度提高仲裁公信力的若干意见》的通知（中办发〔2018〕76号）精神是一脉相承的，进一步证明了仲裁改革的方向为非营利社会服务机构并符合法律法规和实际情况。改革后的仲裁定位即资金非国有、机构性质非行政或事业单位，且为不以营利为目的的公益法人。仲裁的民间化、市场化、去行政化的改革蓝图因此清晰明了。

2019年9月12日，司法部公布了关于《仲裁委员会登记管理办法（征求意见稿）》公开征求意见的通知，拟以司法部部颁规章形式印发。其中，第十二条规定仲裁委员会凭《中华人民共和国仲裁委员会登记证》向有关部门申请统一社会信用代码、刻制印章（现正换证申请办理中），而过去仲裁登记证没有统一社会信用代码。这预示着下一步改革可能将仲裁委员会作为法人独立主体，从而与中共中央办公厅、国务院办公厅（中办发〔2018〕76号）文件等规定一起从政策制度基础上解决仲裁主体资格缺失问题。

2020年4月17日，司法部副部长熊选国在全国政协双周协商座谈会上，明确提出要继续推动仲裁市场化、法治化改革，改革的方向是真正使仲裁机构成为面向市场提供仲裁服务的非营利法人。这给仲裁的改革吃了一颗"定心丸"。

因此，不管是从仲裁的立法、中央国家政策文件、部委拟修改制定的规章，还是国家司法高层的表态发言，还是从仲裁的现代化国际化需求和实践看，仲裁市场化的改革方向是无疑的、可行的。

三、我国的仲裁委员会与仲裁协会

按照1994年的《仲裁法》，我国内地仅采用机构仲裁，仲裁机构的名称一般为"某某（地名）仲裁委员会"，如北京仲裁委员会、武汉仲裁委员会等。《仲裁法》第十条规定，仲裁委员会可以在直辖市和省、自治区人民政府所在地的市设立，也可以根据需要在其他设区的市设立，不按行政区划层层设立。仲裁委员会由可以设立仲裁委员会的市的人民政府组织有关部门和商会统一组建。这说明，仲裁委员会只能在全国各地区的中心城市设立，即只有在直辖市和省、自治区政府所在城市以及设区的市才能设立仲裁委员会。这一规定一改旧的仲裁体制中的行政模式，使仲裁机构不与任何行政机关发生隶属关系。而且按照这一规定仲裁机构并不是层层设立，彼此之间无隶属关系，没有所谓国家级和县级仲裁委员会，从而摆脱了行政色彩。为了贯彻《仲裁法》的这一规定，保证重新组建仲裁机构的工作统一规范，国务院确定由国务院法制局及市人民政府的法制局（办）主持承办此项工作。

根据《仲裁法》，设立仲裁委员会应当具备下列条件：有自己的名称、住所和章程；有必要的财产；有该委员会的组成人员；有聘任的仲裁员。设立仲裁委员会，需按照法定程序进行登记。根据《仲裁法》第十条及国务院发布的《仲裁委员会登记暂行办法》，仲裁委员会应当向登记机关（即省、自治区、直辖市的司法行政部门）办理设立登记；未经设立登记的，其仲裁裁决不具有法律效力。仲裁机构办理设立登记，应当向登记机关提交必要的文件。此项申报工作由市政府法制局主持的仲裁委员会筹备组经办。登记机关在收到上述文件之日起 10 日内，对符合设立条件的仲裁委员会予以设立登记，并发给登记证书；对符合设立条件，但所提交申请文件不合规定的，在要求补正后予以登记；对不属于直辖市和省、自治区人民政府所在地的市以及设区的市申请成立仲裁委员会的，不予登记。

另外，经登记的仲裁委员会变更其住所、组成人员的，应当在变更后 10 日内向登记机关备案，并提交与变更事项相关的文件。仲裁委员会决定终止的，也应当向登记机关办理注销登记。登记机关对仲裁委员会的设立登记和注销登记，设立登记自办理完成登记之日起生效，予以公告，并报国家司法行政部门备案。《仲裁委员会登记暂行办法》虽然规定了注销登记，却没有规定仲裁委员会终止的条件，这是其不完备之处。

正确认识仲裁机构的法律性质，对于境外仲裁机构在北京"两区"的准入和受案具有重要意义。对此，《仲裁法》并无明文规定，结合《民法典》相关规范性文件及实际情况看，我国的仲裁机构是一种典型的非营利法人，而境外的仲裁机构则存在多种组织形式。

首先，仲裁机构的特殊性表现为民间性。《仲裁法》第四条、第六条明确规定，当事人是否将纠纷提交仲裁、提交哪一个仲裁委员会仲裁，由当事人自愿协商决定，而无须任何机关、团体和个人来安排、命令、指导和干涉，仲裁不实行级别管辖和地域管辖；第三十一条规定，仲裁庭由当事人各自或共同选定或共同委托仲裁委员会主任指定的仲裁员组成；等等。民间性是仲裁的本质特征，仲裁委员会当然也具备这一特征。

其次，仲裁机构的特殊性还表现为其发展的阶段性，这是由中国的国情和仲裁制度在中国的实际发展所决定的。《仲裁法》颁布实施以前，受计划经济体制的影响，我国仲裁制度的发展走过了一段曲折的道路。那时，不仅没有统一的《仲裁法》，立法形式不统一，在仲裁实践中也出现了不同的做法，有的甚至严重偏离仲裁的本意，失去其民间性。并且仲裁机构名目繁多，附设在相应的行政机关之下，仲裁受制于行政机关。《仲裁法》的颁布实施适应了当前市场经济的需要，改变了原有仲裁体制，恢复了仲裁的本来面目。但是，人们的观念不可能在一夜之间彻底转变，国务院《重新组建仲裁机构方案》中关于仲裁委员会的人员编制、经费和用房的规定，也正说明了此种过程或阶段性。

最后，仲裁机构的特殊性体现为非司法性。从仲裁制度的产生和发展来看，仲裁机构的行为，是通过当事人直接或间接选定的仲裁员的具体仲裁行为体现的。仲裁员一旦接受当事人的指定，成为特定案件的仲裁庭的成员以后，应当按照法律和仲裁规则的规定，以其专业知识、社会经验和办案经验以及判断力独立公正地仲裁案件，其仲裁行为只忠于事实和法律，而不受任何机关、社会团体和个人的干涉，甚至也不受仲裁委员会的干涉。从这个意义上理解，仲裁员的仲裁行为是在法律控制下的私人裁判行为。仲裁行为的法律后果实际上就是裁决书确定的当事人之间受法律保护的民事权利义务关系。所以，人民法院对仲裁裁决的执行，只是对以当事人协议为基础的仲裁行为的承认和保护，或者说这是对仲裁当事人之间合法的民事权利义务关系的承认和保护，而不是承认仲裁行为本身（从而也不是仲裁委员会本身）具有司法性。恰恰相反，《仲裁法》第六十二条规定必须由人民法院而不是由仲裁委员会强制执行仲裁裁决，这就是否定仲裁委员会具有司法性。

（一）仲裁委员会的组成和职权

仲裁委员会应具备的基本条件之一是有组成人员。《仲裁法》第十二条明确规定：仲裁委员会由主任1人、副主任2至4人和委员7至11人组成。仲裁委员会的主任、副主任和委员由法律、经济贸易专家和有相关工作经验的人员担任，法律、经济贸易专家不得少于2/3。这一规定既符合国际通行做法，也考虑到了我国仲裁事业发展的实际状况。

关于仲裁委员会组成人员的产生程序，《仲裁法》没有明文规定，但国务院法制局拟定的《重新组建仲裁机构方案》及其推荐的《仲裁委员会章程示范文本》，有具体规定。第一届仲裁委员会的组成人员，由政府法制、经贸、体改、司法、工商、科技、建设等部门和贸促会、工商联等组织协商推荐，由市人民政府聘任。仲裁委员会每届任期 3 年；任期届满，更换 1/3 的组成人员。上一届仲裁委员会履行职责到新一届仲裁委员会组成为止。新一届仲裁委员会组成人员由上一届仲裁委员会主任会议与市人民政府有关部门等组织协商后提名，由市人民政府聘任。在仲裁委员会组成人员中，驻会专职人员 1 至 2 人，其他组成人员均应当兼职。仲裁委员会组成人员名单应报送中国仲裁协会备案。

仲裁委员会以委员会制的形式行使其作为仲裁机构的管理机构的职权。仲裁委员会会议由主任或者主任委托的副主任主持，每次会议须有 2/3 以上的组成人员出席方能举行。修改章程或者对仲裁委员会做出解散决议，须经全体组成人员的 2/3 以上通过，其他决议须出席会议组成人员的 2/3 以上通过。

仲裁委员会会议的主要职责是：①审议仲裁委员会的工作方针、工作计划等重要事项，并做出相应的决议；②审议、通过仲裁委员会秘书长提出的年度工作报告和财务报告；③决定仲裁委员会秘书长、专家咨询机构负责人人选；④审议、通过仲裁委员会办事机构设置方案；⑤决定仲裁员的聘任、解聘和除名；⑥仲裁委员会主任担任仲裁员的，决定主任的回避；⑦修改仲裁委员会章程；⑧决议解散仲裁委员会；⑨《仲裁法》、仲裁规则和章程规定的其他职责。

仲裁委员会主任、副主任和秘书长组成主任会议，在仲裁委员会会议闭会期间负责仲裁委员会的重要日常工作。

仲裁委员会的其他职责，主要包括：根据当事人请求，对仲裁协议的效力做出认定；审查受理当事人的仲裁申请；向申请人送达仲裁规则、仲裁收费表和仲裁员名册；向被申请人送达仲裁申请书副本和仲裁规则、仲裁收费表和仲裁员名册；接受被申请人答辩书，并送达给申请人；将当事人财产保全、证据保全申请提交相应的人民法院；接受当事人委托代理人的授权委托书；仲裁委员会主任应当事人要求为其指定仲裁员；按规则规定，仲裁委员会主任指定仲裁庭组成方式或仲裁员；将组庭情况书面通知双方当事人；仲裁委员会主任决定仲裁员的回避问题；通知当事人开庭日期；在调解书和裁决书上加盖仲裁委员会印章；确定仲裁员的报酬；主任会议决定聘用办事机构工作人员；等等。

（二）仲裁委员会的办事机构

根据《重新组建仲裁机构方案》和《仲裁委员会章程示范文本》，仲裁委员会的办事机构可称为秘书处。《重新组建仲裁机构方案》规定：仲裁委员会设秘书长1人。秘书长可以由驻会专职组成人员兼任。仲裁委员会下设办事机构，办事机构日常工作由秘书长负责。办事机构工作人员应具备良好的思想品质、业务素质，择优聘用。

办事机构的主要职责是：①具体办理案件受理、仲裁文书送达、档案管理等程序性事务；②收取和管理仲裁费用；③办理仲裁委员会交办的其他事务。可以看出，办事机构主要处理仲裁中的一些程序事务，它具体代表仲裁委员会处理日常的一般性事务，是案件当事人与仲裁员之间的纽带。因为仲裁员不得私自会见当事人，有关材料的交接，有关事项的交代，必须由办事机构转交，以免由于程序上的原因引起裁决执行过程中的特殊情况出现导致裁决被撤销或不予执行。另外，对仲裁庭的所有合议及庭审进行记录，核校裁决书也应是办事机构的职责的一部分。

（三）专家咨询委员会

《仲裁法》和《重新组建仲裁机构方案》中均未明确规定专家咨询委员会的组成和职能。专家咨询机构对仲裁委员会有重要作用，仲裁委员会可以在其组成人员或仲裁员中聘请若干名专家组成专家咨询委员会。《仲裁委员会章程示范文本》第十条规定：仲裁委员会可以根据需要设立专家咨询机构，为仲裁委员会和仲裁员提供对疑难问题的咨询意见。专家咨询机构设负责人1名，由仲裁委员会副主任兼任。专家咨询机构负责人的人选由仲裁委员会会议决定。专家咨询委员会的成员都是兼职，它的设立并不影响精简和高效原则。

（四）其他机构

一般说来，有了上述机构，仲裁委员会就可以正常开展仲裁工作了。但是随着仲裁事业的发展，仲裁委员会与社会的关系变得复杂，在仲裁委员会中进一步设立和完善内部机构就成为必要。比如，仲裁委员会受理的仲裁案件多了，需要的仲裁员数量就会增多，对仲裁员的聘任及管理工作量就会增大，就可以设立仲裁员资格审查机构。同时，仲裁案件的增多，加上社会上一些不良习气的影响，仲裁员不能秉公办案甚至枉法裁决的可能性增大，仲裁员监督机构的设立就成为必要。另外，为了总结办案经验，提高仲裁水平，对于一些比较典型的、有代表性的并且比较成功的仲裁案例，进行整理、编辑、出版是一项非常重要的工作，所以仲裁案例编辑机构的设立将有利于完成此项工作。

《仲裁法》生效前，国内仲裁机构是按行政区域和行政隶属关系设立的，由所隶属的行政管理部门进行管理。这种模式同苏联的仲裁管理体制大体相似。《仲裁法》将国内仲裁机构从行政机关中分离出来，明确我国仲裁协会是仲裁自治机构。其第十五条规定："中国仲裁协会是社会团体法人。仲裁委员会是中国仲裁协会的会员。中国仲裁协会的章程由全国会员大会制定。中国仲裁协会是仲裁委员会的自律性组织，根据章程对仲裁委员会及其组成人员、仲裁员的违纪行为进行监督。中国仲裁协会依照本法和民事诉讼法的有关规定制定仲裁规则。"

《仲裁法》明文规定，中国仲裁协会是一个社会团体法人。设立中国仲裁协会必须依据《社会团体登记管理条例》的规定到民政部门办理法人登记手续。中国仲裁协会是仲裁委员会的自律性组织。由于仲裁委员会具有民间性，所以作为其行业自律性组织的中国仲裁协会，它的民间性也是非常明确的。中国仲裁协会依法独立行使法律赋予的权力，履行法律规定的职能。中国仲裁协会实行会员制。各地仲裁委员会都是中国仲裁协会的当然会员。除团体会员外，中国仲裁协会也可考虑在一定条件下吸收个人会员。目前，中国仲裁协会尚在筹建过程中，社会各界对于其职能的范围存在较大争议。根据《仲裁法》，中国仲裁协会的主要职能是根据章程对各个仲裁委员会及其组成人员、仲裁员的违纪行为进行监督，制定全国统一适用的仲裁规则。值得注意的是，中国仲裁协会本身不得直接从事仲裁业务，也不得干涉具体的仲裁活动。中国仲裁协会的工作人员不应接受某个仲裁机构的聘任，不能担任仲裁员。

四、我国仲裁机构市场化改革的主要难点

前面就仲裁机构设置存在的问题、为什么改革进行了简单梳理，对仲裁市场化改革的可行性及政策制度基础进行了详细分析，仲裁改革有基础且可行。但是，任何一项改革都不是一帆风顺的，都有风险、有障碍、有阻力，

存在很多困惑与问题。说到底，改革就是对利益结构的变动，是对既定秩序的"颠覆"，仲裁的市场化改革也不例外。

第一，仲裁机构设置主体资格能否得到落实。要解决仲裁市场化改革，首先得改革仲裁机构主体。究竟以仲裁委员会为主体，还是以仲裁办事机构为主体要具体明确，而且各相关法律法规要相互衔接、吻合统一。如果按照现有的仲裁办事机构作为仲裁机构主体，包括仲裁委员会办公室、秘书处或办事处，并不符合《民办非企业单位名称管理暂行规定》第七条的规定，即"民办非企业单位名称中所标明的组织形式必须明确易懂。"

第二，仲裁机构定性问题能否解决。按照现行法律法规以及政策规定，仲裁机构究竟如何定性没有明确。据当时仲裁法立法资料记载，草案中本来规定"仲裁机构是非营利性的事业单位法人"，但最终审议报告删除了这句话。于是，1995年国务院办公厅《重新组建仲裁机构方案》（国办发〔1995〕44号）规定，仲裁成立初期参照事业单位设置运营。2018年《关于完善仲裁制度提高仲裁公信力的若干意见》的通知（中办发〔2018〕76号）虽然第一次将仲裁委员会概括定性为"公益性非营利法人"，但是仍然明确仲裁委员会由政府依据《仲裁法》组织有关部门和商会统一组建，这实际上是明确并认可政府在仲裁委员会组建中的牵头地位与角色，而且仲裁委员会究竟属于公益性非营利法人中何种法人机构也没有明确。中办发〔2018〕76号文件规定："积极稳妥推进仲裁委员会内部管理机制改革。……仲裁委员会可以根据自身发展实际情况，选择具体财务管理方式，经省级财政、税务、价格主管部门同意后实施……选择行政事业收费管理的，执行事业单位财务规则；选择仲裁收费转为经营服务性收费管理的，比照企业财务通则执行。"这实际上将仲裁委员会按事业单位定性，只是经过相关部门批准后可选择执行事业或企业财务而已，其重点是"内部管理机制改革"，并没有真正要求实行市场化改革。

第三，仲裁机构去行政化问题能否真正落实。目前国内仲裁机构多为事业编或参公，仲裁委负责人多由行政领导兼任，包括仲裁委员会主任、副主任、秘书长。《仲裁法》第三十一条、第三十二条明确规定了"仲裁庭组成人员中当事人可以委托仲裁委主任指定或者当事人在仲裁规则规定的期限内没有约定仲裁庭组成方式或者选定仲裁员的，也由主任指定。"同时，《仲裁法》

第三十六条规定了仲裁员回避事项也必须由仲裁委员会主任决定。由此可知，仲裁委员会主任是法定介入仲裁案件管理的，而事实上仲裁委员会主任又是政府官员，官员的意识观点难免会影响仲裁案件办理，毕竟人的意识支配人的行为。何况仲裁实行委员会决策制度，仲裁委员会的重大事项、规章制度、规则制定、人事、财务等不得不受主任及负责人的影响。再加上仲裁机构为事业单位或参公，无形中增加了仲裁的官本化、行政化色彩。为此，仲裁机构市场化改革的关键问题是解决去行政化问题，真正实现了去行政化，仲裁机构市场化改革才算成功。

五、我国仲裁机构市场化改革的具体建议

在关于《仲裁法》修改的各方观点中，去除仲裁机构的行政化，确保仲裁机构的民间性与独立性无疑是呼声最高的建议之一。[1] 由于《仲裁法》并未明确仲裁机构的法律地位，我国绝大多数仲裁机构的法律地位为"参照事业单位"，这是导致仲裁机构行政色彩浓厚的重要原因之一。[2] 在 1994 年《仲裁法》起草过程中，时任全国人大法律委员会主任委员薛驹所作的《关于仲裁法（草案修改稿）和审计法（草案修改稿）修改意见的汇报》指出："一些委员提出，把仲裁委员会的性质规定为事业单位法人不够准确、清楚。建议删去这一规定。"最终，在 1994 年 8 月 31 日通过的《仲裁法》中删去了关于仲裁委员会法律地位的规定，选择了对仲裁委员会的法律地位"留白"。即便立法者认为将仲裁委员会定性为事业单位法人不够准确、清楚，《仲裁法》颁布后大多数仲裁机构仍将自己定位为事业单位法人。有学者曾就仲裁机构定位问题进行实证调查[3]，也有仲裁机构试图对自身的性质进行探索。譬如，北京仲裁委员会在成立后不久便探索了一条民间化的道路，"实行'事业单位企业化管理'，完善法人治理结构，在财政、人事、业

---

[1] 汪祖兴：《仲裁机构民间化的境遇及改革要略》，《法学研究》，2010 年第 1 期；宋连斌、杨玲：《我国仲裁机构民间化的制度困境——以我国民间组织立法为背景的考察》，《法学评论》，2009 年第 3 期；王红松：《仲裁机构应定位为民间组织》，《理论前沿》，2008 年第 20 期；周江：《也谈仲裁机构的民间性》，《北京仲裁》，2007 年第 2 期。
[2] 姜丽丽：《论我国仲裁机构的法律属性及其改革方向》，《比较法研究》，2019 年第 3 期。
[3] 陈福勇：《我国仲裁机构现状实证分析》，《法学研究》，2009 年第 2 期。

务等多个方面均进行自主管理，与行政机关彻底'脱钩'"。① 总体来看，仲裁机构的改革需要立足于以下目标：坚持民间化方向，完善法人治理结构，保障机构的独立性。②

北京仲裁委员会秘书长王红松在《坚持仲裁民间性 深化仲裁体制改革——论仲裁法修改应重视的问题》中指出："仲裁机构作为（而且只能作为）民间组织，这是仲裁本身的民间性质决定的，也是仲裁能为世界各国当事人所接受、仲裁裁决能为《纽约公约》缔约国法院承认执行的前提条件，具有民间性质的仲裁所实现的价值是由国家机关垄断并强制实施的政府职能都无法代替的。"具体而言，我国仲裁机构的市场化改革应重点从以下三个方面展开：

第一，修改《仲裁法》，从制度上解决仲裁主体资格并就仲裁机构的设置明确定性。特别是要明确仲裁机构的设置主体系商会或相关社会组织等民间机构，摒弃政府及官员干扰仲裁设置、管理的制度缺陷；明确仲裁机构的性质为公益性非营利法人，仲裁应为社会提供公益性服务产品，而且不能设置为营利机构。同时，明确仲裁委员会组成人员中主要成员系民间、非行政事业或国有干部，解决过去由政府官员参与、干预仲裁的弊病，真正实现仲裁民间化、去行政化、市场化改革目的。

第二，筹备设立中国仲裁协会，解决仲裁自律管理与监督问题。仲裁协会是仲裁委员会的自律性组织，根据章程对仲裁委员会以及组成人员、仲裁员的违纪行为等进行监督管理，并根据具体情况就仲裁委员会的相关工作事项制定规则、制度。根据中国仲裁协会的总体要求框架，各省、自治区、直辖市再行指定仲裁分会或省级仲裁协会，具体协调管理各区域仲裁事务，协调仲裁与其他行业的关系，组织境内外业务交流合作及人员培训，做好从业人员准入与管理以及违规违纪行为的处理，并强化仲裁信用体系建设以及失信惩戒工作。建议中国仲裁协会、各省级仲裁分会或协会单独设立，独立办公运营，各级协会主要负责人只能从民间优秀专业人士中选任，司法行政部

---

① 蔡元培：《仲裁机构"去行政化"的两种模式》，《北京仲裁》，2015年第1期。
② 王红松：《仲裁机构在事业单位分类改革中的困境及建议——以北京仲裁委员会为例》，《北京行政学院学报》，2012年第3期。

门只能是业务指导单位。只有这样，才能确保仲裁不再成为政府的附属机构，减少政府对仲裁的干预，真正实现让仲裁独立、公平、公正地化解矛盾纠纷的职能，提升仲裁公信力。

第三，以北京"两区"建设为契机，我国仲裁加快实现与国际接轨。随着北京"两区"建设的开展和实施，中国在全球经济版图中不断崛起，中国企业在各类投资和贸易中话语权不断提高，仲裁在跨境争议解决中的作用日益凸显，中国仲裁的国际化图景也徐徐展开。要实现仲裁的市场化改革，就要提高仲裁服务国家、服务世界全面开放和发展战略的能力，促进我国仲裁的国际化进程。"要建立'一带一路'国际商事争端解决仲裁机制和组织，探索国际投资争端仲裁以及国际商事法律制度研究，积极拓展国际仲裁市场，打造国际仲裁品牌；强化与国际仲裁组织及境外仲裁机构的交流合作，积极参与国际仲裁、国际调解规则制定，提高国际知名度与话语权。"同时，要认真梳理总结国际国内仲裁的契合点与相通性以及存在的差距，将我国《仲裁法》的修订与国际仲裁相关规则、制度以及仲裁实务相结合，确保我国仲裁困守国内的局面尽快打开。由于国际商事仲裁裁决依据《纽约公约》得到了170多个国家和地区的承认，打破了各国法院判决基于本国司法主权原因得不到他国执行的限制，这是国际仲裁最大的优势。为此，要在加入诸如《纽约公约》《华盛顿公约》等重要国际公约基础上，强化与"一带一路"沿线以及其他国家和地区签署更多双边贸易投资协定，力争在产生争端时运用专设仲裁庭方式解决纠纷，尽快实现用"中国土壤"培育符合国际共识的"中国仲裁"经验，从而推动国际仲裁的中国化发展。

第二节 仲裁机构的组织形式及其设置模式

一、仲裁机构的主要分类

所谓仲裁机构，指的是在商事交往中，经各方当事人自主选择，有权解决他们之间可能发生或业已发生的法律纠纷的民间性组织。在国际社会的仲裁实践中，根据组织形式、职能、成立依据等差异，仲裁机构主要有如下几种分类。

根据处理争议的仲裁机构有无固定的办公场所和章程，仲裁机构可以分为临时仲裁组织和常设仲裁机构。

（一）临时仲裁组织

临时仲裁组织，又称特别仲裁机构（Ad Hoc Arbitration Agency），它是根据当事人之间的仲裁协议，在争议发生后由双方当事人推荐的仲裁员临时组成的，负责审理当事人之间的有关争议，并在审理终结作出裁决后即行解散的仲裁组织。换言之，临时仲裁组织是为了专门解决某一仲裁协议项下的争议而设立的仲裁庭。当仲裁庭就该协议项下的争议作出裁决后，其使命即告完成并即行解散。临时仲裁组织审理案件具有极大的灵活性，其组成及活动规则、仲裁程序、法律适用、仲裁地点、裁决方式乃至仲裁费用等都可以由当事人双方协商确定，同时可以大大减少仲裁成本，因而比常设仲裁机构具有一定的优势。虽然当今常设仲裁机构比比皆是，但临时仲裁机构仍在国际仲裁中占有重要地位。

（二）常设仲裁机构

常设仲裁机构（Permanent Arbitration Agency），是指依据国际条约或一国国内立法所成立的，有固定的名称、地址、组织形式、组织章程、仲裁规则和仲裁员名单，并具有完整的办事机构和健全的行政管理制度，用以处理国际商事法律争议的仲裁机构。

与临时仲裁组织相比，常设仲裁机构在规范化、办案质量、工作效率、行政管理与服务等方面均有优势。当事人签订仲裁协议比较简便，只需写明将争议提交某仲裁机构解决即可。19世纪中期以来，国际常设仲裁机构发展到今天，其数量已大大增加，遍布全球，业务方面也扩展到商事法律关系的各个领域。

常设仲裁机构按照其成立依据的不同，可分为国别性常设仲裁机构、区域性常设仲裁机构和国际性常设仲裁机构三种。

1. 国别性常设仲裁机构

国别性常设仲裁机构是根据某一国家或地区的法律设立的，或称仲裁法院、仲裁委员会等，既可受理本国人之间的，也可受理本国人与外国人之间的或外国人相互之间的经济贸易争议。它又分为全国性的常设仲裁机构和地区性的常设仲裁机构。前者如瑞典斯德哥尔摩商会仲裁院（SCC）、美国仲裁协会（AAA）、伦敦国际仲裁院（LCIA），后者如香港国际仲裁中心（HKIAC）。

2. 区域性常设仲裁机构

区域性常设仲裁机构是依据区域性的国际公约或国际组织的决议而设立的常设仲裁机构，主要受理各成员国之间的国际商事案件。目前主要有：

（1）亚洲及远东经济委员会商事仲裁中心。它位于泰国曼谷，由联合国亚洲及远东经济委员会设置；其仲裁规则也由该委员会制定，用以处理本地区的国际经济贸易争议案件。

（2）亚非法律咨询委员会地区仲裁中心。它是由亚非法律咨询委员会在亚非地区设立的若干常设仲裁组织，主要由发展中国家管理。自该委员会1974年做出发展亚非地区的仲裁机构的决议后，已在马来西亚的吉隆坡和埃及的开罗设立仲裁中心。这些仲裁中心的目标是促进亚非地区的国际商事仲裁，与现有的仲裁机构合作并为其提供帮助，帮助实施临时仲裁，尤其是根据《UNCITRAL仲裁规则》进行的临时仲裁，促进仲裁裁决的执行，提供由该中心管理的仲裁服务。

（3）美洲国家商事仲裁委员会。它是根据1933年美洲国家第7次国际会议第41号的决议于1939年成立的。美洲国家商事仲裁委员会负责处理北美和中、南美洲国家间的商事仲裁案件，并订有自己的仲裁规则。

3. 国际性常设仲裁机构

国际性常设仲裁机构，是指由多边公约或国际性组织所设立的常设仲裁机构，用以处理国际商事法律争议。其中影响较大的有解决投资争端国际中心（ICSID）、国际商会仲裁院等。

根据国际性常设仲裁机构受理的案件范围，可以将其分为综合性仲裁机构和专业性仲裁机构。

（1）综合性仲裁机构。综合性仲裁机构受理各类不同的案件，如美国仲裁协会（AAA）、伦敦国际仲裁院（LCIA）、荷兰仲裁协会（NAI）等都受理多种案件，包括劳动纠纷、商事纠纷、交通事故纠纷等。

（2）专业性仲裁机构。专业性仲裁机构只受理某一行业范围内的仲裁案件，如海事仲裁机构只受理海事领域的有关案件。通常设立在各行业协会中的各种专业仲裁机构也不受理该行业以外的案件，如英国伦敦谷物公会和伦敦橡胶交易所下设的仲裁机构，荷兰咖啡贸易仲裁委员会等。

二、仲裁机构的设置模式

关于仲裁机构的设置，各国和地区的做法不尽相同，大致归纳为如下三种模式：

第一，仲裁机构设在商会内。有的国家只设一个全国性仲裁机构，且无分支机构，如韩国商会仲裁院、瑞典斯德哥尔摩商会仲裁院。有的国家设立几个全国性仲裁机构，如日本分设国际商事仲裁协会和海事仲裁委员会、建设工事纷争审查会，且设有分支机构。还有的国家只在一些城市的商会设有仲裁机构，没有全国性的仲裁机构，如法国的巴黎、马赛商会内设有仲裁机构。政府对仲裁机构的发起人及设立地点并无限制。

第二，仲裁机构独立设置，或者既在行业协会里设置仲裁机构，又有独立设立的仲裁机构。如英国设有伦敦国际仲裁院，还有四十多个专业机构、商会和贸易组织内设有行业性仲裁机构。美国仲裁协会总部设在纽约，在旧金山、波士顿等三十多个城市设有分会，另外还有设在行业协会里的仲裁机构。

第三，设立多个仲裁机构，但"全国性"和"地方性"的机构互不隶属，各行其职。有些国家设有多个仲裁机构，还设立了仲裁协调机构。如德国在汉堡、法兰克福等地设有十余个仲裁机构，还在波恩设有全国性协调机构。

在仲裁机构设立程序上，各国和地区的做法也不一致。一种是无须政府批准或注册即可成立，如瑞典斯德哥尔摩商会仲裁院；一种是需要政府批准或注册，如日本国际商事仲裁机构由该国通产省批准设立，香港国际仲裁中心是根据香港公司法注册的非营利性法人。

一般来说，仲裁机构内设有权力机关和执行机关（如有必要，还可设立相关机构）。

在各仲裁机构，权力机关一般是理事会或委员会。权力机关一般由仲裁机构所属的组织控制，由该组织的成员国提名或选举产生，如国际商事仲裁委员会的主席和委员。或者如果仲裁机构是某一国家的仲裁机构，则由其所属的国内组织依法任命。权力机关一般是非常设的，它们根据其组织章程或实际需要定期或不定期召开会议，对仲裁机构行使领导职能、决定仲裁机构的重要事项，如组织内部机构的设立，制定或修改仲裁规则、内部管理规则，监督秘书处和其他专门委员会的工作，以及与其他组织和机构的合作与联系等。不同仲裁机构的权力机关在设立、职能履行等方面有所差异。

仲裁机构的执行机关一般是秘书处或事务局，是常设机关，由秘书长、若干副秘书长和若干工作人员组成。其职责除负责仲裁机构的日常事务性工作外，更主要的是对仲裁的日常活动进行监督和管理，如对案件的初步审查和受理，组建仲裁庭（负责指定或批准仲裁员），关注和监督仲裁的进程，负责当事人及仲裁员之间的联络，审查和签发仲裁文书，管理案件卷宗等。

三、仲裁机构与仲裁庭的关系

仲裁庭针对个案设立，不是固定的机关。仲裁机构本身并不直接审理案件，在当事人提请仲裁后，仲裁机构负责组织仲裁庭，由后者负责案件的具体审理，此后，仲裁机构对该案仅进行监督，并不过问仲裁的具体过程。仲裁庭审理完毕，作出裁决之后，仲裁庭即告解散。如果仲裁过程中当事人达成和解，或申诉人撤回案件，或当事人之间达成和解协议，仲裁庭的使命也即完成，随即解散。

实践中，仲裁机构本身并不直接进入仲裁程序，这些工作由仲裁庭负责。在临时仲裁情况下，甚至不需要仲裁机构。在常设机构仲裁的情形下，仲裁机构的工作是仲裁得以进行的基本前提，也是公正裁决的重要保障。一般说来，仲裁机构的工作主要涉及以下方面。第一，制定仲裁规则，并确保仲裁规则得到遵守和执行。第二，保障仲裁程序的顺利进行，包括：接受当事人提出的仲裁申请；在立案后协助当事人及时组建仲裁庭；由秘书处、办公室等办事机构在案件审理中为当事人与仲裁庭之间构建起畅通的联络；提供庭审场所和设备、分配记录人员和办案秘书；决定或授权仲裁庭解决案件的管辖权争议；协助仲裁庭承担送达等程序工作；在仲裁庭作出裁决后进行核阅、确认并盖章后发出。除了上述直接管理和服务仲裁程序的职能外，许多仲裁机构还通过发挥其自身的优势，承担着辅助仲裁和争议解决的信息交流、培训研究、宣传推广等职能，成为推动和促进仲裁及争议解决发展的重要力量。[1]

---

[1] 肖建国：《仲裁法学》，高等教育出版社2021年版，第86页。

仲裁规则是仲裁据以进行裁决的程序规则，是仲裁得以顺利进行的前提条件。仲裁案件可以不适用任何国家的仲裁法，但任何仲裁案件都必须遵循一定的程序规则。能否制定出合理、科学的仲裁规则，能否根据情况的发展对其不断予以更新，关系到仲裁裁决的质量。仲裁庭具有临时性，不方便完成这一任务，它可以针对个案确定一套程序规则，但只能适用于个案，案件审结后即告终止。许多仲裁机构还要求，当事人选择本机构的，视为选择本机构的仲裁规则。要求仲裁庭严格按照仲裁规则审理案件是所有仲裁机构对仲裁实行监督的基本措施之一，也是机构仲裁与临时仲裁的主要区别。在临时仲裁的情况下，如果当事人未指定适用特定的仲裁规则，仲裁员可以根据其认为适当的任何程序规则进行仲裁，与仲裁机构的仲裁规则相比，难免带有很大的任意性和武断性，不利于保护当事人的合法权益。目前，各仲裁机构均制定了自己的仲裁规则，但彼此间存在较大的差异，这给当事人和仲裁员带来极大的不便。联合国国际贸易法委员会制定的《示范法》与《UNCITRAL仲裁规则》对于仲裁规则的统一化与协调起到重大作用，许多国际商事仲裁机构结合该《示范法》修改了自己的规则，从而使其规则日趋接近，同时还允许当事人选择该《示范法》的规则进行仲裁，而不适用本机构的规则。

负责案件审理的是仲裁庭，而仲裁庭是由仲裁员组成的。仲裁员名册通常是组成仲裁庭的前置条件。仲裁员的裁量权大于法官在诉讼中的权限，因为法官在诉讼中要更严格地遵循法律的规定，而仲裁则强调当事人的意志，在缺乏当事人的意思表示的情况下，许多仲裁立法和仲裁规则允许仲裁员根据自己的判断来确定仲裁中程序规则和实体规则的适用，有时甚至可以适用"善良与公允"原则进行审理，而不适用任何法律规则。可见，仲裁员的专业水平关系到裁决的质量，关系到当事人利益的维护，仲裁员在仲裁制度中有着至关重要的作用。在临时仲裁的情况下，仲裁员一般由当事人自行确定。这种方式虽然具有灵活性，但达成一致较为困难。而在机构仲裁的情形下，如果仲裁机构备有仲裁员名单，当事人较容易相信名单上的人选的中立性，达成一致就容易得多。此外，当事人在有限的时间内往往来不及对仲裁员的专长与素质进行充分的了解，而仲裁机构设置名册时，对仲裁员人选的专业与道德素质均进行过严格的考察，能够保障仲裁员的专业水平，同时还能兼顾仲裁员在地域、法律、社会、文化甚至语言等方面的背景，以保证当事人有比较充分的挑选余地。同时，为了防止仲裁员名册妨碍当事人意思自治，许多仲裁机构也允许当事人在仲裁名册以外挑选和指定仲裁员，以充分顾及其特殊需要。

仲裁员的选定方式主要有两种：第一种是应当由当事人自行协议选定。这种方式理论上较为理想化。但是仲裁员的选定往往是在争议发生以后进行，由于这时双方当事人关系恶化，很难达成协议。在双方不能就仲裁员的选任达成一致时，就采用第二种仲裁员的选定方式，即由仲裁机构或法院代为指定。现实生活中，当事人在争议发生前指定仲裁员也不常见。因为达成协议时双方处于一种友好关系中，过多讨论将来未必发生的争议有伤和气，而且这时也很难充分预见会发生什么样的争议，争议具有什么样的性质，而不同的争议对仲裁员素质与特长的要求也不相同；如果缔约时预先指定仲裁员，则当争议发生时，当事人无法根据案情选择更合适的仲裁员。此外，即使预先指定了仲裁员，该仲裁员也可能发生变故，如退休、生病、死亡等，争议发生时无法履行职责，这时需要重新指定。

按照多数仲裁机构的规定，选择该机构仲裁就意味着遵守其仲裁规则，因而如果当事人协议选择机构仲裁，而不能就仲裁员的指定达成一致，或是被申请人拒绝指定仲裁员，在仲裁规则规定的期限届满后，仲裁机构有权代为指定仲裁员。仲裁员被指定后，如果由于种种原因需要更换，应由当事人协调指定，如当事人协商不成，仲裁机构也有权代为指定。

仲裁机构指定仲裁员以后，如果当事人认为该仲裁员缺乏公正性和独立性，可以对其提起异议，仲裁机构应根据其仲裁规则的规定，对仲裁员的实际情况进行审查，决定是否予以更换。仲裁机构在履行此项职能时，一方面要保证仲裁公平、公正地进行，另一方面也要防止当事人故意拖延和阻挠仲裁的顺利进行。

许多仲裁机构，特别是世界上知名的仲裁机构，如国际商会仲裁院，从维护其良好信誉和仲裁裁决的权威性出发，由仲裁院委员召开会议对仲裁裁决进行复核。出于对仲裁庭的尊重，仲裁机构一般不对仲裁裁决的实体方面，即实体法的适用及事实根据等方面进行审查，而主要是对仲裁程序、裁决书的形式进行审查，但可以就实体问题提请仲裁庭注意。对于不符合仲裁规则作出的仲裁裁决，一般退回仲裁庭进行修改或要求予以解释和澄清。

前面几项服务仲裁程序的职能是仲裁机构的主要职能，这些职能或是进行仲裁所必需的前提，或是对仲裁庭进行监督的手段，均是为了保障裁决的公正合理，是仲裁制度的基本内容。

在仲裁程序中，为保障仲裁的顺利进行，仲裁机构往往需要提供一些非制度性的服务，如根据当事人的请求代为起草仲裁协议或仲裁条款，提供仲裁场所，代为收发来往信函，提供电信、传真、复印、打字、同声翻译等技术性服务和代订饭店、订票、办理签证等后勤服务。与前述基本职能相比，虽然这些服务是辅助性的，但高质量的服务不仅有助于仲裁的顺利进行，也有助于增强当事人的信赖感，而当事人的信赖正是仲裁制度得以生存和发展的基础。所以，每个仲裁机构均提供这些服务，国际商会仲裁院在作出仲裁裁决后，还会尽量提供帮助和采取必要措施，以保证仲裁裁决可以得到切实的承认和执行，比如帮助当事人获得去执行地国家的签证。说到底，当事人不是为了仲裁而仲裁，其目的是维护自己实体权利与利益。所以裁决能否得到承认与执行，关系到当事人的根本利益，也关系到仲裁制度的生存空间。仲裁机构提供这些服务，不仅对当事人有益，也是其自身的发展所要求的。

除了上述基本服务措施外，现在包括国际商会仲裁院在内的许多仲裁机构都愿意提供为当事人指派机构的服务，即当事人可委托其代为指定仲裁员。严格地说，这不是仲裁机构的本职工作。但仲裁机构提供此项服务一方面出于社会公益方面的考虑，另一方面可以扩大本机构的影响并获得一定的经济效益。对于临时仲裁的当事人来说，这项服务为之提供了很大的方便。如果当事人在其仲裁协议中选择了某一仲裁机构或个人充当指派机构，那么在争议发生后，该机构或个人可以应申诉人的要求代为指定仲裁员，以避免出现僵局。如《UNCITRAL 仲裁规则》第六条规定：如当事人一方收到组建仲裁庭的提议后三十日内，双方尚未就一名独任仲裁员的选定达成协议时，应由双方所同意的委任机构委任一名独任仲裁员。如双方当事人就委任机构尚未达成协议，或经双方当事人同意的委任机构拒绝或未在收到一方请求后六十日内委任仲裁员，则任何一方当事人可请求海牙常设仲裁法院秘书长指定一个委任机构。

第三节 境外代表性仲裁机构及仲裁规则

一、仲裁规则的法律含义及其定位

(一) 仲裁规则的含义及其确定

仲裁不一定依据某个特定的《仲裁法》，但一定有共同的游戏规则存在，这个规则就是仲裁规则。所谓仲裁规则，是指规范仲裁进行的具体程序及程序中相应的仲裁法律关系的规则。换言之，仲裁规则就是仲裁机构、仲裁员和仲裁参与人在进行具体仲裁活动时所必须遵守的准则。从上述定义不难看出，仲裁规则用于调整仲裁的内部程序，是仲裁参与者的"内部法"。

从目前国际社会的仲裁实践来看，在具体案件中，究竟适用哪一仲裁规则，主要通过以下方法加以确定：

1. 由当事人确定仲裁规则

基于商事仲裁的性质，当事人自由约定仲裁规则的权利得到了各国仲裁法的认可。通常而言，当事人可以通过直接和间接两种方式来确定仲裁规则。所谓直接确定，是指当事人在仲裁协议中明确规定进行仲裁所应遵守的程序规则，或者在仲裁协议中援引某一套现成的仲裁规则。所谓间接确定，是指当事人通过选定仲裁机构或者授权仲裁庭来确定应该适用的仲裁规则。多数常设仲裁机构制定了自己的仲裁规则，有些机构规定在当事人选择了该仲裁机构而没有明确选择仲裁规则的情况下，应适用该机构的仲裁规则。此外，当事人也可以选择某一仲裁机构进行仲裁的同时，选择其他机构的仲裁规则，这种仲裁协议被称为混合型仲裁协议，但是实践中可能会产生某些障碍。

2. 由仲裁机构确定仲裁规则

如前所言，多数仲裁机构制定了自己的仲裁规则，有些仲裁机构甚至明确规定，不允许当事人选择其他的仲裁规则。换言之，在这些仲裁机构进行仲裁，只能适用由该机构确定的仲裁规则。但当代国际仲裁实践中，越来越多的仲裁机构规定，只有在当事人没有明确选择仲裁规则的情况下，才适用其自己的仲裁规则，即允许当事人选择其他的仲裁规则。

3. 由仲裁庭确定仲裁规则

无论是机构仲裁还是临时仲裁，当事人均可视情况授权仲裁庭来确定应适用的仲裁规则。仲裁实践中，如果可适用的仲裁规则缺乏明文规定，一般也是由仲裁庭予以弥补。

上述三类情形表明，仲裁中适用何种仲裁规则，归根结底取决于当事人。但是，如果每起案件的当事人都需要亲自谈判、拟定仲裁规则，每个仲裁庭都需要自行草拟仲裁规则，仲裁的成本将极为高昂。为方便当事人、仲裁庭和促进仲裁事业的发展，仲裁机构通常都会根据仲裁实践、商业交往方式以及法律环境的变化，不定期地制定、修订各种仲裁规则。各机构的仲裁规则成为展现机构竞争力的载体。值得注意的是，一些自身不从事具体仲裁活动的组织也制定仲裁规则，供各种仲裁机构、仲裁员和当事人选择适用。最典型的例子就《UNCITRAL 仲裁规则》。联合国国际贸易法委员会并非仲裁机构，而是负责国际贸易法统一化的国际组织，但其所制定的仲裁规则在国际商事仲裁特别是临时仲裁中获得了较高的评价。从效果来看，此类事先发布的仲裁规则就如同行业协会等组织制定的示范合同文本，目的在于节省当事人的仲裁成本，但不影响当事人进行个别协商的权利。

(二) 仲裁规则的特征

仲裁规则主要有以下三种特性：

第一，契约性。当事人既可以在仲裁协议中直接约定一套进行仲裁的程序规则，也可以援引一套现成的仲裁规则，还可以通过选定仲裁机构、仲裁庭而间接确定相应的仲裁规则。当事人即使援引现成的仲裁规则，也可以根据个案情况做出若干变更。显然，仲裁规则本质上构成当事人之间仲裁协议的一部分。仲裁规则具有契约性。

第二，强制性。仲裁规则的契约性决定了它的强制性。如同有效的合同所产生的法律约束力一样，仲裁规则一经确定，即对当事人、仲裁机构及仲裁员产生约束力。对法院而言，出于尊重当事人意思自治，在处理与仲裁的关系时，尤其是对仲裁进行司法监督时，亦必须尊重仲裁规则。

第三，局限性。仲裁规则的契约性也暗含了其局限性。仲裁规则虽然是具有拘束力的行为规范，也可以将相关法律纳入其体系，但它本身并不是法律，不能与仲裁程序应适用的法律或者法院地法的强制规定相抵触。

综上所述，虽然仲裁规则的约束力是合同性质的，但由于当事人意思自治是各国民商事法律公认的一般法律原则，故仲裁规则一经确定，无论是仲裁机构、仲裁员，还是仲裁当事人和其他参与人，任何不遵守仲裁规则的情形，都有可能产生严重的法律后果，甚至导致仲裁裁决被撤销或不予执行。同理，法院介入仲裁程序时，仲裁规则也是其行使权力的重要基准，无视仲裁规则将导致错误的判裁，损害司法的权威。

仲裁规则应具备的内容虽然没有统一的标准，但从国际仲裁实践来看，一般涵盖如下内容：仲裁管辖，仲裁组织，仲裁申请、答辩及反请求的提出，送达，仲裁庭的组成及其权力，审理程序，裁决的作出，等等。总体说来，在国际范围内，仲裁规则内容的趋同是明显的，但由于各个国家或地区文化的差异，特别是诉讼法、商业法背景的差异以及案件的特殊性，仲裁规则之间的差别甚至是细微区别也是不容忽视的。

仲裁规则用于调整仲裁的内部程序，是仲裁参与者的"内部法"。宏观上讲，仲裁庭在进行仲裁活动时是否遵守正当程序，当事人是否享有其天赋公正（natural justice），仲裁规则几乎是唯一的参考标准。仲裁规则是否得当，对仲裁效率的提高至关重要，也是外界衡量仲裁影响力的一个重要标志。故此，仲裁实践中，仲裁机构、仲裁员和当事人以及相关的法院都十分重视仲裁规则的应用。微观上讲，仲裁规则为具体的仲裁活动提供了指引，直接规范着仲裁活动的进行，甚至影响仲裁裁决的效力。

（三）仲裁规则的主要作用

具体而言，仲裁规则具有以下作用：

第一，为当事人提供了一套系统而又方便的争议解决程序。仲裁规则一般由仲裁领域的专业人士或权威人士在反复调查研究和总结经验的基础上制定，具有较强的针对性，但又不失其应有的灵活性，便于当事人有效地解决纠纷。

第二，为仲裁机构、仲裁庭进行仲裁活动提供了程序规则。仲裁规则一经确定，应予适用，仲裁机构、仲裁庭在处理仲裁案件时就有章可循，为程序公正的实现提供了保障，进而有助于确立当事人之间的实体权利义务关系。

第三，为仲裁的司法监督提供了重要依据。仲裁的顺利进行离不开法院的支持与监督，而关于仲裁的支持和监督，一个重要标准是仲裁规则。即使在仲裁管辖权与诉讼管辖权的协调上，如法院要认定仲裁协议的效力以确定是否受理相关起诉时，仲裁规则是必不可少的。如果仲裁规则得到了全面应用，有关仲裁的结果就极有可能得到支持，否则很可能甚至是必然导致仲裁裁决的撤销、发回重审或不予执行。

仲裁法，或称仲裁程序法（lex arbitri），是各国通过国内立法或国际立法的方式，单独或者集体制定的调整仲裁的法律规范的总称。仲裁法既规制仲裁的内部程序，同时也确定进行仲裁的外部标准，如争议事项的可仲裁性、仲裁协议及其效力、仲裁员的指定、仲裁庭的组成及其管辖权、仲裁程序、仲裁裁决及其承认与执行、仲裁裁决的撤销，等等。如果说仲裁规则是仲裁的"内部法"，则仲裁法就是仲裁的"外部法"。关于仲裁法的管辖范围，学者们的主张各异。一般而言，仲裁法支配如下问题：①仲裁管辖权的确立；②仲裁员的资格条件及选定方法；③进行仲裁的最低正当程序要求；④仲裁的法律适用；⑤裁决的作出及对仲裁裁决的异议，包括申请撤销仲裁裁决、承认和执行仲裁裁决等。

（四）仲裁规则与仲裁法的关系

仲裁规则与仲裁法是既有非常密切的联系，又有本质区别的两个概念。二者的密切联系主要表现在仲裁规则一般都是依据一定的仲裁法制定出来的，是仲裁法的细化。同时，对于仲裁规则没有明确规定的事项，仲裁法又能起到递补作用。另一方面，在仲裁活动中，仲裁当事人、参与人、仲裁机构与仲裁庭既不能违反仲裁规则，更不能违反应予适用的国家仲裁法。在仲裁规则与仲裁法发生冲突时，在不违反仲裁法强制性规定的范围内，仲裁规则的适用是优先的；如仲裁法的相关规定是强制性的，则其规定要优先适用。仲裁规则与仲裁法的区别则主要表现为：

第一，性质上，仲裁规则是当事人自己确定的行为准则；而仲裁法则是国家制定或认可的法律。当事人或有关机构在制定或确定仲裁规则时不能违反仲裁法的强制性规定。

第二，效力上，仲裁规则的效力只及于所涉案件的仲裁机构、仲裁员和当事人以及其他仲裁参与人、管辖法院；而仲裁法却具有普遍的法律效力。对于仲裁法中的任意性条款，当事人、仲裁庭和仲裁机构可以选择适用；但对于其中的强制性条款，当事人、仲裁庭和仲裁机构则必须严格遵守。对此，很多仲裁规则都有明文规定。如1976年的《UNCITRAL 仲裁规则》第一条第二款规定:"仲裁应受本规则的支配,但本规则的任何规定如与双方当事人必须遵守的适用于仲裁的法律规定相抵触时,应服从法律的规定。"

第三,在司法程序上,仲裁规则是法院干预仲裁时需要考虑的情节,即对仲裁监督,要考虑仲裁规则的执行情况;而仲裁法则是管辖法院干预仲裁的依据,仲裁法限定的干预范围,法院既不应轻易突破,也不应轻易放弃。仲裁法是进行仲裁的最低标准,在此基础上,仲裁规则(以及仲裁员守则等)应视情况规定更高的标准,所以仅违反仲裁规则未必会违反仲裁法。

二、国际商事仲裁规则的发展趋势及其潜在问题

(一) 国际商事仲裁规则发展的共性

1. 在仲裁规则中引入更丰富的程序性工具

在梳理代表性国际商事仲裁规则的基础上,可以发现,它们虽然在文本的框架结构、条文的逻辑顺序、进行仲裁程序各环节的时间期限、仲裁庭组成人数及组庭方式等细节方面存在一定差异,但在基本制度方面却不存在原则性区别。一个总体的趋势是仲裁规则均越来越长,特别是都倾向于引入更为丰富的程序性工具,例如紧急仲裁员程序、复杂仲裁程序(如多方当事人多合同仲裁、合并仲裁条款、第三方加入程序)、早期驳回程序等。与此同时,仲裁规则经过漫长的修订和升级,部分程序设计往往更加复杂,制度安排更加具体,规则条款更加集中并着眼于细节。同时,对于国际仲裁实践中运用非常普遍、成熟的程序工具,仲裁规则也会予以借鉴,如2015年施行的《中国国际经济贸易仲裁委员会证据指引》、国际仲裁中运用已久的《雷德芬证据时刻表》等。仲裁规则在设计时会为这些实践留下必要空间。值得一提的是,在这种国际商事仲裁规则趋同化的进程中,国际层面的统一立法(顶层设计)发挥了重要作用。以1958年《纽约公约》《示范法》《欧洲国际商事仲裁公约》等为例,这些法律文本虽然没有对仲裁程序的具体制度设计做出事无巨细的安排,但却无一例外地确立了"最低限度正当程序"等要求。一旦有关仲裁程序违背了类似最低要求,将导致仲裁裁决在国内法院被拒绝承认与执行,从而阻却国际裁决在全球范围内的自由流通。[①] 有鉴于此,正是

---

① 杨玲:《国际商事仲裁程序研究》,法律出版社2011年版,第35页。

在保证正当程序原则的基础上，仲裁规则才能纳入各类灵活多样的程序性工具。这是当前国际仲裁规则的发展趋势之一。

2. 仲裁规则将进一步提升仲裁的效率

效率与公平是仲裁赖以生存的价值基础。相比于诉讼，通说认为仲裁程序在效率方面的表现更胜一筹，这也是仲裁吸引国际商事交易当事人的重要优势。不过，近些年来，随着仲裁程序越发复杂化、精细化，争议解决的时间与金钱成本逐步提升，因此仲裁颇受各界诟病。伦敦玛丽王后大学2018年发布的国际仲裁调研报告显示，效率再度成为仲裁行业的重点关切对象。[①] 为了解决相关问题，保持仲裁在争议解决程序中的优势，仲裁规则（包括相关仲裁"软法"，如ICC曾于2007年发布的《控制仲裁时间与成本的方法》）在发展过程中开始有意识地采取措施，以更进一步地追求效率价值。回顾前面内容，这具体体现在：第一，国际知名仲裁机构仲裁规则均引入了紧急仲裁制度。除了夯实仲裁相对诉讼的竞争力外，另一项核心考虑便是仲裁的效率；第二，在仲裁规则中之所以会引入诸多工具性条款，这也是出于仲裁效率的考虑。譬如，合并仲裁制度的构建主要从便利当事人、避免对立裁决、拖延整体效率的角度出发。再如，缺员仲裁制度的存在也是以效率价值为出发点的产物。[②] 第三，通过仲裁规则对审限（包括一些时间节点）进行约束。通过缩短审限以督促和提醒仲裁庭尽快查明事实，并作出裁判，这也是提升争议解决效率的重要体现。

3. 不断尝试向仲裁的交叉领域拓展

伴随国际商事仲裁规则内容的趋同化、精细化、纵深化、高效化发展，仲裁规则的外延也在朝着与仲裁交叉的领域进行拓展。除了传统的规范仲

[①] Queen Mary University of London, 2018 International Arbitration Survey: The Evolution of International Arbitration, available at: http://www.arbitration.qmul.ac.uk/media/arbitration/docs/2018-International-Arbitration-Survey—The-Evolution-of-International-Arbitration.PDF, last visited on July 10th 2018.

[②] 对于国际商事仲裁规则中能否设置缺员仲裁制度以及缺员仲裁的合法性，学界曾有过争论，争论主要是从仲裁效率价值与当事人意思自治原则、当事人平等原则、仲裁庭合议原则之间的冲突方面进行辩论的。不过，总体上国际仲裁对缺员仲裁制度逐渐趋于宽容。参见池漫郊：《缺员仲裁的合法性》，《法学研究》，2007年第6期；齐湘泉：《国际商事争议缺员仲裁合法性质疑》，《比较法研究》，2011年第5期；陈延忠：《国际商事仲裁缺员仲裁庭裁决效力问题研究——马绍尔群岛第一投资公司申请承认与执行伦敦海事仲裁裁决案述评》，《国际经济法学刊》，2009年第1期。

裁程序启动、仲裁庭组建、证据提交、法律适用等事项，新修订的仲裁规则在调整对象方面亦有明显的拓展。仲裁规则的功能正在不断得以延伸。例如，在最新修订（包括修订中）的国际商事仲裁规则中，将第三方资助仲裁、仲裁员利益冲突、仲裁代理人道德规范指引等非传统要素纳入其中，正成为国际商事仲裁规则发展的最新趋势。

据悉，香港国际仲裁中心（HKIAC）2018版仲裁规则已于2018年11月1日生效。2018版HKIAC仲裁规则根据实践需求，针对部分条款进行有针对性的更新和调整，所涉条款包括：①在线文件存储库；②替代性争议解决机制；③诉费担保条款；④第三方加入仲裁新事由；⑤扩大多合同合并审理条款范围；⑥平行程序；⑦第三方资助仲裁（TPF）等。其中，特别值得关注的是TPF条款。2018版HKIAC规则增设TPF条款的主要动因是回应2017年6月通过的《仲裁及调解法例（第三者资助）（修订）条例》。鉴于该修正案旨在允许TPF在香港仲裁及调解中的运用，HKIAC在规则修订中试图提供配套措施。[①] 无独有偶，针对TPF这个新议题，CIETAC香港仲裁中心也先后推出了《第三方资助仲裁指引》草案及正式文本。[②] 不过，相对于2018版HKIAC仲裁规则，CIETAC香港仲裁中心的指引是更柔性的仲裁"软法"。[③]

2014年7月，LCIA发布了新版仲裁规则，并特别新增了针对案件当事人的法律代理人道德规范及行为准则方面的内容。LCIA因此成为第一个将道德指引纳入仲裁规则的仲裁机构。该指引明令禁止仲裁代理人从事下述活动：①参与意图阻止仲裁或者危害到裁决终局性的活动，包括反复无根据地对某一仲裁员的任命或仲裁庭的管辖权提出异议；②故意做出虚假陈述或协助获取虚假证据的准备以及依赖虚假证据；③故意隐藏或协助隐藏仲裁庭要求呈

[①] 吕志豪、徐凯怡：《香港修例容许仲裁第三方资助》，http://www.sw-hk.com/zh/litigation-20170616-1，最后访问日期：2018年5月20日。

[②] 早在2016年5月，CIETAC香港仲裁中心就发布了《第三方资助仲裁指引》征求意见稿；2017年8月，HKIAC公布了其修改仲裁规则的草案；2017年9月1日，CIETAC香港仲裁中心正式推出了其《第三方资助仲裁指引》；此外，SIAC制定的《投资仲裁规则》、CIETAC制定的《国际投资争端仲裁规则》也将TPF条款纳入其中。CIETAC Hong Kong Arbitration Center, https://hkarbitration.files.wordpress.com/2017/09/cietac-hk-tpf-guidelines.pdf, last visited on June 1st 2018.

[③] 徐凯怡：《中国国际经济贸易仲裁委员会香港仲裁中心推出〈第三方资助仲裁指引〉》，http://www.sw-hk.com/zh/lit-20170901-1/，最后访问日期：2018年6月5日。

现的任何文件；④做出或尝试与仲裁庭成员的秘密单方接触。如果任何一方当事人的代理人违背了相关指引，仲裁庭可以采取签发书面训斥或书面警告及任何其他必要措施方式制裁触犯规则的代理人，但惩戒措施应避免不必要的程序拖延和费用增加。①

值得关注的是，国际仲裁规则之所以会衍生出交叉发展的趋势，并将第三方资助、代理人职业伦理等条款纳入其中，重要原因在于国际仲裁本身向着复杂化、精细化发展。特别是，参与仲裁程序的主体正在扩张，与程序相关联的其他外部因素也越来越多。为了保障程序的有效推进，规则的制定者需考虑的因素也越来越具体、越来越多元。换言之，仲裁规则不再是纯粹的三角主体（仲裁庭+仲裁机构+当事人），还融入了其他元素（案件资助方、代理人、仲裁秘书、专家证人等）。②

4. 仲裁规则注重强化透明度机制

如前所述，联合国国际贸易法委员会（以下简称"贸法会"）制定的《透明度规则》已经生效。作为一套程序规则，它重点规范了投资者与国家间基于条约开展仲裁的透明度，以及如何向公众开放涉案信息的操作细则。考虑到贸法会仲裁规则对《透明度规则》的适用具有重要的影响，最新版贸法会规则特别增设了第1条第4款，它明确将《透明度规则》纳入新版贸法会规则之中。③ 在国际仲裁中，之所以行业越来越凸显透明度，这是源自国际投资仲裁的改革方向。分析以往的仲裁案件，已发现对立裁决、利益失衡、争端当事双方信息不对称、漠视社会公益等问题，而透明度的强化被视为解决这些难题的一大方案。更有意思的是，对于透明度的关注正从投资仲裁向国际商事仲裁蔓延。除了贸法会规则，其他仲裁机构规则也开始引入

---

① Richard Smith et al., The LCIA's New 2014 Arbitration Rules, http://www.allenovery.com/publications/en-gb/Pages/The-LCIAs-New-2014-Arbitration-Rules.aspx, last visited on June 6th 2018.

② HKIAC 除了已在仲裁规则修订中增设 TPF 等新型条款外，它还在 2014 年 6 月正式发布了《仲裁庭秘书使用指南》。该指南不仅明确区分了仲裁庭秘书与仲裁案件管理人的角色、功能及费用，而且允许经 HKIAC 培训筛选的仲裁秘书短名单供全球仲裁庭选用，堪称 HKIAC 对国际仲裁"软法"的贡献。

③ 《贸易法委员会投资人与国家间基于条约仲裁透明度规则》（2014年4月1日生效），http://www.uncitral.org/uncitral/zh/uncitral_texts/arbitration/2014Transparency.html，最后访问日期：2018年6月10日。

透明度条款，有意增加机构内部决策的透明度。长远来看，仲裁对透明度的要求只会有增无减，因为这关系到仲裁的公信力和广义合法性。仲裁这一争议解决机制要"苦练内功"的核心即在透明度与保密性之间寻求平衡。值得进一步追问的是，国际商事仲裁中强化透明度的路径为何选择以仲裁规则而非以仲裁法作为载体？笔者认为，相较于仲裁法"自上而下"地由官方推动，仲裁规则更多由真正接触第一手仲裁实践的国际组织或仲裁机构制定。这种"自下而上"的改革模式不仅更节省成本，更能调和国别冲突，而且反映出最符合实践需求的制度设计。

（二）国际商事仲裁规则发展引发的问题

由上可见，在国际商事仲裁规则发展的过程中出现了越来越明显的共性特征，如引入各种灵活的程序性工具，不断提升仲裁效率，在向与仲裁相关的交叉领域拓展的同时强化仲裁规则的透明度。应注意的是，在这种趋势的背后，仲裁规则还衍生了一系列理论与实践问题，而且部分问题会随着仲裁规则的进一步发展不断地呈现。

1. 仲裁规则与当事人的意思自治产生冲突

除了每个仲裁案件均必须经历的普通程序外，经过仲裁当事人的选择或认可，还可能在个案中引入特别程序，例如调仲结合、友好仲裁、第三方加入、快速程序等。这些特殊的仲裁程序并不当然构成仲裁案件的必经环节，也不是当事人所必须经历的过程，而只是为了达到当事人所期望的某些特殊目的，或者为了更好地实现当事人所期望的目的而设置的可供当事人任意选择的程序。[①] 在国际商事仲裁及有关司法监督实践中常常引发一项疑难问题，即如果当事人所选择适用的仲裁规则与当事人在仲裁协议中明确表达的意思自治发生冲突，究竟如何调和此种冲突？对此，本书特别选取两个典例进行阐述。

案例一：来宝公司向上海市一中院申请执行 SIAC 仲裁裁决案。

该案是一起因仲裁机构适用快速程序规则所导致的与当事人意思自治相冲突而引发的争议。快速程序（expedited procedure，部分仲裁规则中称 fast-track procedure）属特殊仲裁程序之一。其以优先实现当事人所追求的高效解

[①] 汪祖兴、郑夏：《自治与干预：国际商事仲裁当事人合意问题研究》，法律出版社 2016 年版，第 156 页。

决商事争议的目的为导向。① 作为国际商事仲裁中的一项共性程序，各主流仲裁机构多在仲裁规则中设专条或专章规定了快速程序，或者在仲裁规则之外单独拟订了快速程序规则。例如，2013 年版 HKIAC 机构仲裁规则第四十一条、2013 年版 SIAC 仲裁规则第五条（本条已经被 2016 年版 SIAC 仲裁规则第 5 条所更新）、2015 年版 CIETAC 仲裁规则第四章、2015 年版 BAC 仲裁规则第五十三条、2017 年版 ICC 仲裁规则附件六等即为快速仲裁程序。

就本案案情而言，双方当事人信泰公司与来宝公司在 2014 年 10 月分别作为买卖双方签订了《铁矿石买卖合同》。合同约定由来宝公司销售铁矿石给信泰公司。合同还约定以引述方式根据《global ORE 标准铁矿石贸易协议》（以下简称《标准协议》）版本 L2.4 第二部分的条款和条件出售并交付铁矿石。该《标准协议》明确规定，双方因交易、协议引起的任何争议和索赔等，应根据当时有效的新加坡国际仲裁中心《仲裁规则》提交新加坡仲裁，仲裁庭应由三名仲裁员组成。2015 年 1 月，双方在合同履行阶段发生纠纷。来宝公司以信泰公司未按照合同约定开立信用证为由向 SIAC 提出仲裁索赔请求，同时申请仲裁程序按快速程序规则进行。在答辩期内，信泰公司曾三次向 SIAC 发函提出，本案情形较为复杂，据不同意适用快速程序的提议，并要求根据双方的合同约定组成三人仲裁庭。

然而，2015 年 2 月 17 日，SIAC 通知双方当事人，该中心主席已经批准了来宝公司关于快速程序的申请，并决定对该案根据快速程序由独任仲裁员仲裁。2015 年 2 月 27 日，信泰公司再次致函 SIAC，再次表明其反对适用简易程序和独任仲裁，而是要求组成三人仲裁庭。信泰公司还表示，如 SIAC 忽略其提议，其将拒绝接受该中心的仲裁管辖权。

2015 年 4 月 20 日，SIAC 依据其 2013 年版仲裁规则，以双方当事人未就快速程序下独任仲裁员人选达成合意为由，指定了独任仲裁员审理该案。信

---

① 相比于诉讼，仲裁同样以实现案件处理结果的公正性为重要价值，同时也承载了当事人企图高效解决纠纷的目的，因此具有经济性、高效性优势。但在国际仲裁中，随着程序设计趋于复杂，仲裁程序的当事人与代理人试图尽可能地用尽各类权利救济途径，自案件登记至裁决作出的耗时不断增加，个案审理程序显得冗长，正是为了提升效率、防范拖延，快速程序应运而生并被普遍运用。参见环中仲裁团队：“快速仲裁程序细览"，https://www.sohu.com/a/76083269_398113，最后访问日期：2018 年 5 月 15 日。

泰公司缺席该案的审理。2015 年 8 月，仲裁庭作出最终裁决，支持来宝公司的全部仲裁请求，即信泰公司应向来宝公司支付违约赔偿美元 160.31 万元、相应利息、仲裁费以及来宝公司发生的法律费用。上述裁决作出后，信泰公司未履行该裁决项下的义务。2016 年 2 月，来宝公司向上海第一中级人民法院（以下简称"上海一中院"）申请承认并执行 SIAC 作出的裁决。信泰公司抗辩称本案裁决应被拒绝承认及执行，原因有四：第一，当事人之间不存在仲裁协议，《铁矿石合同》仅仅是"引述"而不是"并入"《标准合同》中的仲裁条款；第二，仲裁程序与当事人的约定不符，SIAC 决定适用快速程序未考虑被申请人提出的反请求及抵销请求；第三，仲裁庭之组成与当事人的约定不符，当事人明确约定采取三人仲裁，SIAC 却强行决定适用独任仲裁；第四，仲裁违背正当程序原则，未给予被申请人充分的申辩机会。[1]

上海一中院认为，我国和新加坡均为《纽约公约》的缔约国，故仲裁裁决的承认和执行应适用《纽约公约》的相关规定。本案中，SIAC 在仲裁条款约定仲裁庭由三名仲裁员组成且在信泰公司一再反对独任仲裁的情况下，仍采取独任仲裁，违反了仲裁条款的约定。[2] 综上，上海一中院根据《纽约公约》第五条第一款 d 项（仲裁庭之组成或仲裁程序与各方当事人之间的协议约定不符）及《民事诉讼法》相关规定，裁定不予承认和执行涉案裁决。[3]

本案裁定作出后，瞬间在国内外仲裁界引发了热议。评论者的观点大体可分为两类。第一类观点对上海市一中院的裁判结果予以支持，称赞其充分尊重了当事人关于仲裁庭组成人数的特殊意思自治，否定了 SIAC 在背离信泰公司真实意愿的前提下强行依据快速程序规则由一名独任仲裁员所作出裁决的做法。他们的理由是，在当事人既然已经明确约定仲裁庭由三人组成的情

---

[1] 国际仲裁资讯：《重磅：上海一中院拒绝承认和执行新加坡国际仲裁中心仲裁裁决》，http://www.jishiwww.com/html/news/2017/0825/21134.html，最后访问日期：2018 年 6 月 19 日。
[2] 法官注意到 SIAC 新旧版本仲裁规则在快速程序组庭方式的规定上存在明显差异，SIAC 2013 年第五版规则并未排除快速程序中适用其他的仲裁庭组成方式，亦没有规定在当事人已约定适用其他的仲裁庭组成方式时，SIAC 仍然有权强制适用第 5.2 条 b 项关于独任仲裁的规定。2017 年新版仲裁规则附件六快速仲裁程序则规定，仲裁院可以无视当事人关于仲裁庭人数的约定指定独任仲裁员。这表明，新规则本身明确授权仲裁机构无视当事人的协议，可以在当事人约定三人仲裁庭的情况下径直规定独任仲裁员，而旧规则没有此种授权，这是导致本案存在组庭争议的关键。
[3] 余风：《因仲裁庭组成方式违反仲裁条款约定——上海一中院裁定不予承认和执行一外国仲裁裁决》，《人民法院报》，2017 年 8 月 25 日，第 3 版。

况下，明示的合意应优先于默示选择的仲裁规则中的规定、新的合意应取代旧的合意、三人仲裁的特别合意比快速程序规则中关于独任仲裁的合意更加清晰，因此机构在运用规则时不应超越当事人的意思自治。①

另一类观点则显然不同。当事人在仲裁条款中既然约定了三人仲裁的组庭方式，也约定了涉案争议的索赔应根据当时有效的 SIAC 仲裁规则进行，二者便皆成为仲裁协议的组成部分，也均属当事人意思自治的产物，不存在孰优孰劣。2013 年开始生效的第五版 SIAC 仲裁规则第 5 条中确立了"快速程序"，最高人民法院曾在给上海市高级人民法院的（2017）最高法民他 50 号复函中指出，SIAC 在本案中根据来宝公司的书面申请适用"快速程序"进行仲裁，符合《仲裁规则》的规定。既然如此，在仲裁条款内部各要素存在隐性冲突的情形下，仲裁规则默认 SIAC 有权以保障仲裁协议执行的目的对组庭人数、组庭方式等程序事项做出决定。特别是，SIAC 之所以在本案中否弃三人组庭而是采取独任组庭，其本意并不完全是出于效率考虑，而是为了调和"快速程序"与当事人关于三人组庭的约定之间的裂隙；其初衷旨在于使当事人的仲裁意愿真正"落地"而不是对当事人的意思自治进行限制。事实上，本案并非第一起关于快速程序是否应适用独任仲裁的争议。在新加坡高等法院审理的 AQZ v ARA〔2015〕SGHC49 号判决（以下简称"AQZ 案"）中，法官普拉卡什（Justice Prakash）对仲裁条款进行了"有目的性且符合商业逻辑的解读"。"AQZ 案"的法官认定当事双方需要仲裁中心主席来行使选定仲裁规则下的自由裁量权并任命独立仲裁员。同时在"AQZ 案"中，SIAC 主席对该自由裁量权行使得当。法官自此认为当事人对快速程序的援引优先于其对于三人仲裁庭的援引。最终，新加坡法院在"AQZ 案"中认定，SIAC 关于快速程序为独任仲裁的规则优先于当事人关于三人仲裁庭的约定。组庭过程及仲裁裁决均合法有效。本着支持仲裁的价值理念，有观点认为 SIAC 对"来宝案"所作出的裁决不应被拒绝承认与拒绝执行。仲裁规则规定由仲裁机构决定快速程序的组庭方式并不必然剥夺当事人的自治权。原因在于，当事人完全可以约定整体上排除适用快速程序，但如果当事人没有做出排除式约定（opt-out），就应当尊重和遵守自己所选择的仲裁规则中的规定，这也是商业

---

① 高晓力：《中国法院承认和执行外国仲裁裁决的积极实践》，《法律适用》，2018 年第 5 期。

社会中诚信原则与禁反言原则的内在要义。①此外，"来宝案"背后还折射出现行国际商事仲裁实践中存在的两个症结：一方面，仲裁机构的扩权与当事人的合意如何有效对接？在当事人仅表明提交仲裁的意愿，但欠缺具体的合意要素（如仲裁员任命、组庭方式、仲裁地等）时，仲裁机构在多大程度上可代为行使相关职能？无疑，漫无边际的"家长主义"既不符合将仲裁当事人假定为"理性经济人"的前提，也无益于培养精通仲裁业务的代理律师，仲裁机构的权限是适度的而非无限的；另一方面，对于此类案件，法院对机构的支持或监督界限应该倾向于支持机构的合理安排，还是秉持当事人意思自治的绝对优先？归根结底，这一问题可简化为"鸡生蛋"还是"蛋生鸡"的问题。机构的权限源自当事人的自治，但当事人的仲裁协议最终需要机构来执行和落实，为了真正地支持仲裁，绝对的当事人意思自治似乎并不可取。

案例二：阿尔斯通（Alstom）公司向杭州市中院申请执行 SIAC 仲裁裁决案（以下简称"Alstom 案"）。

"Alstom 案"是一起因混合仲裁协议而引发的困境。在该案中，Alstom 公司与浙大网新（Insigma）公司于 2004 年 12 月签署了《湿法烟气脱硫技术许可协议》，协议第 18 条第 3 款仲裁条款约定："由本协议产生的或与之相关的任何争议，包括与本协议之存续、效力或终止相关的任何异议，应提交双方执行代表通过友好协商予以解决。任何和所有该等争议应由 SIAC 根据届时有效的 ICC 仲裁规则进行最终裁决，仲裁地点为新加坡，所用语种为英语。仲裁庭应由 3 名根据 ICC 仲裁规则指定的仲裁员组成。仲裁的裁决应是终局的，并对各方均有约束力。各方应各自履行仲裁裁决。与仲裁有关的费用（包括但不限于仲裁费、律师费等）应由仲裁庭决定。"

2005 年底，许可合同的双方当事人因使用费的计算发生了争执，Alstom 公司遂向 ICC 申请仲裁。2006 年 11 月，Insigma 在答辩期内提出了管辖权异议，它指出 ICC 仲裁院对本案没有管辖权。Insigma 的观点是，Alstom 向错误的仲裁机构提出了仲裁申请。双方当事人明确的意思自治是由 SIAC 而不是 ICC 仲裁院管辖本案。之所以选择 SIAC，是因为 SIAC 的案件管理费用相对较

---

① 师虹、刘洋：《来宝案评述：约定为王？》，https://mp.weixin.qq.com/s/5Wcx1lkJHTGlx6pFefDkAg，最后访问日期：2018 年 5 月 25 日。

低。随后，Alstom 特别向 SIAC 发送律师函，请求 SIAC 确认是否可以接受对本案行使管辖权，如果受理案件，SIAC 将如何按照当事人之间的仲裁协议对程序实施管理。SIAC 于四天后对 Alstom 的询问给出答复称：经过对本案仲裁协议的审查，SIAC 发现当事人同时约定在 SIAC 仲裁的同时适用 ICC 的仲裁规则。尽管如此，SIAC 仍然对本案享有初步管辖权，并可按 ICC 规则管理本案程序。具体操作方法是，由 SIAC 行使 ICC 规则规定的应当由 ICC 仲裁院及该院秘书处行使的职能，包括仲裁院对审理范围书（terms of reference）的审批权、对裁决书草案的核阅权、向当事人寄送各项仲裁通知等。简言之，为了能够在 SIAC 仲裁的同时满足当事人适用 ICC 规则的意愿，ICC 规则规定的秘书长和仲裁院应当承担的职能将分别由 SIAC 体制下的注册官（Registrar）和主席行使。

2006 年 11 月，Alstom 再次先发制人，向 SIAC 提出了仲裁申请。2007 年 2 月，双方当事人一致同意撤销了在 ICC 进行的仲裁程序。2007 年 10 月，SIAC 的仲裁庭致函 SIAC，表明仲裁庭将尊重当事人的仲裁条款，"将根据 ICC 规则而不是 SIAC 规则进行仲裁"。SIAC 同意了仲裁庭的请求，决定行使管理职能，并确认：SIAC 秘书处将行使 ICC 仲裁院秘书处的职能。ICC 仲裁院秘书长的职能将由 SIAC 注册官行使。SIAC 理事会则行使 ICC 仲裁院的职能。2007 年 12 月，仲裁庭作出如下裁定：第一，考虑到倾向于支持仲裁解决国际商事争议的公共政策，仲裁庭将尽一切合理的努力促使仲裁协议有效并且可予执行；第二，仲裁机构的规则可以合法地与其管理仲裁的机构相分离，混合型仲裁协议并不违法；第三，本案仲裁协议并不会因为 SIAC 不具有 ICC 规则下的管理机构职能而无法履行；第四，该案仲裁协议是有效的、可以强制执行和履行的。

Insigma 公司先后向新加坡高等法院与新加坡上诉法院申请撤销仲裁裁决。它声称：第一，本案仲裁协议选定在 A 机构仲裁的同时适用 B 机构的仲裁规则，此种混合型仲裁协议当属无效；第二，ICC 仲裁规则独一无二，只能由 ICC 仲裁院排他适用，不能被其他仲裁机构（包括 SIAC）适用。ICC 裁决的质量源自仲裁院与秘书处的参与，本案中 SIAC 以自己的机构代为履行 ICC 机构的职能，实际上是对当事人仲裁协议的改写，背离了当事人的仲裁协议；第三，SIAC 并没有严格按照 ICC 仲裁规则组建仲裁庭。但在两级审理中，

第二章
境外仲裁机构在北京"两区"准入的法律性质

Insigma 公司的撤裁申请均被法院驳回。两审法院一致认为 SIAC 有权按照当事人的约定，在 SIAC 仲裁的同时适用 ICC 规则，并由 SIAC 履行 ICC 规则规定的 ICC 仲裁院的管理职能。① 由此可见，新加坡法院支持了仲裁机构为协调仲裁规则与意思自治的内部冲突所做的必要调整。

仲裁庭于 2010 年 1 月、2010 年 4 月、2010 年 7 月、2010 年 10 月先后作出了"部分仲裁裁决"、"部分仲裁裁决附录"、"利息及费用的最终裁决"和"利息和费用的最终裁决附录"，裁决 Insigma 向 Alstom 支付技术使用费、赔偿金，不得使用许可协议项下的保密信息，并应将保密信息归还或销毁或删除。

2011 年 11 月，Alstom 向杭州市中级人民法院申请承认和执行仲裁裁决。杭州中院于 2013 年 2 月 6 日作出（2011）浙杭仲确字第 7 号民事裁定：驳回 Alstom 的申请，对 SIAC 的上述所有仲裁裁决均不予承认与执行。具言之，杭州市中院认为，本案系根据 SIAC 仲裁规则组成的仲裁庭，不符合 ICC 仲裁规则有关选任首席仲裁员的规定，与当事人仲裁协议中约定的仲裁规则不符。② 依照《纽约公约》第五条第一款（丁）"仲裁机关之组成或仲裁程序与各造间之协议不符，或无协议而与仲裁地所在国法律不符者"的规定，我国法院对 SIAC 项下作出的本案仲裁裁决不予承认与执行。

本案引发了仲裁界关于某一仲裁机构能否适用另一仲裁机构仲裁规则的讨论。这一问题背后的本质，既与仲裁机构相对于当事人的强势地位有关，也与仲裁规则及仲裁协议的解释密切关联。仲裁规则虽然具有"软法"属性，经当事人选择方予以适用，但当其一旦适用于个案，却仍然体现出规范的强硬属性，并非可肆意变更适用的惯例。这点在其他仲裁机构能否适用 ICC 仲裁规则问题上显得尤为突出。无独有偶，瑞典上诉法庭 2015 年也审理了一起涉及 SCC 能否适用 ICC 仲裁规则的争议案件，即"Badprim 诉俄罗斯案"。瑞典法院最终认可了涉案混合仲裁条款的效力。该案中，仲裁申请人 Badprim 是一家摩尔多瓦共和国的建筑公司，其与俄罗斯政府签订了有关筑造俄罗斯和

---

① 赵秀文：《国际商事仲裁现代化研究》，法律出版社 2010 年版，第 185 页。
② 环中商事仲裁：《争鸣：SIAC 管理下适用 ICC 仲裁规则作出的裁决，缘何在内地得不到执行?》，载 http://www.huanzhonglaw.com/templates/consulting_009_1/second.aspx?nodeid=147&page=ContentPage&contentid=425&tohtml=false，最后访问日期：2018 年 6 月 20 日。

波兰边境线的建设合同。该合同仲裁条款约定，双方应将争议提交 SCC 仲裁，并适用 ICC 规则。2010 年，Badprim 向 SCC 提起仲裁。2013 年，仲裁庭作出裁决，要求俄罗斯政府向 Badprim 赔偿损失。俄罗斯政府向瑞典上诉法庭提出撤销前述仲裁裁决的申请，理由之一是 SCC 无法适用 ICC 规则，故该案仲裁协议无法实施，应被视为无效。2015 年，上诉法庭驳回俄罗斯政府的撤销申请。一方面，瑞典上诉法庭确认涉案仲裁协议存在矛盾。因为 SCC 并不具备与 ICC 仲裁院相匹配的机构设置，也无法完全根据 ICC 规则的规定行使案件管理职能。另一方面，瑞典法院则指出，根据《国际仲裁法》中的有效解释原则，虽然仲裁协议中的某些措辞含糊不清、前后矛盾、不完整或者缺少某些要件，但若当事人明确表示通过此仲裁方式解决争议，且仲裁没有歧视任何一方当事人权利的情况，法院就应当赋予此意思表示在法律上的效力。就涉案仲裁协议的效力，上诉法庭认为，从当事人的约定可基本推断，当事人的意图是将可能发生的争议提交 SCC 仲裁，故即便仲裁协议存在矛盾之处，也不应就此否认其效力。至于仲裁协议的可执行性问题，上诉法庭认为，SCC 已同意履行涉案仲裁协议，且实际上也是根据 ICC 规则执行案件管理职能，故涉案仲裁协议具有可执行性。[①]

从理论上探讨，特别是从支持当事人意思自治的角度审视，没有理由否认当事人选择 A 机构的同时约定适用 B 机构的仲裁规则。但是从仲裁实践的角度，正确判断这类约定的有效性，不仅需要关注 A 机构是否有能力适用其他的仲裁规则，还要分析 B 规则本身是否允许被其他机构适用。实际上，1998 年版 ICC 仲裁规则并没有明文规定不允许其他机构适用。SIAC 的仲裁实践与新加坡法院的司法实践对 SIAC 适用 ICC 规则也持肯定的积极立场。[②] 然而，2012 年版 ICC 仲裁规则和 2017 年版 ICC 仲裁规则均在第一条第二款中明文规定"ICC 仲裁院是唯一授权依据本规则行使管理职能的机构"。除 ICC 仲裁院之外，其他任何仲裁机构对 ICC 的适用都属于未经授权的行为。进一步思考，即使其他机构按照当事人所签订的仲裁协议中的约定适用了 ICC 规则，

[①] I. M. Badprim S. R. L. v The Russian Federation, Svea Court of Appeal, Case No. T 2454-14.
[②] 赵秀文：《从浙大网新公司案看 ICC 仲裁规则在其他仲裁机构的适用——兼论 2012 年 ICC 仲裁院仲裁规则的修订》，《法治研究》，2014 年第 10 期，第 41 页。

也只能理解为经过修订的 ICC 规则,此时默示为当事人通过对仲裁机构的明确约定变更了 ICC 仲裁规则中规定的由 ICC 仲裁院排他履行管理职能的条款。据此可知,虽然 UNCITRAL 仲裁规则、SIAC 仲裁规则、CIETAC 仲裁规则等可以经当事人的合意而被其他机构适用,但 ICC 仲裁规则颇为特殊,其通常不能被当事人选择适用于其他机构。即使 ICC 仲裁规则被其他机构所适用,也面临着仲裁规则与意思自治相冲突,以及仲裁协议的具体约定与所选的仲裁规则内部失洽的困境。

2. 仲裁规则的"诉讼化"倾向越发明显

理想的国际商事仲裁规则应符合仲裁这种纠纷解决方式自身的特点,但就案件具体的审理程序、形式与方法而言,很难区分哪些是诉讼专属的、哪些是仲裁所独有的。因此,仲裁吸收诉讼的技巧、诉讼接纳仲裁的有益成分,似乎都无可厚非。然而,将某国民事诉讼程序的相关实践或条文植入仲裁规则与实践中,却可能导致仲裁的过于诉讼化,致使仲裁程序丧失自主性、灵活性、高效性等优势,而被诉讼程序拖沓、僵硬及较高的成本等弊端所钳制。[1]

关于我国商事仲裁程序的现状,诸多学者从诉讼化的角度表达过隐忧。[2] 从现行《仲裁法》的文本来看,第四章专章就仲裁程序问题做出了规范,所涉内容包括审理方式、证据收集、质证、法庭辩论、当事人最后陈述等具体的程序环节。从条文采用的措辞来看,"应当"的表述多于"可以",不少款项采取强制性规定,而漠视了当事人意思自治及仲裁庭的自由裁量权。之所以产生这种现象,很大程度上归因于立法者在拟订仲裁条文草案时照搬了诸多民事诉讼中的规范而未加改造。这种立法技术方面的移植与当时中国的历史背景分不开。在 1994 年《仲裁法》颁布前,中国无论官方抑或民间,都没有一部系统的、完整的、真正意义上的仲裁立法,而当时的民事诉讼立法却

---

[1] 宋连斌:《理念走向规则:仲裁法修订应注意的几个问题》,《北京仲裁》,2004 年第 2 期,第 3 页。

[2] Lu Song and Gu Huaning, China's Rules of Evidence in International Commercial Arbitration: From the Perspective of CIETAC Practice, in China Law Reporter, Vol. 5, Issue 1, 2009;丛雪莲、罗楚湘:《仲裁诉讼化若干问题探讨》,《法学评论》,2007 年第 6 期;丁颖:《论仲裁的诉讼化及对策》,《社会科学》,2006 年第 6 期;王继福:《我国仲裁诉讼化之检讨》,《甘肃政法学院学报》,2008 年第 6 期。

已初具规模。因此在仲裁程序立法过程中"如法炮制"、借用诉讼中的模型，显然有益于节省立法成本，提升规则制定的效率。①

不过，随着我国仲裁制度与实践逐渐成熟，继续在国际商事仲裁中套用国内民事诉讼中的程序规则（包括证据规则），既无益于吸引外方当事人选择中国仲裁，也无益于探索中国仲裁的国际化出路。鉴于仲裁程序的灵活性及对当事人意思自治的尊重，也为了避免僵硬、机械地运用诉讼规则对仲裁追求的效率与经济目标形成阻碍，除非当事人一致同意将法院的诉讼证据规则适用于仲裁（通常普通法国家可能发生此类情况），仲裁员不应当主动在程序中援引诉讼规则。②

作为创新国际仲裁制度的法律手段及完善仲裁程序的规范载体，对现有的仲裁规则进行"去诉讼化"改造，比修订仲裁立法的途径更可取。具言之，在仲裁规则修订过程中，规则设计者应着重从以下几个角度缓和仲裁规则的"诉讼化"倾向：①尽量简化仲裁规则中针对仲裁程序所设定的具体条款，仅保留正当程序原则及平等对待各方当事人的基本要求；②强化仲裁庭的自由裁量权，即仲裁庭有权按照其认为适当的方式进行仲裁程序；③为国际商事仲裁设置一套"量身定做"的证据规则，明确规定仲裁中不当然遵循诉讼证据规则；④在具体的程序环节，明确当事人的意思自治优先于仲裁规则的一般化设定，允许"当事人另有规定的除外"，除非当事人的特别约定根据相关准据法判定为无效的、难以操作的或不可执行的。③

3. 仲裁机构主观意志和监管有过度之嫌

在国际商事仲裁法律框架内，为了保证程序的合法性、裁决的正当性以及整个仲裁体制的公信力，各国的仲裁立法与国际仲裁规则都对仲裁设定了多维度、全方位的监督与制约机制，包括内部监督、行业监督、司法监督三类基本形式。④ 其中，内部监督指的是由仲裁机构对仲裁员和仲裁程序所作的

---

① 杨玲：《国际商事仲裁程序研究》，法律出版社2011年版，第248页。
② 卢松：《国际商事仲裁中的证据》，《北京仲裁》，2014年第2期。
③ 基于合同解释的通行原理，特殊条款优先于一般条款（The Specific Prevails over the General），当事人在仲裁协议主文中明确提到的内容，如果与仲裁规则的程序性规定存在冲突，原则上应当优先于仲裁规则得到适用。
④ 黄进、宋连斌、徐前权：《仲裁法学》，中国政法大学出版社2008年版，第208页。

第二章
境外仲裁机构在北京"两区"准入的法律性质

监督,这主要发生于仲裁程序进行中,例如由仲裁机构决定仲裁员是否应予回避、命令仲裁庭披露可能导致利益冲突的有关信息、对延长审限的申请等事宜作出决定、对仲裁庭所作出的裁决书草案进行核阅、通过案件流程的有效管理来控制争议解决的时间和费用成本等。内部监督不同于裁决作出后的司法监督,也不同于仲裁行业协会对仲裁员队伍及机构设置所作的行业监督,由仲裁机构本身对仲裁庭及仲裁程序进行必要的协助和监督,更具有直接性、快捷性、预防性等特征。

不过,从近年来的仲裁实践看,由仲裁机构对仲裁程序进行中的具体事宜进行管控,有可能会纵容机构对仲裁庭的干预,导致"家长主义"的蔓延,从而影响仲裁庭决断的独立性,钳制仲裁庭自由行使裁量权。机构对仲裁程序实施监管的原因既有正面的积极作用,也有可能产生消极的后果。从积极方面看,参与仲裁程序的人员越来越鱼龙混杂。有些律师不具有仲裁从业实践,在提交立案材料、代理文书、进行庭审、收集证据等方面能力参差不齐,仲裁机构作为案件管理的第一线,能够更为方便地行使监管者职能,促进各方参加者顺利进行程序,防止因为程序瑕疵而导致裁决被撤销或无法执行,且仲裁机构的有序监管也有助于提升和强化该机构的国际竞争力;但从消极方面来看,仲裁机构行使监管者职能,便掌握了规则适用的权力和利益,所以机构可能借助监管职权,以仲裁规则和其他软法为工具,压缩当事人、仲裁员的一些权益,例如给仲裁员规定一些不靠谱的评价标准、对仲裁庭的独立裁判进行干预等。

正如前所述及的"来宝案""Alstom 案"所揭示的,当事人约定的仲裁条款与案件所适用的仲裁规则之间可能存在不同程度的冲突与不协调现象。此时,仲裁机构是否有权"自认为"从当事人的利益出发,并为其做出所谓"最好的"安排?具言之,在仲裁协议的约定与仲裁规则的规定存有差异时,仲裁机构是否可以基于裁决可执行的考虑,为当事人创造性地解释仲裁条款,这取决于当事人的仲裁协议及仲裁规则的授权。原则上,在没有明确条款授权仲裁机构实施干预的情况下,机构不宜过分延伸其"触手",而应遵循谦抑原则来合理设置自己的权力边界,遵照当事人的仲裁意愿将涉案纷争交由仲裁庭裁断。

应予肯定的是,在仲裁规则明确允许仲裁机构介入程序,且当事人并没有排除相关规定的适用时,机构的适度参与是可以容忍的。例如,ICC 仲裁规则中不仅设置了仲裁合议制度，而且别具匠心地引入了审理范围书制度、裁决书草案的核阅制度等。机构仲裁的特点决定了仲裁裁决的诞生过程必然带有仲裁机构的烙印。在仲裁实行一裁终局的制度下，为确保仲裁的公平、公正，裁决书的质量就显得尤为重要。裁决书对双方当事人的权利义务做出了最终判断，直接体现了法律的尊严。为维护其权威性，ICC仲裁院会对仲裁庭作出的裁决草案进行必要的审查与核阅。就其性质而言，核阅制度本质上构成一种仲裁内部的裁决前监督，其目的正是为了防止和减少不公正裁决的出现，维护裁决书的严肃性，保证案件仲裁质量，树立自身的公正形象。然而，在裁决草案的核阅过程中，仲裁机构究竟可在多大程度上对仲裁庭已经作出的裁决形式及实体判断做出变更和调整，这是值得关注的。一旦超出了必要的限度，此种监督将转化为过分干预，并使仲裁机构成为居于仲裁庭及当事人之上的强势主体，既有失中立性，亦无法体现仲裁制度的自治性与独立性。

不过，一个不容忽视的现实问题是，在ICC仲裁实践中，裁决书核阅制度、审理范围书制度并不能根据当事人的合意而排除适用，否则ICC将拒绝受理案件。貌似可合意变更的仲裁规则，即仲裁"软法"，有时会在机构的主导下，变成强行适用的硬规则。究其原因，这很大程度上归因于仲裁机构的权力与当事人合意之间的冲突及优先性排位问题。

（三）国际商事仲裁规则发展需注意的事项

1. 仲裁规则应注重与当事人意思自治之间的衔接

根据西方有关国际仲裁学说，仲裁协议乃国际商事仲裁的基石，当事人意思自治原则是国际商事仲裁制度赖以生存的重要基础。[1] 尽管仲裁员扮演的是准司法（quasi-judicial）主体的角色，但其裁判权最终源自当事人之间订立的契约。[2] 如前所述，与仲裁协议是由当事人拟订不同，仲裁规则多由国际

---

[1] 艾伦·雷德芬、马丁·亨特等：《国际商事仲裁法律与实践》（第四版），林一飞、宋连斌译，北京大学出版社2005年版，第139页。

[2] 国际商事仲裁作为民间性、自治性的私人争议解决机制，根本上源自私主体间的合意，如果不存在当事人的意思自治，就无法确立仲裁管辖权，仲裁程序亦无从进行。因此，西方关于仲裁概念的理解和认识始自对当事人意思自治原则的体悟，国际商事仲裁堪称自下而上的纠纷解决方法。但是国家立法往往划定了可仲裁事项的范围，同时对仲裁程序设置了必须遵循的若干强制性规则，契约自由和仲裁协议的适用范围不能突破或超越仲裁立法所划定的界限，因此有学者将仲裁喻为"笼中之鸟"，颇为贴切。参见樊堃：《仲裁在中国：法律与文化的分析》，法律出版社2017年版，第186页。

第二章 境外仲裁机构在北京"两区"准入的法律性质

组织、行业协会、仲裁机构制定,因此体现为成文化的规范,其内容更为翔实、具体、完备。但就实际操作而言,仲裁规则若要在个案中得到适用,亦最终源自当事人的意思自治。从正面来讲,只有当事人选择了(opt-in)特定的仲裁规则,才可能适用于具体个案的指引。退而求其次,在某些情形下,当事人虽然没有选择适用某一特定仲裁规则,但是选定了某一仲裁机构,而该机构的仲裁规则中明确规定选择机构即视为选定规则,此时仍然将导致该仲裁规则的适用。归根结底,此时仍然是当事人的意思自治导致了仲裁规则的适用。例如,美国仲裁协会 2005 年版国际仲裁规则第一条、LCIA 1998 版仲裁规则第 1 条、日本商事仲裁协会 1992 年版商事仲裁规则第二条第一款等。[1] 从反面来看,在当事人选择某机构或选择该机构的仲裁规则时,原则上也视为选择了该机构所附属的相关规则,例如紧急仲裁员程序、仲裁费用附表、快速程序规则、仲裁员利益冲突指引、仲裁代理人行为守则等,除非当事人特别排除了适用某些特别规则,否则这些附件规则将自动予以适用于具体的个案。

以快速程序为例,这一特殊程序的诞生正是针对仲裁界关于"仲裁司法化"(机构仲裁程序愈加复杂,历时更久,费用不断增加,相较于诉讼在以上各要素中已无明确优势)的质疑和担忧而设计的。其旨在通过设置独任仲裁员,简化程序,限制审理期限等方法来为争议双方节省仲裁的时间和费用,以期有效发挥仲裁高效解决争议的优势。在此基础上,采用独任仲裁员而非合议仲裁庭,是实现快速程序高效解纷目标的关键。三人仲裁庭的约定往往使得简化程序和缩短审理期限的目的难以实现,一旦采取合议庭而非独任制,快速程序可能便丧失存在的必要性。在上文所列"来宝案"中,争议的中心恰恰在此。快速程序规则本身设置的是独任制的组庭模式,而当事人同时在仲裁协议中约定三人组庭。在这种情况下,一方面是当事人选定了适用快速程序的仲裁规则,另一方面是当事人关于三人仲裁庭的约定,而这两者的粗暴结合会使整个快速程序失去存在的意义。对此,仲裁规则制定者有必要设定规则与当事人意思自治之间的衔接机制,以便预防二者之间可能导致的冲突。SIAC 的 2013 年版仲裁规则 5.2 条(b)款正是解决此种困境的方法之

---

[1] 赵秀文:《国际商事仲裁现代化研究》,法律出版社 2010 年版,第 179 页。

一。该条规定在快速程序中"案件由独任仲裁员审理,但主席另行决定的除外"。即原则上快速程序应当由独任仲裁员审理,例外情况的判断和决策权归主席而非当事人。此后 SIAC 修订的 2016 版规则和 ICC 的 2017 版规则均对"快速规则的适用优先于当事人的相反约定"这一原则进行了明确。这种处理方案试着使仲裁规则保持其自治性,即通过仲裁机构主席的决策来解决意思自治与仲裁规则的顺位,从而避免因二者互为抵触而使仲裁协议难以执行。

当然,仲裁界也存在另一种解决方案,即在仲裁协议或仲裁条款中援引具体的机构规则,可以视作将整套机构规则作为附件置于其后,当事方额外约定的其他条款视为其补充或特别约定,如果与机构规则中某些条款存在冲突,则应当视条款性质而定。仍以"来宝案"为例,即便三人仲裁庭可能导致整个的快速仲裁程序不能适用,但至少规则中的普通程序依然可以适用。在这种情况下,可以视作是当事人以默示方式排除了快速程序的适用。其中的问题在于,有关方该如何探求当事双方真实的意思表示。或许当事人根本不知道快速程序的存在,或许当事人根本不清楚应该如何排除快速程序的适用,或许当事人仅仅是套用了合同模板。如果这一切均无从确定,则探求绝对意思自治的努力注定是徒劳的。[1]

2. 仲裁规则应更为辩证地对待仲裁的诉讼化倾向

如前所述,当前的仲裁程序与仲裁规则呈现出一定的"诉讼化"倾向,这也成为被仲裁理论与实务界所诟病的现象。所谓的仲裁"诉讼化",也被部分学者称为仲裁"司法化",体现在两方面:第一,仲裁体制在多个方面接近、趋向于诉讼;第二,司法机关对仲裁程序的介入加强。[2] 相应地,"去诉讼化"的努力一方面从关注并挖掘仲裁自身的特色优势入手,另一方面也要合理地控制好司法监督与审查的边界。本部分以国际商事仲裁规则作为研究对象,经过慎思,笔者认为,仲裁"诉讼化"并不必然属于消极意义的贬义词,而是更接近于中立概念。具言之,对于仲裁的"诉讼化"进行阐述时,宜秉持辩证的两分法观点来进行澄清,而不宜进行"一刀切"。仲裁"诉讼

---

[1] 师虹,刘洋:《来宝案评述:约定为王?》, https://mp.weixin.qq.com/s/5Wcx1lkJHTGlx6pFefDkAg,最后访问日期:2018 年 6 月 29 日。

[2] 于湛旻:《国际商事仲裁司法化问题研究》,法律出版社 2017 年版,第 22 页。

化"至少有两个层面的含义:第一,仲裁的制度设计照搬诉讼规则,直接借用诉讼中成熟的理论与实践来构建仲裁的路径虽然省时,却可能走向极端,抹杀仲裁的独特性,因此不值得鼓励;第二,可用于国际商事仲裁的工具越来越丰富,其国际性特征为其博采各国诉讼制度之长提供了机遇。相应地,在国际仲裁规则中有步骤、有选择性地引入诉讼中相对灵活的证据规则、合并规则、代理人职业道德规范等,并不会阻碍而是会促进仲裁向着更为公正、高效、合理的方向发展。

目前,在我国的涉外仲裁实践中,两个层面的"诉讼化"现象都有所存在。对前一层面的弊端需要不断克服,而对后一层面的积极意义则需要予以不断强化。之所以提出此建言,与当前国际商事仲裁在多元化争议解决机制中面临的深层次挑战和完善自身体系的压力是息息相关的:一方面,以海牙国际私法会议为代表的国际组织正在努力推动缔结司法判决跨国承认与执行的公约项目,该草案一旦通过,将大大提升国际民事诉讼在国际争议解决中的影响力,势必削弱仲裁原有的跨国承认与执行方面的优势[1];另一方面,以贸法会为代表的国际组织近年来大力推进《国际商事仲裁示范法》及国际商事调解协议跨国承认与执行的法律制度构建,这为国际调解的发展提供了绝佳的契机;再者,以中国为着眼点,2018年横空出世的国际商事法庭为涉"一带一路"国际争议的化解提供了创新制度。这一系列因素将使得仲裁原有的优势地位或多或少受到影响。有鉴于此,国际商事仲裁应通过种种可行的方案提升自身核心竞争力,而仲裁规则汲取诉讼规则的有益成分未尝不是一种重要选项。

3. 仲裁规则应更好把握仲裁自治和公权干预的平衡

如何厘清司法与仲裁的关系,是国际商事仲裁中亘古不变且始终未能得到统一答案的难题。通常认为,国际商事仲裁虽然旨在解决跨国性纠纷,但无论在仲裁程序进行过程中,抑或裁决作出后的执行程序,它都发生在特定国家,不可能完全摆脱与主权国家的关系。[2] 相应地,国际商事仲裁规则要想

---

[1] 徐青森,杜焕芳:《国际私法专题研究》,中国人民大学出版社2010年版,第250页。
[2] 即便在"非内国仲裁"的理论框架下,国际商事仲裁虽可摆脱仲裁地的司法管辖和裁决撤销机制,但也无法完全排除仲裁地的司法行为,例如司法协助、裁决的跨国承认与执行等。陈燕红:《"非内国化"理论及其对国际商事仲裁一体化的影响》,中国政法大学出版社2015年版,第111页。

发挥应有的规范效果，尽管制定时并不是局限适用于某个特定法域，但在运用和执行时却仍然需要借助特定法域的司法支持。此种支持包括但不限于：由仲裁地或执行地的内国法院对仲裁协议有效性及其范围进行确认、协助委任仲裁员进而组建仲裁庭、协助调取证据及送达仲裁文书、发布及执行财产保全、行为保全、证据保全等临时性措施、依申请强制执行仲裁裁决等。[①] 如果仲裁地或裁决执行地的国家对仲裁的束缚与干预较少，则仲裁程序的灵活性与自治性就更强，但当事人自治的边界不能突破仲裁地立法所规制的"天花板"，即意思自治并非绝对的，而是存在于特定的法制土壤之中的。明确的意思自治一般优于法律的任意性条款，但绝不可突破立法中的强制性条款也就是不能由私主体肆意突破的界限。[②] 进一步思考，在国际商事仲裁程序中，当事人的意思自治始终是在仲裁机构、仲裁庭，乃至仲裁地法院等外在力量的协助与干预下方得以维持的，而之所以需要外部因素的介入和干预，恰恰是因为当事人的实体自治出现了异化，需要从宏观上把控仲裁制度的自治性与国家公权力的干预的边界。从仲裁的契约性本质与当事人是理性经济人假设出发，笔者认为，以下事宜应优先遵循当事人的意思自治：仲裁机制的选用、仲裁机构的择定、仲裁庭的组建、仲裁地的设计、仲裁规则的适用、仲裁裁决的履行。而在当事人的意思自治出现瑕疵，或自治不足、自治不当、自治不能时，则需要外部力量（包括仲裁机构、仲裁庭、国家法院）的介入和干预。这些事宜主要包括：仲裁协议效力之争、争议事项可仲裁性的纠纷、仲裁时效的审查、临时措施的采取、仲裁裁决的承认、执行、撤销等审查。[③]

[①] 《纽约公约》并未明确规定应由法院抑或仲裁庭对临时措施作出认定，部分美国法院将公约第2条第3款解释为禁止国内法院在国际仲裁中发布临时措施，但大多数美国法院及非美国法院拒绝采取这种狭隘的解释。加里·博恩：《国际仲裁：法律与实践》，白麟等译，商务印书馆2015年版，第285页。

[②] 国际商事仲裁中的强行规则，包括规范仲裁协议有效性、争议事项可仲裁性的规则，也包括约束仲裁程序的强行规则，如仲裁员独立性与公正性规则、当事人平等待遇和正当程序规则等，还包括国际商事仲裁实体强行规则、仲裁司法审查的强行规则等。张圣翠：《国际商事仲裁强行规则研究》，北京大学出版社2007年版。

[③] 汪祖兴、郑夏：《自治与干预：国际商事仲裁当事人合意问题研究》，法律出版社2016年版，第132~136页。

三、境外代表性仲裁机构及其简介

（一）国际商会仲裁院

国际仲裁实践中，常设机构以其固定的办公场所、完整的组织结构和管理制度、较为完善的仲裁规则和程序、周到的后续服务、对仲裁过程有效的监控等特点，逐渐受到经贸界的重视，在解决商事争议中的地位越来越重要。以下介绍一些主要的国际商事仲裁机构。国际商会是1919年由比利时、法国、意大利和美国工业界领导人发起建立的世界各国工商业者的国际团体，旨在通过各国工商业者的民间交往，促进国际经济合作与发展。国际商会仲裁院是国际商会附设的国际商事仲裁机构，成立于1922年，院址设在巴黎。1989年更名为"国际商会仲裁院"（ICC），该机构是通过仲裁方式解决国际商事争议的重要组织。国际商会仲裁院设主席1人，副主席若干人，秘书长1名，技术顾问若干。

在国际商事仲裁领域，ICC是最具影响力的仲裁机构，无论是受案数量、争议所涉金额、案件的种类，还是争议所涉国家的数量，均名列各仲裁机构榜首。现有国家会员六十多个。国际商事仲裁院总部及其秘书局设在法国巴黎，尽管其是根据法国法律设立的，但该机构本身不隶属于任何国家。目前，世界上常设的国际商事仲裁机构有数百个，著名的也有十余个，但多数隶属于某个国家，实质上是一国的涉外仲裁机构。真正具有"国际主义精神"的、独立于任何国家的常设国际商事仲裁机构只有国际商会国际仲裁院一家，而且作为一个自治机构，该仲裁院在行使其职权时也完全独立于国际商会及其他相关机构。该仲裁院的职能是依据其仲裁规则，通过仲裁方式解决国际性的商事争议。仲裁院成员都具有法律背景和国际商事法律及争议解决的专业经验，由国际商会各国家委员会根据一国一名的原则提名，然后由国际商会理事会决定。但各国仲裁院成员其工作中独立于各国的国家委员会。根据国际商会执行局的提名，由理事会任命仲裁院院长。仲裁院受理案件后，可以在世界任何一个地方进行仲裁程序。国际商会仲裁院秘书局的工作人员也来自不同的国家，能够使用多种语言进行工作。

国际商会仲裁院的仲裁规则根据国际商事仲裁的实际情况修订，按照国际商会的章程，仲裁院修订规则的任何建议都应先提交国际仲裁委员会，然后再上报国际商会执行局和理事会批准。该院第一个仲裁与调解规则是在1922年制定并用英文和法文公布的。此后，又分别于1927年、1931年、1933年、1939年、1947年、1955年、1975年和1988年、2012年、2017年、2021年进行了修订。该院的仲裁规则对于其他仲裁机构规则的制定起到了重要的示范作用，特别是第二次世界大战后仲裁规则于1955年和1975年进行的修订，影响最为深远。在1955年的仲裁规则修订中，首次确认了仲裁庭有权对其所受理的案件的管辖权作出决定，此即"仲裁庭自裁管辖说"（the doctrine of competence-competence）；而在1975年的仲裁规则中，首次规定当事人和仲裁庭可以自由地决定仲裁程序，不必适用任何国家的程序法。当然，此项适用应当在法律规定的范围内进行。1988年的仲裁规则对1975年的规则进行了有限的修订，主要是将一些不确定的因素进一步明确，包括仲裁员的指定及替代仲裁员的指定、时效的计算、仲裁费用的预付等。现行的仲裁规则是2021年版《国际商会仲裁规则》，其内容反映了经济全球化背景下仲裁制度已成为解决国际商事争议的主要方式，《纽约公约》和《示范法》大大促进了各国对于仲裁制度的广泛承认。仲裁规则主要涉及以下方面：

在指定仲裁员方面，仲裁院院长和秘书处成员不得作为仲裁院提交审理的案件的仲裁员或律师。在该院所受理的案件中，仲裁院院长也不得任命副院长或其他成员为仲裁员。但是，如果他们被一方或多方当事人指定为仲裁员，经仲裁院确认后，也可以担任仲裁员，或参与当事人约定的其他程序。

秘书处的主要工作是负责立案和协助仲裁庭的组成。一旦仲裁庭成立，秘书处应当尽快将案卷移交给仲裁庭，由仲裁庭决定仲裁案件的审理内容、地点、时间和其他所有与仲裁有关的事项。仲裁庭收到秘书处移交的案卷后，应当首先起草"审理范围书"（terms of reference）。上述审理事项的文件应当由双方当事人和仲裁庭共同签署，仲裁庭应当在案卷移交之日后两个月内，向仲裁院提交经其和当事人签署的审理事项，需要延长的，须经仲裁庭提出请求，由仲裁院批准。如果任何一方当事人拒绝参加起草或签署文件，该文件也应当由仲裁院批准，然后再进入仲裁审理程序。此外，仲裁庭还应提出一项关于进行仲裁的临时日程表的独立文件，并将此文件送交仲裁院和当事人各方。日后对此日程表做出的任何修订，均应提交仲裁院和当事人各方。起草审理范围书是仲裁庭组成后的首要任务，这是国际商会仲裁院与其他常设仲裁机构的主要区别之一。审理范围书使仲裁庭和双方当事人都明确仲裁将要审理的主要问题,为日后的仲裁裁决及其承认与执行铺平道路。但是,这一做法也遭到一些专业人士的批评,他们认为这样做太浪费时间。实践证明,这种做法对于确保当事人积极参与仲裁程序,便于仲裁裁决的执行,具有重要作用,也更符合当事人的利益,因此,尽管仲裁院仲裁规则几经修改,但审理范围书条款始终保留了下来。

仲裁庭在将其作出的裁决向当事人双方发出之前,必须将其草稿提交仲裁院审查,这是国际商会仲裁院区别于其他常设仲裁机构的另一重要特征。仲裁院对仲裁庭的裁决草案进行审查的目的,在于保障裁决书的质量,使仲裁能够得到顺利地执行。仲裁院对裁决的审查主要侧重于对裁决形式的审查,对于其中涉及的实体问题也有权提请仲裁庭注意。根据相关人士对此问题所做的研究,1972年至1975年,有4项仲裁院的裁决被当地法院撤销,这一数字占同期所作裁决数的0.5%;当事人对裁决提出异议的约占6%。因此,仲裁院审查裁决草案的制度也一直保留至今。

国际商会仲裁院非常重视调解工作,在其成立之初,80%以上的案件都是通过调解的方式解决的。为了给争议双方以和解解决争议提供便利,仲裁院专门制定了调解规则。根据该调解规则的规定,任何国际商事争议,都可以提交国际商会指定的独任调解员以调解的方式解决。申请调解的当事人应当向仲裁院秘书处提出申请,简要地说明申请调解的理由,缴纳规定的费用后立案。秘书处将调解申请尽快通知另一方当事人,并给予该方当事人15天的期限做出同意或拒绝调解的决定。如果该方当事人同意调解,应在秘书处规定的期限内通知秘书处。如果该方当事人在该期限内未能给出答复,或者答复是否定的,则调解申请即视为被拒绝。如果双方当事人同意调解,秘书处应尽快任命一名调解员,按照公平、合理的原则或者该调解员认为适当的方式进入调解程序。秘书处根据争议的性质和重要性,确定调解程序所需要的费用,包括调解员的报酬、调解费用和行政管理费用。除非双方当事人另有约定,费用应当由双方当事人平均分摊。调解成功后,由双方当事人共同签署和解协议。如果调解失败,则由调解员提交一份载明调解未成功的报告,此报告无须说明理由。此外,当事人任何一方都可以在调解程序进行中随时提出终止调解程序的请求。调解程序终止后,当事人双方可通过协议的方式将争议提交仲裁解决，或者向有管辖权的法院起诉。

（二）世界知识产权组织仲裁与调解中心

世界知识产权组织（WIPO）是根据1967年在斯德哥尔摩签署的《关于成立世界知识产权组织公约》(*Convention Establishing World Intellectual Property Organization*)成立的负责监管知识产权事务的政府组织，总部设在瑞士的日内瓦，1974年成为联合国的一个专门机构。截至2002年1月，WIPO共有成员国178个，是迄今为止仅次于联合国的最大的国际组织。而WIPO仲裁与调解中心则是于1993年9月在WIPO全体会议上正式获准成立，1994年10月在瑞士日内瓦开始工作。该中心属于WIPO国际局，负责对争议解决事项实施管理，为当事人通过仲裁或者调解方式解决争议提供便利。仲裁与调解中心不仅制定了专门的仲裁规则，还制定了调解规则、快速仲裁规则。根据双方当事人之间的协议，仲裁与调解中心不仅受理知识产权方面的争议，也受理其他具有商事性质的争议，包括域名争议。

WIPO仲裁与调解中心管理的争议解决程序有四个：一是根据WIPO调解规则进行调解；二是根据WIPO仲裁规则进行仲裁；三是根据WIPO快速仲裁规则进行仲裁；四是调解与仲裁相结合程序。近年来，中心还尝试利用互联网进行快速仲裁程序。

按照中心的仲裁规则，提交给中心仲裁的案件，如果当事人对仲裁员人数没有约定，一般由独任仲裁员审理，除非中心根据案情认为应组成3人仲裁庭；独任仲裁员由当事人共同选定；在3人仲裁庭情况下，每方当事人各委任1名仲裁员，这两名仲裁员推选出第三名仲裁员任首席仲裁员。如仲裁员未能按仲裁规则选出，中心可代为指定。对仲裁员的国籍，一般没有特别限制，但仲裁员应保持独立性和公正性。仲裁庭在遵守正当程序的情况下，可按其认为合适的任何方式进行仲裁。仲裁庭决定自己的管辖权，根据当事人选择的法律（如无特别约定，指实体法）裁决争议实体问题，如当事人未做此选择，仲裁庭可适用其认为合适的法律；在所有情形下，仲裁庭均应充分注意到有关合同条款、商业惯例；如果有当事人的明确授权，仲裁庭以友好调解人的身份，或依公平与善良原则做出决定。仲裁准据法为仲裁地的仲裁法，但当事人也可明确约定适用另一国的仲裁法。仲裁庭作出的裁决书可就形式问题征询中心意见。

该中心现有来自七十多个国家的专业性调解员或仲裁员,他们按照中心制定的规则执行争端解决程序。该程序可依任何法律、以任何文字在任何国家执行,十分灵活方便。相对于旷日持久和费用昂贵的诉讼,特别是国际诉讼,这些程序具有明显的成本优势,因而对当事人具有吸引力。

对于"域名抢注"引发的争议,即滥注和滥用因特网域名等引发的争议,该中心已成为主要的争端解决人。2001年,该中心根据《统一域名争端解决政策》(UDRP)受理了1 506件通用顶级域(gTLDs)的案子,共涉及全世界的94个国家;同时还受理了54件国家代码顶级域(ccTLDs)的案子。该中心为诸如.com、.net和.org之类的通用顶级域和某些国家代码域提供服务。商标所有人可利用该中心网站www.arbiter.wipo.int及其提供的标准文件提出投诉。整个程序都在线进行,并在两个月内作出可强制执行的裁定。

(三) 解决投资争端国际中心

解决投资争端国际中心(ICSID)根据1965年《华盛顿公约》成立,是国际复兴开发银行下属的一个独立机构,是专门处理国际投资争议的国际性常设仲裁机构,总部设在华盛顿特区。

设立该中心的目的,在于增加发达国家投资者向发展中国家进行投资的信心,并通过仲裁和调解方式来解决投资争议。ICSID中心的宗旨是为解决国家同外国私人投资者之间的投资争议提供便利。该中心设有行政理事会和秘书处。行政理事会的委员由各缔约国派代表1人组成,主席由国际复兴开发银行担任,负责中心各项规章制度的拟定,确定秘书处秘书长和副秘书长的服务条件,以及有关中心的重要决策事宜。秘书处由秘书长1人,副秘书长1人或数人以及若干工作人员组成,负责中心的日常行政事务,认证根据公约作出的仲裁裁决并核证其副本,等等。秘书长、副秘书长的职务不允许执行任何政治任务,以保证中心的工作不受外来的政治影响。ICSID具有不同于任何其他仲裁机构的特殊法律地位,它具有完全的国际法人格,具有缔结契约、取得和处理不动产及起诉的能力,该中心在执行其任务时,在各缔约国领土内享有公约所规定的豁免权和特权,参与中心仲裁的人员也享有一定的豁免权。

ICSID有自己的仲裁规则,并且仲裁时必须适用其仲裁规则。审理案件的仲裁员,调解时的调解员,均须从其仲裁员名册和调解员名册中选定,其裁决为终局的，争议双方必须接受。争议一方是某个缔约国，另一方是另一缔约国的国民，其间发生的争议必须是直接由投资引起的法律争议，方能提请该中心予以解决。

仲裁协议是该中心管辖权的基础，争议的双方之间必须订有仲裁协议。ICSID 受理的案件涉及合资合同、合作合同、合作开发自然资源及建筑承包合同。当事人双方经协商同意将争议提交中心仲裁，即不能单方面撤回。秘书长收到申诉书，经审核同意登记后，即可着手组建仲裁庭。仲裁庭一般由双方当事人同意任命的独任或非偶数仲裁员组成。如果双方当事人对仲裁员的人数和委任方法不能达成协议，则仲裁庭应由 3 名仲裁员组成，双方当事人各委任 1 名仲裁员，第三名则由双方协议选定，并担任仲裁庭主席。如果未按规定期限组成仲裁庭，经一方当事人请求，并尽可能同双方磋商后，主席应任命尚未任命的仲裁员，但必须是任何当事国以外的第三国的国民。仲裁庭的权限原则上由仲裁庭自行决定。仲裁程序应按公约规定，除双方当事人另有协议外，按照双方同意提交仲裁之日有效的仲裁规则进行，如出现该规则未作规定的程序问题，则由仲裁庭决定。仲裁庭应首先适用双方当事人共同选定的法律，若当事人未做选择或未达成协议，仲裁庭可以适用争议一方缔约国（一般指东道国）的法律，以及可能适用的有关国际法规则。若有当事人授权，仲裁庭还可依"公平和善意"进行裁决。ICSID 的裁决是终局裁决。任何缔约国对于本国国民交付仲裁的争端，不得给予外交保护或提出国际要求。

（四）斯德哥尔摩商会仲裁院

斯德哥尔摩商会仲裁院（SCC）是瑞典最著名和最有影响的常设仲裁机构。1917 年，即斯德哥尔摩商会建立 15 年后，便创建了专门的仲裁机构——SCC，其设立的目的在于解决工业、贸易和运输领域的争议。SCC 的总部设在瑞典的斯德哥尔摩，包括秘书局和委员会。委员会由主席 1 人，副主席 2 至 3 人及 12 名委员组成。

SCC 建立之初，本打算主要从事国内仲裁，但由于瑞典在国际关系中的中立地位，特别是在冷战时期，东西方国家的公司均不愿选择在对方法院诉讼或在对方境内的仲裁机构仲裁，因而在瑞典仲裁容易得到不同国家当事人的接受，同时该仲裁院办案效率较高，越来越多的当事人选择在该院仲裁。

此外，瑞典参加了1927年日内瓦《关于执行外国仲裁裁决公约》和《纽约公约》，其裁决在很多国家都得到承认与执行，随着国际经济贸易的不断发展，该院的国际声誉逐步提高，现已成为最重要的国际商事仲裁机构之一。

SCC虽然是商会的内部机构，但在职能上它又是独立的。SCC的宗旨是根据仲裁院规则参与有关工商业争端的最后解决；按照仲裁院对每一案件的决定，参与部分或全部与该仲裁院规则不尽相同的审理；提供有关仲裁事务的资料。

（五）苏黎世商会仲裁院

瑞士苏黎世商会仲裁院（ZCC）成立于1911年，是瑞士苏黎世商会下属的一个国家性仲裁机构。由于瑞士在政治上处于中立地位，因而苏黎世商会仲裁院的仲裁公正性较易为其他国家和当事人所接受，许多国家的当事人愿意选择该机构来解决纠纷。近年来，ZCC受案数量不断增加，仲裁业务迅速发展，逐渐成为处理国际民商事纠纷的重要仲裁中心之一，在国际商事仲裁界影响与日俱增。

苏黎世商会仲裁院既受理国内商业和工业企业之间的争议案件，也受理国际经济贸易案件，在管辖上不受当事人国籍、住所的限制。在苏黎世商会仲裁院，总部、住所地或惯常居住地均在瑞士的当事人之间的仲裁，适用《苏黎世商会调解与仲裁规则》。根据该规则，当事人依据仲裁协议，或由当事人双方以书面形式请求苏黎世商会仲裁院对其争议进行仲裁，商会会长从商会理事会成员或其他适当人选中指定仲裁庭主席或独任仲裁员，如由3名仲裁员组成仲裁庭，可由双方当事人各自指定一名仲裁员。有关审查（如仲裁是否符合条件），协助组织仲裁庭，收取保证金，收受及送达有关文件，此类具体事务由商会秘书处负责。

如果仲裁协议订立时，至少有一方当事人的注册地或营业地、住所地或惯常居住地在瑞士领土之外，则该项仲裁适用国际仲裁规则。2004年1月起，瑞士国际仲裁规则生效。此前，包括苏黎世商会在内的瑞士6家商会各自拥有不同的仲裁规则，用于解决国际商事纠纷。为了促进瑞士的机构仲裁并统一当前的仲裁规则，苏黎世商会以及巴塞尔商会、伯尔尼商会、日内瓦商会、提契诺商会、沃州商会采纳了统一的瑞士国际仲裁规则，并由瑞士国际仲裁规则取代各商会以往的国际仲裁规则。该规则基于《UNCITRAL仲裁规则》

而制定，并对之做出两种修改和补充：①为机构仲裁之目的，在适用《UNCITRAL 仲裁规则》时所需做出的修改和补充；②反映国际仲裁领域的当代实践及国际仲裁领域发展起来的原则所做的修改和补充。上述修改和补充尽可能地保持在最小的范围。当仲裁通知提交到上述所列的任何一家商会时，须按照该规则的规定组成仲裁庭。各商会均已指定了一个仲裁委员会，以确保对适用该规则的仲裁活动进行管理。该仲裁委员会行使依照该规则赋予商会的职权。由此，该规则对商会的任何规定都应被视为对仲裁委员会的规定。

（六）美国仲裁协会

美国仲裁协会（AAA）成立于 1926 年，是一个非营利性的为公众服务的民间机构。该协会的总部设在纽约，在美国一些主要州设有分部。20 世纪 90 年代，为开拓亚太业务，美国仲裁协会成立了亚太争议中心。近年来，美国仲裁协会又把目光投向欧洲，并在欧洲设立了分部。

美国仲裁协会及其在各地的分支机构本身并不审理案件，而是为提交该协会仲裁的各种争议案件提供行政管理等方面的服务，如受理仲裁案件、协助仲裁庭的组成等。该协会受理的争议的范围相当广泛，如国际经贸纠纷、劳动争议、消费者争议、证券纠纷等。与此相应，美国仲裁协会制定了相关专业领域的仲裁规则，如商事仲裁规则、国际商事仲裁规则、雇员福利项目请求权仲裁规则、粮食仲裁规则、环境争议的避免与解决指南、建筑业仲裁规则、纺织品与服装业仲裁规则、专利仲裁规则等，分别适用于不同类型的纠纷。此外，该会还可以根据当事人的请求，管理当事人之间约定适用《UNCITRAL 仲裁规则》并在美国进行的仲裁，即行使行政管理人的职责；通过协会本身的设施或与协会订有合作协议的仲裁机构的设施，为当事人提供与仲裁有关的事项的服务。从案件数量上讲，美国仲裁协会的受案量居世界第一，但其中劳动争议等美国国内的案件占据绝大部分。

美国仲裁协会的仲裁员来自很多国家，且数量达数千人之多。该协会在向当事人推荐仲裁员时，一般都提供一份有 10 至 20 名仲裁员候选人名单供当事人选择，当事人收到此名单后，把他们反对的人选划掉，将其余人选按先后次序排列，然后将名单反馈给协会，协会再从中选出双方当事人均能接受的人员组成仲裁庭，审理该特定仲裁案件。当事人也可以在其仲裁员名册之外指定仲裁员。

按照现行国际商事仲裁规则的规定，仲裁程序自 AAA 行政管理人员收到仲裁申请人提交的仲裁通知之日开始。争议双方如果对处理争议的仲裁员人数没有特别的约定，一般指定一名独任仲裁员审理。但若仲裁协会认为该案件复杂，可决定由三名仲裁员组成仲裁庭。仲裁庭有权对其行使管辖权，包括对有关仲裁协议的存在和效力的任何异议作出决定，并有权决定包括仲裁条款在内的合同的存在和效力，该仲裁条款应被视为独立于合同其他条款的独立的协议。

对于国际商事仲裁案件，通常适用国际商事仲裁规则。当事人向美国仲裁协会提请仲裁时，可以向设在纽约的争议解决国际中心提起，也可以向该会各分支机构提起。美国仲裁协会的目的在于，在法律许可的范围内，通过仲裁、调解、协商、民主选择等方式解决商事争议。其宗旨是开展对仲裁的研究，不断地完善仲裁规则，通过仲裁、调解及各种民主与自愿的手段，解决国内与国际经济交往中发生的各种争议，向立法部门提供建议，编辑仲裁理论刊物，推广以 ADR 方式解决争议。为了实现这一宗旨，该协会经常在各大学法学院、法学会和贸易协会、工会和各种民间组织中举办有关仲裁员的培训班，普及有关仲裁的知识。此外，该协会还根据其会员的要求，从事专门问题的研究，以便根据特定行业的不同需求对各种相关仲裁规则不断地加以完善。该协会专门在纽约设立了 Lucius R. Eastman 图书馆，收集有关仲裁的各种资料，包括相关法律、书籍、小册子等。

（七）伦敦国际仲裁院

伦敦国际仲裁院（LCIA）是世界上最古老的仲裁机构，成立于 1892 年，原名为 London Chamber of Arbitration，1981 年起使用现名。1986 年起，伦敦国际仲裁院改组为有限责任公司，由董事会管理其活动。1975 年以前，伦敦仲裁院由伦敦市政府和伦敦商会双方各派 12 名代表组成的联合委员会管理。1975 年，伦敦仲裁院与皇家特许仲裁员协会合并，因此现在伦敦国际仲裁院由伦敦市政府、伦敦商会和皇家特许仲裁员协会三家共同组成的联合委员会管理。LCIA 的日常工作由皇家特许仲裁员协会负责，仲裁员协会的会长兼任伦敦国际仲裁院的主席和秘书长。它可以受理提交给它的任何性质的国际争议和其他争议，在国际社会享有很高声望，特别是海事案件，大多诉诸该院。

伦敦国际仲裁院设在伦敦，在仲裁案件中，其主要作用是指定仲裁员和对案件进行一些辅助性的管理。它也设有仲裁员名册，仲裁员的人员组成也是多种多样，可以适应各种类型案件的需要。LCIA在选聘仲裁员的标准方面非常强调其专业知识，对技术专家的重视胜过法律专家。为了适应国际仲裁的需要，LCIA院于1978年又增设了"伦敦国际仲裁员名单"，名单由30多个国家的具有丰富经验的仲裁员组成。当事人将其争议提交仲裁以后，合意选择仲裁员组成仲裁庭，仲裁审理和裁决程序即由仲裁庭主持进行。如果当事人未就仲裁员人选达成协议，则由该院从其仲裁员名单中加以指定。如果当事人国籍不同，则独任仲裁员或首席仲裁员应由不与任何当事人具有相同国籍的人士担任，除非经另一方当事人书面同意。仲裁庭一般按照伦敦仲裁院的仲裁规则进行有关的仲裁程序。在进行实质性裁决时，仲裁员的权力较大。在事实方面，仲裁庭有权按自己对货物品质或损害赔偿的认定作出裁决，除非当事人一方或双方要求有专家证明，否则无须另行征询专家意见。在法律适用上，仲裁庭应尊重当事人的选择，适用当事人选择的法律来裁决争议；如仲裁庭认为当事人未做此种选择，则适用其认为适当的法律。

过去英国对仲裁干预较多。1979年修订的《英国仲裁法》对法院的干预进行了限制，当事人可以签订排除协议，排除法院对仲裁案件的法律问题以及裁决的审查。但仲裁仍受到法院较多影响，如法院有权撤免行为失当或未以应有的速度进行仲裁、作出裁决的仲裁员，并有权撤销仲裁协议等。伦敦国际仲裁院也曾受到严重影响，每年受案数量逐步减少。为改变这一局面，加强伦敦作为国际仲裁中心的地位，1996年《英国仲裁法》颁布后，减少了法院对仲裁的干预，进一步强化了自由仲裁的政策。

（八）日本商事仲裁协会

日本商事仲裁协会（JCAA）成立于1950年3月14日，是日本工商联合会和其他一些全国性的工商组织共同根据《日本民法典》第34条设立的社团法人。JCAA设会长1名，副会长6名，常务理事长1名，常任理事15名，理事32名，监事2名。JCAA的宗旨是通过仲裁和调解的方式解决国内外商事争议，并尽可能避免商事争议，促进国内和国际贸易的发展。JCAA的职责包括仲裁，调解，提供避免商事争议的咨询意见，与国外仲裁机构进行交流和合作，管理仲裁员，从事国际商事仲裁的研究并出版协会的仲裁杂志，介绍解决商事争议的经验。JCAA总会设在东京，在横滨、大阪、名古屋、神户等大城市设有分会。除了进行仲裁外，JCAA还从事培训仲裁人员，与外国仲裁机构合作，参加国际会议，与外国仲裁机构订立仲裁协议等方面的工作。该协会与20多个外国仲裁机构有业务联系，并订有双边协议。

（九）新加坡国际仲裁中心

新加坡国际仲裁中心（SIAC）于1990年3月经新加坡政府经济委员会提议成立。SIAC是依新加坡公司法设立的担保有限公司，其宗旨是为国际、国内的商事仲裁和调解提供良好的服务，促进仲裁和调解广泛用于解决商事争议，并培养一批熟悉国际仲裁法律和实践的仲裁员和专家。该中心的仲裁规则主要以《示范法》和伦敦国际仲裁院仲裁规则为基础制定的，但也做了相应修改和变通。

新加坡仲裁中心的成立晚于香港国际仲裁中心，其仲裁规则也最大限度地以《UNCITRAL仲裁规则》为基础，当事人有很大自治权。该中心主要以解决建筑工程、航运、银行和保险方面的争议见长。

由于新加坡法院历史上对仲裁持干涉态度，所以新加坡仲裁中心长期未能为世界广泛地接受。近年来，新加坡国际仲裁中心有了更大的发展空间，对于中国内地公司与欧美公司的贸易，当事人妥协的结果，往往会选择在新加坡国际仲裁中心进行仲裁。

（十）德国仲裁协会

德国仲裁协会（DIS）大约有700名成员，是经注册的社团，旨在促进德国国内和国际仲裁。DIS章程对DIS的组织机构、运行、职能等做了详细规定。DIS章程第14条对委任委员会的组成、职能等方面的规定很具特色。按照该规定，委任委员会由3名成员和3名候补成员组成，由董事会（vorstand）在顾问委员会（beirat）主席协助下委任，任期两年，可以连任。如一名或数名成员暂时无法行使职权，候补成员依字母顺序行使其职权。经理事会提议，委任委员会提名仲裁员和替代仲裁员。根据《德国仲裁协会仲裁规则》第3条，除非当事人另有约定，仲裁庭由3名仲裁员组成。第12条规定，对于由3名仲裁员组成的仲裁庭，如被申请人未在规定时间内提名仲裁员，则申请人可以要求DIS委任委员会予以委任。如选取任两名仲裁员后，该两名仲裁员未在规定时间内提名首席仲裁员，则任何一方当事人均可要求由DIS委任委员会委任。第14条规定："如仲裁庭由一名独任仲裁员且当事人未在被申请人收到仲裁申请书之日起 30 日内就其人选达成一致，则各方当事人均可要求 DIS 委任委员会提名独任仲裁员。"如果仲裁员在法律或事实上已经不能履行职权，或因为其他原因而不及时履行职责，则在该仲裁员离职或当事人同意时，终止对其委任。如该仲裁员不离职或当事人不能就终止委任达成一致，任何一方当事人可请求管辖法院决定终止对他的委任。委任终止后，或仲裁员回避的情形，应提名替代仲裁员，程序类推适用前述委任仲裁员的程序。

DIS 委任委员会的工作是保密的，以简单多数作出决定。决定一般通过书面程序作出。委任委员会的成员如参与 DIS 管理的仲裁程序，则不得再参与有关该仲裁程序的决定。委任委员会的成员不得依据本条第 2 款被提名为仲裁员。

（十一）意大利仲裁协会

1958 年 10 月 16 日，在学者以及意大利工商业界、不同经济领域的组织及外国事务部的代表的支持下，意大利仲裁协会（AIA）于罗马成立，总部设在罗马，旨在通过仲裁、调解与和解的方式解决争议，其职能在于依照其仲裁规则以及《UNCITRAL 仲裁规则》管理仲裁案件。AIA 代为委任仲裁员，管理仲裁程序，提供仲裁庭审室以及其他设施服务。AIA 下设处理紧急措施的常设委员会，在仲裁庭组成之前根据其仲裁规则的规定发布指令。AIA 理事会委派 3 名成员组成常设委员会，并从中委派主席一名。委员会成员任职 3 年且可连任，其任期届满时，如仍遗有委员会应处理之未决问题，每位成员有必要继续留任。委员会的职权可由主席或代理主席职务者，或根据主席的决定由委员会全体会议或某位成员来行使。委员会全体会议应按多数意见作出决定。AIA 总部内设秘书处，由秘书长管理。

（十二）荷兰仲裁协会

荷兰仲裁协会（NAI）于 1949 年成立，是独立的、非营利性的组织，以基金会的形式存在，与政府没有任何联系，也不接受资助。其管理机关成员包括荷兰商会联合会、阿姆斯特丹商会、荷兰国际商会组织、工商协会的代表，也包括商业领域、律师、大学以及司法部门具有仲裁经验的人士。特许会计师协会也有代表参加。仲裁由 NAI 秘书处负责，其总部设在鹿特丹。NAI 的宗旨是鼓励通过仲裁、有约束力的建议以及其他合法方式，防止、限制和解决工商业争议。除仲裁外，NAI 另有一种微型审判（minitrial）的调解形式,并备有 NAI 微型审判规则(1995 年 9 月 1 日起实施)。

(十三)印度仲裁协会

印度仲裁协会(ICA)是印度最主要的仲裁机构,成立于 1965 年。ICA 主要目的是通过仲裁方式,促进工商业争议得到友好和迅速地解决。印度政府、印度工商会联合会、其他重要的商会和贸易组织以及出口促进会、公共部门企业、公司和商号是其成员。ICA 也为解决国际商事争议提供便利。ICA 备有一份仲裁员名册,仲裁员包括法官、律师、海运专家、特许会计师、特许工程师、商人、外国公民以及在 20 多个领域具有专长的高级管理人员。ICA 还通过仲裁解决因租约产生的海事争议,并制定了解决此类争议的海事仲裁规则。印度水陆运输部推荐在租约中使用 ICA 的仲裁条款。ICA 的管理机关设立仲裁理事会以行使 ICA 规则规定的职权。理事会包括 ICA 主席以及 ICA 管理机关自其内部推选的 3 名成员。ICA 主席依职权担任理事会主席。理事会任期一年。理事会在其任期内可增选不超过两名的其他人士作为成员。非管理机关成员亦可被增选为理事会成员。理事会或其主席可授权登记员作出某些决定,但此类决定应根据情况向主席或理事会报告。

四、境外仲裁机构在我国仲裁的监管规范体系

基于特定的历史原因,我国大多数仲裁机构的法律地位至今仍是"参照事业单位"。《仲裁法》施行的 26 年间,虽然一些仲裁机构在"去行政化"的道路上做出了艰难的探索,但在我国事业单位改革以及仲裁公信力有待提高的大背景下,仲裁机构法律地位的改革仍任重道远。《仲裁法(修订)(征求意见稿)》将仲裁机构定位为非营利法人,可能面临规范供应不足的困境。结合民法典构建的法人体系,我国仲裁机构的法律地位宜确定为社会服务机构。对于仲裁机构法律地位的改革,应针对各仲裁机构的实际情况逐步进行,并建立强制退出机制,以淘汰那些无法成功转型的仲裁机构。《仲裁法》早已规定中国仲裁协会应在仲裁机构改革时予以建立,从而实现对仲裁机构有效的外部监督。[1]

---

[1] 谭启平:《论我国仲裁机构的法律地位及其改革之路》,《东方法学》,2021 年第 5 期,第 150 页。

本书所称的境外仲裁机构在我国内地仲裁，是指境外仲裁机构在仲裁程序和仲裁裁决中将中国内地作为仲裁地的情况。境外仲裁机构在我国内地的仲裁并不是一个新现象，而是一个在最近二十多年来始终存在的客观情况，但是鉴于中国《仲裁法》与国际商事仲裁的通行规则存在一定的不兼容之处，导致此类案件的仲裁协议效力始终面临无效的法律风险，裁决也始终面临着难以执行的现实困境。由于《仲裁法》自 1994 年通过后直至 2021 年并未做出实质性修改，所以对该问题的探讨和研究在一定程度上陷入困境，但实践却并没有因为法律的迟滞而受阻，以国际商会仲裁院为代表的境外仲裁机构在我国内地仲裁的案件不时被纳入我国法院的司法审查范畴，从而引发学理上的探讨。①

近年来，由于中国自由贸易试验区建设的深入推进，仲裁制度在自贸试验区内探索创新举措，最高人民法院也积极支持自贸试验区内仲裁司法审查的创新，由此使境外仲裁机构在我国内地仲裁的问题再次受到了关注，并被纳入《仲裁法》修订的视野。具体来看，对境外仲裁机构在我国内地仲裁问题的研究已经进入了新阶段，这主要归因于以下三个动向：

第一，最高人民法院秉持构建仲裁友好型司法环境的立场，通过发布普遍性的司法解释和针对下级法院的请示作出具体复函等方式，积极践行司法职能，大力支持仲裁制度发展。譬如，在知名的"龙利得案""黄金置地案"等典型案例中，最高人民法院放宽对仲裁协议效力的认定标准、扩大涉外因素的界定依据、对临时仲裁制度开展积极探索、试图接纳仲裁机构与仲裁地分处于不同国家的混合式仲裁条款，这客观上为境外仲裁机构在内地仲裁问题的司法审查提供了一种相对宽松、缓和的环境。

第二，中国近年来积极稳妥地推进自贸试验区和自贸港战略，特别是对于仲裁机构准入的法治保障而言，无论是从国家层面抑或地方层面，都给予了强有力的支持。以北京、上海等为代表的自贸试验区，明确允许并积极支持境外仲裁机构在自贸试验区内设立代表机构、业务机构，通过"先行先试"

---

① 宋连斌、王珺：《国际商会在中国内地仲裁：准入、裁决国籍及执行——由宁波中院的一份裁定谈起》，《西北大学学报（哲学社会科学版）》，2011 年第 3 期，第 154 页；宋连斌、董海洲：《国际商会仲裁裁决国籍研究——从最高人民法院的一份复函谈起》，《北京科技大学学报（社会科学版）》，2009 年第 3 期，第 46 页。

第二章 境外仲裁机构在北京"两区"准入的法律性质

和"压力测试",为后续推动国际仲裁优质资源的集聚及将中国打造为国际商事仲裁目的地创造了坚实的客观条件。①

第三,如前所言,我国司法部于 2021 年 7 月公布了《仲裁法(修订)(征求意见稿)》已经正面肯定了境外仲裁机构在我国内地仲裁的合法性。在政策层面,仅仅允许具备条件的境外仲裁机构在北京"两区"设立业务机构并开展涉外仲裁业务,而后续的一系列法律问题,特别是此类仲裁的司法审查问题还缺乏具有可操作性的配套规定。要彻底解决这些问题,有赖于《仲裁法》在立法层面予以正面回应。

第四节 WTO 多边贸易体制下开放仲裁服务市场的合规性论证

一、关于境外仲裁机构准入的不同观点

根据 WTO《服务贸易总协定》第一条的规定,国际贸易领域的市场准入具体可以划分为跨境交付、境外消费、商业存在、自然人流动四种基本类型。各国可以就其中部分或全部类型的市场准入做出允许准入的具体承诺,并且可以附加一定条件,或者不做任何承诺。

在这种情况下,一国是否准入特定类型的外国仲裁机构,应权衡此类仲裁机构准入的优势和局限。由于商业存在类型的外国仲裁机构准入与国际投资相竞合,与其他类型的外国仲裁机构准入具有显著差别,二者不宜混为一谈。

商业存在的形式包括无法人地位的分支机构和具有法人地位的仲裁机构,故而有必要将商业存在的外国仲裁机构的准入区分为有法人地位的外国仲裁机构准入与无法人地位的外国仲裁机构准入。近年来,就不设商业存在的外国仲裁机构的准入而言,学术界和实务界对其必要性的认识较为统一,即不

---

① 刘晓红、冯硕:《制度型开放背景下境外仲裁机构内地仲裁的改革因应》,《法学评论》,2020 年第 3 期,第 125 页;刘晓红、王徽:《论中国引入国际商事仲裁机构的法律障碍与突破进路——基于中国自贸区多元化争议解决机制机构建的几点思考》,《苏州大学学报(法学版)》,2016 年第 3 期,第 10 页。

设立商业存在的外国仲裁机构的准入有利于内国仲裁的长远发展。尽管如此，就设立商业存在的外国仲裁机构的准入而言，在信息化时代，当事人可以在一定范围内协议选择仲裁机构和仲裁地，因而设立商业存在的外国仲裁机构准入缺乏必要性。事实上，在设立商业存在的外国仲裁机构准入中，有法人地位的外国仲裁机构准入和无法人地位的外国仲裁机构准入在程序和效果方面存在较大的差异，有必要对不同类型的外国仲裁机构准入的作用和局限进行分别探讨。

从市场准入的角度来分析，境外仲裁机构的准入涵盖两个层面：第一，是否允许境外仲裁机构准入，这可以概括为"质"的问题；第二，在允许境外仲裁机构准入的前提下，其可在我国内地开展哪些具体的业务，这可以总结为"量"的问题。

（一）否定说：禁止境外仲裁机构准入

在过去相当长的一段历史时期内，我国对于当事人选择境外仲裁机构在我国内地仲裁持否定立场，事实上代表着我国内地仲裁市场相对保守和封闭的政策趋向。具体来看，之所以禁止境外仲裁机构直接在我国内地开展仲裁业务，其本质是为了维护本国仲裁机构的垄断地位和产业利益。然而，此类主张和做法虽然注意到了仲裁服务市场对国内仲裁行业的保护作用，但是并没有回答各国为何要通过拒绝境外仲裁机构在我国内地仲裁来为国内仲裁机构提供保护的问题。事实上，将保护主义作为中国仲裁产业发展的基本理念，难以对以下困惑给出回应：保护主义严重背离国际经济贸易自由化的基本要求，为当今国际贸易多边协定所禁止，如果说禁止境外仲裁机构准入代表了保护主义的立场和排斥竞争的垄断立场的话，那么，此种做法必然有悖于自由贸易和多边主义的总体趋势，难以在世界范围内获得认同，也有悖于中国仲裁市场国际化的发展方向。

（二）肯定说：允许境外仲裁机构准入

与否定说相对立的是，持肯定说者认为：国际商事仲裁的持久运转，离不开当事人意思自治原则及国际贸易自由化的土壤，应充分允许当事人自由选择仲裁机构和仲裁地，减少甚至取消对于当事人选择境外仲裁机构在我国内地仲裁的限制。事实上，这种观点对于保障自由贸易的国际经济秩序颇有裨益，并且国际商事仲裁领域的"非当地化""非内国化"趋势由来已久。

允许境外仲裁机构在我国内地仲裁，其实质就是允许境外的仲裁服务进入本国的市场，从而共同参与竞争，促使国内仲裁的国际化。换言之，在国际服务贸易领域，自由贸易的价值取向强调各国必须开放本国市场，允许境外服务提供者和境外服务进入参与竞争。当然，当境外仲裁机构滥用职权对当事人的合法权益造成损害或者对仲裁地的法律秩序造成不当侵扰时，应允许司法机关、行政机关及仲裁行业协会对其予以必要的监督、审查和"矫正"，从而为当事人提供有效的救济。

二、国际商事仲裁的国际服务贸易属性

近年来，中国法院涉外案件持续增长，2020年一审涉外案件累计超过2.2万件。北京"两区"建设着力打造对外开放新高地，更加需要加强涉外法治工作，这份文件对此也做出具体部署。最高法民事审判庭王淑梅庭长说，"优化调整涉外商事案件集中管辖范围，建设专业化审判团队；进一步完善涉外商事审判机制，探索符合条件的港澳台居民担任人民陪审员参与案件审理，鼓励外籍调解员和港澳台调解员参与纠纷化解；加强国际商事纠纷一站式多元解纷中心建设，探索引入国内外知名国际商事仲裁机构、国际商事调解组织，支持国际商事争端预防与解决组织落地运营。另外还要推动国内法治与涉外法治的衔接，建立健全国际司法人才培养、引进和交流机制。"

截至目前，北京"两区"建设251项任务清单实施率过半，形成了32项全国首创或首批突破性政策及项目。比如，率先实施技术转让所得税优惠等财税政策，在全国首创性开展股权投资和创业投资份额转让试点，全国首家外资独资货币经纪公司、首家外商独资保险资管公司等一批标志性外资项目纷纷在京落户等。

北京"两区"工作领导小组办公室副主任刘梅英表示，这一系列成效的取得离不开法治保障，最高法此次出台的意见对推进"两区"建设具有重要意义："我们将积极用好最高人民法院为北京'两区'量身定制的各项司法服务和保障措施，加大政策制度创新和高质量项目落地力度，以重点领域全产业链开放和全环节改革为突破口，着力打造开放水平更高、产业国际合作竞争力更强、区域开放布局更均衡的首都开放体系，为国家高水平开放探索更多有益经验。"随着"一带一路"建设的推进，统筹推进国内法治与国际法治

已成为新时代法治建设的重要方向。具体而言，在推进北京"两区"建设过程中，应加强国内法与国际法的互动。相应地，在对境外仲裁机构准入的问题予以分析和探讨时，有必要首先明确其在国际法上是否存在相应的法律依据及法律规制。是否允许以及在多大程度上允许境外仲裁机构准入，本质上是我国的司法行政管理部门基于国家主权原则实施的一项具体行政行为，是国家根据有关的国际法及国内法，决定是否允许境外仲裁机构在内国开展业务以及开展业务的范围。这也符合市场准入的内涵。

尽管外国仲裁机构的准入具有市场准入的属性，但是如将某一特定法律规则适用于外国仲裁机构准入，还须确认其各项要素均符合该规则的适用条件。问题的症结在于国际商事仲裁是否属于国际服务贸易的范畴。有一部分学者认为，国际商事仲裁属于WTO《服务贸易总协定》（GATS）项下国际服务贸易的范畴，因为商事仲裁具有契约性，当事人可以自由处分，仲裁本质上也具有服务性质。另一类观点则持反对意见，主张境外仲裁机构准入的问题不属于WTO《服务贸易总协定》调整范围内的市场准入，原因是国际商事仲裁属于基于当事人的合意和自主选择加以确定的争议解决方式，其无涉WTO法律框架下仲裁市场是否开放的问题，而是涉及当事人是否选择仲裁，以及仲裁地和仲裁机构的选择问题。对此，笔者的立场是，国际商事仲裁属于国际服务贸易的范畴，而境外仲裁机构的准入应受GATS的规制。

从服务贸易的本质、法律服务的性质、WTO采纳的法律服务的范围、仲裁机构的非营利性、WTO各成员的具体承诺等角度分析，国际商事仲裁具有国际服务贸易的属性，具体呈现为以下特征：就服务贸易的本质属性而言，仲裁的特征符合服务贸易的本质属性。货物贸易必须以物为载体，其交易价值体现在物上；服务贸易的价值体现在无形利益之中。

就仲裁服务而言，国际商事仲裁本质上满足了商事主体在争端解决方面的专业性、秘密性、自主性、可执行性方面的需求，当事人通过接受仲裁服务，获得解决争端的无形利益。需要注意的是，这种无形利益难以计量，服务贸易的完成不以无形利益的获取为标准，而是以特定行为的完成为标准，不能将仲裁服务的提供与仲裁裁决的成功执行等量齐观。就法律服务的性质而言，仲裁的性质充分体现了法律服务的各项特征。关于仲裁的性质，学界有司法权论、契约论、混合论、自治论等不同见解。

第二章
境外仲裁机构在北京"两区"准入的法律性质

司法权论与混合论体现了法律服务与国家司法主权的密切联系,即法律服务不同于一般的商业贸易,提供服务的主体和服务的内容涉及一国的司法主权,受到法律的严格限制、拘束和监督。该理论并没有否认仲裁的法律服务特性,因为服务贸易都要受国家法律的监督,只是不同类型的服务贸易涉及国家安全的程度不同。既然仲裁服务提供者作为相对人接受国家法律的监督,那么仲裁本身就不具有行政行为属性。契约理论和自治理论体现了法律服务交易属性中的意思自治特征,即当事人通过自愿协商将争议提交仲裁,这与法律服务体现当事人自由意志的特征相符。以上关于仲裁性质的理论从不同角度表明,仲裁的各项性质都符合法律服务的特征。

就 WTO 采纳的法律服务的范围而言,WTO 服务贸易委员会发布的《法律服务背景注释》指出其法律服务的范围与联合国《中心产品暂行分类表》对法律服务范围的规定相一致。联合国《中心产品暂行分类表》的修订版明确细分出"仲裁和调解服务",这表明 WTO 对法律服务中的第三方解决机制更为重视,也从法律渊源上肯定了仲裁的法律服务属性。

仲裁机构具有非营利性,这一特性不能否定其提供的仲裁的服务贸易属性。仲裁服务需要收取一定的费用,这一事实与仲裁机构的非营利性并不冲突。某一机构的营利性是指该机构是否将因提供服务而将获得的利润在出资人之间进行分配。仲裁收费所获取的利润并不分配给出资人,而是运用于维持仲裁机构的运行和促进仲裁机构的长远发展。国际贸易同样需要收取相应的费用,但这并不意味着从事国际贸易的主体必然为营利性机构。就 WTO 各成员方对服务贸易的具体承诺而言,虽然目前没有成员将仲裁纳入服务贸易的具体承诺之中,但是这并不能说明仲裁不属于服务贸易的范畴。WTO 各成员国不愿意对仲裁的市场准入进行一般性的承诺,而是根据其本国仲裁发展的具体情况采取相应的措施。

三、《服务贸易总协定》视野下境外仲裁机构准入的法律规制

根据 WTO《服务贸易总协定》第十六条的规定,各成员给予其他成员的市场准入条件和范围以其提供的具体承诺的内容为前提。如果某国在法律服务的具体承诺方面做出允许准入的声明,其他 WTO《服务贸易总协定》成员的仲裁机构就有权依据该声明的内容要求仲裁服务进入该国市场,该国不得

随意设置限制措施，但仍然可以拒绝未加入WTO《服务贸易总协定》的国家的仲裁机构准入。根据WTO《服务贸易总协定》第一条的规定，地方政府或主管机关的政策和法规受成员方做出的具体承诺的约束。例如，迪拜国际金融中心有关外国仲裁机构准入的规定应当符合阿联酋在《服务贸易总协定》项下的国际义务。

不是所有加入WTO《服务贸易总协定》的成员都在法律服务贸易方面做出了具体承诺。对于这些成员的法律服务市场准入，应当视为该成员没有准入包括仲裁服务在内的法律服务的义务。阿联酋所提交的具体承诺事项中没有涉及法律服务的市场准入。因此，迪拜国际金融中心外国仲裁机构准入的政策、条件、标准等均不受WTO《服务贸易总协定》市场准入条款的约束。

如果一国没有就法律服务贸易市场准入在WTO《服务贸易总协定》项下做出具体承诺，另一国际法层面的约束来自棘轮条款。所谓棘轮条款，是指一国自愿提升某一领域的国际贸易自由化程度之后，不得降低该领域的自由化程度的条款。正在谈判中的《国际服务贸易协定（草案）》中增加了该条款。对阿联酋而言，其目前尚未加入《国际服务贸易协定（草案）》相关条款的谈判。如果阿联酋未来仍然不加入此公约，则棘轮条款对其不具有约束力。迪拜国际金融中心可以根据外国仲裁机构准入的实际情况，适时提高或降低外国仲裁机构准入的标准。

第三章
境外仲裁机构在北京"两区"所作裁决的籍属认定

在北京"两区"建设下，开放服务市场、引进境外仲裁机构，不可避免地会影响中国国内仲裁市场。与此同时，也应当认识到，对境内外仲裁机构而言，境外仲裁机构进入北京实则是机遇与挑战并存。问题的关键在于，如何有效地克服境外仲裁机构准入后的法律障碍。此外，引入境外仲裁机构，客观上也为我国的司法机关开展仲裁司法审查提供了连接点，使我国内地法院能够获得审理国际案件的机遇，促进了中国法治的国际化。发展中国的国际仲裁中心，应特别注重从提高仲裁服务便利度、回应本土需求以及参与国际竞争等方面着手，全方位提高竞争力。建设和发展国际仲裁中心，要在一些实际问题上为中国和外国仲裁机构的管理人员和工作人员，以及境外的当事人、律师、仲裁员、证人等提供适当的便利，如机构的登记和管理、外汇管制、外籍人员的聘用、签证、网络管理、税收等。北京市司法局已经颁布了《境外仲裁在中国（北京）自由贸易试验区设立业务机构登记管理办法》，彰显了北京市政府致力于构建良好的城市营商环境的决心，对于推进仲裁法律服务领域的改革开放，努力让北京成为仲裁友好型城市而言，具有重要意义。此外，仲裁立法层面要尽量靠近《示范法》，完善司法对仲裁的协助与监督，提高效率。另外，允许国家作为仲裁当事人和发展投资仲裁对于打造有竞争力的国际仲裁中心也十分重要。在将北京打造为国际仲裁中心的过程中，需要发掘北京的差异化优势，在此基础上进一步优化仲裁法律服务生态环境，本地行政和司法机关应给予充分的制度保障，吸引先进的国际仲裁机构落地，培养具有国际视野的优秀仲裁员与仲裁律师队伍，结合互联网时代的数字化趋势，努力促进北京商事仲裁行业的高质量发展。从实务的角度来看，境外仲裁机构在我国内地仲裁，其最终产品即仲裁庭所作出的仲裁裁决，对此类裁决籍属的认定关系到其适用何种法律体系进行司法审查和执行，基于此，本章主要针对境外仲裁机构在我国内地所作裁决的国籍籍属的认定问题进行探究。

第一节 比较法视野下仲裁裁决籍属的判定标准

一、国际商事仲裁裁决国籍的功能考查

国籍作为国际公法上的概念，原本意义是自然人作为某一国家公民或国民而隶属于该国的一种法律身份或法律资格。它是区分某一自然人为内国人或外国人的唯一标准。自然人具有何国国籍，就应承担相应国家的效忠义务和享有相应国家的外交保护权。在国际民商事领域，自然人国籍的确定也具有重要意义，因为国籍是属人法的重要连接点，它是确定属人管辖权、自然人的民商事法律地位的先决问题。国际法的另一重要主体——法人的国籍，学者间虽有不同见解，但多数学者认同将法人视为"拟制人格体"而具有"拟制国籍"的观点。法人的国籍是确定法人权利能力和行为能力的重要决定因素。虽然国籍问题具有国际性，但是各个国家都按照本国利益来制定各自的国籍法，因此，国籍法属于国内法的范畴。换言之，在国籍问题上，不存在适用外国法的问题。国籍法的这种在实践中各自为政的局面也造成了国籍的积极冲突和消极冲突。

将国籍概念引入国际商事仲裁领域，很大程度上是对实践困境的一种理论解读。当国际商事仲裁裁决进入执行阶段时，通常会遇到对裁决的承认与执行、撤销等问题。在面对"裁决是否应该被承认与执行""怎样承认与执行""是否可以撤销以及撤销权行使的归属"等难题时，裁决的国籍被提炼成一个概念而作为先决问题。国际商事仲裁裁决的国籍这一概念本身已经隐含了一个假设，即仲裁具有地域性。这也是传统观点，认为国际商事仲裁制度

无论怎样发展，也不可能取代司法和诉讼，非但如此，仲裁制度的发展离不开法律的规制和法院的支持、监督。也就是说，仲裁必然与特定国家的法律和司法制度相联系。这种将国际商事仲裁裁决与特定国家相联系，并视其为特定国家的法律文书的做法相当于为裁决贴上了国籍标签，用以说明国际商事仲裁裁决法律效力的来源，即国际商事仲裁裁决的法律效力来源之一是国籍国法律。仲裁如果不与特定国家的国内法相联系，就不会产生法律上的拘束力。

因此，确定国际商事仲裁裁决的国籍至少在以下两个方面具有重要意义：第一，说明裁决法律效力的来源，作为裁决撤销权行使的重要依据之一；第二，对于裁决的承认与执行，通过区分裁决的国籍而采取不同的承认与执行政策。即使在《纽约公约》已被广泛签署的当下，确定国际商事仲裁裁决的国籍仍然是必要的。《纽约公约》第一条第一款规定："本公约适用于因自然人或法人之间争议而产生的且在申请承认及执行地所在国以外之国家领土内做成的仲裁裁决。被申请承认及执行地所在国不认为是内国裁决的，也适用本公约。"《纽约公约》的这一适用范围是非常广泛的，它意味着缔约国一旦加入该公约，就有义务在本国领土内承认和执行在外国作出的仲裁裁决，而无论该外国是否是《纽约公约》的缔约国。然而，该条第三款接着规定："任何国家在签署、批准或加入本公约时，或根据本公约第十条通知推广适用时，可以声明该国在互惠的基础上仅将本公约适用于对另一缔约国领土内作出的仲裁裁决的承认和执行。"这就是《纽约公约》的"互惠保留"条款。目前，《纽约公约》的缔约国有 169 个，但大约有 2/3 的缔约国都做出了互惠保留。所以，虽然《纽约公约》的签署国已基本涵盖了主要贸易国家，但仍然需要在确定了国际商事仲裁裁决的国籍后才能做出是否以及怎样承认与执行裁决的决定。

如上所述，国际商事仲裁裁决国籍的概念是以承认仲裁的地域性特征为前提的，但并不是所有的学者都承认仲裁具有地域性的特征，突出的表现为流行于 20 世纪 60 年代的"非地方化"（delocalization）理论。该理论力图使国际商事仲裁程序完全摆脱仲裁地法的控制和支配，并以此为基础构建一种新型的完全自治的国际商事仲裁体系。在这种理论指引下的国际商事仲裁裁决被称为"浮动裁决"，"浮动裁决"的国籍是不确定的，它们飘荡于法律真空之中，飘到哪个国家就具有哪个国家的国籍。从实质上讲，该理论主张将传统的对国际商事仲裁裁决的"双重监督"（仲裁地、承认与执行地的监督）变为"单一监督"，即国际商事仲裁裁决只受承认与执行地的监督，而这种监督权也仅限于要么承认与执行，要么拒绝承认与执行，不能行使撤销权。所以，在说明国际商事仲裁裁决法律效力的来源并确定撤销权的归属问题上，裁决国籍的确定失去了意义。然而，在承认与执行阶段，国际商事仲裁裁决国籍的确定仍然具有重要意义。由是观之，无论采取何种观点，只要涉及国际商事仲裁裁决的承认与执行，裁决国籍的确定都具有重大意义。

二、确定仲裁裁决的籍属的现实意义

国际商事仲裁都具有一国国籍，所谓国际商事仲裁裁决的国籍，亦被称为仲裁裁决的籍属，是用于判定裁决的法律效力来源以及法院司法审查权归属的法律依据。换言之，只有确定了仲裁裁决具有某国国籍，该国法院方可将该裁决识别为国内仲裁裁决（包括涉外仲裁裁决），依据本国法律对裁决行使撤销权或予以强制执行。相反，一旦认定某仲裁裁决属于外国仲裁裁决，则需要进一步考虑该裁决的国籍国是否为《纽约公约》成员国，进而判定中国法院是否应当依据《纽约公约》对裁决的承认与执行进行司法审查。在国际商事仲裁中，案件往往涉及多项国际因素的连接点，双方当事人的国籍国、产生争议的事实所在地可能位于不同国家，当事人可能有意将第三国选定为仲裁地，组成仲裁庭的3名仲裁员也往往来自不同国家，如此纷繁复杂的涉外连接因素往往使司法审查机关不堪重负，究竟采取哪些因素确定仲裁裁决的国籍，成为摆在法院面前的重要问题。

从各国的立法来看，通常根据各项连接因素与内国利益联系程度的重要性，将其中的某个连接点作为确定国际商事仲裁裁决是否具有内国国籍的参照标准。从理论上分析，由于各国对仲裁裁决国籍的判断标准不同，产生了国际商事仲裁裁决国籍的冲突，包括国际商事仲裁裁决国籍的积极冲突和消极冲突。其中，裁决国籍的积极冲突，即双重国籍或多重国籍的仲裁裁决；而裁决国籍的消极冲突，即无国籍的仲裁裁决，或称"浮动裁决"、非内国裁决。目前，我国界定仲裁裁决国籍的法律依据主要在我国加入的《纽约公约》、我国的《民事诉讼法》《仲裁法》及相关司法解释中。根据法律的明确性与可预测性原理，一国现行法律体系中不同层次的法律规定对仲裁裁决国籍的界定应当相对一致，但事实上我国《民事诉讼法》与《纽约公约》对这一问题的判定标准并不一致，因而容易在仲裁司法审查实践中引发矛盾。

由于《纽约公约》仅针对外国仲裁裁决在缔约国法院的承认与执行，并不针对本国国内仲裁裁决的执行，故该公约在界定适用范围时体现出了对"外国仲裁裁决"的定义。根据《纽约公约》第一条第一款，仲裁裁决，因自然人或法人间之争议而产生且在申请承认及执行地所在国以外之国家领土内作出者，其承认及执行适用本公约。本公约对于仲裁裁决经申请承认及执行地所在国认为非内国裁决者，亦适用之。据此可知，《纽约公约》体系下判定仲裁裁决国籍的标准是双重的：即兼采地域标准（也称裁决作出地标准）和非内国标准（也称仲裁程序法标准）。具体而言，地域标准即在被请求承认执行国以外的国家或地区作出的仲裁裁决；非内国标准即尽管在被请求承认及执行国作出，但适用外国仲裁程序法作出的仲裁裁决。由于中国已加入《纽约公约》，因而这两项标准均对中国生效，中国有义务在满足公约标准的情形之下承认并执行相应的外国裁决。①

除《纽约公约》外，我国《民事诉讼法》第二百八十三条规定："国外仲裁机构的裁决，需要中华人民共和国人民法院承认和执行的，应当由当事人直接向被执行人住所地或者其财产所在地的中级人民法院申请，人民法院应当依照中华人民共和国缔结或者参加的国际条约，或者按照互惠原则办理。"从文义上分析，该条款表明：我国法院在对外国仲裁裁决的承认与执行申请进行司法审查时，判定外国仲裁裁决国籍的标准是仲裁机构而非裁决作出地或非内国标准。②那么，由此便存有争议，即我国《民事诉讼法》与《纽约公约》的标准是不同的，这是否意味着我国同时存在三种并行的判定标准呢？抑或三种标准分别适用不同的仲裁裁决？自中国1986年加入《纽约公约》以来，国外仲裁机构在国外作出的裁决在中国执行已经不成问题。但问题是，国外的仲裁机构到中国内地裁决的案件是属于外国裁决还是国内裁决，

---

① 齐湘泉：《外国仲裁裁决承认及执行论》，法律出版社2010年版，第7页。
② 此处对外国仲裁机构的表述应做广义理解，既包括外国国内的仲裁机构，也包括不属于任何国家的国际商事仲裁机构，如国际商会仲裁院、国际体育仲裁院、国际投资争端解决中心等。

目前还没有清晰的立法规定，此类仲裁裁决在我国法院申请执行时常遭遇重重困境。尤其是，当事人约定由国际商会仲裁院在中国作出的仲裁裁决，究竟属于国内裁决抑或外国裁决，其国籍的界定标准常常引发激烈的争论。① 在"申请人瑞士德高钢铁公司（DUFERCO S. A.）与被申请人宁波市工艺品进出口有限公司申请承认与执行国际商会仲裁院仲裁裁决案"中，法院认为：我国已加入1958年《纽约公约》，在符合公约和我国相关法律规定的情况下，应当承认和执行外国仲裁裁决。关于该案所涉仲裁协议效力问题，仲裁庭按照仲裁规则的规定向宁波工艺品公司送达了审理范围书和临时时间表，也有证据表明宁波工艺品公司收到上述文书。宁波工艺品公司未在期限内对仲裁协议的效力提出异议，且国际商会仲裁院已在仲裁裁决中作出仲裁条款有效的认定，根据《仲裁法司法解释》第十三条的规定，宁波工艺品公司关于仲裁协议无效的主张不能成立。关于该案是否适用《纽约公约》的问题，《纽约公约》第一条第一款规定的适用范围有两种情形：一种是"仲裁裁决，因自然人或法人之间争议而产生且在申请承认及执行地所在国以外之国家领土内作成者，其承认及执行适用本公约"。另一种是"本公约对于仲裁裁决经申请承认及执行地所在国认为非内国裁决者，亦适用之"。这里所指"非内国裁决"是相对法院地所在国而言。该案所涉裁决并非我国国内裁决，应当适用《纽约公约》。综上，法院认为该案不存在拒绝承认与执行所涉仲裁裁决的理由。2009年4月22日，宁波中院依照《民事诉讼法》的相关规定，裁定承认和执行涉案仲裁裁决。② 由此可见，在该案中，我国法院依据《纽约公约》运用了"非内国标准"界定仲裁裁决的国籍，突破了《民事诉讼法》对仲裁机构标准的限定。③

对于境外仲裁机构在北京"两区"内作出的仲裁裁决，其国籍如何判定

---

① 例如《最高人民法院关于德国旭普林国际有限责任公司与无锡沃可通用工程橡胶有限公司申请确认仲裁协议效力一案的请示的复函》（最高人民法院2004民四他字第23号）；《最高人民法院关于沧州东鸿包装材料有限公司诉法国DMT公司买卖合同纠纷一案仲裁条款效力的请示的复函》（最高人民法院2006民四他字第6号）。宋连斌、董海洲：《国际商会仲裁裁决国籍研究——从最高人民法院的一份复函谈起》，《北京科技大学学报（社会科学版）》，2009年第3期。
② 浙江省宁波市中级人民法院（2008）甬仲监字第4号民事裁定书。
③ 宋连斌、王珺：《国际商会在中国内地仲裁：准入、裁决国籍及执行——由宁波中院的一份裁定谈起》，《西北大学学报（哲学社会科学版）》，2011年第3期。

第三章
境外仲裁机构在北京"两区"所作裁决的籍属认定

的问题，受到广泛关注。有观点提出："我国在加入关于国际仲裁的《纽约公约》中承诺接受在其他缔约国作出的仲裁裁决，但并未直接认可外国仲裁机构到中国作出的仲裁裁定。"国际商会仲裁院主席罗伯特·布伦纳（Robert Briner）接受记者采访时也说："在中国，目前主要的问题就是在 ICC 仲裁规则下在中国大陆进行的仲裁裁决的执行问题。这一直是一个未决的不明朗地带。根据中国目前的《仲裁法》，只有《仲裁法》规定的仲裁委员会和中国国务院批准的仲裁委员会作出的仲裁裁决，法院才予以承认和执行。由于中国的《仲裁法》没有对国际仲裁的内容予以规定，所以，按照 ICC 仲裁规则组成的仲裁庭在中国大陆如北京所做出的仲裁裁决，中国的法院是否承认和执行，一直都不明确。这样不仅增加了仲裁成本，而且造成了当事人的诸多不便，希望随着中国加入世界贸易组织的进程，这一问题会尽快得到解决。"①曹丽军律师认为："中国目前的法律法规和司法解释的确未就外国机构在中国仲裁作出明文规定。目前《仲裁法》对于外国仲裁机构在中国仲裁这一做法，是持否定态度的。要放开外国机构在中国仲裁的限制，除了修改法律外，另一条可能的途径是通过最高人民法院作出司法解释。但是，由于《仲裁法》第二章规定仲裁机构在设立和登记的过程中，行政机关须发挥一定职能，在此情形下，司法解释能否起到放开限制的作用，以及司法机关是否会通过司法解释来放开限制，存在疑问。"中国人民大学赵秀文教授认为："仲裁本身是当事人自愿解决争议的方法。ICC 仲裁院适用其规则在中国仲裁的含义，是指当事人适用 ICC 规则且约定仲裁地点在中国。在这种情况下，法律意义上的仲裁地点在中国，裁决在中国作出，按照国际商事仲裁的一般立法与实践，仲裁庭在我国作出的裁决本来应当视为中国裁决。但由于我国现行法律依据仲裁机构的国别属性确定仲裁裁决的国籍，对于外国仲裁机构适用其仲裁规则在我国境内作出的裁决的国别属性，我国现行仲裁立法并不明确，司法实践对此问题的认识也模糊不清。"中国政法大学宋连斌教授主张："国际商会仲裁院可否在中国仲裁？从已有的实践来看，并不存在法律障碍。但有几个

---

① 杨挽涛：《无国籍的仲裁裁决？——外国仲裁机构在中国内地仲裁之困境分析》，中国涉外商事海事审判网：http://www.ccmt.org.cn/showexplore.php?id=783，最后访问日期：2020 年 1 月 30 日。

概念要澄清。首先，国际商会本身并不仲裁案件，而是由国际商会仲裁院管理仲裁案件。其次，国际商会仲裁院只是全球知名仲裁机构之一，我国的仲裁立法不可能采用列举的办法对此明文规定。由此，'法不禁止即可为'可以成为法官解释法律的指导原则之一。最后，何谓'在中国仲裁'，有三种情形需要区别对待：①当事人在法律上选择了中国内地为仲裁地，或者当事人没有选择时仲裁庭视情况将中国内地确定为仲裁地，仲裁庭在中国内地就本案全部或部分进行了仲裁程序（主要指开庭，下同）；②如前述，仲裁地为中国内地，但仲裁庭并没有在中国内地进行与本案有关的仲裁活动；③仲裁地不是中国内地，但仲裁庭在中国内地对相关案件进行了仲裁活动。其实至多是前两种，仲裁裁决才可能被确定为中国裁决，中国法院可依法行使监督权。至于中国境外的仲裁机构在中国设立分支机构，当然需要得到我国的特许。"香港中文大学王江雨教授认为："外国仲裁机构在中国进行商业仲裁活动和提供商业仲裁服务，不适用'法不禁止即可为'的原则。这是因为仲裁是一种必须得到政府特许的专业服务（类似律师、会计师等专业服务），并非是一个不禁则行的行业。"康明律师则认为："《纽约公约》将仲裁分为临时仲裁和机构仲裁。我国于1994年通过的《仲裁法》确立了只在中国境内实行机构仲裁的制度，而国外的普遍情况是临时仲裁和机构仲裁并行。正是基于这种制度上的差异，国际商会仲裁院在其他国家可以直接进行仲裁，但在我国却不可以，因为它会带来剥夺当事人寻求司法救济权利、造成税务监管真空等一系列严重问题，违背立法精神。只有对我国的《仲裁法》予以修改和完善，确立临时仲裁制度并辅助以相关的配套措施，才可以在法律制度和实践两个层面允许国际商会仲裁院在中国进行仲裁。"①

总的来看，国际商事仲裁裁决国籍认定标准的冲突可以通过完善国内立法的方式予以协调。《纽约公约》在尊重各个国家关于仲裁裁决国籍判定标准的基础上，通过"地域标准"对国际商事仲裁裁决国籍的积极冲突进行协调，通过"非内国裁决标准"对国际商事仲裁裁决国籍的消极冲突进行协调，起到了较好的效果。参考国际上成熟的经验和主流趋势，越来越多的国内学者批判我国《民事诉讼法》采用的仲裁机构标准，呼吁我国修改仲裁机构标准，

---

① 王婧：《国际商会仲裁院在中国仲裁效力几何》，《法制日报》，2009年7月9日，第4版。

采纳仲裁地概念作为确定裁决国籍的主要标准。① 具言之，根据仲裁地位于我国内地还是境外，可以将仲裁裁决区分为国内仲裁裁决、外国仲裁裁决、港澳台仲裁裁决，在国内仲裁裁决中，根据案涉争议是否具有涉外因素，又可进一步区分为涉外仲裁裁决、涉港澳台仲裁裁决、无涉外因素的国内仲裁裁决。对于不同类型的仲裁裁决，需要根据不同的法律依据采取不同的司法审查标准，由此达到"因势制宜"的审查效果。

三、《纽约公约》采取的仲裁裁决国籍标准

按照有关国家的立法和实践，仲裁裁决国籍的划分主要有以下标准：地域标准、仲裁程序所适用的法律标准、混合标准、其他标准（仲裁员的国籍、仲裁所适用的实体法、裁决书的签字地点等）。《纽约公约》的目的是促进一国仲裁裁决在他国得到承认和执行，从而有利于纠纷的最终解决。所以，《纽约公约》对仲裁裁决国籍的确定标准也做了相应规定。

（一）仲裁程序准据法标准

程序法律适用标准为以法国和德国为代表的部分大陆法系国家所主张，主要是指国际商事仲裁裁决的国籍取决于进行仲裁程序应当适用的法律，适用何国的程序法即具有何国国籍。受"场所支配行为"原则的影响，诉讼程序适用法院地法是公认原则，理由是：诉讼程序涉及法院地国如何有效解决争议的观念和政策利益，属于法院地国公共秩序的范畴。所以，一项国际商事纠纷如通过诉讼解决，则必然是由受理法院按照本国的诉讼程序进行审理，此时的法院地法和诉讼程序法是重合的。当然，诉讼过程也会出现实体法律适用的问题。根据法院地冲突规范的指引、当事人的约定等，实体法适用法院地以外的其他国家的法律、国际条约、国际惯例等是被允许的。当然，这种实体法的选择也有可能涉及违反法院地的公共政策问题，但相较于程序法律选择而言，这只是因为选择的内容违反公共政策，而非选择行为本身违反政策，所以，其影响力和强制力要小得多。在国际民商事诉讼领域，从来没有学者为法院判决的国籍而疑惑过，这种司法权已被刻上国家主权的烙印而

---

① 高晓力：《司法应依仲裁地而非仲裁机构所在地确定仲裁裁决籍属》，《人民司法》，2017 年第 20 期；祁壮：《论国际商事仲裁裁决的国籍属性》，《江西社会科学》，2018 年第 9 期。

具有鲜明的国籍特点。实体法律的适用因不具有这种浓烈的强制色彩，无法成为确定判决国籍的决定因素。试想一下，如果在我国法院审理的一起国际商事纠纷，因为实体法律适用了英国法，而使该判决成为英国法院判决，并不合理。类似地，在仲裁领域以实体法律适用作为确定裁决国籍的标准也不具有合理性。

仲裁制度是以当事人意思自治和民间性为主要特征的，因而，仲裁程序法既可以是仲裁地的程序法，还可以是当事人选择的仲裁地以外的程序法。在国际商事仲裁制度中，仲裁地法和仲裁程序法可能出现分离的情况。这种情况的出现将直接导致确定国际商事仲裁裁决国籍的困境——究竟是仲裁地法还是当事人选择的仲裁程序法与裁决的关系更加紧密。《纽约公约》第一条第一款在规定公约的适用范围时，不得不在地域标准之外附加了程序法律适用标准。学者们也根据这条规定，将公约裁决分成了外国裁决（在承认与执行地国以外的国家领土内作出的裁决）和非内国裁决。虽然《纽约公约》对非内国裁决的具体含义未做进一步的说明，但结合该公约的缔约背景和条约解释规则可以推论出，"非内国裁决"指的是根据外国仲裁法在申请承认与执行地国作出的裁决。

程序法律适用标准能在《纽约公约》中与裁决作出地标准同场竞技，足以说明其存在的合理性，原因如下：第一，裁决国籍确定标准之争，实质是判定裁决究竟与何国法律具有"最密切联系"，应受何国法律管辖。由于仲裁制度具有契约性的特点，当事人不仅可以协商是否采取仲裁的方式解决纠纷，也可以在仲裁员的选任、仲裁程序进行的地点、仲裁程序适用的法律、解决纠纷的实体法律等各个方面进行协商。因而，无论是仲裁地还是仲裁的程序法，都是可由当事人加以选择的，并不存在违背强行法或公共政策的问题。所以，我们无法仅凭"选择"这种形式而决定与裁决有"最密切联系"的法律。第二，既然选择行为本身不能回答何为"最密切联系"法律的问题，我们只能寄希望于通过分析当事人选择的内容推导出当事人的真意。当事人选择仲裁地，可能会基于仲裁地法律制度的考虑，希望受当地法律的管辖，但也不排除当事人只是出于便利的考虑才选择特定地点，与法律选择无关。而当事人选择仲裁程序法，足以表明当事人同意受其选择的法律管辖，对法律的选择比对仲裁地的选择更加直白明朗，故如果已经选择了程序法，便无须借助于仲裁地的选择做进一步的推论。换言之，明示选择的确定性优先于默示选择，一旦颠倒过来，则是舍近求远。所以程序准据法的标准相较于裁决作出地标准，前者的合理性更强。

（二）裁决作出地标准

裁决作出地标准为英美等普通法系国家所主张，认为仲裁裁决的国籍取决于裁决作出的地点，仲裁裁决在何国做出，即具有该国国籍，而不论仲裁适用的是何国程序法。该标准随着《纽约公约》缔约国的增多而影响力扩张，甚至影响了法国和德国的立场。德国政府在解释《德国民事诉讼法》的备忘录中明确地抛弃了仲裁程序法律适用的标准，而完全采用了单一的裁决作出地标准："《德国民事诉讼法》第十编的变更是必要的，因为新法遵循了地域原则。今后，在德国作出的裁决受德国法律支配，无论裁决根据哪一个国家的法律做出。在外国作出的裁决视为外国裁决，在德国作出的裁决视为德国裁决。"

如前所述，裁决作出地标准的这种"一边倒"适用倾向并不是因为其理论的精妙，但其优势不言而喻：首先，裁决作出地标准在《纽约公约》中含义明确。《纽约公约》清晰地阐释了裁决作出地标准，即只要是在申请承认与执行地国以外的他国领土内作出的裁决，都是外国裁决。而对于"非内国裁决"，公约并未做详细说明，尤其未说明其用意是否为程序法律适用标准。实践证明，各国在适用《纽约公约》时，对"非内国裁决"作出的解释有的宽泛，有的狭窄，导致各缔约国对"非内国裁决"的内涵缺乏统一认识。其次，裁决作出地标准简便易行，操作性强。虽然也有学者讨论仲裁裁决作出的地点与仲裁地、仲裁庭开庭地点、合议地点、裁决书签署地点、仲裁机构所在地等之间的联系和区别，但关于裁决作出地的内涵较容易达成共识，多数学者赞同"仲裁地即为裁决作出地"的观点。有了明确的衡量标准，操作也简便易行，裁决作出地标准肯定会为各缔约国竞相采纳。相反，对于缺乏统一认识的"非内国裁决"，没有国家甘愿冒着违反公约的风险而去独自挑战这一有争议的标准。所以，最终结果就是既然标准含义不明确，不知如何适用就干脆不适用。如果说《纽约公约》第一条的妥协给了程序法律适用标准一次绽放理论光彩的机会，那么，这种含糊的、缺乏操作性的规定却又无益于其进一步发展。最后，裁决作出地标准的自我完善，促使仲裁地与仲裁程序法表现出越来越紧密的联系。裁决作出地标准和程序法律适用标准只在一种情况下才能产生分歧，即仲裁的程序法律适用的不是仲裁地法。假使二者一致，不论适用哪种标准，结论就都是一样的。现实中，当事人在仲裁协议中能够对仲裁地点做出选择是一种较常见的情况，但还能对仲裁程序法做出明确规定，甚至是做出不同于仲裁地法的选择则是非常少见的。实际上，很多国家虽不禁止但也不支持这种做法，因为这会给仲裁程序的进行带来一些困难。所以，1996年英国《仲裁法》对于程序法选择中的当事人意思自治进行了一定限制，当事人的选择不能排除仲裁地法中的强制性规定，如对裁决书的各种救济、赶走仲裁员、管辖权争议、仲裁员的自然公正责任与豁免权等。这就使得即使是当事人自己选择了仲裁地以外的程序法，但在重要问题上必须与仲裁地法达成一致，否则无效。

四、对《纽约公约》裁决国籍标准的反思

《纽约公约》凭借自身的影响力，不仅成为了国际商事仲裁领域久负盛名的公约，而且在所有国际公约中都可以称得上是成功的典范。但《纽约公约》也并非完美无缺，如上文所述的关于公约的适用范围就饱受争议。裁决作出地标准固然明晰实用，但非内国裁决标准却给各国留下了广阔的解释空间。例如，美国法院在1983年Bergesen v. Müller案中，将一个发生在纽约并依据纽约州法律作出的裁决识别为非内国裁决，原因是该案当事人分别为挪威人和瑞士人。根据美国法律，双方当事人都认为美国人的裁决是不属于公约裁决的，除非产生争议的法律关系与另一缔约国有某种合理的联系。法律之所以这样规定，并不是表面所看到的以当事人的国籍作为判断仲裁裁决国籍的标准，而是因为当争议双方的住所地或主要营业地为执行国以外的另一国家时，裁决的作出实际上也遵循了该国法律。美国法律通过这种复杂的逻辑推理，将《纽约公约》中以程序法律适用为特征的"非内国裁决"扩大到所有法律适用的情况，就连支配当事人国籍的法律适用都构成了适用外国法律体系的表现。乍看美国法律做出这种规定只是在行使《纽约公约》赋予其的"非内国裁决"自主解释权，细看则发现这种规定是完全背离《纽约公约》中以裁决作出地标准为主的规定的。

如何科学划分国际商事仲裁裁决的国籍，从而使"外国裁决"在《纽约

公约》的框架下能得到更好的承认与执行？当官方和学界在苦苦寻求这一问题的解决方案而屡屡受挫时，考虑到《纽约公约》在引领仲裁业发展、促成各缔约国达成支持仲裁的共识方面已经取得的成就，有人提出了抛弃"国籍"概念，引入"国际"概念。爱尔伯特（Albert Jan van den Berg）教授于2008年在都柏林举行的ICCA全体大会上，以学者建议稿的形式提出了"新纽约公约"。公约名称设想为"执行国际仲裁协议与裁决的公约"，将《纽约公约》中执行"外国裁决"修改为执行"国际裁决"。因此，"新纽约公约"第一条适用范围的规定完全不同于《纽约公约》，内容如下："1. 下列仲裁协议的执行适用本公约：（a）仲裁协议各方当事人在缔结该协议时，其营业地或居所位于不同国家，或（b）仲裁协议的标的涉及一个以上国家。2. 基于第一款规定的仲裁协议所作出的仲裁裁决，其执行亦适用本公约。"该条款完全抛开地域标准，不论仲裁裁决在何地作出，也不论适用何国法律作出，只要具有这些涉外因素，就应适用该公约。对照以划分内外国裁决为适用前提的《纽约公约》，"新纽约公约"无疑是扩大了适用范围。同时，新旧公约在某些情况下也有巨大差异。比如，如果仲裁协议的主体、客体均不涉外，即使仲裁地在外国，新公约也不能适用；相反，即使裁决在内国作出，但双方在缔结仲裁协议时营业地或居所位于不同国家，新公约也能适用。而这两种情况在《纽约公约》中会得到完全相反的结论，至少第一种情况是《纽约公约》认可的"外国裁决"，第二种情况则因为有以美国为代表的"非内国裁决"论也可能被作为公约裁决来执行。所以，受到《纽约公约》长期进行的"有利于执行"政策的教育，各国在承认与执行国际商事仲裁裁决方面已基本达成共识，随着更多的国家加入公约，如同《示范法》第三十五、三十六条的规定，仲裁裁决的承认和执行与其在何国作出已无太大关联了。

然而，在有关国际商事仲裁裁决的撤销，裁决的作出地仍然具有重要意义。《纽约公约》第五条第一款e项间接表明了裁决撤销权属裁决作出地国和程序法律适用国所有，爱尔伯特教授在他的"新纽约公约"中也认为撤销权属裁决作出地国。由此，未来的发展趋势将可能是：对于国际商事仲裁裁决的承认与执行只考虑裁决的"国际性"因素，而不需确认裁决的"国籍"，裁决的国籍只用于撤销裁决的场合。

五、我国的相关立法及应有立场

我国有关国际商事仲裁裁决国籍的规定散见于相关法律及司法解释中，主要包括 1995 年《仲裁法》、2007 年《民事诉讼法》、2006 年《仲裁法司法解释》、2000 年《最高人民法院关于内地与香港特别行政区相互执行仲裁裁决的安排》、2009 年《最高人民法院关于香港仲裁裁决在内地执行的有关问题的通知》、2007 年《最高人民法院关于内地与澳门特别行政区相互认可和执行仲裁裁决的安排》。此外，我国已于 1986 年加入《纽约公约》，作为《纽约公约》的缔约国，我国也有遵守公约的义务。

探讨国际商事仲裁裁决国籍的确定标准在我国尤其具有重要意义，我国《民事诉讼法》长期以来对仲裁裁决的执行实行"内外有别"的政策：对于"依法设立的仲裁机构的裁决"要进行实质审查，而对于我国"涉外仲裁机构作出的裁决"只需形式审查。这两条规定长期为学者们所诟病，不仅是因为法院对仲裁裁决实行内外有别的"双轨制"监督常会造成内外不公平的现象，而且一个更为严重的问题是，究竟何为"内"、何为"外"，法律不仅没有给出恰当的分类标准，甚至还提出了一个令人费解的标准——仲裁机构的性质决定仲裁裁决的性质。根据这一标准，我们大致可以将裁决分为两类，国内仲裁裁决和涉外仲裁裁决。这两类仲裁裁决作出的机构都是我国的仲裁机构，不同的只是仲裁机构的性质是否涉外。在 1995 年《仲裁法》生效后，国内仲裁机构与涉外仲裁机构除了名称上的区别外，二者在受案范围上已没有区分。国内仲裁机构可以受理涉外案件，涉外仲裁机构也可受理国内案件，因此，根据仲裁机构的性质已无法划清国内仲裁裁决和涉外仲裁裁决的界限，基于这种分类的"内外有别"政策也就无法实现。但是这种已完全脱离我国仲裁实际的规定仍然保留在现行《民事诉讼法》中。

无独有偶，在国际商事仲裁裁决国籍的确定问题上，我国再次将仲裁机构作为划分依据，《民事诉讼法》第二百六十七条规定："国外仲裁机构的裁决，需要中华人民共和国人民法院承认和执行的，应当由当事人直接向被执行人住所地或者其财产所在地的中级人民法院申请，人民法院应当依照中华人民共和国缔结或者参加的国际条约，或者按照互惠原则办理。"言下之意，国外仲裁机构作出的裁决为国外仲裁裁决，国内仲裁机构作出的裁决为国内仲裁裁决，而不论仲裁地点在国内还是国外。立法做出这样的规定有其历史背景，原因是当时我国的仲裁机构基本不会在境外审理仲裁案件，而境外仲裁机构也基本没有在我国境内审理仲裁案件。故而，仲裁地点被理所当然地与仲裁机构所在地等同起来。如果从这个角度理解，我国法律的立法本意还是认可地域标准的，只不过是以一种委婉的方式表达。

然而，基于此种简单司法经验之上的法律面对复杂的情势便会出现措手不及的情况。例如，我国仲裁机构去境外仲裁，或者境外仲裁机构来我国仲裁，仲裁裁决的国籍将如何确定。近些年来，司法实践领域也确已出现了此类案件，典型的如"山西天利公司案"、"旭普林公司案"和"宁波工艺品公司案"等。围绕这些案例，学者间的争论不仅涉及国外仲裁机构在我国作出的仲裁裁决如何执行的问题，更涉及我国的仲裁市场能否对外开放等深层次问题，但裁决的国籍是最亟待解决的，因为这直接关系到是否承认与执行裁决的现实问题。目前，学界的主流观点是将此类裁决识别为《纽约公约》下的"非内国裁决"，对此不无争论。诚如前论及，《纽约公约》对"非内国裁决"虽未有明确规定，但也绝不能将此概念扩大解释为"虽在申请承认与执行国作出，但不被认为是该国内裁决的"。依照当时的缔约背景，"非内国裁决"应是程序法律适用标准的体现，所以，其含义必须包括"适用了承认与执行地国以外的程序法"，即使各缔约国保有"非内国裁决"的解释权，但"法律适用"这一条件应该是其应有之义。对此，被誉为《纽约公约》专家的爱尔伯特教授根据各国立法和司法实践，将"非内国裁决"分为三类：①在申请执行国依另一缔约国仲裁法作出的裁决；②虽依申请执行国仲裁法并在该国作出，但包含有外国（或国际）因素的裁决；③不受任何国家仲裁法管辖的"浮动"裁决。在这三项分类中，"程序法的适用"都是核心要素。由此看来，如果将上述外国仲裁机构在我国仲裁的案件统统归为"非内国裁决"，那只是对"非内国裁决"的任意扩大解释，是不符合《纽约公约》的主旨的。最高人民法院于2009年出台的《关于香港仲裁裁决在内地执行的有关问题的通知》，明确以裁决作出地标准来认定此类裁决的国籍。

综上，在国际商事仲裁裁决的国籍问题上，我国面临的主要问题有：第一，立法与司法存在不协调的现象。总体而言，立法的滞后已不能满足日益复杂的司法现状，最高人民法院为了解决现实问题，必须不断推出司法解释，虽然司法解释在不断成熟完善，但其已远远偏离了立法规定，有司法解释替代立法之嫌。除此之外，我国特殊的两岸四地立法环境导致在涉港澳台案件的处理上立法缺失现象严重，因而也必须借助最高人民法院的司法解释做出特殊规定。第二，我国现有立法与《纽约公约》的规定不协调。如前所述，《纽约公约》在划分裁决的国籍时，是以裁决作出地标准为主，程序法律适用标准为辅。而我国《民事诉讼法》的规定却是以仲裁机构所在地为标准，这不仅与公约规定不协调，也不符合现在国际商事仲裁的实际。第三，对国际商事仲裁裁决国籍的功能定位不清。我国现有法律对仲裁裁决的司法监督实行"内外有别"的政策，即国内裁决和涉外裁决不予执行的理由不同。虽然该规定也有不合理之处，例如对国内仲裁裁决进行实质审查是否恰当，但立法能对所有涉外裁决一视同仁，而不单是外国裁决，可以说还是具有强烈的国际合作精神的。所以，在上述外国仲裁机构在国内仲裁的涉外案件中，不论将其识别为涉外裁决还是非内国裁决，承认和执行的最终结果都是一样的。然而，在行使撤销权时却会出现问题。我国《仲裁法》第五十八条规定，当事人提出证据证明裁决有法律规定的情形的，可以向仲裁委员会所在地的中级人民法院申请撤销裁决。也就是说，我国立法将裁决的撤销权赋予了仲裁机构所在地的法院，而非裁决作出地法院或裁决所依据的法律的法院。虽然仲裁机构所在地法院与裁决作出地法院有重合的情况，但立法没有考虑到我国的仲裁机构去国外仲裁将会引发撤销权的归属问题。

针对以上问题，笔者认为可以通过以下方式解决：

第一，科学选定国际商事仲裁裁决国籍的确定标准。参照《纽约公约》和如今各国的主流标准，我国宜采用裁决作出地的标准，即裁决作出地国为裁决的国籍国。据此完善我国立法，促使立法与司法、国内立法与国际公约、内地裁决与涉港澳台裁决之间的协调一致。

第二，明确国际商事仲裁裁决国籍的功能定位。依照《纽约公约》的规定，裁决国籍的确定既是承认与执行的前提，也是行使撤销权的依据。在承认与执行裁决方面，我国立法是形式上的"国籍"倾向，实质上的"国际"主义。所以在我国现有立法之下，在承认与执行国际商事仲裁裁决时，区分裁决是否"涉外"很重要，而裁决的国籍问题则显得相对次要。但在撤销裁决方面，国际商事仲裁裁决的国籍仍然具有决定性作用。

第三，关于"涉外"的理解。判断一项裁决是否为"涉外"，在我国承认与执行裁决时非常重要，但我国立法缺乏对于"涉外仲裁"的规定。通常可参照《法律适用法司法解释》及《民事诉讼法司法解释》关于涉外民事关系、涉外民事案件的标准来确定仲裁裁决的涉外性。但是，仲裁毕竟不同于诉讼，它更多地体现了当事人的一种自由选择，这种自由包括了对仲裁庭、仲裁地点、仲裁程序法律适用的选择。所以，从理论上讲，无国际性因素的纠纷当事人如果选择了国外的仲裁庭，或者仲裁地点在国外，或者适用于仲裁程序的法律为外国法，也应是一种涉外裁决。《示范法》第一条第三款的规定只考虑了仲裁地的因素，而未考虑仲裁庭和仲裁程序法的选择，主要为了与《纽约公约》的裁决作出地标准相协调。至于我国，鉴于目前采取"内外有别"政策，有必要对"涉外"的含义做扩大解释，除了通常的三要素说，对于选择国外仲裁庭、仲裁地点在国外、适用于仲裁程序的法律为外国法的情况也应视为涉外裁决。例如，双方均为中国籍的当事人将一项无国际性因素的纠纷提交国外仲裁机构仲裁或者选择外国的仲裁程序法，而不论仲裁地点在何国，或者仅仅是仲裁地点在国外，此类仲裁裁决在承认与执行时均应按涉外裁决来对待。

第二节　我国关于仲裁裁决国籍认定的立法与司法实践

2021年7月30日，《仲裁法（修订）（征求意见稿）》正式发布，该意见稿的亮点之一就是引入了仲裁地的概念，同时将仲裁地与仲裁协议适用法、仲裁裁决籍属、法院撤销仲裁裁决的管辖权、法院受理临时措施申请的管辖权等相联系，构建了一个现代化的仲裁程序法体系。

在此背景下，有必要对仲裁地、仲裁程序法等相关概念进行梳理，理顺仲裁地与仲裁程序法的关系，明确仲裁地之于仲裁协议效力、仲裁裁决国籍、仲裁裁决撤销等的重要性，并从案例角度了解选择仲裁地的法律意义和后果，以期提示我国当事人在商事活动中更好地草拟仲裁条款，参与国际仲裁。

一、我国仲裁引入"仲裁地"概念

2021年7月30日,司法部发布《仲裁法(修订)(征求意见稿)》。我国《仲裁法》自1994年正式实施以来,已经过2009年、2017年两次修订,本次征求意见稿如能获得通过,这将是我国《仲裁法》立法以来最大范围的修改。

实际上,仲裁地在我国法律法规中并不是全新的概念,例如《法律适用法》第十八条规定,如当事人未协议选择仲裁协议适用法,应适用仲裁机构所在地法或仲裁地法。《最高人民法院关于内地与香港特别行政区法院就仲裁程序相互协助保全的安排》以仲裁地与仲裁机构相结合的标准规定了"香港仲裁程序"的定义。但彼时的规定仍然是在以"仲裁机构所在地"为中心的仲裁程序法框架下制定的,主要将仲裁地作为判断仲裁协议适用法或仲裁裁决籍属的"连接点"之一。

关于为何以"仲裁地"标准取代"仲裁机构所在地"标准更有利于我国仲裁的发展,一方面是因为境外仲裁机构以我国为仲裁地进行仲裁的情况日益增加,该等裁决无法依据仲裁机构标准确定籍属,同时,根据国际商事仲裁主流理论,有权撤销该等仲裁裁决的法院应为我国法院,但我国法律未能为撤销该等裁决提供依据,导致当事人的程序权利无法得到保护;另一方面是我国推进临时仲裁发展的需要。《仲裁法(修订)(征求意见稿)》公布前,临时仲裁已经在我国以"三特定"(在自由贸易区内注册的企业之间约定在特定地点、按照特定仲裁规则、由特定人员对相关争议进行仲裁)仲裁形式在上海自贸试验区、珠海横琴自贸试验区、海南自贸试验区等地开展。珠海横琴自贸试验区、中国互联网联盟为此推出了配套的《横琴自由贸易试验区临时仲裁规则》《中国互联网仲裁联盟临时仲裁与机构仲裁对接规则》(以下简称《临时仲裁与机构仲裁对接规则》)。仲裁机构所在地标准下,临时仲裁的合法性依据不明,法院为临时仲裁提供支持和监督也师出无名,采纳仲裁地标准将有利于临时仲裁在我国的进一步推广和发展。

如果仅仅是将仲裁地纳入我国仲裁法,我们很难称其为革新性的发展。我国《仲裁法(修订)(征求意见稿)》亮点在于,从仲裁程序内部而言,规定了当事人有权在仲裁协议中约定仲裁地,仲裁裁决视为在仲裁地作出,且仲裁地应当与开庭地的概念进行区分等内容;从仲裁与法院的关系而言,规定了仲裁地法院对于仲裁协议效力、仲裁庭管辖权、临时措施申请、仲裁裁决撤销、协助组成临时仲裁庭、临时仲裁裁决书备案等相关事宜的管辖权。上述规定使我国仲裁程序法与国际商事仲裁立法、国际公约的框架基本实现了统一，使得我国仲裁程序法体系实现进一步现代化。

二、仲裁程序法与仲裁地的作用及认定

在国际仲裁程序中，仲裁地的重要性体现在其是确定仲裁程序法的主要因素。1923年日内瓦仲裁条款议定书规定："仲裁程序，包括仲裁庭的组成，应当遵从当事人的意思自治并受仲裁发生地的法律管辖。"《纽约公约》也规定，公约适用于因自然人或法人间之争议而产生且在申请承认及执行地所在国以外之国家领土内作出的仲裁裁决之承认与执行。《示范法》同样规定，其大部分条款适用于仲裁地在本国领土内的情况。

仲裁程序法通常是仲裁地国家的国内仲裁法，仲裁程序法在国际仲裁实践中常用的说法是Lex arbitri，Lex arbitri源自拉丁语，本意是仲裁的法律。仲裁程序法的作用主要体现在三个方面：①为仲裁程序提供最基本的框架，保障仲裁当事人基本的程序权利，例如仲裁庭应当平等对待双方当事人等；②确定仲裁与仲裁地法院的关系，其中包括法院支持仲裁、监督仲裁的各个方面，例如法院协助组成仲裁庭、发布临时措施、对仲裁协议效力或仲裁庭管辖权作出最终决定、撤销仲裁裁决等；③明确仲裁程序与"公共政策"的关系。例如，该仲裁程序是否与当地的公序良俗，或者宗教习俗发生冲突等。区分仲裁程序法和仲裁实体法的一个很形象的说法是，仲裁程序法应当是"the law applicable to arbitration"即适用于仲裁的法律，仲裁实体法则是"the law applicable in arbitration"即仲裁庭为作出裁判所适用的实体法律。

实际上，仲裁地是确定仲裁程序法的主要因素之一，仲裁程序法原则上也可以不是仲裁地法律，但存在严格限制。实践中，仲裁程序法（lex arbitri）、仲裁地程序法（lex loci arbitri）在大多数情况下是统一的。但也有部分国家出于尊重当事人意思自治、为提升自身作为仲裁地的竞争力等考虑，允许当事人在选择该国仲裁地的同时选择其他国家的仲裁程序法。例如英国的1996年仲裁法案允许当事人针对该法案的非强制性规定部分约定适用外国程序法。根据英国仲裁法的规定，理论上存在选择A国作为仲裁地，但是选

择适用 B 国仲裁法作为程序法情况，该类选择主要针对英国仲裁法中的非强制性条款。但需注意，适用 B 国的仲裁法不等于赋予 B 国法院对仲裁裁决的司法审查权，或者对仲裁程序的监督权。以 A 国为仲裁地意味着仲裁程序、法院与该仲裁程序的关系均受到 A 国的强制性法律框架限制。B 国程序法适用的空间一般仅限于仲裁程序中的某些非强制性的程序性事项。

一般而言，仲裁地法院有权为仲裁程序提供协助、进行监督，裁决执行地法院主要是在承认与执行裁决的过程中，依据《纽约公约》对裁决进行程序性审查。20 世纪中后期兴起的"去当地化理论"（delocalization theory）主张弱化仲裁地的作用，强调执行地法院的地位，对于仲裁裁决的监督权将由执行地法院行使，仲裁地法院的作用仅限于为仲裁程序提供有限的支持。例如 1985 年《比利时司法法典》第 1717 条规定："比利时法庭仅仅审理请求撤销的诉讼，如果至少一个作出裁决的争议当事人是具有比利时国籍或是住所在比利时的自然人，要么是在比利时成立的或是在比利时有分支机构或任何其他商业地的法人。"这意味着非比利时当事人无权向比利时法院提起撤销仲裁裁决的诉讼。但该条规定并未起到预想的提升比利时作为仲裁地吸引力的效果，缺乏裁决司法审查机制反而减弱了比利时作为仲裁地的竞争力。而后比利时对该条规定进行了修订。实际上，在当前国际商事仲裁实践中，去当地化理论落实的前提仍然是仲裁地法的允许，需要仲裁地法作出相关规定，才有可能排除仲裁地法院对仲裁裁决的司法审查。

三、当事人意思自治、仲裁程序法与仲裁规则的关系

《仲裁法（修订）（征求意见稿）》第三十条规定："当事人可以约定仲裁程序或者适用的仲裁规则，但违反本法强制性规定的除外。"除此之外，征求意见稿中还规定了仲裁规则对仲裁文件的送达期限、当事人的答辩期限、开庭期限等问题的决定权。

关于当事人的意思自治，《仲裁法（修订）（征求意见稿）》允许当事人就仲裁机构、仲裁协议适用法、仲裁地、仲裁开庭地、仲裁规则等做出约定，只有在当事人约定不明的情况下，才由仲裁庭或法院介入。当然，当事人的约定不得超越仲裁地法的强制性规定，例如《仲裁法（修订）（征求意见稿）》第二十二条规定，约定的仲裁事项超出法律规定的仲裁范围的，仲裁协

议无效。

各仲裁机构的仲裁规则往往就程序事项做出更为细致的规定，当事人如选择某仲裁规则，意味着其在仲裁程序中优先选择适用仲裁规则的规定。仲裁规则在某种程度上是与仲裁程序法并列的规则，但仲裁规则不得违反仲裁程序法的强制性规定。

四、仲裁地约定不明时如何确定仲裁地

鉴于某些情况下仲裁规则可能优于仲裁程序法，在仲裁条款对仲裁地约定不明的情况下，当事人可能会援引仲裁规则中关于默认仲裁地的规定作为抗辩。例如"BNA v. BNB and Another 案"，此案涉协议是一份工业燃气的"照付不议"购销合同（takeout agreement），上诉人（BNA）是一家在中国注册成立的公司，第一被上诉人（BNB）是一家在韩国注册成立，且主营业地在韩国的公司，BNB 是购销合同最初的卖方。第二被上诉人（BNC）是另一家在中国注册成立的公司。上诉人、第一被上诉人于 2012 年 8 月 7 日签署案涉工业燃气购销合同后，2013 年 2 月 1 日，上诉人、第一被上诉人和第二被上诉人签署购销合同补充协议，约定第一被上诉人将其在购销合同项下的权利义务自 2013 年 2 月 1 日起转让给第二被上诉人。BNA 未能及时履行付款义务，BNB 和 BNC 于是作为申请人向 SIAC 提交仲裁申请。BNA 向仲裁庭提出管辖权异议，主张上海应为仲裁地，仲裁协议准据法应为中国法，并且根据中国法的规定，国内纠纷不得提交外国仲裁机构仲裁，因此案涉仲裁协议无效。工业燃气购销合同的仲裁条款约定："14.1 This Agreement shall be governed by the laws of the People's Republic of China; 14.2 the Singapore International Arbitration Centre (SIAC) for arbitration in Shanghai, which will be conducted in accordance with its Arbitration Rules."

当事人就 arbitration in Shanghai 是否应理解为约定仲裁地在上海而发生争议，被申请人提出了管辖权异议。在审理管辖权争议过程中，仲裁庭多数意见认为，当事人选择的仲裁协议适用法使得仲裁协议适用无效，这不符合商业逻辑。因此，从使得仲裁协议有效原则的角度，仲裁庭多数意见认定，如果上海是仲裁地，那么案涉仲裁协议将是无效的。为避免导致当事人提交仲裁的意愿无效，仲裁条款中约定的上海应为开庭地，而仲裁地应是新加坡，

仲裁协议准据法应为新加坡法，仲裁庭对案涉争议有管辖权。

新加坡高等法院与仲裁庭多数意见的认定一致。新加坡高等法院认为，鉴于双方当事人同意适用 SIAC 仲裁规则（2013 年版），仲裁条款实际上指向两个地点——新加坡和上海，而上海仅是一个城市，并非一个地区（district），因此，上海仅是仲裁程序的开庭地。同时，根据 SIAC 仲裁规则的规定，在当事人约定不明的情况下，应当默认仲裁地为新加坡。

新加坡上诉法院在认定案涉仲裁协议准据法时，援引了先前案例建立框架：第一，当事人是否就仲裁协议准据法做出明示约定？第二，当事人是否就仲裁协议准据法做出默示约定？第三，如果当事人没有做出默示约定，那么与仲裁协议具有最密切联系的准据法是什么？考虑到仲裁地决定了仲裁协议准据法，上诉法院实际上适用该框架分析、确定仲裁地应为中国上海。

上诉法院认为，当事人对于仲裁地的选择应当是明示的，但案涉仲裁条款不存在这种明示约定。在明确当事人是否对于仲裁协议准据法作出默示约定的考虑中，上诉法院认为，如果当事人在仲裁条款中约定了某一地点，而未明确该地点是仲裁地还是开庭地或其他地点，考虑到开庭地在仲裁过程中可以更改，以及相关判例，应认定该约定意味着将该地点认定为仲裁地，除非存在相反的证据证明该地点并非仲裁地。被上诉人提交的双方协商签署购销合同的往来邮件等未能体现"清晰和明确的（合同签署）背景"，因此不足以证明当事人希望选择上海之外的地点作为仲裁地。

如前所述，当事人很少明确约定仲裁程序法，往往是通过选择某仲裁地引发该地的仲裁程序法的适用。但实际情况是，仲裁条款关于仲裁地的约定未必清晰明了，往往需要仲裁庭根据案件情况、当事人提交的材料进行判断。不仅在外国仲裁案件中存在 place of arbitration/venue of arbitration/seat of arbitration 的区分，在我国，"仲裁地点""仲裁地"等的区分也可能导致当事人对于约定的是否是仲裁地产生争议，因此并非仅英文仲裁条款需对仲裁地进行解释、甄别。以《仲裁法（修订）（征求意见稿）》出台前的某确认涉外仲裁协议效力案件为例，仲裁条款约定"应按照现行有效的并可按本条其余条款进行修改的联合国国际贸易法委员会的仲裁规则进行仲裁，仲裁地点应为香港并应在香港国际仲裁中心举行"，尽管法院未就该仲裁协议是否明确约定仲裁地进行认定，但"香港"究竟是仲裁地还是开庭地，无法从当事人的约定直接进行判断。此外，我国司法实践中也曾出现过"ICC Rules, Shanghai shall apply"的仲裁条款。

印度"Roger Shashoua v Mukesh Sharma 案"中，当事人约定"the venue of the arbitration shall be London, United Kingdom"，仲裁程序适用 ICC 仲裁规则，案涉协议的实体准据法是印度法。仲裁中，一方当事人依据英国仲裁法向英国法院提起临时措施申请，被申请人认为正确的仲裁地应当是印度，因为当事人约定仲裁实体法是印度法，伦敦只是开庭地点。库克（Cooke）法官认为，因为当事人明确约定以伦敦为仲裁地点，没有另行约定仲裁地，并且当事人适用了国际仲裁机构的仲裁规则，因此伦敦应为仲裁地。关于当事人对仲裁实体法的约定，库克法官并未在裁定中过多着墨。仲裁裁决作出后，当事人向印度最高法院申请撤销仲裁裁决，印度最高法院援引了库克法官的观点，并认定英国伦敦是仲裁地。

"BGS SGS Soma Jv v. Nhpc Ltd. 案"中，印度最高院认为当仲裁条款约定某一仲裁地点，并约定仲裁将在该地进行时，表明该仲裁地点就是仲裁地。"Union of India vs. Hardy Exploration 案"中，印度法院认定，仲裁地点并不必然是仲裁地，除非当事人对于该仲裁地点设置了相应的条件，在满足该条件的情况下，该仲裁地点将成为仲裁地。"Mankastu Impex Private Limited v. Airvisual Limited 案"涉及某印度公司与中国香港公司的争议，争议解决条款第 1 款约定新德里法院有管辖权，第 2 款约定该备忘录的相关争议均应提交在香港管理的仲裁最终解决，仲裁地点应为香港（The place of arbitration shall be Hong Kong）。印度法院在该案中又认定，仅约定仲裁地点不意味着当事人约定的该地点就是仲裁地。当事人是否约定仲裁地，必须通过对合同进行解释、结合当事人的行为进行判断。

从上述案例来看，由于仲裁地的确定往往与仲裁协议效力、仲裁地法院的确定等有关，法院有可能通过解释仲裁条款，或确定仲裁协议准据法等方式，确定仲裁地。值得一提的是，"Roger Shashoua v Mukesh Sharma 案"中，法院并未接受当事人依据仲裁实体法认定仲裁准据法的主张，这一认定有可能意味着当仲裁条款对仲裁地点有约定，但缺乏对仲裁地的明确约定时，仲裁地点/开庭地在认定仲裁地过程中的权重可能大于仲裁实体法。

如果上述案例是提示当事人在仲裁条款中以明示、清晰的方式约定仲裁地，避免影响仲裁协议的效力等仲裁程序的内部事项，那么下述"Atlas Power v. National Transmission 案"就是在提示当事人在选择仲裁地时，必须注意的一点是选择仲裁地意味着赋予仲裁地法院对于该仲裁程序的管辖权，无论是发布临时措施，还是撤销仲裁裁决的申请，均由仲裁地法院管辖。该案中，申请人（几个独立能源供应商，IPPs）、被申请人（巴基斯坦政府控制的国家输送和运输有限公司，NTDC）达成了9份能源供应协议，该协议的争议解决条款先后分三步：协商—专家认定—仲裁程序。仲裁条款约定，仲裁程序通常应在拉合尔（巴基斯坦）进行，但争议标的超过400万美元时，任一方可要求仲裁程序在英国伦敦进行，仲裁条款还约定了其他可以选择伦敦或其他地点仲裁的情形，因约定较为复杂，此不赘述。双方发生争议后进行了专家认定程序，专家的认定意见对IPPs有利。NTDC在拉合尔法院挑战该等专家认定，法院颁发了禁令禁止双方当事人援引该等专家认定。IPPs向LCIA发起了9起仲裁案件，在拉合尔法院作出禁止当事人援引专家认定意见的决定后，LCIA根据仲裁规则第16.1条认定该等仲裁案件的仲裁地为英国，且仲裁庭部分裁决的结果同样对IPPs有利。NTDC依据英国仲裁法对该裁决发起挑战，但中止了诉讼程序。

在IPPs发起的反诉禁令程序中，双方对案涉仲裁地是拉合尔还是伦敦发生争议。NTDC认为，案涉能源供应协议和仲裁程序的准据法均是巴基斯坦法律，因此仲裁地的确定应当以巴基斯坦法律为依据，而巴基斯坦法律不允许排除巴基斯坦法院的管辖权。英国法院认为，案涉仲裁条款表明，当事人选择伦敦作为仲裁地点，意味着当事人同意案涉仲裁程序应当在英国法允许的范围内进行，无论仲裁的实体准据法是哪一国法律，选择英国作为仲裁地，意味着英国法院对于仲裁裁决的司法审查享有排他管辖权。英国法院同时进一步认定，选择英国作为仲裁地，意味着英国法院对于该仲裁具有排他的管辖权，其他任何国家的法院均无权对该仲裁程序、仲裁裁决执行行使监督权。

第四章
境外仲裁机构在北京"两区"所作裁决的司法审查与协助

自2018年2月起,北京市高级人民法院施行《关于北京市第四中级人民法院案件管辖的规定》,将北京法院涉外商事案件审判格局从目前的"三级分散审理"调整为"两级集中审理",即现将由本市中级、基层法院受理的第一审涉外、涉港澳台商事案件集中改由北京市第四中级人民法院(以下简称"北京四中院")审理,并依据《仲裁归口办理通知》的要求,结合北京法院实际,由北京四中院集中审理应由本市法院受理的仲裁程序案件和承认(认可)与执行申请审查案件。北京四中院作为全国首批跨行政区划法院和整建制综合改革试点法院,近年来按照中央改革精神落实跨行政区划法院改革的相关要求,取得了一定成果。将第一审涉外商事案件集中由北京四中院审理,有助于统一涉外商事案件的裁判尺度,提高纠纷处理质量和效率,逐步形成涉外商事案件审判品牌,推动跨行政区划法院的改革和长远发展。2021年12月28日,经最高人民法院批复,在北京市第四中级人民法院内部正式设立了北京国际商事法庭,作为专门审理涉外商事案件的机构,该法庭会具体管辖北京市辖区内诉讼标的额50亿元以下的第一审涉外民商事案件。从国内的国际商事法庭情况来看,这是全国范围内第二个在地方法院设立的国际商事法庭。此前,最高人民法院曾先后在深圳、西安设立第一、第二国际商事法庭,苏州则于2020年设立了地方性的国际商事法庭。自2018年起,北京市第四中级人民法院开始集中管辖北京市第一审涉外、涉港澳台地区商事案件、仲裁司法审查案件及司法协助类案件。数据显示，北京四中院集中管辖北京市涉外商事案件和仲裁司法审查案件以来，共审理各类涉外商事案件六千余件，涉及六十多个国家和地区，成为全国涉外商事审判的重要力量。作为北京四中院内设的专门审判机构，该法庭集中管辖北京市范围内有关涉外商事案件。根据规定北京国际商事法庭集中管辖由北京市中级人民法院管辖的仲裁司法审查案件和外国法院裁判审查案件。

在调整级别管辖的标准及集中管辖方面，最高人民法院与北京市高级人民法院先后制定了一系列司法解释和司法文件，这对于确定境外仲裁机构在北京"两区"内所作仲裁的司法审查权具有重要意义。具体而言，这些文件包括：最高人民法院2002年3月1日施行的《关于涉外民商事案件诉讼管辖若干问题的规定》、2016年2月发布的《关于为京津冀协同发展提供司法服务和保障的意见》、2018年9月施行的《关于互联网法院审理案件若干问题的规定》、2019年5月1日施行的《关于调整高级人民法院和中级人民法院管辖第一审民事案件标准的通知》；北京市高级人民法院2018年2月发布的《北京市高级人民法院关于北京市第四中级人民法院案件管辖的规定》等。根据这些文件，北京市的法院管辖权分布见表4-1。

表4-1 北京四级法院管辖权分布

北京法院层级与管辖					
最高人民法院	北京市高级人民法院（管辖标的额在50亿元以上的一审涉外商事案件）	北京市第一中级人民法院（专设北京破产法庭）		海淀/石景山/门头沟/昌平/延庆	
^	^	北京市第二中级人民法院		东城/丰台/西城/房山/大兴	
^	^	北京市第三中级人民法院		朝阳/通州/顺义/怀柔/平谷/密云	
^	^	北京市第四中级人民法院（集中管辖北京市仲裁司法审查案件；应由本市人民法院管辖的标的额在50亿元以下的一审涉外、涉港澳台商事案件，专设北京国际商事法庭）	北京互联网法院	海淀（铁路法院专门管辖案件）	
^	^	北京知识产权法院（"飞跃上诉"至最高人民法院知识产权法庭）		基层法院	

第四章
境外仲裁机构在北京"两区"所作裁决的司法审查与协助

对于境外仲裁机构在北京"两区"准入后所作的仲裁裁决而言，会有相当比例的涉外仲裁司法审查案件进入北京国际商事法庭的受案范围，该法庭的成立无疑将提高涉外商事纠纷解决能力。与此同时，该法庭将在跨境案件管理、域外法查明、国际商事调解等方面加强探索创新，不断优化完善域外法律查明与适用体系、涉外送达统一登记管理等机制做法，有效解决审判难题，提升审判质效。从长远来看，涉外仲裁司法审查机制的完善有助于进一步统一司法审查标准和裁判尺度，探索形成具有一定影响力的涉外商事纠纷解决规则，努力推动北京成为涉外商事纠纷解决的国内首选地、国际优选地。为此，本章以境外仲裁机构在北京仲裁的司法审查问题作为中心，探讨仲裁司法审查的内在原理与法律依据，并结合典型案例，就申请确认仲裁协议效力的案件、申请撤销及不予执行仲裁裁决的案件、国际商事仲裁临时措施的司法协助案件等加以分析和探讨。

第一节 境外仲裁机构在内地仲裁的司法审查原理

一、国际商事仲裁司法审查的界定

司法审查这一概念起源于英美法系国家的宪政思想，原义是指司法机关对立法机关、行政机关等主体行使公权力的合宪性进行审查，从而制约权力的运行并有效维护宪法的权威。[①] 所谓仲裁权，是指中立的第三方基于当事人的授权对特定商事争议进行管辖、审理并作出裁决的权力，其以当事人授权和法律授权作为共同的实现基础。[②] 仲裁权问题是研究仲裁制度时无法回避的基础问题。[③] 有学者对国际商事仲裁制度的结构进行高度凝练，并形象地将其概括为"三大主体、两大关系"，即争议的双方当事人（仲裁申请人、仲裁被

[①] 13世纪，首先是在英国，国王高于法律的思想遭遇了强烈抵制。英王约翰于1215年签署的《大宪章》第61条规定，在国王没有遵守其在《大宪章》中所作的承诺而为不正当之事的情况下，可以对国王采取制裁程序。[爱尔兰]约翰·莫里斯·凯利:《西方法律思想简史》，王笑红译，法律出版社2010年版，第113页。

[②] 乔欣:《论仲裁权的实现》,《中国人民大学学报》，1998年第2期。

[③] 刘家兴:《论仲裁权》,《中外法学》，1994年第2期。

申请人）与仲裁庭这三大主体之间所蕴含的当事人之间分庭抗礼的关系、仲裁庭与当事人之间裁决服从的关系。① 由于仲裁权是一种基于当事人的合意解决私权争议的法定权力，且此类权力的行使直接关涉当事人的权利义务关系，为防止此类权力的滥用，保障仲裁权力正当行使，故应将其纳入司法审查的范围。

事实上，商事仲裁制度在各国的发展无不与仲裁的监督及制约机制相辅相成。在构建国际商事仲裁法律制度的同时，由法院对仲裁予以必要的干预，特别是对仲裁实施适当的监督，是世界各国仲裁立法的通例。② 在学术研究中，对于这种现象存在多种不同的表述，如"司法审查""司法监督""司法干预""司法介入""司法支持与监督""司法监督与协助"等。③ 相比之下，"司法审查"一词更能体现出司法权对仲裁权进行审视、制衡，并在此基础上纠正仲裁不当行为的制度功能，相较于其他表述更为中性、客观，故我国立法与司法实践中常用该表述。④

商事仲裁与民事诉讼是两类并行的解决商事争议的基本途径，二者的关系是理论界与实务界常谈常新的话题。为了明确诉讼与仲裁的关系，确保仲裁以中立、高效、公平的方式发挥纠纷解决的作用，各国都宽严不同地确立了法院对仲裁予以支持和监督的法律制度。所谓国际商事仲裁的司法审查，是仲裁司法监督的一项重要环节，特指一国的司法机关依照法律赋予的监督权，对国际商事仲裁活动的合法性、妥当性予以审查，对仲裁程序不同阶段的诸多事项进行支持、协助、控制和干预。⑤

具体来看，法院对仲裁实施的司法审查涵盖两个方面。一方面是对仲裁的支持，包括但不限于：认定仲裁协议的效力、确认仲裁管辖权、指定或撤

---

① 张春良：《国际商事仲裁权的性态》，《西南政法大学学报》，2006年第2期。
② 黄进、宋连斌、徐前权：《仲裁法学》，中国政法大学出版社2008年版，第205页。
③ 于喜富：《国际商事仲裁的司法监督与协助：兼论中国的立法与司法实践》，水利水电出版社2006年版；赵健：《国际商事仲裁的司法监督》，法律出版社2000年版；史飚：《商事仲裁监督与制约机制研究》，知识产权出版社2011年版；宋建立：《涉外仲裁裁决司法审查：原理与实践》，法律出版社2016年版。
④ 《最高人民法院关于审理仲裁司法审查案件若干问题的规定》（法释〔2017〕22号）；《最高人民法院关于仲裁司法审查案件报核问题的有关规定》（法释〔2017〕21号）。
⑤ 朱科：《中国国际商事仲裁司法审查制度完善研究》，法律出版社2018年版，第21页。

换仲裁员、采取中间措施如财产和证据保全、承认和执行仲裁裁决等；另一方面是对仲裁的监督，主要表现为撤销仲裁裁决、拒绝承认和执行仲裁裁决等。从理论研究来看，自进入21世纪以来，我国学者对国际商事仲裁的研究表现出浓厚的兴趣，研究的议题涵盖了国际商事仲裁司法审查的各个方面，如仲裁管辖权、仲裁协议、仲裁程序、仲裁证据、仲裁中间措施、仲裁裁决等[1]；尤其是基于《纽约公约》中拒绝承认及执行外国仲裁裁决的各项理由及对公约在中国的具体适用展开的研究，具有较高的学术价值。[2] 与此同时，结合我国"一国两制"的国情对内地与香港特别行政区、澳门特别行政区仲裁裁决的相互认可与执行、对大陆与台湾地区之间仲裁裁决的相互认可与执行等区际司法协助现实问题开展的研究，体现了仲裁司法审查制度独特的中国视角。[3]

以中国司法实践为视角，我国法院审查的仲裁事项主要涉及：认定仲裁协议效力、决定及采取仲裁中间措施、撤销或不予执行我国仲裁机构作出的国内及涉外仲裁裁决、认可及执行区际仲裁裁决、承认及执行外国仲裁裁决。根据司法审查阶段的不同，所审查的仲裁事项又可进一步区分为：仲裁前的审查（确认仲裁协议效力、仲裁前保全措施）、仲裁中的审查（证据保全、财产保全、行为保全等措施）、裁决作出后的审查（撤销、承认及执行仲裁裁决）。

---

[1] 宋连斌：《国际商事仲裁管辖权研究》，法律出版社2000年版；刘晓红：《国际商事仲裁协议的法理与实证》，商务印书馆2005年版；杨玲：《国际商事仲裁程序研究》，法律出版社2011年版；崔起凡：《国际商事仲裁中的证据问题研究》，浙江工商大学出版社2013年版；李虎：《国际商事仲裁裁决的强制执行：特别述及仲裁裁决在中国的强制执行》，法律出版社2000年版；任明艳：《国际商事仲裁中临时保全措施研究》，上海交通大学出版社2010年版。

[2] 杨弘磊：《中国内地司法实践视角下的〈纽约公约〉问题研究》，法律出版社2006年版；中国国际经济贸易仲裁委员会编：《〈纽约公约〉与国际商事仲裁的司法实践》，法律出版社2010年版；杨帆：《商事仲裁国际理事会之1958纽约公约释义指南：法官手册》，法律出版社2014年版；齐湘泉：《外国仲裁裁决承认及执行论》，法律出版社2010年版。

[3] 黄进：《中国的区际法律问题研究》，法律出版2001年版；莫石、郑若骅：《香港仲裁实用指南》，法律出版社2004年版；詹礼愿：《中国内地与中国港澳台地区仲裁制度比较研究》，武汉大学出版社2006年版；詹礼愿：《中国区际商事仲裁制度研究》，中国社会科学出版社2007年版；李佳勋：《解决两岸商务仲裁法律制度冲突问题之研究：兼论认可与执行仲裁裁决构想》，法律出版社2010年版；黄进主编：《我国区际法律问题探讨》，中国政法大学出版社2012年版；芮安牟：《浅谈香港仲裁法》，生活·读书·新知三联书店2013年版；王泽左：《2011年香港仲裁条例第609章：评论及指南》，法律出版社2015年版；郭杰：《我国仲裁裁决的区际认可与执行机制研究》，中国法制出版社2018年版。

截至 2020 年 3 月 15 日，通过检索法信数据库，笔者共获取 69 953 篇裁判文书，其中涵盖仲裁程序中的财产保全案件 11 903 起，仲裁程序中的证据保全案件 22 起，仲裁程序案件 3 149 起，申请确认仲裁协议效力案件 6 510 起，申请撤销仲裁裁决案件 48 029 起，申请承认与执行外国仲裁裁决案件 306 起，申请执行涉外仲裁裁决案件 13 起，申请认可与执行港澳台仲裁裁决案件 21 起。仲裁司法审查整体情况如图 4-1 所示。

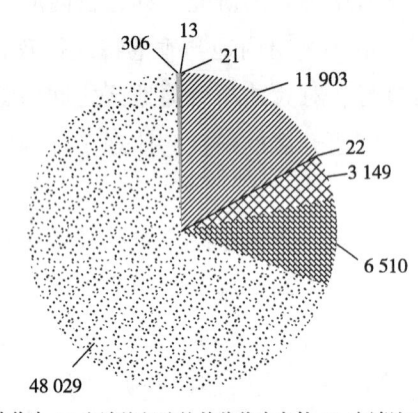

图 4-1 我国法院审理的仲裁司法审查案件概况

资料来源：法信数据库。

二、国际商事仲裁司法审查的必要性

国际商事仲裁作为当事人之间定纷止争的一种方式，由来已久。从仲裁发展的历史脉络来看，大体上经历了三个演变步骤：第一，从原始的、基于道德规范约束的仲裁发展为现代的、依靠法律强制力予以保障的仲裁；第二，从解决国内民商事争议的仲裁发展到解决国际民商事争议的仲裁；第三，从解决民商法范畴争议的仲裁发展到解决国际法范畴争议的仲裁。[①] 相较之下，早期的仲裁主要是作为一种道德规范或行业惯例的约束，裁决的执行力源自

---

① 杜新丽：《国际民事诉讼与商事仲裁》，中国政法大学出版社 2009 年版，第 149 页。

第四章
境外仲裁机构在北京"两区"所作裁决的司法审查与协助

当事人对仲裁员的信赖和对道德观念的约束。而现代仲裁则实现了从习惯向法律的转变，仲裁裁决具有司法所保障的强制执行力，且在多数国家具有一裁终局的效力。正因如此，若不对仲裁施以必要的审查和监督，就难以保障仲裁活动的客观、公正，也无法通过纠错机制避免因错误裁决导致的不良后果。

通常而言，仲裁的监督机制包括内部监督、行业监督、司法监督等监督途径。[①] 其中，所谓内部监督，指的是仲裁委员会对仲裁员和仲裁程序的自我审查，包括部分仲裁机构内部设立的上诉审查机制，如解决投资争端国际中心（ICSID）内部的仲裁裁决撤销机制、国际体育仲裁院（CAS）的内部监督机制、国际油（油籽）和油脂协会（FOSFA）的上诉审查机制、欧盟国际投资仲裁法庭的上诉审查机制等。[②] 2019 年 2 月颁行的新版《深圳国际仲裁院仲裁规则》创新性地增加了《选择性复裁程序指引》，是中国内地仲裁机构首次引入选择性复裁程序。根据该仲裁规则第六十八条，除适用快速程序的案件外，当事人约定就《仲裁规则》第八章下作出的裁决可以向仲裁院提起复裁的，从其约定，但前提是仲裁地法律不禁止。目前，允许或不禁止仲裁内部上诉制度的国家或地区目前包括美国、法国、英国、新加坡、中国香港等地。限于中国《仲裁法》的规定，虽然这套规则暂时在中国内地还没有用武之地，但对于已经走向世界舞台的中国企业来说，确实提供了一个新的选择。

所谓行业监督，指的是由仲裁协会或者仲裁员协会对其会员所实施的监督。相较于内部监督，行业监督具有以下特征：监督形式的行业性、监督对象的综合性、监督事项的违纪性、监督内容的指导性。根据中国仲裁立法的相关规定，拟筹建中国仲裁协会作为全国仲裁机构的自律性组织，根据章程对各仲裁委员会及其组成人员、仲裁员的违纪行为进行审查和监督。不过，由于种种原因，中国仲裁协会迄今仍未成立，对其成立的必要性、可能性及机构定性等具体问题始终存在种种争论。故此，相较于其他行业，我国仲裁

---

① 张芳芳：《我国仲裁内部监督机制的反思和完善》，《改革与战略》，2004 年第 4 期。
② 朱伟东：《美国仲裁协会可选择性上诉仲裁程序规则》，《仲裁研究》，2014 年第 2 期；贺嘉：《CAS 奥运会特别仲裁机构内部监督机制的研究》，《天津体育学院》，2016 年第 5 期；黄世席：《欧盟国际投资仲裁法庭制度的缘起与因应》，《法商研究》，2016 年第 4 期；张建：《ICSID 投资仲裁裁决的撤销问题》，《中国国际私法与比较法年刊》，2017 年第 1 期。

行业的自我约束与监督审查机制尚不健全。①

　　所谓司法监督，即仲裁的司法审查，如前所述，是指国内法院对仲裁依法展开的干预、介入、协助、支持及制约。当前，世界各国的仲裁立法无不对仲裁设定不同程度的司法审查机制。对于仲裁司法审查而言，核心要解决的是由谁、对什么，实施哪些方面的审查，审查的结果如何，会产生哪些法律效果。事实上，在中国1994年制定《仲裁法》前后，学术界曾经就司法监督仲裁的范围问题展开过激烈的论战，问题的核心在于法院监督仲裁的范围应仅限于程序事项，抑或应兼及程序与实体事项。② 总的来看，部分国家在构建仲裁司法审查机制时更加强调仲裁的独立性，尊重仲裁庭基于当事人意思自治独立审裁案件的权力，在维护仲裁"一裁终局"原则的同时，尽可能将撤销或不予执行仲裁裁决的法定事由限制为程序性事项，且限缩解释以公共政策原则否定仲裁裁决的范围。另外一些国家则对仲裁施加更多的介入，不仅设定了仲裁裁决的撤销及不予执行机制，而且通过立法确立了仲裁上诉机制。③ 例如，1996年《英国仲裁法》规定了就仲裁裁决中的法律问题向英国法院提起上诉的审查机制，将仲裁司法审查的范围延伸至实体事项；再如，香港《仲裁条例》（第609章）第七十三条规定了当事人质疑裁决的权利，其附表2中的第五条明确了当事人可就法律问题对仲裁裁决提出上诉，且法院可决定将裁决发还仲裁庭重新考虑；此外，对于实行"双轨制"的新加坡，当事人可根据新加坡《仲裁法》第四十九和第五十条的规定就法律问题对仲裁裁决提出上诉，而对于在新加坡进行的国际仲裁案件，则适用新加坡《国

---

① 周江：《论争中的"中国仲裁协会"》，《北京仲裁》，2009年第1期。
② 陈安：《中国涉外仲裁监督机制评析》，《中国社会科学》，1995年第4期；陈安：《论中国涉外仲裁的监督机制及其与国际惯例的接轨》，《比较法研究》，1995年第4期；肖永平：《也谈我国法院对仲裁的监督范围——与陈安先生商榷》，《法学评论》，1998年第1期；陈安：《中国涉外仲裁监督机制申论》，《中国社会科学》，1998年第2期；肖永平：《内国、涉外仲裁监督机制之我见：对〈中国涉外仲裁监督机制评析〉一文的商榷》，《中国社会科学》，1998年第2期；陈安：《英、美、德、法等国涉外仲裁监督机制辨析——与肖永平先生商榷》，《法学评论》，1998年第5期；陈安：《再论中国涉外仲裁的监督机制及其与国际惯例的接轨——兼答肖永平先生等》，《国际经济法论丛》，1999年第1期。
③ 宋筆屹：《告别"一裁终局"？——中国大陆商事仲裁实体上诉机制研究》，《北京仲裁》，2017年第4期；王徽：《论选择性上诉审查机制对于仲裁协议效力的影响——兼评第21届WILLEM C. VIS国际商事仲裁辩论赛之程序问题》，《北京仲裁》，2014年第3期。

第四章 境外仲裁机构在北京"两区"所作裁决的司法审查与协助

际仲裁法》，当事人只能就仲裁裁决向法院申请撤销，而不能提起上诉。

三、国际商事仲裁司法审查的合法性

《联合国国际贸易法委员会国际商事仲裁示范法》（以下简称《示范法》）第 6 条规定："法院或其他机构对仲裁予以协助和监督的某种职责。第 11 条第（3）和（4）款、第 13 条第（3）款、第 14 条、第 16 条第（3）款和第 34 条第（2）款所指的职责应由……（实施本示范法的每个国家具体指明履行这些职责的一个法院或一个以上的法院或其他有权力的机构）履行。"[①] 总体上看，该条款将法院对仲裁的审查分为协助与监督，但并没有明确指出何种措施属于协助，何种措施属于监督。究其实质，法院对仲裁的支持与协助、监督与制约属于一个问题的正反两面，二者没有泾渭分明的区分。可以说，司法之所以对仲裁进行监督，是为了保障仲裁的公信力，维持仲裁的可持续发展，因此实为支持；而司法对仲裁提供协助，并非毫无保留地一味支持，必要时也要对仲裁中有失妥当的行为进行适度监督。故而，仲裁司法审查中的监督也罢，支持也好，实则殊途同归。[②]

第二节 境外仲裁机构在内地仲裁的司法审查法律依据

一、确认涉外仲裁协议效力的司法审查

仲裁协议是指双方当事人自愿将他们之间已经发生或者可能发生的可仲裁事项提交仲裁裁决的书面协议。仲裁协议包括双方当事人在合同中订立的仲裁条款和以其他书面方式在纠纷发生前或者纠纷发生后达成的请求仲裁的协议。理论界普遍认可，仲裁协议是国际商事仲裁的基石，足可见仲裁协议对整个国际商事仲裁制度的基础性价值，鉴于此，我国有相当一部分学者对

[①] 张志：《仲裁立法的自由化、国际化和本土化——以贸法会仲裁示范法为比较》，中国社会科学出版社 2016 年版。

[②] 比如，法院对仲裁协议的效力进行确认，既是司法对仲裁管辖权的支持，也有利于防止仲裁庭滥用自裁管辖权的权力，只有二者相互制衡，仲裁的管辖机制才是完整的。黄进、宋连斌、徐前权：《仲裁法学》，中国政法大学出版社 2008 年版，第 206 页。

仲裁协议中涉及的各类法律问题展开了深入且细致的研究。[①]

基于市民社会中的当事人意思自治原则，国际商事仲裁协议的拟定呈现出多元化态势。而国际商事仲裁的管辖权以仲裁协议为纲，这意味着仲裁庭与法院在判断仲裁管辖权时有必要就仲裁协议的效力进行审查认定，并对仲裁协议的范围进行解释，以确定系争仲裁条款的真实含义及其范围。域外各国法院在仲裁司法监督过程中，基于判例的积累而确立了对宽泛性仲裁条款与限缩性仲裁条款的区分，盖理·博恩（Gary Born）从学理角度对实践中的仲裁协议范围解释进行了分类。我国的仲裁协议司法审查实践越来越重视对仲裁协议的解释，相关司法审查案例经历了从漠视到关注、从否定到支持的过程，这对提升仲裁公信力、避免仲裁裁决因超裁而被撤销具有现实意义。[②]

值得一提的是，在对仲裁协议进行司法审查时，无法回避仲裁协议的可分性原则。所谓仲裁协议的可分性，也被称为仲裁协议独立性、仲裁条款自治说，是国际商事仲裁中被广为接受的一般理论。该理论主张仲裁条款独立于将其囊括其中的主合同或基础合同，主合同未成立、无效、失效、终止、被撤销，仲裁条款并不随之当然无效，当然，这也并不意味着仲裁条款当然有效，而是说仲裁条款的效力应当与主合同的效力分开来进行单独判断。[③] 相应地，在当事人质疑主合同的效力时，并不能当然导致仲裁条款丧失效用，主合同的效力异议也无法阻止仲裁员对仲裁条款的效力争议作出裁决。尽管从合同法中主从合同的概念层面难以对仲裁协议独立性作出完美的理论阐释，但这一理论主张在实践中却颇为受用。如果不支持仲裁条款独立性，而是认定仲裁协议的有效性随着主合同的效力遭受质疑就当然无效，那么对仲裁程序心怀恶意的一方当事人就能够轻而易举地实施"拖延战术"，这显然不利于

---

① 杨秀清：《协议仲裁制度研究》，法律出版社 2006 年版；侯登华：《仲裁协议法律制度研究——意思自治视野下当事人权利程序保障》，知识产权出版社 2012 年版；刘晓红：《国际商事仲裁协议的法理与实证研究》，华东政法大学 2004 年博士学位论文；郭晓文：《国际商事仲裁协议制度研究》，对外经济贸易大学 2005 年博士学位论文；孙德胜：《国际商事仲裁协议的效力问题研究》，大连海事大学 2012 年博士学位论文；白钢：《国际商事仲裁协议研究》，大连海事大学 2013 年博士学位论文等。

② 张建：《国际商事仲裁协议的解释问题：域外实践与中国视角》，《仲裁研究》，2015 年第 3 期。

③ 张建：《国际商事仲裁协议独立性原则的理论溯源与实践演进》，《河南工程学院学报（社会科学版）》，2015 年第 3 期。

第四章 境外仲裁机构在北京"两区"所作裁决的司法审查与协助

发挥仲裁方式解决纠纷的功能,也无益于维护当事人之间真诚善意的合作关系。① 作为仲裁协议独立性在程序中的具体运用,国际仲裁中普遍确立了"管辖权/管辖权原则",也称仲裁庭自裁管辖权原则,根据该原则,在当事人对仲裁协议的效力或对仲裁管辖权提出异议时,仲裁庭有权对其自身的管辖权做出判断。不过,值得强调的是,仲裁协议虽然具有可分性,其效力判断可独立于主合同,但并不意味着仲裁协议与主合同的准据法必然受到不同国家法律的支配,仲裁协议的准据法可能在一定程度上受到主合同的准据法所影响,尤其是在合同中仅存在一条适用于整个合同的概括性法律选择条款时,该条款固然适用于合同实体问题的法律适用,但是否也同样适用于仲裁协议,实践中常常引发强烈争论(见图4-2)。

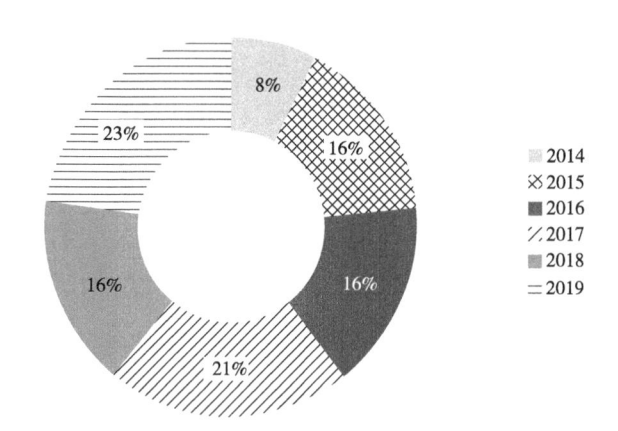

图4-2 申请确认仲裁协议效力案件的年度分布(2014—2019)
资料来源:法信数据库。

在"中国技术进出口总公司(以下简称"中技公司")诉瑞士工业资源公司(以下简称"瑞士公司")案"中,中技公司以瑞士公司进行合同诈骗为诉由,于1986年向上海市中级人民法院提起侵权诉讼,瑞士公司以双方合同中存在仲裁条款为由抗辩法院管辖权,主张应交由贸仲仲裁,经过上海中院与上海高院两审终审后于1988年作出裁判,两审法官一致认定:瑞士公司

---

① W. Michael Reisman et al., International Commercial Arbitration: Cases, Materials and Notes on the Resolution of International Business Disputes, Westbury: The Foundation Press, Inc., 1997, p.540.

利用合同实施诈骗，显已逾越合同履行范畴，双方纠纷不再是合同争议而转变成侵权损害赔偿纠纷，因而中技公司有权向法院起诉，而不受仲裁条款约束。从该案来看，法官似乎对仲裁管辖权流露出司法敌意：第一，只有合同争议方可提请仲裁，而侵权纠纷似乎只能通过司法诉讼手段解决；第二，主合同如果因欺诈而无效，则仲裁条款亦无法约束缔约当事人。究其原因，《纽约公约》自1987年开始对我国生效，但彼时我国并无仲裁协议独立性原则之适用，也不存在专门的仲裁立法，现代意义上的商事仲裁理念也刚刚起步。总体上该案裁判颇受国内外学者诟病。此外，该案还涉及对仲裁条款适用范围的解释问题，在未定性仲裁协议是宽泛的仲裁协议抑或是限制性的仲裁协议前，法院断然以案件所涉侵权纠纷逾越仲裁协议的事项范畴而行使司法管辖权也是值得反思的。通常，因仲裁条款的措辞不同能够解读出当事人所约定的仲裁事项范围有别。例如"与合同有关的纠纷"与"起因于本合同的纠纷"及"因合同而产生的纠纷"其宽窄各有不同，但该案法官恰恰忽视了系争仲裁条款的真正含义所在，裁判文书中并未援引合同中的仲裁条款如何表述，便得出纠纷性质转为侵权而不在仲裁协议约束范围内的结论，这实在令人难以信服。

在"江苏省物资集团轻工纺织总公司诉（香港）裕亿集团有限公司、（加拿大）太子发展有限公司案"中，涉案争议裁判于1998年，受1995年《仲裁法》生效的有益影响，司法支持仲裁的理念显然提升了一大截。案情与前案相似，同为中国公司以合同诈骗为由向江苏省高院提起诉讼，江苏省高院遵循前案1988年的裁判逻辑，主张该案系欺诈引起的侵权损害赔偿纠纷，虽然原被告的买卖合同中订有仲裁条款，但因被告欺诈，已逾越合同履行范畴，构成侵权，双方纠纷已非合同争议而是侵权纠纷，原告有权向法院提起侵权诉讼而不受仲裁条款约束。最高人民法院推翻了江苏省高院的裁定，并作出以下裁判要旨：第一，仲裁委员会有权受理侵权纠纷，主张合同欺诈即可不受仲裁条款约束的观点与《仲裁法》相悖；第二，双方合意选定仲裁方式解决纠纷，在合同条款未被确认无效时，仲裁条款仍然产生拘束力；第三，仲裁庭不能追究第三人责任，但原告可以第三人为被告向法院提起诉讼。该案不仅修正了1988年的裁判结论，而且通过司法实践确认了仲裁协议并不因主合同欺诈而当然无效，隐含了仲裁协议效力应做独立判断的理念。

在"武汉中苑科教公司（以下简称"中苑公司"）诉香港龙海（集团）

有限公司（以下简称"龙海公司"）案"中，龙海公司与武汉东湖新技术开发区进出口公司（东湖公司）签订的合营合同中订有仲裁条款，后东湖公司将在合资公司的全部股权转让给中苑公司，纠纷发生后，龙海公司申请仲裁，而中苑公司向武汉市中级人民法院申请确认仲裁条款无效。在合同转让情形下，对于合同受让人是否需要专门做出意思表示接受原合同中的仲裁条款这一问题，武汉市中院与湖北省高院态度迥然二致。前者的裁判观点是仲裁协议独立性意味着受让人对仲裁条款的接受必须做出单独的意思表示，否则仲裁条款不约束受让人。后者的裁判则表明含有仲裁条款的合同转让时所涉及的仲裁条款对受让人具有拘束力，受让人不得依仲裁条款独立性原则进行抗辩。简言之，在订有仲裁协议的主合同转让时，是否需要受让方针对其中的仲裁协议做出予以接受的单独意思表示？当合同转让时既未声称接受也未声称反对仲裁协议，是适用"未接受视为反对"还是适用"未反对视为接受"的裁判处理？如果转让时未反对也未单独接受，事后能否以此抗辩仲裁管辖权？从法理上讲，这涉及禁反言原则（estoppel）的解释，即合约转让时受让人有义务就其全部权利义务进行审视，并对不接受部分及时提出异议或反对，如果合同转让时未提出异议，则事后不得反对自己当时做出的理性决定。该情形下不能适用所谓仲裁协议独立性原则，独立性原则系针对仲裁协议效力判断上的独立性，而非存在方式或意思表示上的独立性，其制度功能旨在从积极意义方面促使仲裁庭有管辖权审理合同效力纠纷，而非从消极意义方面减损仲裁庭对合同受让人的管辖权，武汉市中院的裁判逻辑实质上是对仲裁协议独立性原则的曲解误用。

无独有偶，1999 年，最高人民法院同样撤销了河南省高院审理的中国有色金属进出口河南公司与辽宁渤海有色金属进出口有限公司债权转让协议纠纷案，河南省高院错用仲裁协议独立性原则来认定受让方必须做出单独接受的意思表示，否则仲裁协议不约束受让方。最高人民法院再次纠正了这一认识误区，强调主合同转让时，合同中的争议解决条款亦自动约束合同受让人。也许为纠正武汉市中院式的裁判逻辑，2006 年《仲裁法司法解释》第九条特针对合同转让时仲裁条款的继受问题进行规定，即主合同转让时仲裁协议原则上一并转让，但存在例外，即当事人另有约定或受让方明确反对或不知存在单独仲裁协议的情况下，原合同的仲裁协议不约束受让人。实际上，这三类例外情形的存在主要基于受让方已经达成了反向的不接受仲裁协议的合意，或受让方根本未有机会得知仲裁协议所以无从接受，并非基于仲裁协议独立性原则的适用。

在"中国恒基伟业集团有限公司、北大青鸟有限责任公司与广晟投资发展有限公司、香港青岛科技发展有限公司案"中，涉案争议引发了更深层次的探讨。根据独立性原则，仲裁协议的效力判断应独立于主合同，那么在涉外案件语境下，因涉及国际私法中的法律适用问题，此时仲裁协议的准据法是否也应当不受主合同准据法的必然影响而独立确定？该案中广东省高院与最高人民法院针对该问题的裁判思路是一致的。该案约定"协议适用香港特别行政区法律"，是对仲裁条款效力适用的准据法还是解决合同争议适用的准据法，法院认定该条系针对主合同的准据法选择，而这不能视为明确约定了仲裁条款效力的准据法。根据2006年《仲裁法司法解释》第十六条，尽管当事人可以单独针对仲裁协议选定准据法，但是当事人未选择时，应当适用法院地法来确定涉外仲裁协议的效力问题。而根据该案的法院地法，即我国《仲裁法》第十八条，该合同中的仲裁条款缺乏选定的仲裁委员会，因而应认定为无效。当然，该案所引发的仲裁协议的法律适用问题已经开始导向另一实践性与理论性较强的问题，且法院裁定对实质问题行使管辖权的依据是"合同履行地"，然而法院认定的"合同履行地"既非合同约定的履行地，也非争议事项之履行地，最高人民法院就实质问题的管辖权论证难以令人信服。实际上，《法律适用法》已经对上述司法解释进行了部分矫正，将仲裁机构所在地法或仲裁地法作为意思自治缺位时的替代连接点，《法律适用法司法解释》则进一步确认当事人未选择仲裁协议准据法也未约定仲裁机构或仲裁地时，适用法院地法，可见仲裁地法在确认仲裁协议效力时具有重要意义。抛开法律适用问题的合理与否，该案折射出来的裁判思路深刻表明，我国法院在认识仲裁协议独立性原则及处理司法与仲裁关系的操作中已经渐趋成熟。

二、承认与执行外国仲裁裁决的司法审查

仲裁裁决得到司法承认和执行是仲裁制度存在和发展的重要价值。随着世界经济一体化进程的加快和中国的快速发展及更加积极地走向世界，中国不仅面临着对越来越多的外国仲裁裁决的承认和执行问题，而且越来越多在

第四章
境外仲裁机构在北京"两区"所作裁决的司法审查与协助

中国境内作出的裁决需要得到外国法院的承认和执行。对于执行外国裁决的条件，国际公约及国内立法通常是以否定的方式加以排除，而不是通过肯定的方式加以列举。① 根据《纽约公约》第五条，拒绝承认与执行外国裁决的理由分为两类：应由被申请执行人证明的五项理由；法院依职权主动审查的两项理由。② 其中，涉及仲裁管辖权的司法审查理由体现为三个方面：第五条第一款 a 项仲裁协议的当事人无缔约能力或仲裁协议无效、第五条第一款 c 项仲裁庭超越权限、第五条第二款 a 项争议事项不具有可仲裁性。③ 涉及仲裁程序正当性的司法审查理由体现为两方面：第五条第一款 b 项仲裁庭未给予被申请执行人适当通知或其未能提出申辩、第五条第一款 d 项仲裁庭的组成或仲裁程序的进行违反当事人的约定或违反仲裁规则、第五条第一款 e 项仲裁裁决不具约束力或已被撤销或停止执行。④ 此外，以仲裁裁决违反公共政策为由拒绝承认与执行也是《纽约公约》体系内重要的司法审查视角。

值得一提的是，尽管《纽约公约》是国际商事仲裁中最具影响力的、统一的国际公约，但公约为了顺利谈判并促使更广泛的国家加入，在部分条款中具有妥协与博弈的痕迹，规定相对灵活。第五条第一款 a 项即属一例，该款仅规定法院在审理仲裁裁决承认与执行申请案件时，如果仲裁协议的当事人依据对他们适用的法律为无行为能力，则将导致仲裁协议无效，法院可据此拒绝承认与执行。但公约仅仅规定了判断仲裁协议当事人的行为能力应依

---

① 杜新丽：《国际私法》，中国人民大学出版社 2015 年版，第 370 页。
② 对《纽约公约》第五条的解释与适用问题，国内外已有大量的学理和实证研究，基于此，本书中不再分别对每个条款、每个措辞的含义再进行逐项分析。相关研究可参见 http://www.newyorkconvention.org/court+decisions/decisions+per+topic，该网站将与《纽约公约》有关的所有问题区分为不同的具体主题，将各国司法判决、国际仲裁裁决、学者的研究文献进行了全面汇总，并不断进行更新，堪称国际商事仲裁领域集大成者的权威网站。为了使研究者更清晰地把握《纽约公约》的适用，以及与此公约相关的文献，本书在正文后所收录的附件中专门做了整理。
③ 有观点指出，《纽约公约》第五条第二款 a 项规定的可仲裁性概念实质上是法院地司法对仲裁进行的控制，即法院可根据其国内法来认定哪些争议类型属于应由法院排他管辖的范围，哪些事项是可以允许当事人约定仲裁的范围。可仲裁事项的划定实际上是法院地国内公共秩序的反映，因而可以构成公共政策抗辩的一部分，与公约第五条第二款 b 项存在交叉。国际仲裁立法与实践中并不存在对可仲裁性的统一界定，除了国内立法中明确排除不具有可仲裁性的争议外，执行地法院还经常根据公共政策将其他某些争端认定为不可仲裁的事项。Shen Wei, Rethinking the New York Convention: A Law and Economics Approach, Cambridge: Intersentia Ltd, 2013, p. 226-227.
④ 杜新丽：《论外国仲裁裁决在我国的承认与执行：兼论〈纽约公约〉在中国的适用》，《比较法研究》，2005 年第 4 期。

据对其适用的法律,而并没有规定一项特别明确的冲突规范,这正是考虑到大陆法系与英美法系在属人法连接点的选用上所存在的差异。具言之,对涉外案件仲裁协议当事人的缔约能力问题,各国通常采取属人法这一系属公式来确定其法律适用,但各国在具体运用属人法时给出了不同的方案,其中,本国法、住所地法、惯常居所地法是最常见的三个选项。① 以我国为例,2011年生效的《法律适用法》第十二条②将经常居所地法作为用以确定自然人行为能力的首选连结点,且明确了依照行为地法与依照经常居所地法有所差异时,以有利于认定自然人有行为能力的法律为准,以维护国际经济秩序的稳定性及当事人跨国交易的安全性。③ 之所以立法者将经常居所地选定为确定自然人民事能力的首选连结点,既是考虑到经常居所与自然人联系的紧密程度,也是借鉴和参照了海牙国际私法会议所制定的公约中反映出的发展趋势。④

值得一提的是,我国《法律适用法》虽然多次运用经常居所地这一概念,却未在立法条款中对此进行定义。为填补立法缺漏,《法律适用法司法解释》第十五条对经常居所进行了界定。⑤ 通过该司法解释的界定可知,我国法院在涉外民商事司法实践中对经常居所地的认定以连续居住一年以上为基础客观要件,以排除当事人通过短期居住更改属人法的可能性;此外,引入生活中

---

① 有学者指出,某一国家立法者对属人法连结点的具体选用,本质上代表了不同的价值取向:本国法主义以国家与民族主义作为思想基础,倾向于扩张法院地法的支配范围;住所地法主义以个人主义与自由主义作为价值追求,有利于促进族群融合;惯常居所地法是国际公约谈判中进行折中与妥协的产物,其弊端在于割裂了某一个人与特定国家之间的精神联系,重点突出属地色彩,却销蚀属人法的精神属性。宋晓:《属人法的主义之争与中国道路》,《法学研究》,2013年第3期,第189页。

② 该条规定:自然人的民事行为能力,适用其经常居所地法。自然人从事民事活动,依照经常居所地法律为无民事行为能力,依照行为地法律为有民事行为能力的,适用行为地法,但涉及婚姻家庭、继承的除外。

③ 黄进、姜茹娇:《〈中华人民共和国涉外民事关系法律适用法〉释义与分析》,法律出版社2011年版,第61页。

④ Zhengxin Huo, Reshaping Private International Law in China: The Statutory Reform of Tort Conflicts, Journal of East Asia and International Law, Vol.5, 2012, pp. 93 – 94; Zhengxin Huo, An Imperfect Improvement: The New Conflict of Laws Act of the People's Republic of China, International & Comparative Law Quarterly, Vol. 60, 2011, p. 1065-1070.

⑤ 该条规定:自然人在涉外民事关系产生、变更、终止时已经连续居住满一年以上且作为其生活中心的地方,法院可视为法律适用法所规定的自然人的经常居所地,但就医、劳务派遣、公务等情形除外。

心地标准,通过比较各地点与当事人联系的强弱,以确定其经常居所地。① 尽管司法解释中的这一条款具有填补立法空白、指导法官选法、厘清不确定概念等积极意义,但该条款仍然可能引发一些问题:第一,司法解释要求当事人连续居住满一年,何为"连续"?短暂性的离开居所是否构成计算时间的中断或中止?尤其是对于工作在中国香港特别行政区但居住在深圳特区、不时往返穿梭于两地的自然人而言,是不是将无法形成经常居所地?② 第二,该条款将自然人的生活中心作为确定经常居所地的重要标准,但何谓"生活中心"?这是个客观地理概念,抑或是融入了主观判断?需要法官在实践中进一步予以明确。

如前所言,即便《纽约公约》是统一的国际条约法,但各国国内法院在解释及适用公约的具体条款时却拥有相当程度的自由裁量权,这使得公约在各国的适用存在国别方面的差异。对此,有学者专门从实证视角出发,以各国法院解释与适用公约的裁判文书为基础,立足于实践,对公约的适用情况进行了全面整合。③ 其中,关于仲裁协议有效性的审查上,各国分歧明显。依《纽约公约》第五条第一款a项,如果依当事人双方合意选定适用的仲裁协议准据法或者不存在此种选择时依据裁决作出地法,仲裁协议为无效,则执行地的法院可根据当事人的执行抗辩而拒绝承认和执行。

依据上述条文,执行地法院在依据《纽约公约》审理申请执行国际投资仲裁裁决的案件时,应认定仲裁协议的效力,这也是对仲裁庭管辖权进行事后审查的重要方面。正如其他涉外民商事纠纷的法律适用,执行地法院在认定国际投资仲裁协议的效力时,并不当然适用法院地法作为准据法,而是应当依《纽约公约》第五条第一款a项关于仲裁协议冲突规范的指引确定准据法,再适用仲裁协议的准据法认定其有效性。④ 以我国为例,在外国及涉外仲裁裁决在我国法院申请承认与执行时,法官对仲裁协议效力的认定经历了一系列的演变,这尤其体现在相关法律法规和司法实践的转变中。我国《仲裁

---

① 薛童:《论作为自然人生活中心的经常居所地》,《国际法研究》,2015年第6期。
② Zhengxin Huo, Two Steps Forward. One Step Back: A Commentary on the Judicial Interpretation on Private International Law Act of China, Hongkong Law Journal, Vol. 43, 2013, p. 685-707.
③ George A. Bermann, Recognition and Enforcement of Foreign Arbitral Awards: The Interpretation and Application of the New York Convention by National Courts, Springer International Publishing, 2017, p. 1-71.
④ 寇丽:《现代国际商事仲裁法律适用问题研究》,知识产权出版社2013年版,第53页。

法》实施初期，限于法官与仲裁员运用国际私法的实践经验不足，无论是仲裁机构还是行使监督权的管辖法院，发现仲裁协议准据法的意识与方法都乏善可陈，甚至未说明任何理由而径直适用法院地法。① 通常认为，仲裁协议归根结底是当事人合意的产物，可隶属于特殊类型的合同，因此合同冲突法中的当事人意思自治原则对仲裁协议的法律适用也具有重要价值，即订立涉外仲裁协议的当事人如果基于真实意愿合意选择的法律，可以用于支持仲裁协议的有效性及其效力。然而，就实践观察，当事人专为涉外仲裁协议尤其是仲裁条款选择准据法的情况极为罕见。相反，绝大部分这类案件中，当事人都没有明确选择仲裁协议的准据法，即使仲裁协议所在的合同中有法律选择条款，所选择的的准据法也主要针对合同争议的实体问题，而较少明确指出是否适用于仲裁协议的法律适用。此时，考虑到仲裁协议的独立性与可分性，不应直接将主合同的准据法直接适用于仲裁协议。

值得注意的是，我国最高人民法院在近年来先后颁布了三项涉及仲裁裁决司法审查的重要司法解释，即《最高人民法院关于仲裁司法审查案件归口办理有关问题的通知》（法〔2017〕152号）、《仲裁司法审查报核规定》（法释〔2017〕21号）以及《仲裁司法审查规定》（法释〔2017〕22号）。第三项司法解释中的第十二条至第十六条对认定涉外仲裁协议效力的准据法作出了明确的界定：首先，根据第十六条，当我国法院依据《纽约公约》审查外国仲裁裁决时，如果被申请人以仲裁协议无效为由提出不予承认及执行的抗辩，则法院应当优先适用公约第五条第一款a项中关于仲裁协议准据法的规定；其次，根据第十三条确定涉外仲裁协议的准据法时，应优先适用意思自治原则，如果当事人选择了仲裁协议的准据法，则应当予以考虑。② 但是应注意，选择仲裁协议准据法的意思必须明示仅选择主合同的准据法，并不当然视为也选择了仲裁协议的准据法；再次，根据第十四条，如果当事人没有合意选择仲裁协议的准据法，则适用《法律适用法》第十八条确立的仲裁地法或机构所在地法来认定仲裁协议的有效性，如果按照仲裁地与机构所在地的

---

① 宋连斌：《中国仲裁二十年之制度回顾——以1994年〈仲裁法〉为起点》，《仲裁与法律》第134辑，法律出版社2017年版，第35页。

② 宋连斌：《仲裁司法监督制度的新进展及其意义》，《人民法治》，2018年第3期。

法律予以审查会得出不同的结论，应适用"尽可能使之为有效"的有利原则，以体现司法充分支持仲裁的理念；最后，依据第十五条，尽管当事人没有明示选择仲裁机构，亦没有明示选择仲裁地，但是依据当事人所约定的仲裁规则能够确定机构所在地或仲裁地，则应视为当事人已经作出了默示安排。总体而言，这些司法解释的出台对于澄清《仲裁法司法解释》《法律适用法》《法律适用法司法解释》的关系、进一步明确其中关于涉外仲裁协议有效性认定的冲突规范彼此间的适用顺位，具有十分重要的实践意义。

而且由于我国在加入《纽约公约》时提出了"互惠保留"与"商事保留"，这意味着只有在该公约缔约国领土内作出的外国仲裁裁决在中国的承认与执行，我国法院才会适用《纽约公约》进行司法审查。对于在《纽约公约》缔约国以外的其他国家领土内作出的仲裁裁决，我国并不依据《纽约公约》进行司法审查，而是需要进一步考察仲裁裁决作出地与我国是否存在其他相互承认与执行仲裁裁决的司法协助双边协议或互惠关系。另外，除了我国法院对外国仲裁裁决的司法审查外，还要思考我国仲裁裁决在外国法院申请承认与执行的司法审查依据。尽管《纽约公约》的覆盖面已经十分广泛，但毕竟存在我国裁决向非公约缔约国法院申请承认与执行的现实问题，此时则须充分了解被请求承认与执行地的国内仲裁立法。[①] 近年来，我国学者对外国仲裁法的国别研究渐趋深入，对相关制度和实践的探讨越来越完善和具体，其中就涵盖了其他国家关于承认与执行外国仲裁裁决的具体法律与实践。[②]

[①] 2020年2月3日，塞舌尔共和国正式交存加入《纽约公约》的文书，公约自2020年5月3日正式对塞舌尔生效，这使公约缔约国的数量达到162个。http://www.newyorkconvention.org/list+of+contract-ing+states，最后访问日期：2020年3月10日。

[②] 例如黄道秀：《俄罗斯联邦仲裁程序法典》，中国人民公安大学出版社2005年版；杨良宜：《仲裁法：从1996年英国仲裁法到国际商务仲裁》，法律出版社2006年版；丁颖：《美国商事仲裁制度研究：以仲裁协议和仲裁裁决为中心》，武汉大学出版社2007年版；王芳：《英国承认与执行外国仲裁裁决制度研究》，中国政法大学出版社2012年版；罗楚湘：《英国仲裁法研究》，武汉大学出版社2012年版；[美]拉斯·休曼：《瑞典仲裁法：实践和程序》，顾华宁译，法律出版社2012年版；石现明：《东盟国家国际商事仲裁法律制度研究》，云南大学出版社2013年版；傅攀峰：《法国国际商事仲裁制度研究：以2011年〈法国仲裁法〉为中心》，中国社会科学出版社2019年版；韩平：《中英仲裁法比较研究》，厦门大学出版社2019年版；中国国际经济贸易仲裁委员会：《"一带一路"沿线国家国际仲裁制度研究》，法律出版社2019年版。

三、认可与执行区际仲裁裁决的司法审查

（一）我国内地认可与执行香港特别行政区仲裁裁决的司法审查

香港特别行政区仲裁裁决在内地认可和执行的法律渊源经历了一个变化和发展的历程。在香港特别行政区回归之前，香港仲裁裁决被视为外国裁决，故其在内地法院申请承认和执行的法律依据是我国于1986年加入并于1987年4月22日起对我国正式生效的《纽约公约》。根据《纽约公约》第一条"仲裁裁决，因自然人或法人间之争议而产生且在申请承认及执行地所在国以外之国家领土内作成者，其承认及执行适用本公约。本公约对于仲裁裁决经申请承认及执行地所在国认为非内国裁决者，亦适用之"的规定，《纽约公约》适用于外国裁决，或者非内国裁决。1997年7月1日，香港回归祖国，中国恢复对香港的主权，香港仲裁裁决不再是外国裁决，因此其在内地的执行亦不能再以《纽约公约》为依据，从而产生了香港仲裁裁决在内地执行的"真空期"。直至1999年6月21日，最高人民法院与香港特别行政区政府终于达成了《内地与香港特别行政区相互执行仲裁裁决安排》（以下简称《内港仲裁执行安排》），结束了两地间仲裁裁决相互执行无法可依的真空状态。《内港仲裁执行安排》在一个国家的原则下，充分考虑到两地法律制度不同的实际情况，规定了两地间有关仲裁裁决的相互执行的有关内容。

与外国仲裁裁决相比，香港仲裁裁决在内地的认可和执行具有特殊性。具言之，《纽约公约》明确规定了外国仲裁裁决在执行地国需经承认和执行两项程序，两者相互关联且相互作用。我国《民事诉讼法》第二百八十三条亦规定："国外仲裁机构的裁决，需要中华人民共和国人民法院承认和执行的，应当由当事人直接向被执行人住所地或者其财产所在地的中级人民法院申请，人民法院应当依照中华人民共和国缔结或者参加的国际条约，或者按照互惠原则办理。"据此，外国仲裁裁决要获得我国法院的执行，必须首先得到我国法院的承认，即管辖法院首先要承认该仲裁裁决的效力，包括承认法律强制性和执行效力，才能予以执行。既然如此，香港特区的仲裁裁决要在内地获得强制执行，同样应先获得认可。但从最高人民法院与香港特别行政区政府达成的《内港仲裁执行安排》的名称和内容来看，却并未涉及有关承认或认可的内容，而且《内港仲裁执行安排》第一条规定："在内地或者香港特区作

出的仲裁裁决,一方当事人不履行仲裁裁决的,另一方当事人可以向被申请人住所地或者财产所在地的有关法院申请执行。"据此,似乎香港特区仲裁裁决可以直接在内地申请执行,与内地仲裁裁决的执行并无区别,但这并不符合不同法域间要跨法域执行仲裁裁决的法律逻辑,因为在不同法域下所作出的仲裁裁决,在获得执行前通常需要由管辖法院对该裁决在执行地的效力予以承认或认可,这是仲裁裁决执行的前提。鉴于此,香港特别行政区仲裁裁决在内地法院获得执行前,仍然应当经历认可这一必要程序。

以上判断亦可在最高人民法院出台的其他司法解释中得到印证。2017年12月26日,最高人民法院发布了《仲裁司法审查规定》,该文件第一条规定:"本规定所称仲裁司法审查案件,包括下列案件:……(四)申请认可和执行香港特别行政区、澳门特别行政区、台湾地区仲裁裁决案件;(五)申请承认和执行外国仲裁裁决案件……"据此,香港特别行政区仲裁裁决同澳门特别行政区、台湾地区仲裁裁决案件一样,都需在获得认可后才能执行。这意味着,认可程序是香港特别行政区仲裁裁决在内地获执行的必经前置条件。

实践中,法院通常将认可与执行两项申请一并处理,且部分法院省略了对认可部分的裁定。例如,在"申请人石墙资源有限公司等申请认可与执行香港国际仲裁中心仲裁裁决案"中,法院最终裁定执行该项仲裁裁决,对认可申请并未作出相应裁定。[①]即便如此,法院仍不应忽略对仲裁裁决申请认可的司法审查。

(二)我国内地认可与执行澳门特别行政区仲裁裁决的司法审查

相较于内地,澳门的商事仲裁制度发展相对迟缓,仲裁实务也不及内地、香港地区、台湾地区成熟。虽然早在1962年《葡萄牙民事诉讼法典》第四卷关于仲裁制度的规定已经延伸适用于澳门,但是随着葡萄牙的民事诉讼改革,仲裁制度又在1986年被废止。直到20世纪90年代,澳门才通过下述法律文件基本建立了仲裁制度:①1991年8月29日第112/91号法律通过的《澳门司法组织纲要法》第五条第二款做了纲要性质(并且也仅仅是纲领性性)规定:"得设立仲裁庭,并得设非司法性质之方法及方式,以排除冲突。"②1996年,在《司法组织纲要法》的基础上通过的《核准仲裁制度》(第

---

① 北京市第四中级人民法院(2017)京04认港2号。

29/96/M号法令）。该法令于1996年9月15日开始生效，一共44条，对仲裁的标的、适用之法律、仲裁协议之形式、仲裁庭之组成、仲裁员人之指定、仲裁员及参与人之报酬、仲裁之程序、裁决及上诉等做了规定。1996年7月制定的第40/96/M号法令，确立了机构自愿仲裁的法律制度。上述两部法规设定了澳门仲裁制度的基本框架。③澳门立法会参照《示范法》于1998年11月核准了第55/98/M号法令（即《涉外商事仲裁专门制度》），对涉外仲裁做出了规定。在仲裁制度基本建立之后，澳门先后设立了几个仲裁机构：1998年2月由总督通过第19/GM/98号批示许可成立了澳门消费者委员会的"民事或商事之小额消费争议自愿仲裁中心"；1998年3月通过第26/GM/98号批示许可设立了"澳门律师公会自愿仲裁中心"；1998年6月，澳门总督又通过第48/GM/98号批示核准设立"澳门世界贸易中心自愿仲裁中心"，该中心于2008年5月14日经由第151/2008号行政长官批示而更名为澳门世界贸易中心仲裁中心；2002年12月12日通过第259/2002号行政长官批示设立保险及私人退休基金争议仲裁中心。

由此可见，对于澳门社会（尤其是法律生态）而言，仲裁尚属萌芽期。在这种情况下，澳门仲裁以及与仲裁相关的司法实践也较为少见，尤其是公之于众的更是罕见。虽然在仲裁实践中有部分涉及澳门公司的案例，但仲裁多在中国内地的仲裁机构进行。相较香港特别行政区，内地学者对于澳门特别行政区仲裁制度的研究相对较少，所研究的内容主要针对内地与澳门特别行政区相互认可与执行仲裁裁决的制度考察。① 2020年5月4日，澳门特别行政区修订的《新仲裁法》开始施行，该法不仅纳入了《示范法》的主要内容，增列了紧急仲裁员、临时保全措施等内容，而且一改澳门传

---

① 张坚、林安民：《中国内地与澳门特别行政区相互认可与执行仲裁裁决法律制度探析》，《湖南工程学院学报（社会科学版）》，2019年第3期；张淑钿：《香港与澳门仲裁裁决认可与执行的新突破与问题——〈香港与澳门相互认可和执行仲裁安排〉评析》，《仲裁研究》，2014年第3期；郭颖玫："简述澳门仲裁法律制度"，《仲裁研究》，2013年第2期；谢广汉：《澳门地区的仲裁机制为何停滞不前》，《民事程序法研究》，2012年第1期；裴予峰：《论我国内地与澳门地区仲裁裁决的相互承认与执行》，《现代商贸工业》，2010年第19期；李敏：《〈关于内地与澳门特别行政区相互认可和执行仲裁裁决的安排〉在京签署》，《中国审判》，2007年第2期；马占军：《我国内地与澳门地区商事仲裁协议之比较》，《仲裁研究》，2007年第1期；邓伟平、杨敬轩：《内地与澳门仲裁法律制度的比较》，《仲裁研究》，2004年第2期；袁古洁、庞静：《论内地与澳门仲裁裁决的相互承认与执行》，《仲裁研究》，2004年第1期。

第四章
境外仲裁机构在北京"两区"所作裁决的司法审查与协助

统仲裁立法中施行了二十多年的双轨制模式，开始将国内仲裁与国际仲裁适用同一套法律规则，允许澳门法院承认和执行在澳门以外地区作出的仲裁裁决，大大提升了澳门特别行政区营商环境的法治化、国际化水平。

就内地与澳门特别行政区相互认可与执行仲裁裁决的司法审查依据而言，与香港不同的是，在无论是回归前或回归后，内地法院都不能适用《纽约公约》审查澳门特别行政区仲裁裁决。虽然葡萄牙于1995年加入《纽约公约》，但该公约并没有延伸适用于澳门。澳门承认及执行外国仲裁裁决的规定在1999年《涉外商事仲裁专门制度》实施前，主要见诸澳门民事诉讼法，实际上就是葡萄牙《民事诉讼法》。根据该法的规定，外国仲裁裁决和外国法院判决可在同等条件和程序下，必须经过法院初审和认可后才能在澳门生效。具言之，内地仲裁裁决在澳门申请认可与执行的条件及程序与《纽约公约》的有关规定基本一致，主要内容如下：第一，在任何国家或地区作出的裁决均应承认具有约束力，除非澳门法院认定该国或地区亦会拒绝承认和执行在澳门作出的裁决；第二，如存在下列情形且经当事人证明，法院可拒绝承认及执行外国裁决：①仲裁协议的当事人当时处于无行为能力状态或仲裁协议无效；②败诉方未获关于指定或任命仲裁员或仲裁程序之适当通知，或因其他理由不能行使其权利；③裁决所涉争议非为仲裁协议之标的，或裁决内容含有对仲裁协议范围以外事项之决定，但裁决对提交裁决之事项的决定可与未提交裁决的事项分开者，仅可拒绝对未提交仲裁之事项的决定；④仲裁庭的设立或仲裁程序与当事人协议不符，或当事人无此协议时，与仲裁地法律不符；⑤裁决对当事人仍未有约束力，或裁决被裁决地国家或地区的管辖法院或依其法律作出裁决之国家或地区的法院撤销或中止。例如法院认定依澳门法律争议不能通过仲裁解决的，或承认与执行裁决与公共秩序相抵触。

澳门回归之后，内地与澳门之间的仲裁裁决，不再被对方归入外国仲裁裁决，故相互执行的法律依据发生变化。内地不再依中国《民事诉讼法》第二百六十九条的规定的"国外的仲裁机构的裁决"来处理对澳门仲裁裁决的承认与执行，对于澳门而言，尽管依照《澳门特别行政区基本法》的规定，1998年55/98/M号法令仍然在澳门特别行政区生效，但内地仲裁也不再是澳门所规范的"外国仲裁"。在内地与澳门特别行政区相互认可与执行仲裁裁决的"法律真空期"持续了7年之后，这项问题列入了正式议程。为了保护两地当事人的合法权益，维护两地司法权威，促进内地、澳门经济发展和澳门特别行政区长期繁荣稳定，并在借鉴此前香港与内地相互执行仲裁裁决的安排的基础上，2007年10月30日，内地与澳门特别行政区正式签署《内澳仲裁执行安排》，使两地相互认可与执行仲裁裁决进入有法可依的阶段。该安排明确了以下具体问题：

第一，适用范围。内地人民法院认可和执行澳门特别行政区仲裁机构及仲裁员按照澳门特别行政区仲裁法规在澳门作出的民商事仲裁裁决，澳门特区法院认可和执行内地仲裁机构依据《仲裁法》在内地作出的民商事仲裁裁决。

第二，管辖法院。在内地或者澳门特区作出的仲裁裁决，一方当事人不履行的，另一方当事人可以向被申请人住所地、经常居住地或者财产所在地的有关法院申请认可和执行。内地有权受理认可和执行仲裁裁决申请的法院为中级人民法院。两个或者两个以上中级人民法院均有管辖权的，当事人应当选择向其中一个中级人民法院提出申请。澳门特区有权受理认可仲裁裁决申请的法院为中级人民法院，有权执行的法院为初级法院。被申请人的住所地、经常居住地或者财产所在地分别在内地和澳门特区的，申请人可以向一地法院提出认可和执行申请，也可以分别向两地法院提出申请。当事人分别向两地法院提出申请的，两地法院都应当依法进行审查；予以认可的，采取查封、扣押或者冻结被执行人财产等执行措施。仲裁地法院应当先进行执行清偿；另一地法院在收到仲裁地法院关于经执行债权未获清偿情况的证明后，可以对申请人未获清偿的部分进行执行清偿。两地法院执行财产的总额不得超过依据裁决和法律规定所确定的数额。

第三，申请材料。申请人向有关法院申请认可和执行仲裁裁决的，应当提交以下文件或者经公证的文件副本：申请书；申请人身份证明；仲裁协议；仲裁裁决书或者仲裁调解书。上述文件没有中文文本的，申请人应当提交经正式证明的中文译本。申请书应当包括下列内容：①申请人或者被申请人为自然人的，应当载明其姓名及住所；为法人或者其他组织的，应当载明其名称及住所，以及其法定代表人或者主要负责人的姓名、职务和住所；申请人是外国籍法人或者其他组织的，应当提交相应的公证和认证材料。②请求认可和执行的仲裁裁决书或者仲裁调解书的案号或识别资料和生效日期。③申请认可和执行仲裁裁决的理由及具体请求,以及被申请人财产所在地、财产状况及该仲裁裁决的执行情况。由一方有权限公共机构(包括公证员)做成的文书正本或者经公证的文书副本及译本,在适用安排时,可以免除认证手续在对方使用。

第四,申请和审查期限。申请人向有关法院申请认可和执行内地或者澳门特别行政区仲裁裁决的期限,依据认可和执行地的法律确定。受理申请的法院应当尽快审查认可和执行的请求,并作出裁定。

第五,不予认可和执行仲裁裁决的情形。申请认可和执行的仲裁裁决,被申请人提出证据证明有下列情形之一的,经审查核实,有关法院可以裁定不予认可:①仲裁协议一方当事人依对其适用的法律在订立仲裁协议时属于无行为能力的;或者依当事人约定的准据法,或当事人没有约定适用的准据法而依仲裁地法律,该仲裁协议无效的。②被申请人未接到选任仲裁员或者进行仲裁程序的适当通知,或者因他故未能陈述意见的。③裁决所处理的争议不是提交仲裁的争议,或者不在仲裁协议范围内;或者裁决有超出当事人提交仲裁范围的事项的决定,但裁决中超出提交仲裁范围的事项决定与提交仲裁事项决定可以分开的,裁决中对提交仲裁事项决定部分可以予以认可。④仲裁庭的组成或者仲裁程序违反了当事人的约定,或者在当事人没有约定时与仲裁地的法律不符的。⑤裁决对当事人尚无约束力,或者已经仲裁地的法院撤销或者拒绝执行的。有关法院认定,依执行地法律,争议事项不能以仲裁解决的,不予认可和执行该裁决。内地法院认定在内地认可和执行该仲裁裁决违反内地法律的基本原则或者社会公共利益,澳门特别行政区法院认定在澳门特别行政区认可和执行该仲裁裁决违反澳门特别行政区法律的基本原则或者公共秩序,都不予认可和执行该裁决。

第六,诉讼费用。申请人依据安排申请认可和执行仲裁裁决的,应当根据执行地法律的规定,交纳诉讼费用。

第七,中止和恢复执行。一方当事人向一地法院申请执行仲裁裁决,另一方当事人向另一地法院申请撤销该仲裁裁决,被执行人申请中止执行且提供充分担保的,执行法院应当中止执行。根据经认可的撤销仲裁裁决的判决、裁定，执行法院应当终结执行程序；撤销仲裁裁决申请被驳回的，执行法院应当恢复执行。当事人申请中止执行的，应当向执行法院提供其他法院已经受理申请撤销仲裁裁决案件的法律文书。

第八，财产保全。法院在受理认可和执行仲裁裁决申请之前或者之后，可以依当事人的申请，按照法院地法律规定，对被申请人的财产采取保全措施。

四、撤销或不予执行涉外仲裁裁决的司法审查

（一）仲裁司法审查法律依据的多层化

法院如何平衡对仲裁的监督与支持，主要涉及对司法审查范围的划定，从最宽泛的意义分析，对仲裁的司法审查包括对仲裁员的审查、对仲裁管辖权的审查、对仲裁程序包括保全措施的审查、对仲裁裁决的审查等五个方面。由于文化背景、法律传统、历史习惯方面的差异，各国对适度审查的理解不大相同，但也存在一定的趋同化倾向：多数国家将法院实施仲裁司法审查的范围限于程序性事项，少数国家允许法院对仲裁的实体事项予以审查。为确保裁决终局性、提升仲裁效率，法院既审查实体又审查程序，与商事仲裁自治的理念不符，且有浪费司法与仲裁资源之嫌。基于此，多数国家未授权法院对仲裁庭已裁决的证据认定、法律适用等实体问题再展开二次审查，而是要求法院尽可能克制司法审查权的行使。

在我国现行立法中，关于涉外仲裁司法审查的规定不仅体现在《民事诉讼法》《仲裁法》中，而且频繁出现在最高人民法院颁布的一系列司法解释、批复、复函中。例如，《仲裁法司法解释》明确了《仲裁法》实施中出现的仲裁协议效力认定、申请撤销仲裁裁决、请求不予执行裁决的具体内容。再如《最高人民法院关于正确审理仲裁司法审查案件有关问题的通知》（法〔2013〕194号）对中国国际经济贸易仲裁委员会华南分会、上海分会分立所引发的仲裁管辖权争议做了明确指示、《最高人民法院关于仲裁司法审查案件归口办理有关问题的通知》（法〔2017〕152号）为仲裁司法审查案件的归口集中管辖提供了法律根据。此外，各地的高级人民法院、中级人民法院也对仲裁司法审查案件的规范化审理制定了专门规定，例如广东省高级人民法院《关于涉外商事审判若干问题的指导意见》（粤高法发〔2004〕32号）、江苏

省高级人民法院《关于审理民商事仲裁司法审查案件若干问题的意见》（苏高法审委〔2010〕11号）、河南省高级人民法院《审理民商事仲裁司法审查案件若干问题的暂行规定》（豫高法〔2011〕294号）、深圳市中级人民法院《关于涉外仲裁司法审查若干问题的指导意见》、上海市二中院《关于适用〈中国（上海）自由贸易试验区仲裁规则〉仲裁案件司法审查和执行的若干意见》等。

以上法律规范的相继出台，足可见仲裁司法审查工作在我国各地区法院受到了高度重视，但同时也反映出仲裁司法审查案件多头审理、裁判尺度不尽一致的情况（如图4-3、图4-4所示）。由于仲裁司法审查案件实行一审终审，不允许当事人申请再审和检察机关提起抗诉，一旦错误，难以救济。因此，对于此类案件进行归口管理、统一裁判标准，实有必要。自2016年以来，我国最高人民法院即组织司法与仲裁实务界展开了统一司法解释的起草工作。自2017年5月以来，最高人民法院相继颁布了《仲裁司法审查归口通知》《仲裁司法审查报核规定》《仲裁裁决执行规定》等一系列重要的司法解释。

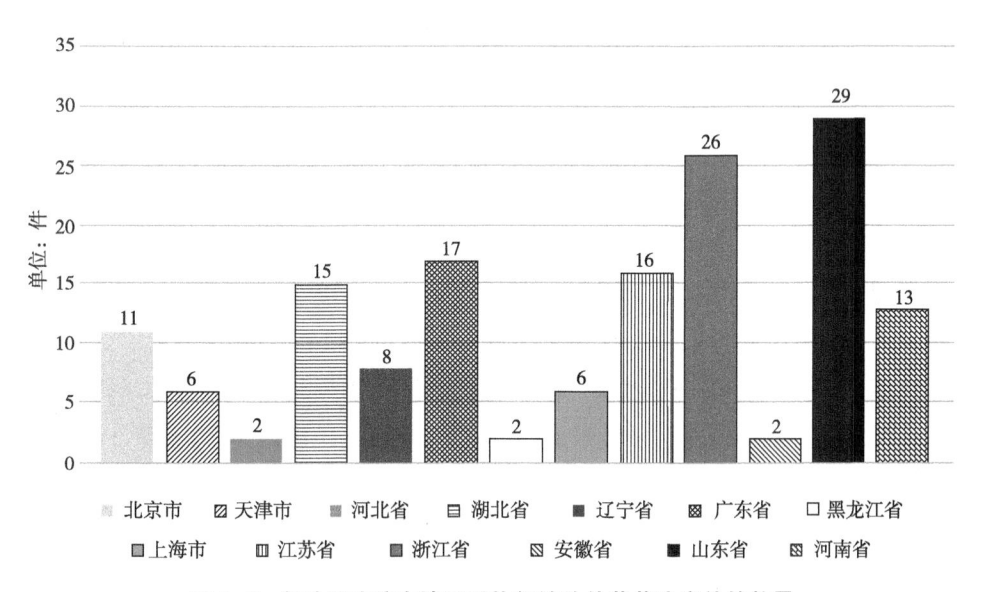

图4-3 各地区法院申请不予执行涉外仲裁裁决案件的数量

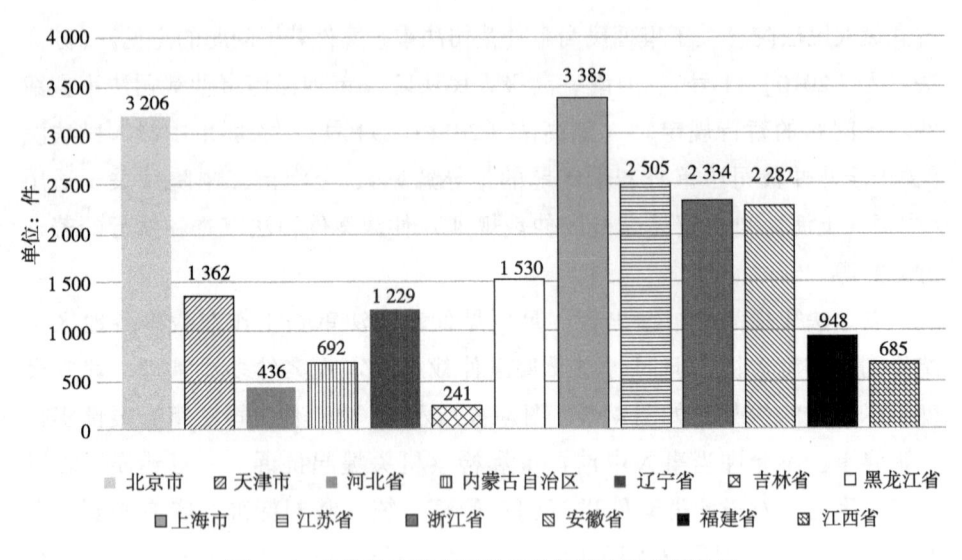

图 4-4　各地区法院申请撤销仲裁裁决案件的数量

（二）商事仲裁司法审查的案件范围与管辖权

根据《最高人民法院关于审理仲裁司法审查案件若干问题的规定》（以下简称《仲裁司法审查规定》），仲裁司法审查范围包括下列案件：①申请确认仲裁协议效力案件；②申请执行我国内地仲裁机构的仲裁裁决案件；③申请撤销我国内地仲裁机构的仲裁裁决案件；④申请认可和执行香港特别行政区，澳门特别行政区，台湾地区仲裁裁决案件；⑤申请承认和执行外国仲裁裁决案件；⑥其他仲裁司法审查案件。值得注意的是《仲裁司法审查规定》所适用的仲裁司法审查案件，特指狭义的商事仲裁的司法审查，不涵盖投资者与国家间根据投资条约提起的国际投资仲裁案件的司法审查，亦不包括劳动仲裁、人事争议行政仲裁、农村集体经济组织内部的土地仲裁等非商事仲裁的司法审查。但在商事仲裁内部，该规定既适用于国内仲裁，亦适用于涉外仲裁、涉港澳台区际仲裁、外国仲裁。此外，最高人民法院于 2016 年 12 月发布了《关于为自由贸易试验区建设提供司法保障的意见》（法发〔2016〕34号），其中第 9 条为自贸试验区内部注册的企业采用临时仲裁的方式解决商事纠纷提供了法律根据，但并未明确自贸试验区司法机关进行仲裁司法审查的条件和程序。《仲裁司法审查规定》对案件适用范围采取兜底条款的方式赋予法官自由裁量权，允许援用该规定裁判其他的仲裁司法审查案件，自然也涵

第四章 境外仲裁机构在北京"两区"所作裁决的司法审查与协助

盖了对自贸区纠纷的临时仲裁司法审查。

从仲裁司法审查的受案范围可分析出法院对仲裁的审查事项可根据程序所处的不同阶段区分为事前、事中、事后,仲裁司法审查不包括事中审查。其中,事前审查主要特指当仲裁管辖权存在争议时,当事人向法院申请确认仲裁协议的效力;事中审查主要是法院协助组建仲裁庭、决定和执行财产保全、行为保全等临时措施、协助仲裁庭获取证据;事后审查是指当仲裁裁决业作出后,当事人向法院申请撤销裁决、请求不予执行仲裁裁决、法院通知仲裁委员会重新仲裁等。相比之下,《仲裁司法审查规定》在制定时有意排除了事中审查,主要是考虑到临时措施及证据问题具有一定的特殊性,各方难以达成共识,为了尽可能促成条文的顺利通过,制定者拟定对其进行另行规定,未在本法中做出专门规定。

考虑到不同案件类型各具特性,为了与现行《民事诉讼法》《仲裁法》及司法实践相衔接,《仲裁司法审查规定》对各类仲裁司法审查案件分别规定了地域管辖与级别管辖,概述如下:第一,申请确认仲裁协议效力的案件,由仲裁协议约定的仲裁机构所在地、仲裁协议签订地、申请人住所地、被申请人住所地的中级人民法院或者专门人民法院管辖。第二,申请撤销仲裁裁决的案件,由作出终局裁决的仲裁机构所在地的中级人民法院或者专门人民法院管辖。第三,申请执行我国内地仲裁机构的仲裁裁决案件,由被申请人住所地或者财产所在地的中级人民法院或者专门人民法院管辖。第四,申请承认和执行外国仲裁裁决的案件,由申请人住所地、被申请人住所地、被申请人财产所在地的中级人民法院或者专门人民法院管辖。第五,关联案件的管辖。外国仲裁裁决与我国法院正在审理的诉讼案件存在关联,并且申请人住所地和被申请人住所地、被申请人财产所在地均不在我国内地,申请人申请承认外国仲裁裁决的,由受理关联案件的人民法院管辖;受理关联案件的人民法院为基层人民法院的,申请承认外国仲裁裁决的案件应当由该基层人民法院的上一级中级人民法院管辖;受理关联案件的人民法院是高级人民法院或者最高人民法院的,由上述法院决定自行审查或者指定中级人民法院或者专门人民法院审查。外国仲裁裁决与中国仲裁机构正在审理的仲裁案件存在关联,且申请人住所地和被申请人住所地、被申请人财产所在地均不在我国内地,申请人申请承认外国仲裁裁决的,由受理关联案件的仲裁机构所在地的中级人民法院或者专门人民法院管辖。此外，考虑到实践中存在较多的仲裁协议效力延伸的案件，尽管当事人对仲裁协议的有效性不存在异议，但对于某当事人之间涉及的具体纠纷是否受仲裁协议约束，却可能存在异议，并向法院主张确认。对这类案件，《仲裁司法审查规定》明确规定，法院应当作为确认仲裁协议效力案件予以受理，并对仲裁协议是否约束申请人和被申请人之间的纠纷作出裁定。最后，考虑到对于每类仲裁司法审查案件都存在多重的管辖权依据，现实中很可能出现多地法院均有权管辖的情况。为了避免和解决管辖权冲突的现象，并保障司法裁判的稳定性和可预见性，《仲裁司法审查规定》做出了明确规范。当申请人向两个以上有管辖权的人民法院提出申请的，由最先立案的人民法院管辖。

（三）仲裁司法审查案件的申请与受理

《仲裁司法审查规定》要求申请人向人民法院申请确认仲裁协议效力的，应当提交下列文件：①申请书；②仲裁协议正本或者证明无误的副本；③其他需要提交的文件。其中，申请书应载明下列事项：①当事人为自然人的，应载明其姓名、性别、出生日期、国籍及住所；当事人为法人或者其他组织的，应载明其名称、住所以及法定代表人或者代表人的姓名和职务；②仲裁协议的内容；③具体的请求和理由；④其他需要说明的情况。当事人提交的外文申请书、仲裁协议以及其他文件，应当附有中文译本。当事人提交的仲裁协议及证据材料系在中华人民共和国领域外形成的，应当依法办理公证、认证等证明手续。

申请人向人民法院申请执行或者撤销我国内地仲裁机构的仲裁裁决、申请和执行外国仲裁裁决的，应当提交下列文件：①申请书；②裁决书正本或者经证明无误的副本；③其他需要提交的文件。其中，申请书应当载明下列事项：①当事人为自然人的，应当载明其姓名、性别、出生日期、国籍及住所；当事人为法人或者其他组织的，应载明其名称、住所以及法定代表人或者代表人的姓名和职务；②裁决书的主要内容及生效日期；③具体的请求和理由；④其他需要说明的情况。类似地，外文文件及证据需要经过法定的公证、认证、翻译。

如前所述，仲裁司法审查的主要对象是仲裁过程中出现的程序性瑕疵，在对仲裁协议或对仲裁裁决提出异议时，如果确实存在程序上的瑕疵，往往会导致法院认定仲裁协议无效、对仲裁裁决予以撤销或不予执行。不过，基于司法对仲裁的支持力度不同，如果程序方面的微小瑕疵不足以导致裁决结果有失公正，则应当允许法院予以宽容对待，这种自由裁量权的存在不仅可避免对社会资源和司法资源的浪费，而且可以使当事人的权益处于相对稳定的状态。在这种理念的引导下，如果当事人申请司法审查时提交的材料不符合案件受理的规定，法院也应当给予释明。《仲裁司法审查规定》恰恰体现了这一点，其指出申请人提交的文件不符合上述规定，经人民法院释明后提交的文件仍然不符合规定，裁定不予受理。申请人向对案件不具有管辖权的人民法院提出申请，人民法院应当告知其向有管辖权的人民法院提出申请，申请人仍不变更申请的，裁定不予受理。申请人对不予受理的裁定不服的，可以提起上诉。

《仲裁司法审查规定》明确指出，如果法院在立案后才发现不符合受理条件的，应裁定驳回相应的司法审查申请；对于因材料原因导致申请被驳回的案件，申请人再次申请并符合受理条件的，法院应予受理。当事人对驳回申请的裁定不服的，可以提起上诉。

对于申请人的申请，法院应当在 7 日内向申请人和被申请人发出通知书，告知其受理情况及相关的权利义务。法院受理仲裁司法审查案件后，被申请人对管辖权有异议的，应当在收到人民法院通知后的 15 日内提出，人民法院对被申请人提出的异议，应当审查并作出裁定，当事人对裁定不服的，可以提起上诉。在中华人民共和国领域内没有住所的被申请人对人民法院的管辖权有异议的，应当在收到人民法院通知后的 30 日内提出。

就案件归类而言，仲裁司法审查案件除了涉及仲裁与司法的关系外，在具体的审理程序方面与普通的民商事纠纷并无本质不同。依照《仲裁司法审查规定》，人民法院对仲裁司法审查案件应当组成合议庭，并可参照适用《民事诉讼法》第一审普通程序的相关规定进行审查。仲裁司法审查案件的当事人申请不公开审理的，人民法院应当按照有关规定决定是否准许。应注意根据《仲裁司法审查规定》人民法院在仲裁司法审查案件中作出的裁定，除不予受理、管辖权异议以及不符合受理条件驳回申请的裁定外，其他裁定一经送达即发生法律效力。当事人申请复议、提出上诉或者申请再审的，人民法院不予受理。检察机关对人民法院在仲裁司法审查案件中作出的裁定提起抗诉的，人民法院不予受理。可见，只有不予受理、管辖权异议、驳回仲裁申请三类裁定可以寻求向法院地的上一级法院提出上诉，其他的裁定不存在进行复议、上诉或再审的可能，而是贯彻一裁终局、一审终审的基本原则。

（四）涉外仲裁司法审查的其他问题

1. 继续保留国内仲裁与涉外仲裁司法审查的"双轨制"

在2013年之前，我国《民事诉讼法》与《仲裁法》对涉外仲裁裁决与国内仲裁裁决司法审查施行所谓的双重双轨制：无涉外因素的国内裁决与涉外仲裁裁决适用不同的司法审查条件，前者的审查更为宽泛，涉及实体事由；同为国内仲裁裁决，撤销与不予执行也适用不同的法定条件，前者仅限于隐瞒证据或证据伪造等严重情形，后者则针对法律适用与事实认定进行全面审查。经过法律修订，现行《民事诉讼法》第二百三十七与《仲裁法》第五十八条基本实现了一致，统一了国内仲裁裁决撤销与不予执行的条件，缩小了实体审查的范围，但是仍然与涉外仲裁裁决的司法审查相去甚远。《新规定》没有突破《民事诉讼法》的双轨制，仍然以仲裁裁决是否具有涉外因素为标准区分适用不同的审查条件：法院对申请执行或者撤销我国内地仲裁机构作出的非涉外仲裁裁决案件的审查，适用《民事诉讼法》第二百三十七条；法院对申请和执行或者撤销我国内地仲裁机构作出的涉外仲裁裁决案件的审查，适用《民事诉讼法》第二百七十四条。

2. 对境外仲裁机构在我国内地作出仲裁裁决的司法审查

随着我国法律服务业市场的对外开放，外国及境外仲裁机构在我国内地进行仲裁的问题被法律制度所逐步认可。2011年《深圳前海深港现代服务业合作区条例》第五十三条明确鼓励前海合作区引入国际商事仲裁，这是我国立法首次明确允许引入境外仲裁机构。2015年4月，国务院《进一步深化中国（上海）自由贸易试验区改革开放方案的通知》提出："支持国际知名商事争议解决机构入驻"，在更大地理范围内允许境外仲裁机构入驻我国。2015年11月19日，香港国际仲裁中心（HKIAC）在中国上海自贸试验区设立了代表处，这是首家落户上海自贸试验区的境外仲裁机构，标志着我国引入境外仲裁机构的设想从立法走向现实。随后，2016年2月和3月，国际商会仲裁院（ICC）和新加坡国际仲裁中心（SIAC）也相继在上海设立了代表处，为我国引进境外仲裁机构拉开了序幕。

第四章
境外仲裁机构在北京"两区"所作裁决的司法审查与协助

2017年7月11日,国务院向北京市人民政府与商务部回复了《关于深化改革推进北京市服务业扩大开放综合试点工作方案的批复》(国函〔2017〕86号),同意并肯定了试点工作方案中关于加快构建与国际规则相衔接的服务业扩大开放的基本框架。特别是试点工作方案的第22条明确指出:为完善多元化商事争议解决体系,支持国际知名商事争议解决机构在符合京津冀协同发展战略总体要求的前提下,在北京设立代表机构,鼓励市场主体通过平等协商、第三方调解、商事仲裁、诉讼等多种方式解决纠纷,促进多元化商事争议解决机制建设。这意味着国际商事仲裁机构可入驻北京,并为中国商事交易从业者提供纠纷解决的新选项。该批复发布后引发仲裁界的激烈讨论,有观点对外国机构入驻北京与中国机构相互竞争仲裁案源的可能表达出"狼来了"的担忧;也有观点认为,中国仲裁机构至少对中国本土企业而言仍然具有独特的受案优势,外国机构入驻后如果不能较好地适应中国的法制状况与争议解决的文化背景,未必能对中国仲裁业构成冲击,"纸老虎"本身并不可怕。值得肯定的是,中国政府层面始终致力于推进共建原则下的"一带一路"倡议,向外国机构打开中国仲裁服务市场只是手段,提升中国商事仲裁界自身的竞争力才是目的。

那么,外国和境外仲裁机构入驻后,在中国内地作出的仲裁裁决应受何地法院的司法审查?现有《民事诉讼法》以仲裁机构所在地的法院为管辖权基础的模式并不能适用,原因是机构所在地并不在中国境内,而只是仲裁地在中国境内,因此,以自贸试验区法治创新为契机,在不突破现有《民事诉讼法》和《仲裁法》的前提下,推动构建以仲裁地法院实施司法审查管辖权的模式颇为必要。具体到对此类仲裁裁决的司法审查条件,《仲裁司法审查规定》起草过程中曾经试图规定:申请人向人民法院申请承认和执行外国仲裁机构在我国内地作出的仲裁裁决的,法院应当按照《民事诉讼法》第二百七十四条的规定,对仲裁裁决是否存在不予承认和执行的情形进行审查。然而,在最终出台的正式文本中该条款由于引发的争议较为激烈而被删除。

最后,内地法院受理的申请确认涉及香港特别行政区、澳门特别行政区、台湾地区仲裁协议效力的案件,申请执行或者撤销我国内地仲裁机构作出的涉及香港特别行政区、澳门特别行政区、台湾地区仲裁裁决的案件,参照适用涉外仲裁司法审查案件的规定审查。

简言之，仲裁兼具契约性和司法性的混合属性，这使得法院对仲裁的监督和控制成为必然，以期寻求争议解决效率和公正之间的平衡。[①] 而法院对仲裁的监督主要通过仲裁司法审查制度予以落实，对于国际商事仲裁而言，具体包括确认涉外（涉港澳台）仲裁协议效力、承认和执行外国（港澳台）仲裁裁决、撤销或不予执行涉外（涉港澳台）仲裁裁决。基于我国目前实施的涉外涉港澳台仲裁司法审查否定意见"逐级报核制度"，如果中级人民法院（或专门人民法院）、高级人民法院两级法院均对仲裁协议或仲裁裁决持否定态度，案件将进入最高人民法院的审核范围。此时，最高人民法院的司法态度对于宣示司法观点、统一仲裁司法审查尺度具有重要的实践意义。鉴于此，研究最高人民法院对各高级人民法院有关国际商事仲裁司法审查问题的请示的复函，通过"法信""北大法宝""中国裁判文书网""Open Law"等各类案例检索工具，搜集各中级人民法院（或专门人民法院）依据最高人民法院审核意见所作出的裁定，对于研究我国的国际商事仲裁司法审查制度具有十分重要的价值。

第三节　申请确认仲裁协议效力案件的司法审查

一、涉外仲裁协议效力认定的法律变迁

通常认为仲裁协议是国际商事仲裁的基石，因其不仅为仲裁机构、仲裁庭确立管辖权，也能排除法院对同一争议行使司法管辖权。对于同一商事争议，如果一方当事人主张双方存在有效的仲裁协议，并将纠纷提交仲裁解决，另一方主张双方不存在有效的仲裁协议，认为应当由法院通过司法程序解决纠纷，这便产生了对仲裁协议有效性的争议。要解决这一问题，必须回答三个问题：第一，谁有权审查仲裁协议的效力？第二，适用什么法律审查仲裁协议的效力？第三，有效的仲裁协议需要满足哪些要素？

根据中国的相关立法及司法解释，仲裁机构与法院均有权对仲裁协议的效力进行审查并作出决定。通常情况下，法院认定仲裁协议的权力优先于仲

[①] 杜新丽：《论国际商事仲裁的司法审查与立法完善》，《现代法学》，2005年第6期。

第四章 境外仲裁机构在北京"两区"所作裁决的司法审查与协助

裁机构。1995年9月1日起施行的《仲裁法》第二十条规定:"当事人对仲裁协议的效力有异议的,可以请求仲裁委员会作出决定或者请求人民法院作出裁定。一方请求仲裁委员会作出决定,另一方请求人民法院作出裁定的,由人民法院裁定。"但是,法院优先于仲裁机构的规则存在例外,根据自1998年11月5日施行的《最高人民法院关于确认仲裁协议效力几个问题的批复》(法释〔1998〕第27号)第三条规定:"当事人对仲裁协议的效力有异议,一方当事人申请仲裁机构确认仲裁协议效力,另一方当事人请求人民法院确认仲裁协议无效,如果仲裁机构先于人民法院接受申请并已作出决定,人民法院不予受理;如果仲裁机构接受申请后尚未作出决定,人民法院应予受理,同时通知仲裁机构终止仲裁。"

对于涉外仲裁协议的效力认定,我国法院或仲裁委员会需要依据冲突规范确定仲裁协议的准据法,进而再依据有关国家的仲裁立法对仲裁协议的有效性进行审查。自2006年9月8日起开始施行《仲裁法司法解释》做出了明确规定。[1] 2011年4月1日施行的《法律适用法》对涉外仲裁协议的法律适用规则进行了更新,增加了仲裁机构所在地法作为系属公式。[2] 考虑到在有的仲裁协议中,当事人既没有选择仲裁协议的准据法,也没有选择仲裁地或仲裁机构,此时应适用哪一国家的法律认定其仲裁协议的效力成为实践难题。对此,《法律适用法司法解释》做出了明确规定。[3]

在国际仲裁实践中,由于仲裁协议具有独立性、可分性,即使当事人约定了主合同的准据法,该项约定并不能视为当事人对仲裁协议的准据法也作出了约定。中国也认可这种国际共识。2018年《仲裁司法审查规定》(法释〔2017〕22号)第十三条规定:"当事人协议选择确认涉外仲裁协议效力适用的法律,应当作出明确的意思表示,仅约定合同适用的法律,不能作为确认

---

[1] 《仲裁法司法解释》第十六条规定:"对涉外仲裁协议的效力审查,适用当事人约定的法律;当事人没有约定适用的法律但约定了仲裁地的,适用仲裁地法律;没有约定适用的法律也没有约定仲裁地或者仲裁地约定不明的,适用法院地法律。"

[2] 《法律适用法》第十八条规定:"当事人可以协议选择仲裁协议适用的法律。当事人没有选择的,适用仲裁机构所在地法律或者仲裁地法律。"

[3] 《法律适用法司法解释》第十四条规定:"当事人没有选择涉外仲裁协议适用的法律,也没有约定仲裁机构或者仲裁地,或者约定不明的,人民法院可以适用中华人民共和国法律认定该仲裁协议的效力。"

合同中仲裁条款效力适用的法律。"此外，考虑到《法律适用法》将仲裁地法与仲裁机构所在地法作为并行的冲突规范，并未区分两个概念的先后顺序，为了体现司法支持仲裁的立场并尽可能认定仲裁协议有效，《仲裁司法审查规定》第十四条规定："确定确认涉外仲裁协议效力适用的法律时，当事人没有选择适用的法律，适用仲裁机构所在地的法律与适用仲裁地的法律将对仲裁协议的效力作出不同认定的，人民法院应当适用确认仲裁协议有效的法律。"前述规定也适用于涉港澳台仲裁协议的司法审查。①

二、案例分析：以"在厦门仲裁，适用英国法"条款为例

2014年11月18日，瑞福船舶管理有限公司（以下简称"瑞福公司"）与山东振宏能源有限公司（以下简称"振宏公司"）签订《订租确认书》（FIXTURE NOTE）第23条约定"English law to apply arbitration in Xiamen/Fujian/China"。该条款先后在中国广州海事法院、广东省高级人民法院、厦门海事法院、青岛海事法院按照不同程序经多次效力认定，不同法院先后认定观点不一。② 这一系列案件的不同裁决深刻揭示了我国法院在涉外仲裁协议司法审查方面的不同观点，值得深入分析。

（一）广州海事法院一审裁定③

2015年9月1日，瑞福公司向广州海事法院提起诉讼，要求振宏公司赔偿其违约导致的损失。法院认为，该案为瑞福公司与振宏公司因《订租确认书》（FIXTURE NOTE）的履行产生的航次租船合同纠纷，因《订租确认书》第二十三条明确约定：在中国福建厦门仲裁，适用英国法（ENGLISH LAW TO APPLY ARBITRATION IN XIAMEN/FUJIAN/CHINA）。该约定构成有效的仲裁条款，于是根据《中华人民共和国民事诉讼法》第二百七十一条裁定对瑞福公司的起诉不予受理。

---

① 《仲裁司法审查规定》第二十一条规定："人民法院受理的申请确认涉及香港特别行政区、澳门特别行政区、台湾地区仲裁协议效力的案件，申请执行或者撤销我国内地仲裁机构作出的涉及香港特别行政区、澳门特别行政区、台湾地区仲裁裁决的案件，参照适用涉外仲裁司法审查案件的规定审查。"
② 陈延忠：《临时仲裁条款，历经四家法院，被确认为无效》，https://mp.weixin.qq.com/s/8Ydz5yw7P8d_j-MS_jCTLw，最后访问日期：2020年7月1日。
③ 广州海事法院（2015）广海法立字第3号民事裁定。

（二）广东省高级人民法院二审裁定①

瑞福公司不服一审裁定，提起上诉。法院查明，福建省厦门市的商事仲裁机构仅有厦门仲裁委员会一家。对此，瑞福公司提交了厦门仲裁委员会出具一份《不予受理通知书》，其中载明，因该案所争议的仲裁协议仅约定仲裁地点，并未明确相应的仲裁机构，不符合《中华人民共和国仲裁法》第十六条规定的有效仲裁协议要件，故不予受理。法院认为，该案仲裁协议虽然明确约定仲裁地，但未约定仲裁协议效力审查适用的准据法。当事人在合同中约定的适用于解决合同争议的准据法，不能用来确定涉外仲裁条款的效力，故根据《仲裁法司法解释》第十六条认定，应适用中国内地法律审查涉案仲裁条款的效力。由于厦门只有一个仲裁委员会，根据《仲裁法司法解释》第六条，应视为约定了明确的仲裁委员会，仲裁协议有效。二审裁定驳回上诉，维持一审原裁定。

（三）厦门海事法院一审裁定②

广东省高级人民法院做出二审裁定后，瑞福公司向厦门仲裁委员会申请仲裁，该仲裁委员会仍然以该条款无效为由拒绝立案。瑞福公司向厦门海事法院申请确认案涉仲裁条款有效。案件受理后，瑞福公司于2016年6月24日向厦门海事法院提出撤诉申请。法院认为，申请人在该案诉讼期间自行申请撤诉，是在法律允许的范围内对自己的权利所作的处分，符合法律规定的撤诉条件。依照《中华人民共和国民事诉讼法》第一百四十五条第一款的规定，裁定准许撤诉。

（四）青岛海事法院一审裁定③

厦门海事法院作出撤诉裁定后，瑞福公司向青岛海事法院申请确认案涉仲裁条款无效。法院认为，该案是涉港仲裁协议的效力审查，根据《法律适用法》第十八条的规定，应适用中国内地法律审查本案仲裁协议的效力。根据中国法，仲裁协议应当具有选定的仲裁委员会，本案当事人仅约定仲裁地点为厦门，未约定仲裁机构，且没有证据证明当事人就仲裁机构的选择达成

---

① 广东省高级人民法院（2015）粤高法立民终字第766号民事裁定。
② 厦门海事法院（2016）闽72民特5号民事裁定。
③ 青岛海事法院（2016）鲁72民特466号民事裁定。

补充协议，因此仲裁协议无效。

三、我国法院审查仲裁协议存在的问题与思考

就"瑞福案"仲裁协议效力的司法审查，广州海事法院、广东省高级人民法院、青岛海事法院作出了不同的认定，裁判尺度亟待统一。为此，2022年1月1日生效的《最高人民法院关于修改〈最高人民法院关于仲裁司法审查案件报核问题的有关规定〉的决定》（法释〔2021〕21号）要求各级法院在认定涉外、涉港澳台仲裁协议无效之前，必须逐级报请最高人民法院，待最高人民法院审核后，方可依最高人民法院的审核意见作出裁定。如此可以在一定程度上避免地方法院的对立裁决。但是由于只有无效的意见需要报核，有效的意见不需要报核，因此并不能从根本上解决对立裁判问题。例如，案中广东省高级人民法院认定仲裁协议有效，无须向最高人民法院报核，青岛海事法院认定仲裁协议无效，则需要向最高人民法院报核。此外，实践中常有地方法院不遵守规定进行报核，同案不同判的现象客观存在。

例如，在武汉硚口天华小额贷款有限公司与九江乐得士生物科技有限公司的不予执行仲裁案中，乐得士公司向九江市中级人民法院申请不予执行仲裁调解书，其理由是：张鹏与乐得士公司前法定代表人梁柱恶意串通，凭借伪造的《居间合同》、《借款合同》以及张鹏支付到九江乐得士生物科技有限公司的"相关付款凭证"到武汉仲裁委员会进行虚假仲裁，骗取涉案调解书。九江市中级人民法院经审理认定，武汉仲裁委员会作出涉案调解书所依据的证据之一《居间合同》与客观事实不符，执行该仲裁调解书有违社会公共利益，依据《民事诉讼法》第二百二十五条和《最高人民法院关于人民法院办理执行异议和复议案件若干问题规定》第十七条第一款第二项的规定，于2018年2月8日作出（2017）赣04执异25号执行裁定，不予执行武汉仲裁委员会（2014）武仲调字第0000259号调解书，如不服该异议裁定，可向江西省高级人民法院申请复议。天华公司不服九江市中级人民法院的一审裁定，于是向江西省高级人民法院申请复议。江西省高级人民法院认为：依据《最高人民法院关于人民法院办理仲裁裁决执行案件若干问题的规定》（以下简称《仲裁裁决执行规定》）第二十二条规定，人民法院裁定不予执行仲裁裁决、驳回或者不予受理不予执行仲裁裁决申请后，当事人对该裁定提出执行异议

第四章
境外仲裁机构在北京"两区"所作裁决的司法审查与协助

或者申请复议的,人民法院不予受理。人民法院裁定不予执行仲裁裁决的,当事人可以根据双方达成的书面仲裁协议重新申请仲裁,也可以向人民法院起诉。

该案中,被执行人乐得士公司向九江中院申请不予执行本案仲裁调解书,该院依法裁定不予执行,申请执行人天华公司因不服该裁定申请复议,依法应当不予受理,已经受理的应当驳回申请,天华公司可以另行主张权利。综上,江西省高级人民法院于2018年5月28日作出(2018)赣执复31号执行裁定,驳回天华公司的复议申请。

天华公司不服江西省高级人民法院的二审裁定,继续向最高人民法院提出申诉,其理由是:根据《仲裁法司法解释》第二十八条规定,当事人请求不予执行仲裁调解书的,人民法院不予支持。因此,乐得士公司无权申请不予执行,应予驳回。《仲裁裁决执行规定》第二十二条第三款规定,案外人申请裁定不予执行仲裁调解书,当事人不服的,可以向上一级法院申请复议。因此对于不予执行仲裁调解书,当事人可以申请复议。江西高院驳回复议申请没有法律依据。

最高人民法院经审理后认定:该案的焦点问题是九江中院裁定不予执行仲裁调解书是否符合法定程序。

《仲裁裁决执行规定》第十七条规定,被执行人申请不予执行仲裁调解书或者根据当事人之间的和解协议、调解协议作出的仲裁裁决,人民法院不予支持,但该仲裁调解书或者仲裁裁决违背社会公共利益的除外。因此,九江中院有权对涉案仲裁调解书是否违背公共利益进行审查。根据《仲裁司法审查报核规定》第三条规定,以违背社会公共利益为由不予执行或者撤销我国内地仲裁机构的仲裁裁决,应当向本院报核,待本院审核后,方可依本院的审核意见作出裁定。经查,九江中院(2017)赣04执异25号执行裁定,未向本院报核,亦未经江西高院审核,故该院作出不予执行仲裁调解书的裁定违反法定程序。综上,九江中院(2017)赣04执异25号执行裁定,未经本院审核直接作出,违反法定程序,应予撤销。参照《中华人民共和国民事诉讼法》第一百九十八条,根据《最高人民法院关于人民法院执行工作若干问题的规定(试行)》第一百二十九条之规定,裁定如下:"一、撤销江西省九江市中级人民法院(2017)赣04执异25号执行裁定;二、撤销江西省高级人民法院（2018）赣执复 31 号执行裁定；三、该案由江西省九江市中级人民法院重新审查处理。"

根据最高法院《仲裁司法审查报核规定》第二条和第三条的规定，法院拟不予执行国内"仲裁裁决"的，应当向本辖区所属高级人民法院报核。其中，案件当事人住所地跨省级行政区域和以违背社会公共利益为由不予执行国内"仲裁裁决"的，应当层报最高法院。但疑问是前述规定是否适用于不予执行仲裁调解书的情形？最高人民法院《仲裁法司法解释》第二十八条规定："当事人请求不予执行仲裁调解书或者根据当事人之间的和解协议作出的仲裁裁决书的，人民法院不予支持。"最高人民法院《仲裁裁决执行规定》第十七条进一步规定："被执行人申请不予执行仲裁调解书或者根据当事人之间的和解协议、调解协议作出的仲裁裁决，人民法院不予支持，但该仲裁调解书或者仲裁裁决违背社会公共利益的除外。"简言之，在仲裁调解书违背社会公共利益的情形下，法院有权裁定不予执行该仲裁调解书。在此情形下，结合《仲裁司法审查报核规定》第三条的规定，我们理解法院应当履行相应的报核程序。该案例中，九江中院认为"执行该仲裁调解书有违社会公共利益"，并以此为由裁定不予执行涉案仲裁调解书，最高法院进一步认为"九江中院（2017）赣 04 执异 25 号执行裁定，未向本院报核，亦未经江西高院审核，故该院作出不予执行仲裁调解书的裁定违反法定程序"。

《仲裁司法审查规定》第二十条规定："人民法院在仲裁司法审查案件中作出的裁定，除不予受理、驳回申请、管辖权异议的裁定外，一经送达即发生法律效力。当事人申请复议、提出上诉或者申请再审的，人民法院不予受理，但法律和司法解释另有规定的除外。"需要注意的是，此处的"驳回申请"是指《仲裁司法审查规定》第八条有关"人民法院立案后发现不符合受理条件的，裁定驳回申请"的规定。在（2019）浙民终 1306 号民事裁定书中，浙江高院指出"前述第二十条规定的'驳回申请裁定'，是指《仲裁司法审查规定》第八条所规定的不符合受理条件裁定驳回申请的情况"。在此情形下，最高法院只得参照《关于人民法院执行工作若干问题的规定（试行）》第一百二十九条有关"上级人民法院依法监督下级人民法院的执行工作。最高人民法院依法监督地方各级人民法院和专门法院的执行工作"的规定进行监督。这一思路在（2018）最高法执监 177 号执行裁定书中亦有所体现。在该案例中，最高法院指出"地方各级法院对于非涉外涉港澳台仲裁司法审查案件，如果要以违背社会公共利益为由不予执行或者撤销我国内地仲裁机构的仲裁裁决应当向最高人民法院报核，待最高人民法院审核后，方可依最高人民法院的审核意见作出裁定。但新疆高院在作出（2018）新执监5号裁定前并未向本院报核，故不符合上述程序要求"。

为统一法律适用和裁判尺度，维护最高人民法院的司法公信力，最高人民法院发布《关于建立法律适用分歧解决机制的实施办法》，自2019年10月28日期施行。

根据《仲裁司法审查规定》第二条第二款，涉及海事海商纠纷仲裁协议效力的案件，由仲裁协议约定的仲裁机构所在地、仲裁协议签订地、申请人住所地、被申请人住所地的海事法院管辖。由于这四类管辖法院是并列的，并未明确先后顺序，不同法院在仲裁协议司法审查方面持有不同观点，客观上导致当事人有机会挑选法院 forum shopping，属于管辖权的积极冲突，该案即为典型实例。

实践中，在法院已经认定仲裁协议有效后，仲裁机构应当尊重法院的认定，不应当再对同一仲裁协议作出重复审查，也不应当以其他理由拒绝管辖。该案中，在广东省高级人民法院认定仲裁协议有效后，厦门仲裁委员会拒绝受理案件，依据不足。并且法院与仲裁机构均拒绝行使管辖权，客观上导致了当事人救济无门的后果，属于管辖权的消极冲突，应当尽量避免。

由于各国的仲裁立法对仲裁协议规定了不同的有效要件，因此在认定某一仲裁协议是否有效时，首先需要解决适用哪一国家的法律作为仲裁协议的准据法问题。在涉外仲裁协议有效性的司法审查实践中，准据法的确定问题始终是个"疑难杂症"。综合各国实践，至少存在国际仲裁协议适用当事人协议选择的法律、主合同准据法、仲裁程序准据法、法院地法、仲裁地法、仲裁机构所在地法等多重确定准据法的方案。[1] 在我国涉外经贸仲裁制度运用之初，尽管受案量在不断增长，但法官在认定仲裁协议准据法时，多将涉外仲裁协议的有效性纠纷识别为争议解决的管辖权之争，继而定位为程序问题依

---

[1] Mauro Rubino-Sammartano, International Arbitration Law and Practice, CITIC Publishing House, 2003, 23.

赖于法院地法予以判断，从而在仲裁协议的解释及发现仲裁协议准据法方面乏善可陈。① 国际商事仲裁的法律适用问题受到漠视的状况直至 2004 年北京仲裁委员会修订仲裁规则时才引起重视。② 随着实践的推进，最高人民法院也意识到了这一问题，并于 2006 年《仲裁法司法解释》第十六条中确立了涉外仲裁协议法律适用的基本顺序：当事人意思自治—仲地法—法院地法。③ 可见，无论合同中是否存在法律选择条款，主合同的准据法并不当然是仲裁条款的准据法，仲裁协议应独立确定准据法，这种"准据法分裂"的选法方式常被用于确定仲裁协议准据法的辅助手段。④ 然而在我国仲裁与司法实践中，罕见有当事人专为仲裁条款选定准据法的，适用仲裁地法与法院地法成为我国主流实践。本着尽量促使对仲裁协议作有效认定且可执行的理念指引，最高人民法院采取了种种支持仲裁的举措并通过一系列批复明确了在约定仲裁机构不明确、约定或裁或审、约定多家仲裁机构等情况下仲裁协议效力的认定规则。⑤

---

① 有观点提出，在强制执行仲裁协议阶段（即仲裁裁决作出前），应依据涉外合同的选法规则决定仲裁协议的准据法，即首先适用当事人选择的法律，在当事人未作明确选择时，依最密切联系原则确定准据法；而在裁决作出后的申请撤销阶段，法院可参考《国际商事仲裁示范法》，首先适用当事人所选择的法律，无选择的则适用法院地法。朱克鹏：《国际商事仲裁的法律适用》，法律出版社 1999 年版，第 59 页。

② 该规则第 58 条确立了国际商事仲裁法律适用的几项基本原则，这些原则与国际通行标准相一致，例如允许当事人意思自治优先、排除反致、当事人没有选择法律时遵循最密切联系原则、仲裁庭尊重当事人之间的合同并考虑商事惯例等。宋连斌：《中国仲裁的国际化、本土化与民间化：基于 2004 年〈北京仲裁委员会仲裁规则〉的个案研究》，《暨南学报（哲学社会科学版）》2006 年第 5 期。

③ 《仲裁法司法解释》第十六条对仲裁协议法律适用的规定符合 1958 年《纽约公约》第五条第一款 a 项，根据公约，判定仲裁协议的有效性时依据当事人共同选择的应当适用的法律，或者未指定此项法律时适用仲裁地的法律。赵秀文：《国际商事仲裁现代化研究》，法律出版社 2010 年版，第 101 页。

④ 陈卫佐：《国际性仲裁协议的准据法确定——以仲裁协议的有效性为中心》，《比较法研究》，2016 年第 2 期。

⑤ 根据仲裁协议独立性原则（又称可分性原则），主合同变更、解除、终止、未成立、无效、失效、被撤销等，并不必然对仲裁协议的效力构成消极影响。对仲裁协议的有效性，应由仲裁庭或法院作出独立认定。根据最高人民法院《关于同时选择两个仲裁机构的仲裁条款效力问题的函》（法函〔1996〕176 号），当仲裁协议中同时约定 A 或 B 仲裁机构的情况下，最高院的复函认定此类协议为明确的、有效的且可以执行的。不过，2006 年《仲裁法司法解释》则要求对于此类情形需要当事人另行达成补充协议，如果无法通过补充协议具体选择其中一家机构，则将导致仲裁条款归于无效。林一飞：《商事仲裁实务精要》，北京大学出版社 2016 年版，第 45 页。

第四章
境外仲裁机构在北京"两区"所作裁决的司法审查与协助

特别应予强调的是 2011 年生效的《法律适用法》及其司法解释对涉外仲裁协议的法律适用问题作出了明确规定，结合二者来看，当下涉外仲裁协议效力的认定遵循新的顺位：当事人意思自治——仲裁机构所在地法或仲裁地法——法院地法。事实上，这种安排对 2006 年《仲裁法司法解释》做出了一定的修改，鉴于《法律适用法》的位阶高于司法解释，因此在《法律适用法》生效之后，涉外仲裁协议的法律适用顺序应遵循新的安排。不容否认的是，无论是新规定抑或旧规定，立法者和最高院的理念是一致的，即尽量促成仲裁协议的有效性认定。[1] 这种有利于认定仲裁协议效力的价值取向，在新出台的法释〔2017〕22 号第十四条中得以"一脉相承"，依据该条在当事人未选择仲裁协议准据法时，若依据仲裁地法与机构所在地法将得出不同的结论，则应当适用确认仲裁协议有效的法律，从而使两个并列连结点的适用有了规范指引，更具可操作性。

四、仲裁协议独立性原则要求单独确定准据法

在国际商事交往实践中，大量的跨国商事合同都制定了仲裁条款，根据此类条款，合同各方当事人选择将其特定争议提交至国际仲裁方式加以解决，而不是通过某一国的国内法院进行司法诉讼。作为国际商事仲裁的基石，仲裁协议既是争议任何一方当事人将其争议提交仲裁的依据，也是仲裁机构或仲裁员对某一特定案件获得管辖权的前提。通常认为，仲裁协议作为一种特殊的合同，其效力具有广延性，除及于各方当事人外，还扩及仲裁机构、仲裁员和相关法院。[2] 仲裁协议产生效力的前提，是该协议本身必须合法有效，鉴于各国仲裁立法对仲裁协议设定的有效性要件（包括形式要件与实质要件）宽严有别，如何确认涉外仲裁协议的有效性，首要问题即确定仲裁协议的准据法。

通过文献综述可知，在当前各国的立法与实践中，确定涉外仲裁协议准据法的方法主要有两类：第一，适用双方当事人明示或默示选择的、适用于

---

[1] 《最高人民法院关于审理仲裁司法审查案件若干问题的规定》（法释〔2017〕22号）第十四条、第十五条重申了这一理念在仲裁协议效力认定案件中的适用。

[2] 黄进、宋连斌、徐前权：《仲裁法学》，中国政法大学出版社2008年版，第85页。

仲裁协议本身的法律体系；第二，在无法律选择的情形下适用仲裁地国家的法律体系。① 除了两大基本方案外，主合同的准据法、仲裁机构所在地法、与仲裁协议有最密切联系的国家的法律、仲裁程序的准据法等，也得到了不同程度的认可与适用。

在涉外商事仲裁实践中，罕见有当事人专门针对仲裁条款选定准据法的。在国际仲裁中，如果当事人没有针对仲裁协议专门选择准据法，虽然不排除在某种情况下适用针对实体事项的准据法或主合同的准据法，多数情况下都是单独确定仲裁协议的准据法。作为特例，在英国判例法②的历史上，当合同中概括性地纳入一条法律选择条款时，视为主合同争议和仲裁条款均适用该选定的准据法。不过，晚近的英国判例法③却有所变动，认定当事人选择的法律仅为主合同实体争议的准据法，而仲裁协议的准据法则为仲裁地法。④

经过长期的司法审查实践，我国法院积累了丰富的涉外仲裁协议效力认定的裁判经验。值得注意的是，仲裁协议的法律适用问题与其所属的主合同的法律适用问题究竟是相互独立的问题还是可以等同视之的问题，实践中存在不同的认识。概括来讲，有不少国家主张应当单独确定涉外仲裁协议的准据法，其理论依据是国际商事仲裁中普遍接受的仲裁协议独立性原则。仲裁协议的可分性，又称仲裁协议独立性、仲裁条款自治说，是国际商事仲裁中被广为接受的理论。该理论主张仲裁条款独立于将其囊括其中的主合同或基础合同，主合同未成立、无效、失效、终止、被撤销，仲裁条款并不随之当然无效。当然，这也并不意味着仲裁条款当然有效，而是说仲裁条款的效力应当与主合同的效力分开来进行判断。相应地，在当事人质疑主合同的效力时，并不能当然导致仲裁条款丧失效用，主合同的效力异议也无法阻止仲裁员对主合同的效力争议作出裁判。尽管从合同法中主从合同的概念层面难以对仲裁协议独立性作出完美的理论阐释，但这一理论主张在实践中却颇为受

---

① 陈卫佐：《国际性仲裁协议的准据法确定——以仲裁协议的有效性为中心》，《比较法研究》，2016年第2期。
② XL Insurance v. Owens Corning（［2000］2 Lloyd's Rep 500）。
③ C v. D（［2008］1 Lloyd's Rep 239）。
④ 宋连斌：《涉外仲裁协议效力认定的裁判方法——以"仲裁地在香港适用英国法"为例》，《政治与法律》，2010年第11期。

第四章
境外仲裁机构在北京"两区"所作裁决的司法审查与协助

用。如果不支持仲裁条款独立性，而是认定仲裁协议的有效性随主合同的效力遭受质疑就当然无效，那么对仲裁程序心怀恶意的一方当事人就能够轻而易举地实施"拖延战术"，这显然不利于发挥仲裁方式解决纠纷的功能，也无益于维护当事人之间真诚善意的合作关系。[①] 作为仲裁协议独立性在程序中的具体运用，国际仲裁中普遍确立了"管辖权/管辖权原则"，也称仲裁庭自裁管辖权原则。根据该项原则，在当事人对仲裁协议的效力或对仲裁管辖权提出异议时，仲裁庭有权对其自身的管辖权作出判断。不过，值得强调的是，仲裁协议虽然具有可分性，其效力判断可独立于主合同，但是却并不意味着仲裁协议与主合同的准据法必然受到不同国家法律支配，仲裁协议的准据法在一定程度上可能受到主合同的准据法影响，尤其是在合同中仅存在一条适用于整个合同的概括性的法律选择条款时，该条款固然适用于合同实体问题的法律适用，但是否也同样能适用于仲裁协议，常常引发强烈的争论。

就案件类型而言，涉外仲裁协议的司法审查案件可进一步区分为申请确认涉外仲裁协议效力和申请确认区际仲裁协议效力两种情形。法院在审理确认涉外仲裁协议效力的案件时确定准据法的依据，应先根据《法律适用法》第十八条即当事人可以协议选择仲裁协议适用的法律。当事人没有选择的，适用仲裁机构所在地法律或者仲裁地法律。《法律适用法司法解释》第十四条进一步明确，在仲裁机构或者仲裁地没有约定或约定不明时，适用中华人民共和国法律认定该仲裁协议的效力。由此可知，确认仲裁协议效力的准据法按照优先等级排序，依次为当事人协议选择的法律、仲裁机构所在地或仲裁地法律、我国法律。根据《法律适用法司法解释》第二条的规定，对于该法实施以前发生的涉外民事关系，人民法院应当根据该涉外民事关系发生时的有关法律规定确定应当适用的法律。就确认仲裁协议效力问题，则应适用《仲裁法司法解释》第十六条确定应当适用的准据法。《仲裁法司法解释》第十六条的规定与《法律适用法》第十八条无实质性区别，当事人约定的法律仍应优先适用。准据法适用依据其次是仲裁地法，与《法律适用法》第十八条不同的是，《仲裁法司法解释》第十六条未提及仲裁机构所在地法律的适

[①] W. Michael Reisman et al., International Commercial Arbitration: Cases, Materials and Notes on the Resolution of International Business Disputes, Westbury: The Foundation Press, Inc., 1997, p.540.

用。最后为法院地法，其实也就是我国内地法律，这与《法律适用法》第十八条的规定一致。

至于确认涉港澳仲裁协议效力案件，根据《法律适用法司法解释》第十九条的规定，涉及香港特别行政区、澳门特别行政区的民事关系的法律适用问题，参照适用《法律适用法》的规定。

就目前上报最高人民法院审核的确认涉外涉港澳台仲裁协议效力案件来看，当事人直接在仲裁协议中约定确认仲裁协议应当适用的法律的情况并不多见。实践中，如果当事人当庭一致表示同意适用某国法律，也应视为当事人对仲裁协议效力准据法做出了选择。例如"江苏新誉空调系统有限公司（以下简称"新誉公司"）申请确认仲裁协议效力案"中，江苏常州中院指出，该案系确认涉外仲裁协议效力的案件，双方当事人均认为涉案仲裁协议效力的审查应适用中华人民共和国法律，故应当使用中华人民共和国法律作为审查涉案仲裁协议效力的准据法。[①] 又如，"北京华星远大国际技术有限公司申请确认仲裁协议效力案"中，双方当事人所签订的《独家经销代理协议》第32条"适用法律和司法管辖权"约定：与本协议的解释、履行或违约相关的所有争议应根据法国法律进行解释。案件审理中，双方当事人均同意认定仲裁协议效力所适用的准据法为法国法。因此，北京市二中院适用法国法律认定仲裁协议的效力。[②]

由上述"北京华星远大国际技术有限公司案"引出的一个问题是，当事人约定的合同实体法、仲裁程序法和仲裁协议效力准据法的区别。该案协议中关于争议解决适用法国法律的约定即对合同实体法的约定，最高人民法院对该案的复函强调当事人约定争议根据法国法解释，这属于当事人对解决合同争议准据法的约定，并非对仲裁条款准据法的约定。[③] 因而法院在审查仲裁协议效力时，并不能直接适用法国法律。"青岛新安泰钢结构有限公司（以下简称新安泰公司）申请确认仲裁协议效力纠纷案"中，法院也表达了同样的观点。新安泰公司与远东锅炉厂有限责任公司签订的三份《销售合同》约定：

---

① 江苏省常州市中级人民法院（2014）常商外仲审字第1号。
② 北京市第二中级人民法院（2013）二中民特字第11200号。
③ 最高人民法院（2014）民四他字第53号。

合同的制定、生效、解释、执行均应遵循中华人民共和国法律和俄罗斯法律。山东青岛中院认为，关于确定合同仲裁协议效力所应适用的准据法问题，根据仲裁条款独立性原则，当事人约定合同适用的法律不能当然视为确定合同中仲裁协议效力的准据法。[①] 同时，当事人对仲裁程序法的约定亦不能视为对确认仲裁协议效力准据法的选择。例如最高人民法院"关于北京建龙重工集团有限公司与金色海洋集团有限公司、金浙江公司确认仲裁条款效力一案的批复"中，涉案保函约定适用英格兰法律并按英格兰法律解释，对因该保函而产生的所有事宜依据《1996年英国仲裁法》提交伦敦仲裁。最高人民法院指出，该约定既有涉案保函所适用的实体法的约定，又有关于仲裁及其程序法的约定。但在确认仲裁协议效力上，仍应依据当事人选择的仲裁地而适用英国法律。[②]

在"上诉人天津市中色国际贸易有限公司（以下简称'中色公司'）与被上诉人香港宏达国际贸易有限公司（以下简称'宏达公司'）、一审被告林某某货物买卖合同纠纷管辖权异议上诉案"中，中色公司依据《合作协议》提起诉讼，请求宏达公司等支付货款。天津市高级人民法院经审查认为，根据查明事实，中色公司起诉的依据不是《合作协议》，而是《买卖合约》，而案涉三份《买卖合约》均约定："合同执行中的任何争执或索赔，若无法通过友好协商解决，则应将案件交由被诉人所在地的仲裁机构（中国国际经济贸易仲裁委员会任何分会或香港国际仲裁庭）仲裁。"《买卖合约》未单独约定仲裁条款应适用的法律，故应适用仲裁机构所在地法或仲裁地法认定相关仲裁条款的效力；如约定不明，则可以适用我国内地法律予以认定。涉案仲裁条款虽然同时约定了两家仲裁机构，但加以"被诉人所在地仲裁机构"的限定，应视"被诉人"系中色公司或宏达公司确定相应仲裁机构。因该案中宏达公司系"被诉人"，其登记地在我国香港特别行政区，故应以宏达公司所在地，即我国香港特别行政区法律作为认定涉案《买卖合约》中仲裁条款效力的法律。依照我国香港《仲裁条例》，仲裁条款效力取决于当事人将争议交付仲裁的意思表示，而不以是否约定仲裁机构、约定的仲裁机构是否唯一、约定的仲裁机构名称是否准确、约定的仲裁机构是否存在等作为生效要件。由

---

① 山东省青岛市中级人民法院（2012）青民四确字第2号。
② 最高人民法院（2014）民四他字第3号。

于《买卖合约》中的仲裁条款具备当事人将争议交付仲裁的意思表示，应认定为有效。据此，维持驳回中色公司起诉的一审裁定。① 中色公司以二审裁定认定基本事实缺乏证据证明、适用法律确有错误为由申请再审，最高人民法院认定申请再审理由不能成立，裁定驳回中色公司的再审申请。②

在"申请人中轻三联国际贸易有限公司与被申请人塔塔国际金属（亚洲）有限公司申请确认仲裁协议效力案"中，涉案仲裁条款约定："如果不能协商解决，应提交至新加坡国际贸易仲裁委员会按照美国的仲裁规则进行仲裁。"法院认为：当事人在上述合同中明确作出将争议提交至新加坡国际贸易仲裁委员会的意思表示，虽然在表述上新加坡国际贸易仲裁委员会并非新加坡任何一家仲裁机构的具体名称，因约定的名称错误将导致无法对仲裁机构确切认定，但根据约定内容可以认定当事人有明确选择的意思表示，并且可以推定当事人认可在新加坡法律框架内进行仲裁。根据我国《法律适用法》及其司法解释的规定以及当事人仲裁条款的约定，仲裁地应认定为新加坡，据此确定该案仲裁协议效力所应适用的准据法为新加坡法律。③

在"上诉人马士基航运有限公司（以下简称'马士基公司'）与被上诉人天津航星国际货运代理有限公司（以下简称'航星公司'）、一审被告普罗旺斯番茄制品（天津）有限公司、天津欧尚国际货运代理有限公司海上货物运输合同系列纠纷案"中，马士基公司与航星公司订立的《订舱代理协议》中仲裁条款约定："本协议应当根据英国法进行解释，任何因本协议引起的或与本协议有关的争议应当友好解决，当无法解决时应当根据《1996年英国仲裁法》及其修正案在伦敦提交仲裁。"天津海事法院一审以及天津市高级人民法院二审均认定该协议中未约定仲裁条款适用的法律，但仲裁地位于英国，故仲裁条款效力应当根据仲裁地法即英国法进行认定。仲裁条款约定在伦敦提交仲裁，而英国法并未规定选定仲裁机构为仲裁协议的有效要件，故仲裁条款应认定为有效。④

在"申请人中国中材进出口有限公司与被申请人印度尼西亚麦捷能源发展有限公司、七台河金辰矿业有限公司、山东招辰建设工程有限公司申请确

---

① 天津市高级人民法院（2017）津民终494号。
② 最高人民法院（2018）最高法民申6088号。
③ 北京市第四中级人民法院（2017）京04民特25号。
④ 天津市高级人民法院（2018）津民终260号。

认仲裁协议效力案"中，法院认为，该案系当事人对《补充协议》中订立的仲裁条款发生的争议，该条款包括两个方面：一是协议适用的法律；二是争议解决方式。因仲裁条款具有独立性，应视其为独立的仲裁协议，因此当事人在《补充协议》中选择适用的准据法并不当然适用于仲裁协议。由于该仲裁协议相关当事人未单独选择仲裁协议适用的准据法，也未选择仲裁地，但选择了仲裁机构，应适用仲裁机构北京仲裁委员会所在地的法律，即中国法认定涉案仲裁协议的有效性。[①]

从上述案例可见，自《法律适用法司法解释》颁布以来，我国各级人民法院对于涉外、涉港澳台仲裁协议的法律适用问题处理得愈发熟练，普遍能够运用"当事人选择的仲裁协议准据法——仲裁机构所在地或仲裁地法律——法院地法"三步走方式依次序确定仲裁协议的准据法。同时，我国各级人民法院对仲裁协议独立性原则的认识逐渐趋于清晰，明确了此类案件的处理思路。

五、涉外仲裁协议司法审查的基本步骤

国际商事仲裁司法审查中确认仲裁协议效力的初衷在于确认当事人是否可通过仲裁解决争议，或在于确定仲裁庭对于案件是否具有管辖权。正如"烟台冰轮股份有限公司（以下简称'烟台冰轮公司'）申请确认仲裁协议效力案"中山东烟台中院所言，是否存在仲裁协议，是判定仲裁协议效力的前提和基础。申请确认仲裁协议效力的案件，应审查仲裁协议是否有效且对当事人之间的纠纷是否具有约束力，即当事人之间的纠纷是否应当通过仲裁方式解决。[②] 一般而言，法院确认仲裁协议效力须经历三个步骤：第一，当事人是否达成提交仲裁的合意；第二，仲裁协议是否合法有效；第三，仲裁协议对涉案当事人是否具有约束力。无论是未达成仲裁协议还是仲裁协议无效，抑或是仲裁协议对涉案当事人不具有约束力，都会导致仲裁庭无权管辖。与此对应的国际商事仲裁司法审查实践中，法院受理确认仲裁协议效力的案件可以细分为三种类型，即当事人申请确认仲裁协议是否成立、仲裁协议是否

---

① 北京市第四中级人民法院（2018）京04民特12号。
② 山东省烟台市中级人民法院（2015）烟民涉初字第39号。

有效以及仲裁协议对当事人是否具有约束力。

根据《仲裁司法审查规定》第二条,实践中确认仲裁协议效力的案件主要由仲裁协议约定的仲裁机构所在地管辖,因国内主要仲裁机构集中于北京、上海、广州、深圳四地,有学者收集了2019年度北、上、广、深四地的法院审理的418起仲裁协议效力确认案件,并对当事人申请确认仲裁协议无效的理由与法院认定仲裁协议无效的理由进行了归纳和实证观察。[1] 总的来看,实践中当事人常用的申请确认仲裁协议无效的理由和法院确认仲裁协议无效的理由,总结为下表所示(见表4-2、表4-3)。

表4-2 当事人向北京、上海、广州、深圳法院请求确认仲裁协议无效的理由

序号	当事人的申请事由	案件数量(件)	占有效审结案件的比例(%)
1	效力/成立瑕疵(格式条款、伪造签章、无签章、欺诈/胁迫、行为能力欠缺等)	153	36.60
2	多份合同(先后两份合同、主从合同等)约定不明或冲突	87	20.82
3	仲裁机构约定不明	67	16.03
4	仲裁协议主体问题	28	6.70
5	仲裁事项约定不明/超出约定范围	22	5.26
6	约定或裁或诉,或者既约定强制公证条款又约定仲裁条款	21	5.02
7	超出法律规定的可仲裁范围	19	4.55
8	违反民事诉讼法专属管辖的规定	12	2.87
9	未履行仲裁协议约定的协商或调解等前置程序	9	2.15

表4-3 北京、上海、广州、深圳法院确认仲裁协议无效的主要理由

序号	确认仲裁协议无效的理由	案件数量(件)	占确认无效案件比例(%)
1	申请人并非仲裁协议签订主体	5	31.25
2	约定或裁或诉	4	25.00

---

[1] 朱华芳等:《2019年度仲裁司法审查实践观察报告:大数据分析》,https://mp.weixin.qq.com/s/aYVM_h80uh6y4raYij0IRA,最后访问日期:2020年3月11日。

续表

序号	确认仲裁协议无效的理由	案件数量（件）	占确认无效案件比例（%）
3	约定不明（对仲裁机构没有约定、对仲裁机构约定不明、阴阳合同约定不明）	3	18.75
4	补充协议变更管辖约定	3	18.75
5	仲裁协议并非当事人真实的意思表示	1	6.25

六、仲裁协议成立与否的司法审查标准

按照合同法的一般原理，承诺生效时合同成立，即意思表示达成一致时合同成立。就仲裁协议而言，如果当事人未达成提交仲裁的合意，则仲裁协议不成立，当事人就不能通过仲裁解决争议。仲裁协议成立是协议生效的前提，因此，当事人以不存在仲裁协议为由申请确认仲裁协议效力，也应纳入仲裁司法审查的范围。对于此类案件，仲裁司法审查的关键在于认定当事人是否就提交仲裁达成合意。

在"申请人廖某某与被申请人美国居民张某某申请确认仲裁协议效力案"中，申请人请求确认《借款协议》中的签字并非其本人所签，双方之间不存在仲裁条款。经查明，《借款协议》中的仲裁条款约定："协议以及相关协议项下发生的争议，当事人协商不成的，应当向重庆市仲裁委员会申请仲裁。"法院认为：该案的立案案由是申请确认仲裁协议效力，但申请人的实际请求是请求确认其与被申请人之间不存在仲裁协议。基于司法的谦抑性，对仲裁的是否审查应当遵循审查范围法定及审查程序法定原则。没有仲裁协议属于撤销仲裁裁决的事由，但我国现行《仲裁法》及其司法解释并未规定当事人可以就前述争议单独提起诉讼，故基于程序法定原则，对当事人提起的前述诉讼，人民法院不予受理，已经受理的，应予驳回。据此，裁定驳回申请人的申请。[①]

在"申请人黄某某与被申请人何某申请确认仲裁协议效力纠纷案"中，申请人主张仲裁条款是被申请人签订《补充协议》后另行补写的，双方并没

[①] 重庆市第一中级人民法院（2018）渝01民特556号民事裁定书。

有就仲裁管辖条款达成合意。法院认为：《个人抵押借款合同》并未约定合同未尽事宜可另行议定，但之后双方协商一致补充签订了一份《补充协议》，《补充协议》构成原合同不可分割的组成部分，与原合同具有同等法律效力。此外，涉案《补充协议》落款处有双方当事人签名，当事人信息、借款金额、担保标的物信息、收款银行账户、还款方式、仲裁条款等重要内容均为手写，手写部分的内容均没有涂改的痕迹，且《补充协议》载明双方各执一份，申请人未提交其持有的一份原件予以核对，故申请人主张仲裁条款是协议签订后被申请人另行补写的，证据不足，法院不予采信。鉴于涉案《补充协议》约定的仲裁条款包含了双方请求仲裁的意思表示、请求仲裁的事项和选定了清远仲裁委员会作为仲裁机构的内容，符合我国《仲裁法》第十六条规定的要件，应属合法有效。据此，法院认定，申请人申请确认其与被申请人之间不存在仲裁协议的理由不成立，裁定驳回其申请。①

在"申请人广州市华商贸房产发展有限公司（以下简称'华商贸公司'）与被申请人英属维尔京群岛哈维斯特贸易投资有限公司（以下简称'哈维斯特公司'）申请确认仲裁协议效力案"中，申请人以其在《资金借贷合同条款修订协议2005》上加盖的公章不真实为由请求确认涉案仲裁协议无效，并请求对公章进行司法鉴定。经法院查明，申请人与被申请人于2004年签订《资金借贷合同》及《资金借贷合同条款修订协议2004》，约定"将争议事项交由香港国际仲裁中心进行终局仲裁"。2005年被申请人称其与申请人以及华顺达置业公司签订了《资金借贷合同条款修订协议2005》，约定"三方之间、《资金借贷合同》和补充文件项下事宜发生纠纷，交中国国际经济贸易仲裁委员会进行终局裁判"。申请人与被申请人于2006年又签订协议，约定将争议提交广州仲裁委员会仲裁。后被申请人根据《资金借贷合同条款修订协议2005》向贸仲委申请仲裁。法院认为：申请人虽然对仲裁条款的真实性提出异议，但未能提供初步证据证明《资金借贷合同条款修订协议2005》系伪造或存在我国《仲裁法》第十七条、第十八条规定的无效情形，故不能得出上述协议中的仲裁条款不存在或无效的结论。双方其后又于2006年签订仲裁协议，对解决双方争议的仲裁机构重新达成约定，故《资金借贷

---

① 清远市中级人民法院（2018）粤18民特127号。

第四章
境外仲裁机构在北京"两区"所作裁决的司法审查与协助

合同条款修订协议 2005》仲裁条款被 2006 年协议的仲裁条款所替代而对双方不再具有约束力，对申请人提出的公章鉴定申请不予准许。据此，裁定确认《资金借贷合同条款修订协议 2005》中的仲裁条款对申请人华商贸公司和被申请人哈维斯特公司不具有约束力。[1]

在"ACEO.C.T.G 有限公司（以下简称'ACE 公司'）与通标标准技术服务有限公司武汉分公司（以下简称'通标武汉分公司'）、通标标准技术服务有限公司（以下简称'通标公司'）检验合同纠纷驳回起诉案"中，ACE 公司于 2012 年 6 月 28 日通过电子邮件委托通标武汉分公司对其定购的钢材产品进行第三方检测。2012 年 9 月 12 日，通标公司向 ACE 公司寄送发票（编号：500174357）要求支付检测费用 4 655 美元，该发票下方有"重要提示：所有订单的接受以及所有报告和证明的开出均取决于一般服务条款（经索要提供副本）"。通标武汉分公司和通标公司提交的 SGS 通用服务条款第 8 条规定，"除非另有特别约定，与本通用条款项下合同关系引起或有关的所有争议适用瑞士实体法（与法律冲突有关的任何法规除外），并应依照国际商会仲裁规则由依据该规则指定的一名或多名仲裁员进行终局裁决。仲裁应在法国巴黎用英语进行。"2013 年 7 月 4 日，ACE 公司以通标公司未能按其指示要求对货物进行检测导致部分货物被客户拒收并造成损失为由，向国际商会仲裁院提出仲裁申请。通标公司于 2013 年 8 月 12 日和 9 月 18 日先后向国际商会仲裁院秘书处发送邮件，恳请国际商会仲裁院不要让仲裁继续进行下去，理由是据 ACE 公司称争议双方之间并没有达成具有法律约束力的仲裁协议，而仅仅是一项尚未被接受的仲裁要约。2013 年 10 月 4 日，ACE 公司致函国际商会仲裁院秘书处，称因通标公司在给秘书处的函件中明确表示双方之间没有有效的仲裁协议并拒绝了其仲裁要约，请求仲裁院不再继续该案的仲裁。2013 年 10 月 8 日，通标公司回复国际商会仲裁院称同意 ACE 公司的请求，即该仲裁不应继续进行下去，原因是 ACE 公司的仲裁要约已被回绝。2013 年 10 月 8 日，国际商会仲裁院秘书处向双方发函称，现知悉 ACE 公司撤回了其仲裁申请同时通标公司亦表示同意撤回。之后，ACE 公司向湖北武汉中院提起诉讼。武汉中院认为，SGS 通用服务条款第 8 条对仲裁事项、仲裁机构及仲裁规则均

---

[1] 北京市第四中级人民法院（2016）京 04 民特 39 号。

作了明确的约定，应为有效的仲裁协议。ACE公司虽辩称SGS通用服务条款没有获得其确认签字，但结合其在收到通标公司发票后付款的行为及主动依据通用服务条款第8条约定提请仲裁的行为判断，ACE公司应明知双方之间存在将争议提交仲裁的约定，故对其该项辩称主张不予支持。因此，武汉中院认定ACE公司与通标武汉分公司、通标公司之间存在有效的仲裁协议。

ACE公司不服一审裁定，向湖北高院提起上诉。湖北高院认为，根据《仲裁法》第四条和第十六条的规定，仲裁协议的成立必须以双方当事人自愿为前提，协议的形式必须是法定的书面形式。首先，ACE公司和通标武汉分公司、通标公司并未签订载有仲裁条款的书面协议，通标公司提供给ACE公司的发票仅是会计账务的重要凭证，不属于协议，且该发票上并未明确载明仲裁条款，其指向的一般服务条款中虽然确有仲裁条款，但没有证据显示通标公司或通标武汉分公司已经将该条款交给ACE公司，即使ACE公司确已知晓该条款的内容，也没有证据显示其明确表示愿意接受该条款，故不能依据该份发票认定ACE公司和通标武汉分公司、通标公司达成了仲裁协议。其次，虽然ACE公司向国际商会仲裁院提起了仲裁申请，但其已向国际商会仲裁院书面表明不愿意全部接受一般服务条款的内容，而是提议仅将其中的仲裁条款作为通标公司的仲裁要约，或者将其申请仲裁的行为视为一个全新的仲裁要约。此后通标武汉分公司向国际商会仲裁院书面表明不愿意将一般服务条款中的仲裁条款作为一个临时仲裁要约，亦没有接受ACE公司的全新仲裁要约。可见，双方当事人在仲裁过程中都未自愿达成符合法律规定的仲裁协议。最后，ACE公司和通标武汉分公司在仲裁过程中已经明确表达其观点，国际商会仲裁院亦表示知悉。故双方当事人在诉讼过程中的陈述均应尊重上述客观事实，否则违反了诚实信用和禁止反言的原则。综上，湖北高院认为ACE公司和通标武汉分公司、通标公司之间并未达成仲裁协议。[①]

与上述案例类似的是"彭求震申请确认仲裁协议效力案"，但该案中，法院将当事人申请仲裁的行为视为同意仲裁的意思表示。该案基本案情如下：2013年6月26日，彭求震就车辆识别代号/车架号码为"WDDGF7HB4F494136"的梅赛德斯奔驰牌WDDGF7HB轿车一辆向中国人民财产保险股份有限公司杭州

---

① 湖北省高级人民法院（2016）鄂民辖终20号。

市分公司（以下简称"人保杭州公司"）投保。人保杭州公司向彭求震寄送《中国人民财产保险股份有限公司机动车保险单（正本）》《机动车交通事故责任强制保险单（正本）》，落款时间均为2013年6月26日，保险期间均自2013年6月26日18时起至2014年6月26日18时止，合同争议解决方式均为"杭州仲裁委员会"。然而《中国人民财产保险有限公司机动车保险/机动车交通事故责任强制保险投保单》和《机动车辆商业险"责任免除"明确说明书》落款时间均为空白，在投保人签章处均有"彭求震"签名，经鉴定两处签名均非彭求震的书写笔迹。在保险理赔过程中，双方产生争议。彭求震于2013年11月7日向杭州仲裁委员会提起仲裁。在审理过程中，彭求震申请撤回仲裁申请，杭州仲裁委员会准予其撤回申请。浙江杭州中院认为，虽然投保单上彭求震的签名非本人所签，保险单亦是由人保杭州公司单方签发，但彭求震收到保险单后，在知晓保险单所记载的仲裁条款的情形下，依据该仲裁条款向杭州仲裁委员会提起仲裁，该行为表明彭求震同意受仲裁条款约束，其与人保杭州公司之间已经通过仲裁程序中的特定行为达成仲裁协议。且双方之间的仲裁协议符合《仲裁法》第十六条的规定，合法有效。彭求震在仲裁庭开庭后撤回仲裁申请，其与人保杭州公司之间已经达成的仲裁协议并不因此而失效。[①]

"ACE公司案"和"彭求震案"均是一方当事人签发包含（援引）仲裁条款的文件，另一方当事人根据仲裁条款的约定申请仲裁，但是法院最终的处理结果截然相反。仔细分析两个案件的具体案情：第一，"ACE公司案"中，通标公司寄送给ACE公司的文件为发票，其仲裁条款是援引SGS通用服务条款中的仲裁条款；而"彭求震案"中，人保杭州公司向彭求震寄送的文件为保险单，保险单即为保险合同之证明，而且保单上直接明示仲裁条款。第二，ACE公司申请仲裁时即声明其行为并不必然为对仲裁要约的接受，而彭求震在申请仲裁时无此类表示。由此可以知晓，如希望通过当事人申请仲裁的特定行为认定仲裁合意的达成，须满足两个条件。第一，一方当事人发送明示仲裁条款的文件，确保对方当事人获知仲裁条款的内容；第二，对方当事人依据仲裁条款申请仲裁，且无明确的相反意思表示。

[①] 浙江省杭州市中级人民法院（2014）浙杭仲确字第5号。

对于经双方当事人协商一致后再提交仲裁的合意判定，体现在"印度MSPL有限责任公司（以下简称'MSPL公司'）与中化国际（新加坡）有限公司（以下简称'中化公司'）管辖权异议案"中。2010年4月17日，中化公司（买方）与MSPL公司（卖方）签订《买卖合同》，约定中化公司向MSPL公司购买铁矿粉。该合同第20条约定"当事双方应通过友好协商善意的解决所有与本合同或者履行本合同有关的争议。如经协商争议仍无法解决，则经双方一致同意后可将该争议提交伦敦当地的仲裁机构并按照英国法进行仲裁"。对此，山东高院认为，涉案《买卖合同》中仲裁条款明确合同双方当事人对无法解决争议时"经双方一致同意后"方可按仲裁约定进行仲裁。该案在合同争议发生后，双方未就争议事项达成一致意见，在一方当事人已经选择向人民法院提起诉讼的情况下，应视为双方未就仲裁条款达成一致同意。① 该案仲裁协议与一般仲裁协议的不同之处在于，包含在仲裁条款的合同签署之后，当事人实际提交仲裁前需再经双方一致同意。确切地说，当事人的合同约定双方仅就可能提交仲裁的意向达成的一致，而非确切地达成将争议提交仲裁的合意，之后经双方再次一致同意才视为达成提交仲裁的合意。

对仲裁要约未提出异议的意思表示判定，在"沈阳中晨集团有限公司、中晨华通（大连）投资有限公司与瑞克麦斯轮船公司、海湾代理（香港）有限公司、高峰航运（香港）有限公司海上货物运输合同纠纷案"中，涉案提单正面记载"因本提单引起或与之有关的任何纠纷应该提交至位于汉堡的德国海事仲裁委员会（GMAA），依照GMAA有效仲裁规则和德国法进行仲裁，仲裁裁决为终局裁决，并对双方当事人具有约束力，提单持有人在收到提单时没有向承运人提出异议，视为提单持有人接受本仲裁条款"。最高人民法院对该案仲裁协议效力问题请示的复函指出，该约定系承运人瑞克麦斯轮船公司的单方意思表示，对提单持有人中晨华通（大连）投资有限公司并不具有约束力。中晨华通（大连）投资有限公司未按照瑞克麦斯轮船公司的要求对提单仲裁条款的效力提出异议，不能据此将该行为视为其接受了案涉提单仲裁条款，因而双方当事人并未就案涉纠纷提交仲裁达成合意，不存在有效的

---

① 山东省高级人民法院（2016）鲁民辖终105号。

仲裁协议。①

对于双方未就提交仲裁的意思表示达成一致的情况，法院通常认定当事人未达成仲裁协议，但是也有法院按照仲裁协议无效处理。例如"江苏新誉空调系统有限公司申请确认仲裁协议效力案"中，西班牙美莱克空调系统公司与新誉公司于2007年2月4日就CRH-3项目和CRH-5项目签订《技术转让协议》，该协议第25条有"仲裁"约定："所有因履行本协议而产生的或与本协议有关的争议，应由双方通过友好协商解决，如果在一方基于本条款将存在的争议书面通知另一方后90天内无法得到解决，该争议应被提交到中国国际经济贸易仲裁委员会，并依其仲裁规则由3位仲裁员裁决。仲裁语言为英语，仲裁地点为北京。仲裁裁决应为终局的，并对双方具有约束力。"2009年3月14日，双方又就CRH3-380项目签订了《谅解备忘录》，明确了双方应在2009年4月30日前订立补充协议。新誉公司提交的《补充协议》载有"除非在本补充文件中另作规定，签订于2007年2月4日的技术转让协议中规定的所有条款将适用于CRH3-380/380A/380B动车组项目"，即《补充协议》援引《技术转让协议》中的仲裁条款，但该《补充协议》并未经双方签署。江苏常州中院认为，根据《仲裁法》第十六条的规定，仲裁协议应采取书面形式。仲裁作为一种双方自愿选择的争议解决方式，应当以双方明确的合意为基础。即使双方发生了一些涉及CRH3-380项目的交易行为，但该案双方缺乏将涉及CRH3-380项目的争议提交仲裁的明确书面合意，应认定双方当事人未就CRH3-380项目争议达成仲裁协议，《技术转让协议》中的仲裁条款也不应适用于CRH3-380项目的争议。因此，《补充协议》中的仲裁条款应认定为无效。② 该案中法院在认定双方未达成仲裁协议的基础上，又进而认定仲裁协议无效，属于未能准确区分合同不成立及合同无效的关系。

七、仲裁协议有效性的司法审查

由于各国法律对仲裁协议效力问题的规定存在差异，本书主要研究适用我国法律确认仲裁协议效力的案例。若当事人约定适用我国法律确认仲裁协

---

① 最高人民法院（2014）民四他字第61号。
② 江苏省常州市中级人民法院（2014）常商外仲审字第1号。

议效力，或未约定仲裁协议效力准据法且未明确约定将争议提交境外仲裁机构或在境外仲裁，则需适用我国法律审查涉外仲裁协议的效力。从国际商事仲裁司法审查实践来看，提交我国法院确认仲裁协议效力的案件大多数也是适用我国法律。《仲裁法》第十六条规定了仲裁协议应当具备的内容，即请求仲裁的意思表示、仲裁事项和选定的仲裁委员会。若三项内容之一存在瑕疵，则可能使仲裁协议归于无效。《仲裁法》第十七、十八条列举了仲裁协议无效的情形。其中第十七条写明的是仲裁协议直接无效的情形，即仲裁事项超出法律规定的仲裁范围；仲裁协议当事人为无民事行为能力人或者限制民事行为能力人；一方采取胁迫手段迫使对方订立仲裁协议等情形。第十八条列举的是允许当事人补救的情形，即对仲裁事项或仲裁委员会没有约定或约定不明确，此时允许当事人协议补充，只有在当事人未达成补充协议时，仲裁协议才归于无效。

仲裁司法审查实践中，当事人申请确认仲裁协议效力，最常见的申请原因为仲裁机构没有约定或约定不明确。具体可能涉及仲裁机构名称约定不准确、仅约定适用的仲裁规则而未约定仲裁机构、约定两个以上仲裁机构、约定由某地仲裁机构仲裁但某地有两个以上仲裁机构等情况。《仲裁法司法解释》对此类问题予以回应的基本思路：即使当事人对仲裁机构的约定存在瑕疵，只要根据约定可以确定具体仲裁机构，视为当事人选定了仲裁机构；若无法根据约定确定具体的仲裁机构，则给予当事人协商选择的机会，当事人不能就仲裁机构选择达成一致的，则认定仲裁协议无效。

对于一方具有仲裁机构选择权的单边仲裁协议效力判定，根据《仲裁法司法解释》第五条，仲裁协议约定两个以上仲裁机构的，如果当事人不能就仲裁机构选择达成一致的，仲裁协议无效。在"申请人山东蓝海生态农业有限公司与被申请人金鹰水产（香港）有限公司申请确认仲裁协议效力案"中，涉案《合资合同》第55条对争议解决事项约定为"与本合同有关的一切争议，如双方不能协商解决，应提交北京中国国际贸易促进委员会对外经济贸易仲裁委员会根据该会的仲裁程序暂行规则进行仲裁，或应提交山东东营仲裁机构依据该仲裁机构的仲裁程序进行仲裁"。申请人请求确认涉案仲裁条款无效，被申请人则认为其作为中国香港特别行政区的公司，不了解内地的仲裁法律制度，在解释仲裁机构约定不明确的仲裁协议时，应当尽可能朝着仲

第四章 境外仲裁机构在北京"两区"所作裁决的司法审查与协助

裁协议有效的方向解释。法院认为：涉案仲裁条款约定的两家仲裁机构所在地均在中国内地，参照我国《法律适用法》第十八条的规定，应适用中国内地法律审查涉案仲裁条款的有效性。有仲裁的意思表示和仲裁协议是否有效属于两个问题。仲裁协议有效的条件之一是有仲裁合意，这种合意不仅要求双方都有选择仲裁的意思表示，还要有选定唯一仲裁机构的意思表示。在有明确法律规定的情形下，不能以诚实信用、鼓励交易等法律原则排除具体法律规定的适用。涉案仲裁条款约定了两家仲裁机构且当事人在事后无法达成一致意见，根据我国《仲裁法》第十六条、第十八条和《仲裁法司法解释》第五条的规定，该仲裁条款为无效条款。①

然而，如果当事人约定两个仲裁机构并赋予一方当事人仲裁机构选择权，那么在有选择权的一方做出选择之后，仲裁机构即具有唯一性。例如"福建泉州老船长鞋业有限公司（以下简称'老船长公司'）申请确认仲裁协议效力案"中，2007年8月1日，老船长公司与地波里国际开发有限公司（以下简称"地波里公司"）签订《生产及销售许可合同》（以下简称《合同》）。该合同第17条约定："本合同适用中国法律，如发生争议，由双方自行协商解决，未能自行协商解决的，由甲方（即地波里公司）指定的仲裁委员会或由广州法律仲裁解决，并适用该会之各项仲裁条款。"后因双方在履行合同过程中发生争议，地波里公司于2015年10月8日向中国广州仲裁委员会提出仲裁申请。福建泉州中院认为，《合同》第17条关于将争议交由地波里公司指定的仲裁委员会进行仲裁的约定，是双方当事人协商一致的意思表示，是双方当事人协议选择的结果，并未违反《仲裁法》第六条的规定。在地波里公司已经向中国广州仲裁委员会申请仲裁的情况下，当事人通过该协议选定的仲裁机构具有唯一性，不属于《仲裁法》第十八条所指的对仲裁机构约定不明的情形。因此，该仲裁协议合法有效。②

对于仲裁机构约定不明的仲裁协议效力判定，根据《仲裁法司法解释》第三条规定，仲裁协议约定的仲裁机构名称不准确，但能够确定具体的仲裁机构的，应当认定选定了仲裁机构。该条考虑到民商事实践中当事人对仲

---

① 东营市中级人民法院（2017）鲁05民特60号。
② 福建省泉州市中级人民法院（2016）闽05民特9号。

机构的约定可能并非完全准确，具体情形可能包括：第一，使用仲裁机构的旧称；第二，在仲裁机构名称中增减字词；第三，约定的机构无仲裁职能，但该机构下设仲裁机构。例如仲裁协议约定由"中国国际经济贸易促进委员会"或"国际商会"仲裁。①《仲裁法司法解释》的该条规定体现了尽可能使仲裁协议有效的理念，而此规定适用的关键在于根据不精确的约定能否确定具体的仲裁机构。

在"浙江逸盛石化有限公司（以下简称'逸盛公司'）申请确认仲裁协议效力案"中，双方当事人签订的技术许可协议中仲裁条款约定："仲裁应当在中国北京中国国际经济贸易仲裁中心（CIETAC）进行，并适用现行有效的《联合国国际贸易法委员会仲裁规则》。"[The arbitration shall take place at China International Economic Trade Arbitration Centre (CIETAC), Beijing, P. R. China and shall be settled according to the UNCITRAL Arbitration Rules as at present in force.] 浙江宁波中院认为，当事人在仲裁条款中虽然使用了 take place at 的表述，此后的词组一般被理解为地点，然而按照有利于实现当事人仲裁意愿目的解释的方法，也可以理解为包括了对仲裁机构的约定。虽然当事人约定的仲裁机构中文名称不准确，但从英文简称 CIETAC 可以推定当事人选定的仲裁机构为北京的中国国际经济贸易仲裁委员会。因此，仲裁条款有效。② 又如最高人民法院"关于河北省高级人民法院就申请人河北普兴电子科技股份有限公司（以下简称'普兴公司'）与被申请人 CSD Epitaxy Asia Ltd（以下简称'CSD 公司'）确认仲裁协议效力一案请示的复函"中，当事人在涉案仲裁协议中约定由北京中国国际贸易促进委员会对外贸易仲裁委员会仲裁，最高人民法院指出，该名称为中国国际经济贸易仲裁委员会曾经使用的名称，应当认定当事人选定了中国国际经济贸易仲裁委员会进行仲裁。③

在"申请人赫华祥瑞投资控股有限公司与被申请人安中国际石油控股有限公司、周金辉申请确认仲裁协议效力案"中，涉案仲裁协议中约定的仲裁机构为"中国国际贸易经济仲裁委员会"。法院认为，贸仲委的正式名称为

---

① 陆效龙、吴兆祥：《〈关于适用仲裁法若干问题的解释〉的理解与适用》，《人民司法》，2006年第10期。
② 浙江省宁波市中级人民法院（2012）浙甬仲确字第4号。
③ 最高人民法院（2017）最高法民他70号。

第四章 境外仲裁机构在北京"两区"所作裁决的司法审查与协助

"中国国际经济贸易仲裁委员会",虽然当事人在仲裁协议中约定的仲裁机构名称表述不准确,但在文义上很容易判断当事人实际选定的仲裁机构就是"中国国际经济贸易仲裁委员会",不会因此产生歧义,故不影响仲裁条款效力。[1]

在"申请人黄某与被申请人刘某某、维尔京群岛 Wisdom Client LIMITED 申请确认仲裁协议效力案"中,申请人主张的撤裁事由为:仲裁条款约定的"北京市仲裁委员会"不存在,且北京市不只存在一家仲裁委员会,无法确认当事人约定的仲裁机构是哪一家,因此该仲裁协议无效。法院认为:当事人约定的仲裁机构"北京市仲裁委员会"比北京仲裁委员会名称多了一个"市"字,但两者极为相似,根据一般人的习惯表达以及通常认知可以判断该仲裁机构即北京仲裁委员会。根据《仲裁法司法解释》第三条,仲裁协议约定的仲裁机构名称虽然不准确,但能够确定具体的仲裁机构的,应认定选定了仲裁机构,故可以认定当事人已经选定了北京仲裁委员会作为仲裁机构,涉案仲裁条款有效。[2]

然而,如果约定的仲裁机构与实际名称差异太大,仲裁协议只能归于无效。例如"北京新中和信业医药投资有限公司(以下简称'新中和公司')申请确认仲裁协议效力案"中,2014年9月23日,新中和公司与LIJINGLI签订《终止武汉鼎鹏医药科技有限公司合作经营协议书》(以下简称《协议书》),该《协议书》第7条约定:"如协议履行发生争议,双方协商解决。如不能解决在北京仲裁机关仲裁"。北京市四中院认为,双方当事人选定的仲裁委员会"北京仲裁机关"并不存在,且其与"北京仲裁委员会"的名称亦不相同。除"北京仲裁委员会"之外,北京还有"中国国际经济贸易仲裁委员会""中国海事仲裁委员会"两家仲裁机构,因此"北京仲裁机关"不能明确为双方选定的唯一仲裁机构,该案系对仲裁机构的选择约定不明确,故北京市四中院驳回新中和公司请求确认仲裁协议有效的申请。[3] 在"申请人英国柏斯旺国际有限公司与被申请人张强申请确认仲裁协议效力案"中,涉案

---

[1] 北京市第四中级人民法院(2018)京04民特115号。
[2] 北京市第四中级人民法院(2018)京04民特54号。
[3] 北京市第四中级人民法院(2016)京04民特12号。

仲裁协议约定："双方同意提交合同签订地仲裁委员会仲裁。"法院认为：涉案《工程居间合同》没有载明合同签订地，双方当事人对合同签订地存在争议，且均未提交证据予以证明。涉案仲裁协议约定的仲裁委员会不明确，当事人亦不能达成补充协议，根据我国《仲裁法》第十八条的规定，案涉仲裁协议无效。①

对于约定由国际商会仲裁院（ICC）或适用ICC仲裁规则在中国内地仲裁的问题，实践中，当事人可能协议约定由ICC或适用ICC仲裁规则在我国内地仲裁，这就涉及仲裁协议效力判定以及承认和执行相应仲裁裁决时裁决籍属的认定等问题。在之前所述的德国旭普林国际有限责任公司（以下简称"旭普林公司"）案中就涉及了上述问题的讨论。2000年12月12日，旭普林公司与我国无锡沃可通用工程橡胶有限公司（以下简称"沃可公司"）签订了一份工程承包合同，合同协议附件中约定："仲裁：15.3应适用国际商会规则，上海。"（Arbitration：15.3 ICCRules, Shanghai shall apply.）后双方在履行合同过程中发生纠纷，旭普林公司作为申请人，以沃可公司为被申请人，于2003年4月23日向国际商会仲裁院申请仲裁。最高人民法院对该案仲裁协议效力问题的复函指出，在当事人没有约定确认仲裁条款效力准据法的情况下，根据确认仲裁条款效力准据法的一般原则，应当按照仲裁地的法律予以认定，即应当根据我国法律确认所涉仲裁条款的效力。根据我国《仲裁法》的有关规定，有效的仲裁条款应当同时具备仲裁的意思表示、仲裁的事项和明确的仲裁机构三个方面的内容。所涉仲裁条款从字面上看，虽然有明确的仲裁的意思表示、仲裁规则和仲裁地点，但并没有明确指出仲裁机构。因此，该仲裁条款应当认定无效。②

最高人民法院"关于申请人安徽省龙利得包装印刷有限公司与被申请人BP AgnatiS. R. L申请确认仲裁协议效力案的请示的复函"指出，该案仲裁条款约定"任何因本合同引起的或与其有关的争议应被提交国际商会仲裁院，并根据国际商会仲裁院规则由按照该等规则所指定的一位或多位仲裁员予以最终仲裁。管辖地应为中国上海，仲裁应以英语进行"。该仲裁协议有请求仲

---

① 无锡市中级人民法院（2018）苏02民特26号。
② 最高人民法院（2003）民四他字第23号。

第四章
境外仲裁机构在北京"两区"所作裁决的司法审查与协助

裁的意思表示，约定了仲裁事项，并选定了明确具体的仲裁机构，符合我国《仲裁法》第十六条的规定，应认定有效。①

由上述两个案例可以看出，受制于我国《仲裁法》对仲裁机构的强制性要求，如果当事人约定将争议提交 ICC，由其指定仲裁员在我国内地仲裁，此类仲裁协议有效；而约定适用 ICC 仲裁规则在我国内地仲裁的仲裁协议将被认定为无效。这主要是考虑到，一般而言，如果当事人选定了仲裁机构，如无特殊约定，则适用仲裁机构的仲裁规则进行仲裁。反之则不尽然，通常根据当事人约定的仲裁规则不能确定唯一的仲裁机构。②《仲裁法司法解释》第四条的规定即反映了此种理念，即仲裁协议仅约定纠纷适用的仲裁规则的，视为未约定仲裁机构，但当事人达成补充协议或者按照约定的仲裁规则能够确定仲裁机构的除外。

然而，2012 年修改后的 ICC 仲裁规则规定："当事人同意按照仲裁规则进行仲裁，即接受由仲裁院对该仲裁进行管理"。自此之后，对于约定适用 ICC 仲裁规则在内地仲裁的协议，应认定为有效。例如"宁波市北仑利成润滑油有限公司与法莫万驰公司买卖合同纠纷案"中，宁波市北仑利成润滑油有限公司与法莫万驰公司（Formal Venture Corp）于 2013 年 2 月 1 日订立的《销售和购买沥青岩合同》第 11 条约定："任何各方之间所产生的或有关的建设、意义和操作或违反本合同效力的所有争议或分歧应通过仲裁解决在北京，在按照国际商会的仲裁规则（ICC）和依据及其所作的裁决对双方当事人具有约束力。仲裁庭应由中华人民共和国法律，并应以华语进行……"最高人民法院对该案仲裁条款效力问题请示的答复中指出，双方当事人在合同中约定了适用国际商会仲裁规则进行仲裁，因此应当按照订立合同时有效的国际商会仲裁规则来确定仲裁条款是否约定了仲裁机构。2012 年 1 月 1 日生效的国际商会仲裁规则第六条第二款规定，"当事人同意按照仲裁规则进行仲裁，即接受由仲裁院对该仲裁进行管理"，故国际商会仲裁院对仅约定适用其规则但未同时约定其他仲裁机构仲裁的合同争议具有管辖权。当事人约定适用国际商

---

① 最高人民法院（2013）民四他字第 13 号。
② 陆效龙，吴兆祥：《〈关于适用仲裁法若干问题的解释〉的理解与适用》，《人民司法》，2006 年第 10 期，第 30 页。

会仲裁规则但未同时约定其他仲裁机构进行仲裁，应当认为当事人的约定属于"按照约定的仲裁规则能够确定仲裁机构"的情形。①

对于跟请求仲裁的意思表示相关的仲裁协议效力的判定问题，实践中也常常引发争议。请求仲裁的意思表示是《仲裁法》第十六条规定的仲裁协议应当具备的要件之一，从目前我国国际商事仲裁司法审查实践来看，请求仲裁的意思表示必须在仲裁条款中予以明示，当事人对仲裁机构、仲裁地、仲裁规则或仲裁事项等进行约定，并不能当然认为当事人具有请求仲裁的意思表示。而且请求仲裁的意思表示必须明确、唯一，当事人约定"或裁或审"或者"可以仲裁"均可能导致仲裁协议无效。

在"椒江节日灯联营总厂（以下简称'椒江联营厂'）与普莱蒙国际有限公司（以下简称为'普莱蒙公司'）、杭州昶旭进出口有限公司买卖合同纠纷案"中，普莱蒙公司与椒江联营厂签订的合同约定："Governing Law：Shanghai Arbitration Commission."对此，浙江杭州拱墅区法院认为，该条款是对上海仲裁委员会的单一性明确指定，应视为双方约定合同争议由上海仲裁委员会管辖，该管辖条款合法有效。然而浙江杭州中院认为，该条款虽列明了一个仲裁委员会的名称，但缺乏请求仲裁的意思表示，没有约定仲裁事项，也没有证据证明当事人就此达成了补充协议。并且该条款的题目是"适用的法律"，是关于准据法的约定，因此，该条款不具备仲裁协议应当包含的法定要件。故椒江联营厂与普莱蒙公司之间并未达成有效仲裁协议。②

实践中，"或裁或审"条款的效力判定也是司法审查实践中的常见争议。"或裁或审"条款即当事人约定即可以申请仲裁，也可以向法院提起诉讼。此类条款实质上属于当事人提交仲裁的意思表示不具有唯一性。根据《仲裁法司法解释》第七条，原则上此类仲裁协议应认定为无效。但一方向仲裁机构申请仲裁，另一方当事人未在首次开庭前提出异议，应认定当事人就通过仲裁解决争议达成一致，仲裁协议有效。在仲裁司法审查实践中，以下情形应认定"或裁或审"仲裁协议无效：第一，一方当事人直接向法院提起诉讼；第二，一方当事人申请仲裁，另一方当事人在仲裁庭首次开庭前或首次开庭

---

① 最高人民法院（2013）民四他字第74号。
② 浙江省杭州市中级人民法院（2015）浙杭商外终字第66号。

时提出管辖异议;第三,一方当事人请求法院确认"或裁或审"仲裁协议效力。① 例如最高人民法院"关于彭素华申请确认仲裁协议效力一案请示的复函"指出,该案当事人约定既可以提起诉讼,亦可以申请仲裁,且在威泰格(惠州)户外用品有限公司向仲裁机构申请仲裁后,彭素华在仲裁庭首次开庭前向人民法院起诉请求确认仲裁协议无效,明确表明其对该仲裁协议效力存在异议。根据《仲裁法司法解释》第七条的规定,案涉仲裁协议亦应认定无效。②

还应注意的是,"或裁或审"条款的无效是整个争议解决条款全部无效,抑或仅是对仲裁的约定的无效,都不影响法院向约定的法院寻求诉讼解决。在"大同市龙煤煤矿机械销售有限公司(以下简称'龙煤机械销售公司')与久益环球(佳木斯)采矿设备有限公司(以下简称'佳木斯采矿设备公司')管辖权异议纠纷案"中,最高人民法院认为:首先,该案系佳木斯采矿设备公司依据销售合同及询证函等证据主张机械产品销售价款所引发的诉讼,属于买卖合同纠纷。《销售合同》第13条条约定的争议解决方式为:"双方当事人协商解决,也可以由当地工商行政管理部门调解;协商或者调解不成的,提交签订地仲裁委员会仲裁,或向签订地人民法院起诉。"根据《仲裁法司法解释》第七条之规定,当事人约定争议可以向仲裁机构申请仲裁也可以向人民法院起诉的,仲裁协议无效。故双方关于仲裁的约定无效。其次,销售合同载明的签订地点为佳木斯,该合同同时约定,协商或者调解不成的,向签订地人民法院起诉,即存在约定管辖情形,该约定符合《民事诉讼法》第三十四条关于约定管辖地应与争议有实际联系的规定。由于佳木斯采矿设备公司起诉的标的额为 94 888 041.98 元,且争议双方不在同一省辖区,根据《最高人民法院关于调整高级人民法院和中级人民法院管辖第一审民商事案件标准的通知》的规定,黑龙江省高级人民法院对该案行使管辖权,并无不当。最后,关于龙煤机械销售公司提出的销售合同及询证函不具有真实性等主张,属于实体审查范畴,需在案件实体审理过程中通过双方举证、质证,以及法

---

① 陆效龙、吴兆祥:《〈关于适用仲裁法若干问题的解释〉的理解与适用》,《人民司法》,2006年第10期。
② 最高人民法院(2013)民四他字第33号。

庭认证等程序综合予以认定，并作为衡量佳木斯采矿设备公司的诉讼请求能否成立之判断依据。佳木斯采矿设备公司起诉时提交了销售合同及询证函的复印件，原审法院组织询问时其亦向法庭举示了销售合同的原件，其所举示的证据已符合人民法院审查受理案件以及确定管辖之判断标准。据此，黑龙江省高级人民法院裁定驳回龙煤机械销售公司的管辖权异议，符合法律规定及合同约定，应当予以维持。① 据此，仲裁条款因约定"或裁或审"无效，并不影响当事人对所选择的法院的约定，如果对法院的协议选择符合《民事诉讼法》关于实际联系的要求，应当认定为有效选择。

仲裁司法审查实践中还出现过一类特殊的"或裁或审"条款，即当事人约定"或裁或审"条款的同时，又约定以先受理之机构为准。例如"富茂发展有限公司诉广州市番禺区灵山房地产开发公司、广州南沙区横沥镇人民政府合资、合作开发房地产合同案"中，案涉《总合同书》第 44 条约定："凡因执行合同所发生的或与本合同有关的一切争议，双方通过友好协商解决。如果协商不能解决，任何一方可提交中国国际经济贸易仲裁委员会仲裁根据该会的仲裁程序暂行规则进行仲裁；也可以向有管辖权的人民法院起诉（以先受理之机构为准）。仲裁裁决或法院裁决是终局的，对双方都有约束力，所需费用由败诉方负责。"最高人民法院对该案仲裁协议效力问题请示的复函中指出，当事人虽然约定可将争议提交我国仲裁机构仲裁，也可以向人民法院起诉，但同时又约定以先受理之机构为准，故该争议解决条款明确、可执行，并无我国法律规定的无效情形，因此仲裁协议有效。②

实践中，部分合同拟定的争议解决条款在选择仲裁的同时并未排除诉讼等其他争议解决方式，对此类仲裁协议的效力判定，同样是未将仲裁作为明确、唯一的争议解决形式。对此，我国内地法院也将认定此类仲裁协议无效。例如，"本溪北营钢铁集团进出口有限公司与中海北方物流有限公司航次租船合同纠纷案"中，涉案六份合同均约定，如发生共同海损/仲裁，本协议适用中国法律，仲裁地本溪。辽宁高院认为，虽然本溪市仲裁委员会是本溪市唯一的一家仲裁机构，但该条款仅是双方当事人对涉案纠纷提起仲裁时的仲裁

---

① 最高人民法院（2016）最高法民辖终 39 号。
② 最高人民法院（2013）民四他字第 34 号。

地点和所适用的法律作出的特别约定,不构成双方之间唯一的纠纷解决方式的约定,并未排除诉讼管辖。依据《仲裁法》第十六条第二款第一项的规定,上述仲裁条款无效。①

再如,最高人民法院"关于中硕矿产(天津)有限公司与杭州杭钢对外经济贸易有限公司、HG SURE HOLDING PTE. LTD 国际货物买卖合同纠纷一案仲裁条款效力问题请示的答复"指出,涉案合同仅约定"双方可书面同意根据本条款由三个任命的仲裁员按照国际商会仲裁规则进行仲裁解决",故合同当事人没有确定的仲裁意愿,对仲裁机构亦约定不明,且没有证据表明此后双方就此达成过补充协议。根据《仲裁法》第十八条的规定,应认定该仲裁条款无效。②该案仲裁条款即采用"可以仲裁"的表述,即虽然仲裁条款未明示其他争议解决形式,但并未排除当事人诉诸诉讼等其他形式的可能性。

八、对仲裁协议约束力范围的司法审查

一般而言,如果争议当事人即为仲裁协议当事人,仲裁协议当然约束争议当事人。但是若争议一方并非仲裁协议签署方,则会涉及仲裁协议对争议当事人是否具有约束力的问题。

对于租船合同仲裁条款对提单持有人的约束力判定,此类案件多表现为提单持有人向法院起诉,被告以存在仲裁协议为由向法院提出管辖权异议。对此,法院需要确认仲裁协议效力,确切来说是要确认租约中的仲裁协议是否并入提单,且对提单持有人是否具有拘束力。

从法院处理此类案件的实践来看,如希望将租船合同中的仲裁条款有效并入提单并约束提单持有人,必须在提单正面明示特定租船合同中的仲裁条款并入提单。对此实践必须注意的是:首先,该提示必须在提单正面明示,提单背面的记载不能产生仲裁条款并入的效果。例如"FPG 船舶控股巴拿马公司、化路翼航海公司与宁波市联凯化学有限公司海上货物运输合同纠纷案"中,浙江高院认为,涉案提单系 1994 年版康金格式提单,尽管在该提单上印有"与租船合同一并使用"的字样,但该条款的措辞较为宽泛,且与我国司

---

① 辽宁省高级人民法院(2016)辽民辖终 31 号。
② 最高人民法院(2014)民四他字第 56 号。

法实践中对于租约仲裁条款应在提单正面完整、明确记载的要求相矛盾。即使该提单正面印有"运费按2013年2月27日租船合同支付"字样，仍因未在提单正面明示提单并入租约仲裁条款而仅对提单持有人在运费方面产生约束力。此外，涉案提单背面条款中虽记载"提单正面指明日期的租船合同中的所有条款、条件、权利和例外规定，包括法律和仲裁条款并入本提单"，但提单背面记载的格式并入条款不能被视为租约仲裁条款的有效并入。① 其次必须明确是特定的租船合同。例如"白长春花船务公司与重庆红蜻蜓油脂有限责任公司海上货物运输合同纠纷案"中，湖北高院认为，涉案5份提单为1994年版康金格式提单，上述提单虽在正面抬头注明"与租约合并使用"，在背面第一条载明"提单正面所示日期的租船合同中仲裁条款并入本提单"，但提单正面并未载明被并入提单的租约的编号、日期等事项，也并未注明租约有仲裁条款并入提单，故不能认定航次租船合同中的仲裁条款当然并入涉案提单。② 再次，必须特别指明仲裁条款并入，仅指明租船合同并入，不能有效并入仲裁条款。例如"中国人民财产保险股份有限公司天津市分公司与波纳菲德航运公司、三善株式会社海上货物运输合同纠纷案"中，天津海事法院认为，在提单持有人不是租船人时，要使租船合同中的仲裁条款对其具有约束力，应在提单正面明示租船合同中的仲裁条款并入提单，且以显著区别于其他条款的形式表示出来，以提请对方注意。虽然涉案提单正面载有租船合同并入提单的内容，但并未特别明示租船合同中的仲裁条款并入提单，故涉案租船合同仲裁条款未有效并入提单。③ "拉雷多海运公司与山东省轻工业供销总公司海上货物运输合同纠纷案"中，天津高院还明确，当事人接受提单的行为，不应认定为同意接受租船合同仲裁条款的约束。④

在"安徽华伊商业贸易有限公司（以下简称'华伊公司'）与越南国家航运公司、中国再保险集团股份有限公司海上货物运输合同纠纷涉外仲裁条款效力案"中，最高人民法院复函认为：该案系海上货物运输合同纠纷，诉争的法律关系并非航次租船合同关系，案涉提单为1994年版康金格式提单，

---

① 浙江省高级人民法院（2016）浙民辖终78号。
② 湖北省高级人民法院（2015）鄂民四终字第00194号。
③ 天津海事法院（2012）津海法商初字第811-2号。
④ 天津市高级人民法院（2016）津民辖终108号。

提单虽然标注"与租约一并使用""依据租约支付运费""仲裁条款并入本提单",但提单并未明确指明被并入的租约、被并入租约的当事人名称及订立日期。且"依据租约支付运费"条款仅是对于运费支付标准的约定,并不涉及租约仲裁条款的并入,故不能认定航次租船合同的仲裁条款已并入提单,涉案仲裁条款对华伊公司不具有拘束力。武汉海事法院作为运输目的地的海事法院,对该案具有管辖权。①

在"上海欧达国际货运代理有限公司(以下简称'欧达公司')与江苏舜天东昊经贸有限公司(以下简称'东昊公司')海上货物运输合同纠纷管辖权异议请示案"中,法院查明,欧达公司在签单前将涉案提单通过电子邮件发送给东昊公司进行确认,提单仲裁条款约定该提单所证明的货运合同下的争议应提交美国仲裁协会,并按其商事仲裁规则在美国纽约仲裁解决,同时约定法院管辖条款"提单下的任何索赔或纠纷应只根据美国法律,货方对承运方的诉讼只提交美国纽约南区地方法院管辖"。最高人民法院复函认为:东昊公司以货物运输中发生货损为由,要求欧达公司赔偿损失。欧达公司虽在签单前将涉案提单通过电子邮件方式发送东昊公司进行确认,但未就其事先打印的争议解决条款向东昊公司作出特别说明。提单虽可作为海上货物运输合同的证明,但并非海上货物运输合同。东昊公司作为托运人虽然接受了上述提单,但目前并无证据证明东昊公司接受了上述条款,亦无证据证明托运人与承运人就争议解决条款达成了合意。涉案提单既有仲裁条款又有排他性的法院管辖条款,亦可印证双方未就争议解决方式达成一致。因此,上述条款对东昊公司没有约束力,上海海事法院作为起运港和被告住所地法院对该案具有管辖权。②

如果此类案件涉及提单持有人的保险人,还会产生租船合同的仲裁条款是否对保险人产生约束力的问题。在"梓贝克股份公司、联合王国船东互保协会(欧洲)有限公司与中国人民财产保险股份有限公司宁波市分公司海上货物运输合同纠纷案"中,天津高院指出,即便涉案提单已经有效并入期租合同中的仲裁条款,但保险人中国人民财产保险股份有限公司宁波市分公司并未参与协商订立仲裁条款,不是该条款订立的当事人,且未明确表示接受

---

① 最高人民法院(2018)最高法民他13号。
② 最高人民法院(2018)最高法民他184号。

该约定,因此该仲裁条款对保险人不具有约束力。[1]

简言之,仲裁条款作为租约中用于解决双方当事人之间未来可能发生争议的条款,其相对于其他租约条款而言具有一定的独立性。我国海事海商司法实践长期形成的普遍做法是只有特殊的并入条款才能将仲裁这一争议解决方式并入提单中。这就要求通过明确、清晰的语言文字表述将租约中的某些特定条款并入提单当中:一是需要在提单正面有明确约定;二是指明具体被并入的租约编号、当事人名称及订立日期;三是指明被并入的租约中的具体仲裁条款。[2] 租约中常见的措辞如1994年版康金格式提单记载的"所有背面所示日期的租约的条款和条件,自由和免责,包括法律适用和仲裁条款并入本提单"的措辞,并不足以产生将租约仲裁条款并入提单的法律效果。

对于存在行政授权关系时仲裁协议约束力的判定,在"湖南省人民政府(以下简称'省政府')、湖南省交通运输厅(以下简称'省交通厅')申请确认仲裁协议效力案"中,省交通厅与凯旋国际投资(澳门)有限公司(以下简称'凯旋公司')于2003年8月26日签订了《湖南省长沙至湘潭西线高速公路特许经营合同》(以下简称《特许经营合同》),合同第16.2条约定:"任何因本合同(含附件)或任何附属合同而引起的或与之有关的争议和分歧,包括与本合同和任何附属合同的成立、理解、解释、有效性、终止和履行有关的纠纷,不论是契约性或者非契约性的,双方应尽量通过友好协商或调解解决,如果协商或调解未能解决争议,应提交中国国际经济贸易仲裁委员会仲裁,按照该委员会当时有效的仲裁程序规则进行。仲裁的语言应为中文。仲裁裁决是终局性的,对双方具有约束力。仲裁费用和律师费用按仲裁裁决负担。"《特许经营合同》签署页分别有省交通厅、凯旋公司的印章及其授权代表的签字。湖南长沙中院认为,双方当事人对涉案仲裁条款本身的效力没有异议,且双方当事人没有证据证明涉案仲裁条款出现了《仲裁法》及《仲裁法司法解释》规定的无效情形,故涉案仲裁条款有效。省政府并非涉案《特许经营合同》的签约主体,其与签订《特许经营合同》的省交通厅之间并不存在民事授权或民事委托关系,亦不存在权利、义务的承继关系。

---

[1] 天津市高级人民法院(2016)津民辖终8号。
[2] 张国军:《提单并入仲裁条款的有效识别》,《人民司法》,2014年第8期。

因此，涉案仲裁条款对省政府不具有约束力。①

该案所涉及的《特许经营合同》性质，学术界一直存在争议。根据《仲裁法》第三条的规定，依法应当由行政机关处理的行政争议不能仲裁。该案认定仲裁协议有效，这意味着法院将《特许经营合同》默认为普通民事合同，而非行政合同，同时也确认了行政授权关系不会导致仲裁协议效力的扩张。

实践中，仲裁协议对合同实际履行方的约束力判定问题也常常引发争论。在"申请人烟台冰轮股份有限公司（以下简称'烟台冰轮公司'）申请确认仲裁协议效力案"中，2011年1月27日，超级食品公司工作人员坦桑（TanSang）向烟台冰轮公司工作人员发邮件沟通合同签订事宜，2011年1月29日，烟台冰轮公司的工作人员李建荣向超级食品公司工作人员坦桑（TanSang）回复邮件称："陈先生您好！有关的合同我们已经起草完毕，在此一并发送给您。由于关系到我们的资金周转问题，在此，我们用冰轮香港公司的名义与贵公司签订该合同……"2011年2月24日，超级食品公司以买方身份与香港冰轮公司签订了2011MY-LJR-03A《系统及服务采购合同》，约定由超级食品公司以105.26万美元的价格向香港冰轮公司购买一套氨制冷系统及附件，建设地点在马来西亚。双方还约定，在合同执行期间，任何由合同引起的争议可通过友好协商解决，但如果未能解决，则任何一方可向中国国际经济贸易仲裁委员会提请仲裁。2011年5月23日，烟台冰轮公司向马来西亚有关政府部门出具了一份《资质证明》，内容为："烟台冰轮股份有限公司，位于中国烟台市西山路80号，是中国领先的制冷设备制造商和供应商。根据我公司和超级食品公司所签的合同，我方派遣以下技术人员至马来西亚进行制冷设备和系统的安装和调试。兹保证并证实以下人员是烟台冰轮的员工，他们有能力完成我方提供的制冷设备和系统的安装调试……"2011年8月17日，烟台冰轮公司工作人员李建荣向超级食品公司工作人员坦桑（TanSang）发送抄送邮件，邮件中附有涉案货物的《集装箱装箱清单》《提单》《验收证书》。就涉案仲裁协议对烟台冰轮公司是否具有约束力的问题，山东烟台中院认为，由于《系统及服务采购合同》的缔约方系香港冰轮公司和超级食品公司，烟台冰轮公司并不是该合同一方主体，也没有证据证明香

---

① 湖南省长沙市中级人民法院（2015）长中民五仲字第01749号。

港冰轮公司将合同中的权利义务转让给烟台冰轮公司,且香港冰轮公司和烟台冰轮公司不存在代理关系。因此,应当认定涉案合同中的仲裁协议对烟台冰轮公司没有约束力。①

虽然从超级食品公司和烟台冰轮公司缔约时的邮件协商和合同的实际履行来看,烟台冰轮公司应为合同的实际履行方。但是,法院对仲裁协议约束力的判定,仍以书面协议载明的当事人为准,仲裁条款对合同的实际履行方不具有约束力。此种处理结果也是仲裁协议书面性要求的意义所在。仲裁作为充分尊重当事人意思自治的争议解决形式,须以书面形式将当事人之合意固定下来,并以此作为后续争议解决的最终依据。

对于无权代理人所签署仲裁协议对被代理人的约束力判定,根据《合同法》第四十八条的规定,无权代理人以被代理人名义订立的合同,若未经被代理人追认,则对被代理人不发生效力。同样,无权代理人签署的仲裁协议,如果被代理人事后未予以追认,则仲裁协议对被代理人不具有约束力,或言仲裁协议另一方当事人与被代理人之间未达成仲裁协议。例如"张永年、关绮雯申请确认仲裁协议效力案"中,2009年10月26日,张永年、关绮雯向被申请人区志行出具《委托书》,委托区志行处理其名下物业事宜。2012年,区志行以张永年、关绮雯代理人的身份,与被申请人潘赞仪、广州裕丰咨询顾问有限公司签订编号为70587的《存量房买卖合同》,该合同第十六条约定:"本合同在履行过程中发生的争议,由当事人协商解决;协商不成的,均同意提交广州仲裁委员会仲裁。"广州中院认为,上述合同载明的签订时间为2012年9月19日,而在此之前,区志行并没有获得张永年、关绮雯关于签署房屋买卖合同中的仲裁条款的概括授权或特别授权;在上述合同签订后,张永年、关绮雯也没有对区志行代为做出的仲裁意思表示予以追认。张永年、关绮雯于2012年9月20日出具的《协议书》及收款收据仅涉及出售房屋的意思、价款、定金交付等事项,没有以仲裁方式解决合同争议的意思表示。另外,从《协议书》及收款收据的文字表述来看,张永年、关绮雯没有对区志行代其做出将合同争议提交仲裁的意思表示予以追认。案件现有证据亦不能证明存在足以使潘赞仪信赖区志行有权代理为仲裁意思表示的情形。因此,

---

① 山东省烟台市中级人民法院(2015)烟民涉初字第39号。

张永年、关绮雯并非涉案仲裁条款的当事人，《存量房买卖合同》中的仲裁协议对申请人张永年、关绮雯不具有约束力。①

然而，如果无权代理行为构成表见代理，则无权代理人签署的仲裁协议对当事人具有拘束力。在"河北普兴电子科技股份有限公司申请确认仲裁协议效力案"中，包含涉案仲裁协议的合同（编号：11PX/01021US）由赵丽霞代表普兴公司与 CSD Epitaxy Asia Ltd（以下简称"CSD 公司"）签订。赵丽霞为普兴公司的首席技术官兼副总经理，其曾于 2010 年 11 月 11 日代表普兴公司与 CSD 公司签订编号为 10PX/01012US 的合同，该合同与 11PX/01021US 号合同除货物品名和价格不同外，包括仲裁条款在内的其他内容及合同格式基本一致，同样由赵丽霞代表普兴公司签字而未加盖普兴公司印章，普兴公司已经实际履行了该合同，且未就其中的仲裁条款提出异议。据此，最高人民法院对该案的复函指出，CSD 公司有理由相信赵丽霞有权代表普兴公司签订涉案仲裁协议。根据《合同法》第四十九条的规定该代理行为有效，普兴公司以赵丽霞未经授权为由，主张涉案仲裁协议无效不能成立。②

在"中国交通进出口总公司（以下简称'交通公司'）与海峡油轮有限责任公司（以下简称'海峡油轮公司'）、江苏华泰创业有限公司船舶建造合同纠纷仲裁条款效力请示案"中，法院查明船舶建造合同没有交通公司盖章，仅在建造方签字处印有"卫某某中国交通进出口总公司"，并由卫某某签字。最高人民法院复函认为：根据《法律适用法》第十六条的规定，被代理人与代理人的民事关系，适用代理关系发生地法，船舶建造合同签订地在中国上海，故代理关系是否成立，应适用中国法律。交通公司否认授权卫某某签订船舶建造合同，且海峡油轮公司并未提供证据证明交通公司曾授权卫某某签字，故不能认定交通公司是船舶建造合同一方的当事人，合同仲裁条款对交通公司不具有约束力。③

在"申请人中轻三联国际贸易有限公司与被申请人塔塔国际金属（亚洲）有限公司申请确认仲裁协议效力案"中，申请人称根据天津麦哲思公司授权与塔塔公司签订的《销售合同》，其作为代理人并不是《销售合同》的当事

---

① 广东省广州市中级人民法院（2013）穗中法仲异字第 50 号。
② 最高人民法院（2017）最高法他 70 号。
③ 最高人民法院（2018）最高法民他 105 号。

人，不应受到合同仲裁条款的约束，且《销售合同》仲裁条款本身亦属于无效仲裁协议。涉案仲裁条款约定："如果不能协商解决，应提交新加坡国际贸易仲裁委员会按照美国的仲裁规则进行仲裁。"法院认为：根据仲裁条款准据法新加坡法律的规定，该仲裁条款有效，申请人中轻三联公司如认为《销售合同》项下权利义务的实际承担人应为案外人，该主张是否成立应在案件进入实体审理后再予以审查，不属于该案的审查范围。据此，裁定驳回申请人的申请。[1]

从上述案件可以看出，如认定无权代理人签署的仲裁协议对被代理人不具有拘束力，需要满足以下条件：第一，仲裁协议签署方无代理权限，超越代理权限或者在代理权结束后仍进行代理；第二，被代理人未对无权代理行为予以追认；第三，无权代理人的行为未构成表见代理。从实践来看，法院在确认仲裁协议效力时，一般不主动考虑表见代理、间接代理等特殊因素，而仅以签字当事人以及对签字当事人的授权来认定仲裁条款的真实意思表示，并据此确定受仲裁条款约束的当事人。这样可有效避免在仲裁条款效力认定阶段处理表见代理、间接代理等实体问题。

仲裁和诉讼作为两种独立的争端解决方式，当事人可以根据争议解决的实际需求进行选择。出于支持仲裁的理念，法院尊重仲裁庭的管辖权，具体可分为两种情形：一是法院尊重仲裁庭的自裁管辖权，即法院尊重仲裁庭对管辖权问题作出的认定；二是法院尊重仲裁庭对案件的管辖权，即如果当事人之间存在有效的仲裁协议，法院将不予受理案件或在受理案件后驳回起诉。不过，法院尊重仲裁庭管辖权也须满足一定的前提条件。

通常情况下，除非仲裁庭对仲裁协议的认定确有错误，原则上法院尊重仲裁庭对于仲裁协议效力作出的决定。《仲裁法司法解释》第十三条的规定，仲裁机构对仲裁协议的效力作出决定后，当事人向人民法院申请确认仲裁协议效力或者申请撤销仲裁机构的决定的，人民法院不予受理。即法院尊重仲裁庭对管辖权问题作出的决定。《最高人民法院关于确认仲裁协议效力几个问题的批复》（法释〔1998〕27号）第三条进一步明确，"如果仲裁机构接受申请后尚未作出决定，人民法院应予受理，同时通知仲裁机构终止仲裁。"即法

---

[1] 北京市第四中级人民法院（2017）京04民特25号。

院尊重仲裁庭自裁管辖权的前提是在当事人向法院提交申请这一时间节点之前或同时，仲裁机构已就仲裁协议效力问题作出有效决定。如果至该时间节点仲裁机构仍无有效决定，无论仲裁庭是否已接受确认仲裁协议效力申请，人民法院均应受理案件。在此之后，即使仲裁庭先于法院就仲裁协议效力作出认定，法院仍应独立进行审查并作出裁定。

例如"倪来宝、刘冬莲申请确认涉案仲裁协议效力案"中，倪来宝、刘冬莲与 SOUDAL INVESTMENTS LIMITED 签订《股权购买合同》，该合同第11.2.2 条约定："任何因本合同产生或者与本合同有关的争议、诉讼或者索赔，包括合同的效力、失效、违约或者终止，均应提交至中国国际经济贸易仲裁委员会上海分会根据申请时有效的仲裁规则进行裁决。仲裁程序应由中、英文进行。仲裁裁决为终局裁决，对双方均具有约束力。"争议发生后，2012年11月21日，SOUDAL INVESTMENTS LIMITED 依据前述《股权购买合同》中的仲裁协议，向中国国际经济贸易仲裁委员会提请仲裁，中国国际经济贸易仲裁委员会于 2012 年 11 月 26 日受理了该案。2012 年 12 月 5 日，倪来宝、刘冬莲向上海二中院申请确认仲裁协议效力，法院于同日立案受理。2012 年12 月 7 日，中国国际经济贸易仲裁委员会作出《管辖权及案件受理决定》，确认涉案仲裁协议合法有效、中国国际经济贸易仲裁委员会对案件享有管辖权。2013 年 1 月 8 日，上海二中院向中国国际经济贸易仲裁委员会发出公函，通知其中止该仲裁案件的仲裁程序。之后，上海二中院作出裁定，认定当事人签订的仲裁协议有效，涉案纠纷应由仲裁协议明确约定的上海国际经济贸易仲裁委员会受理。[1]

对于法院确认仲裁协议妨诉抗辩的效力范围，根据《民事诉讼法司法解释》第二百一十五条，当事人在书面合同中订有仲裁条款，或者在发生纠纷后达成书面仲裁协议，一方向人民法院起诉的，人民法院应当告知原告向仲裁机构申请仲裁，其坚持起诉的，裁定不予受理，但仲裁条款或者仲裁协议不成立、无效、失效、内容不明确无法执行的情况除外。第二百一十六条又规定，在人民法院首次开庭前，被告以有书面仲裁协议为由对受理民事案件提出异议的，人民法院应当进行审查。也就是说，在法院受理案件之前，当

---

[1] 上海市第二中级人民法院（2012）沪二中民认（仲协）字第 5 号。

事人因主张仲裁条款或者仲裁协议不成立、无效、失效、内容不明确无法执行而坚持起诉，或者在法院受理案件之后首次开庭前被告提出异议，法院都应对仲裁协议效力进行审查。如果仲裁协议合法有效，法院将尊重仲裁庭的管辖权，对案件裁定不予受理或驳回起诉。

"上诉人河南协鑫光伏科技有限公司（以下简称'协鑫公司'）与被上诉人半导体材料株式会社（以下简称'半导体株式会社'）、苏州世宗半导体材料有限公司（以下简称'世宗公司'）侵权责任纠纷案"中，协鑫公司与半导体株式会社于2010年12月30日签订《设备采购合同》，约定协鑫公司向半导体株式会社采购型号为SM-150PV的单晶炉130台。合同第17.1条款约定，"对于因本合同产生或与之相关的一切争议，包括合同的存在、效力以及终止，均应当提交香港国际仲裁中心由三名仲裁员根据其有效规则进行仲裁。仲裁地点在香港"。2012年9月6日，协鑫公司以半导体株式会社交付的设备不能达到合同约定的标准构成违约为由向香港国际仲裁中心提出仲裁申请，要求裁决终止合同，半导体株式会社退回货款、撤回设备，并赔偿协鑫公司所遭受的各种损失加利息及仲裁费、律师费，以及仲裁庭认为合适的其他的后续赔偿。2012年9月7日，香港国际仲裁中心受理了协鑫公司提出的仲裁申请。之后，协鑫公司向苏州市中级人民法院提起诉讼，请求半导体株式会社、世宗公司（半导体株式会社在苏州设立的外商独资企业）共同赔偿协鑫公司损失并承担诉讼费用。原审审理中，半导体株式会社和世宗公司在答辩期内提出管辖权异议。苏州中院认为，仲裁和司法诉讼是国际商事纠纷的主要解决方式，但有效的仲裁协议具有排除法院司法管辖的效力。根据《仲裁法司法解释》第十六条规定，应适用香港法律确认仲裁协议效力。《设备采购合同》第17.1条款符合《香港仲裁条例》规定的形式要件和实质要件，且有明确的请求仲裁的意思表示、明确的仲裁事项、确定的仲裁机构和唯一的仲裁地点，应当认定为有效的仲裁条款。根据仲裁条款的约定，与合同有关的一切争议包括违约纠纷和侵权纠纷，当事人均应当提交仲裁。协鑫公司在仲裁被受理之后又以合同相对方侵权为由向该院起诉，违反了《民事诉讼法》第二百七十一条第一款之规定。至于合同的签订、履行中可能涉及第三方即世宗公司的侵权责任，在协鑫公司无法通过仲裁弥补全部损失的情况下，协鑫公司仍可以世宗公司为被告向人民法院起诉，维护其合法权益。最终苏中中院裁定驳回协鑫公司的起诉。协鑫公司不服，向江苏高院提起上诉，江苏高院维持了原裁定。[①] 该案即明确如果存在有效的仲裁协议，法院将尊重仲裁庭对案件的管辖权。不过，如果仲裁裁决未能充分弥补当事人的损失或者争议涉及仲裁协议签署方之外的其他人，当事人仍可向法院起诉。

在"申请人韩国MEEJANSEN公司与被申请人东莞市语缇化妆品有限公司（以下简称'语缇公司'）申请确认仲裁协议效力纠纷案"中，MEEJANSEN公司申请称：根据其与语缇公司签订的《业务合同》第10条"本合同未尽事宜由双方协商决定，协商不成时，可交中国南沙国际仲裁中心处理"的内容，认为仲裁事项系"未尽事项"，故约定不明确，应确认该仲裁条款无效。我国法院认为：涉案仲裁协议约定的仲裁机构在我国境内，应适用中国法。《业务合同》第10.1条从字面意思来理解，双方实质约定的仲裁事项系与合同相关的，但合同没有明确约定且双方协商不成的所有事项，如该些事项协商不成时，提交中国南沙国际仲裁中心仲裁处理。由此可见，双方约定的仲裁事项是明确的。据此，涉案仲裁条款有明确的请求仲裁的意思表示、有明确的仲裁事项、有选定的仲裁委员会，符合我国《仲裁法》第十六条的规定，应属有效条款。据此，法院裁定驳回MEEJANSEN公司的申请。[②]

在"瑞昕新加坡海外企业有限公司（以下简称'瑞昕公司'）诉青岛汇添盛农业生产资料有限公司（以下简称'青岛汇添盛公司'）等侵权纠纷管辖权异议请示案"中，涉案《购销合同》第15条约定："因本合同或违反合同引起的或与之有关的任何纠纷、争议或索赔，都应由新加坡国际仲裁中心按照其仲裁规则和程序在新加坡解决。"最高人民法院复函认为：尽管瑞昕公司以侵权为由起诉，但其与青岛汇添盛公司之间的纠纷，仍属于购销合同仲裁条款约定的仲裁范围，即"与之有关的任何纠纷"，该部分纠纷应当由双方提交约定的仲裁机构解决，人民法院对此无管辖权，应当裁定驳回瑞昕公司对青岛汇添盛公司的起诉。对于瑞昕公司与青岛汇添盛

---

① 江苏省高级人民法院（2014）苏商外辖终字第0001号。
② 广州市中级人民法院（2018）粤01民特207号。

公司、李某之间的诉讼，因后两者不是上述购销合同的当事人，该合同仲裁条款对其不具有法律约束力，人民法院有权管辖，应当继续审理瑞昕公司与当事人之间的诉讼。①

在"上诉人威沃克亚太控股有限公司、红鲷众创空间管理（上海）有限公司（以下简称'红鲷公司'）与被上诉人新疆融惠星和管理咨询有限责任公司（以下简称'新疆融惠星和公司'）等侵权纠纷管辖权异议上诉案"中，红鲷公司与新疆融惠星和公司签订的《房屋租赁合同》第29条约定："若因本合同（包括本合同的违约、终止或无效）产生任何争议、纠纷或索赔，或有关本合同的任何争议、纠纷或索赔，双方未在30日内达成相互接受的争议解决方案，则争议应由中国国际经济贸易仲裁委员会仲裁最终解决。"红鲷公司以侵权提起诉讼，最高人民法院认为：在解释合同当事人之间的争议解决条款范围时，人民法院应当按照合同解释援助来解释当事人的意愿，争议解决条款仅约定"因履行本协议而发生争议"，系当事人采用概况式约定对关联纠纷通过同一途径解决的合理预期，在解释仲裁事项范围时应做宽松理解，不仅包括合同权利义务争议，还包括因合同而产生的侵权争议或其他争议，尽可能避免因不同诉由而产生法院或仲裁机构对同一事实或行为重复审理造成的冲突。故无论当事人是以合同纠纷还是以侵权为由提起诉讼，均应受仲裁条款约束。②

在最高人民法院国际商事法庭审理的"富士公司与亚洲光学公司、信泰公司管辖权异议案"中，富士公司与亚洲光学公司、信泰公司分别签订了8份《委托开发合同》。该系列合同第28条（仲裁）约定："与本合同相关的所有纠纷基于诚实信用原则，由甲乙双方协商解决。但是，未能成功协商解决，出于解决纠纷的目的由甲方或者乙方申请仲裁的情况，则基于日本商事仲裁协会的商事仲裁规则在东京通过仲裁的方式对相关纠纷进行最终解决。"2012年10月30日，亚洲光学公司、信泰公司依据二者分别与富士公司签订的《委托开发合同》中的仲裁条款向日本商事仲裁协会申请仲裁，认为富士公司有责任解决与柯达公司之间的专利费用问题，请求富士公司对相关费用

---

① 最高人民法院（2018）最高法民他103号。
② 最高人民法院（2018）最高法民辖终453号。

和美国判决给原告造成的损失进行赔偿。2014年2月28日日本商事仲裁协会作出仲裁裁决（东京12-11号），驳回了亚洲光学公司、信泰公司的全部请求。2016年4月22日，亚洲光学公司、信泰公司以富士公司及其在中国境内注册的三家子公司为被告，向广东省深圳市南山区人民法院提起该案诉讼。富士投资深圳分公司、富士光电公司在提交答辩状期间提出管辖权异议：富士投资公司、富士投资深圳分公司和富士光电公司均非该案适格被告，在原告提供的证据中从未有任何涉及该三被告的内容，该案与该三被告均无任何关系，原告恶意制造管辖连接点，规避关于管辖的法律规定。南山区法院认为，原告在起诉后增加诉讼请求并变更诉讼标的额为人民币2.2亿元，故根据2015年4月30日《最高人民法院关于调整高级人民法院和中级人民法院管辖第一审民商事案件标准的通知》〔法发（2015）7号〕第二条将该案移送至深圳中院。深圳中院经审查认为，原告主张富士公司没有支付专利使用费而合法销售产品并因此获得了不当利益，要求富士公司返还，实际上仍是要求富士公司承担双方在《委托开发合同》履行中其已被美国法院判决向案外人柯达公司支付的专利使用费。根据《民事诉讼法司法解释》第二百四十七条第一款关于重复起诉的规定，原告以不当得利为案由提起该案诉讼，并将富士公司在中国投资的企业列为共同被告，其目的一是为制造连接点以便在中国法院立案，二是为规避仲裁协议。该案与日本商事仲裁协会裁决的案件当事人实际上是相同的，标的也是相同的。原告的起诉，因有仲裁协议，不属于法院主管范围；该请求事项已经仲裁机关仲裁，起诉违反了一事不再理原则，故裁定驳回原告的起诉。亚洲光学公司、信泰公司不服该裁定，上诉至广东省高级人民法院（以下简称"广东高院"）。广东高院认为：该案为涉外、涉台民商事纠纷案件，根据《关于调整我省第一审知识产权、涉外、涉港澳台民商事纠纷案件区域管辖和级别管辖等事项的通知》〔粤高法发（2008）28号〕，该案诉讼标的金额超过人民币2亿元，属于广东高院管辖第一审涉外、涉港澳台民商事纠纷案件的级别管辖范围，应由广东高院管辖，遂裁定：撤销深圳中院的裁定，该案由广东高院管辖。之后，广东高院认为，该案属于疑难复杂的国际商事案件，报请最高人民法院国际商事法庭审理。最高人民法院经审查认为，该案系具有重大影响和典型意义的第一审国际商事案件，涉及商事合同、知识产权等多方面法律问题，涉及多个国家和地区，案情复杂，社会关注度高，诉讼标的金额大，裁定本案由第一国际商事法庭审理。

国际商事法庭经审查认为：该案的争议焦点是人民法院是否应当审理本案。具体包括以下问题：该案被告能否对法院管辖权提出异议，法院对原告与富士公司之间的纠纷是否有管辖权，富士投资公司、富士投资深圳分公司和富士光电公司是否为该案适格被告。鉴于广东高院仅认定深圳中院违反级别管辖的规定而撤销驳回起诉的裁定，并未对该案是否存在仲裁协议、法院是否有管辖权问题作出裁定。因此，该案提级管辖后，被告仍有权以存在仲裁协议为由对法院管辖权提出异议。鉴于富士公司与亚洲光学公司、信泰公司分别签订的8份《委托开发合同》规定了仲裁条款，且亚洲光学公司、信泰公司主动向日本商事仲裁协会申请仲裁时签订了《确认书》，以书面方式明确了所有关联纠纷均适用上述仲裁条款，表明其亦认可上述仲裁条款约束委托加工关系，故基于委托加工关系而产生的该案纠纷也受仲裁条款约束。事实上，亚洲光学公司、信泰公司已申请仲裁，且有关仲裁机构已经作出裁决，故应当驳回亚洲光学公司、信泰公司对富士公司的起诉。[1]

实务中，在存在仲裁条款的情况下，不少当事人经常采取增加将非仲裁协议当事人列为共同被告或第三人，达到规避仲裁条款的目的，这一做法或诉讼技巧并不少见。该案国际商事法庭作出的裁定，对当事人规避仲裁条款的行为提供了规制路径。具言之，裁定驳回起诉的原因有两方面：其一是两原告系根据委托加工合同关系对被告提出有关专利费的诉讼请求，属于《委托开发合同》中仲裁条款的范围；其二是原告在以富士公司为被告的基础上，以富士公司在中国的三家全资子公司列为共同被告并要求承担连带责任，国际商事法庭判定该主张是为了制造由人民法院管辖的连接点和规避仲裁条款，应予否定。这一处理对于在诉讼中隐匿仲裁条款或是恶意规避仲裁条款的当事人以及审理法院而言，具有重要启示意义，这对于保障仲裁条款的有效执行也具有现实功能（见表4-4）。

---

[1] 最高人民法院国际商事法庭（2019）最高法商初2号。

表 4-4　最高人民法院发布的国际商事仲裁机构相关文件

最高人民法院发布的文件名称	文件编号	重点内容
《关于人民法院为"一带一路"建设提供司法服务和保障的若干意见》	法发〔2015〕9号	第8条：依法加强涉沿线国家当事人的仲裁裁决司法审查工作，正确适用《纽约公约》，推动与尚未参加《纽约公约》的沿线国家之间相互承认和执行仲裁裁决。完善仲裁裁决司法审查程序，统一司法尺度，实行仲裁司法审查案件统一归口，确保标准统一
《关于为自由贸易试验区建设提供司法保障的意见》	（法发〔2016〕34号）	第9条：明确自贸试验区内的外资企业约定将争议提交域外仲裁，不应仅以争议不具有涉外因素为由认定协议无效；自贸试验区内的外资企业约定域外仲裁，裁决作出后以争议不具涉外因素为由主张拒绝执行裁决，法院不予支持；允许自贸试验区内的企业约定进行三特定仲裁
《关于人民法院进一步为"一带一路"建设提供司法服务和保障的意见》	法发〔2019〕29号	第28条：拓展国际商事法庭"一站式"纠纷解决平台的机构名单，适当引入域外国际商事仲裁机构。第34条：支持香港国际仲裁中心等仲裁机构与内地仲裁机构的合作，在国际商事法庭"一站式"纠纷解决平台建设中适当引入香港特别行政区仲裁机构。第35条：支持国内仲裁机构与"一带一路"建设参与国仲裁机构建立联合仲裁机制，支持境外仲裁机构在上海临港新片区设立的分支机构开展仲裁业务
《关于为海南全面深化改革开放提供司法服务和保障的意见》	法发〔2018〕16号	第15条：支持建立国际商事仲裁机构，充分尊重当事人选择纠纷解决方式的意愿。自由贸易试验区或自由贸易港民商事案件的主体之间约定将争议提交域外仲裁解决的，不宜以无涉外因素为由认定无效
《关于人民法院为中国（上海）自由贸易试验区临港新片区建设提供司法服务和保障的意见》	法发〔2019〕31号	第6条：支持经登记备案的境外仲裁机构在临港新片区就国际商事、海事、投资等领域发生的民商事纠纷开展仲裁业务。支持上海打造成为亚太仲裁中心。支持新片区内注册的企业之间约定进行三特定仲裁。探索司法支持国际投资争端解决机制的途径

续表

最高人民法院发布的文件名称	文件编号	重点内容
《关于为新时代加快完善社会主义市场经济体制提供司法服务和保障的意见》	法发〔2020〕25号	第26条：完善国际商事纠纷解决机制和机构，加强国际商事法庭建设。第27条：积极参与、深入推进国际司法交流合作，吸收借鉴国际成熟司法经验，探索建立健全国际投资仲裁领域的司法审查机制，适时出台涉外国民商事判决承认与执行的规范指引
《关于人民法院服务保障进一步扩大对外开放的指导意见》	法发〔2020〕37号	第9条：在"一站式"国际商事纠纷多元化解决机制中适当引入域外知名商事仲裁机构。支持境外仲裁机构经登记备案后在特定区域内设立的业务机构，根据仲裁协议受理国际仲裁案件
《关于为进一步推进服务业改革开放发展提供司法保障的意见》	未公开	一是全面推进服务业纠纷多元化解机制建设，广泛吸收服务业各方解纷力量，进一步降低服务业领域维权成本，更好实现一站式多元解纷、一站式诉讼服务。二是积极参与建设现代服务业治理格局，进一步加强与服务业监管机构、行业协会、调解组织的沟通协作，推动服务业纠纷化解从终端解决向源头防控延伸
《关于人民法院为北京市国家服务业扩大开放综合示范区、中国（北京）自由贸易试验区建设提供司法服务和保障的意见》	法发〔2021〕11号	第19条：探索引入国内外知名国际商事仲裁机构，学习借鉴国际一流纠纷解决规则和纠纷解决机构管理经验，打造一流国际商事纠纷解决中心。支持境外知名仲裁及争议解决机构在自由贸易试验区内设立业务机构，就国际商事、投资等领域民商事争议开展仲裁业务

第四节 申请撤销及不予执行仲裁裁决案件的司法审查

一、仲裁裁决撤销与不予执行的区分

申请法院不予执行仲裁裁决与申请撤销仲裁裁决，二者都是对裁决进行

第四章
境外仲裁机构在北京"两区"所作裁决的司法审查与协助

事后审查的重要方式,均属于法院对仲裁裁决进行司法审查的重要方式。但是,基于其制度功能与立足点不同,仲裁裁决的撤销制度与不予执行制度所发挥的价值、所救济的权利不尽一致,堪称两类完全不同的救济机制。[①] 通常认为,这两项制度至少存在以下区别。

第一,提出申请的当事人不同。不予执行通常是执行程序中的被申请执行人享有和提出的一项抗辩权,执行申请人不可能主张不予执行[②];而有权启动裁决撤销程序的,可以是对裁决不满的任何一方当事人,既可能是仲裁申请人,也可能是被申请人。[③] 简言之,撤销机制的存在为争端当事双方都提供了一定的救济渠道。

第二,审理当事人请求的管辖机关不同。对于《华盛顿公约》体系下 ICSID 裁决中载明的金钱义务,根据公约第五十四条,缔约国的法院应将其视为本国法院所作出的终局判决,必须无条件地自动承认与执行;而如果当事人申请撤销 ICSID 裁决,根据公约五十二条,ICSID 行政理事会主席(即世界银行行长)须从仲裁员小组中任命一个由三人组成的专门委员会审理撤销程序。对于非 ICSID 裁决,应比照国际商事仲裁裁决的司法监督程序。1958 年的《纽约公约》堪称国际经贸争议解决领域最成功的国际条约,截至 2017 年 12 月 31 日其缔约国总数已达到 157 个,这对促进仲裁裁

[①] 尽管两类程序中对仲裁裁决审查的范围存在重合,拒绝执行与撤销裁决的理由也存在交叉,但二者仍然是相互独立的裁决审查机制。尤其是,当仲裁裁决的承认与执行程序在一国法院进行,而裁决的撤销程序在另一国法院进行时,如果两国之间并无相关的司法协助条约,则各国法院可独立地对仲裁裁决作出认定,这并不排除出现截然不同的裁判结论的可能。不过,如果审查两类程序的不同国家均属《纽约公约》成员国,则根据该公约第五条第一款 d 项,如果仲裁裁决已经被仲裁地法院撤销,则执行地法院可以(但并不必然)拒绝承认执行。[意] 莫鲁·鲁比诺-萨马塔诺:《国际仲裁法律与实践》,中信出版社 2003 年版,第 924 页。

[②] 在日本、德国、法国等国家的立法中,民事执行当事人均分别称为"债权人"和"债务人"。但在我国内地,法律民事执行当事人的称谓不统一,理论界也存在较大分歧。就我国现行《民事诉讼法》及其司法解释而言,对民事执行当事人中享有权利的一方,存在"申请人""申请执行人""债权人""权利人""被交付人"等数种称谓;对应当履行义务的一方民事执行当事人,存在"被执行人""被申请人"两种称谓。其中,使用频率最高的两种称谓分别是"申请人"和"被执行人"。谭秋桂:《民事执行法学》,北京大学出版社 2010 年版,第 104 页。

[③] 宋朝武主编:《仲裁法学》,中国政法大学出版社 2006 年版,第 228 页。

决在国家间自由流通起到了实质性的重要作用。① 依据《纽约公约》第五条第一款e项,裁决撤销程序只能由仲裁地的法院或准据法所属国的法院予以审理,而不予执行的请求则由被请求执行地的法院予以审查。

第三,对裁决实施相应审查的法定事由不同。仲裁裁决作出后,即对当事人彼此之间的实体权利义务关系作出了终局性的分配。为了维护当事人的合法权益,国际公约与各国仲裁立法中在确定当事人享有撤销申请权的同时,也对应当或可以撤销裁决的审查事由与法定情形做出了相应的规定,归纳起来主要有以下几类:①不存在仲裁协议或仲裁协议无效、失效;②仲裁庭的组庭与当事人协议不符,仲裁员本身因缺乏必备的资质要件而不适格或仲裁员不是按照正当方式被指定或选定的;③仲裁的进行违反正当程序原则,例如在未进行适当通知的前提下进行缺席裁决,导致缺席方未能陈述申辩;④仲裁裁决中处理了当事人未提请求的事项,或仲裁庭行使的权限超出了仲裁协议所订立的仲裁范围,或对不属于法定许可仲裁事项的争议作出了裁决;⑤因仲裁员从事了腐败、贿赂或其他刑事犯罪行为而导致仲裁裁决被蒙上污点;⑥裁决是通过欺诈的方式或侵犯第三人权益的方式取得的,如虚假仲裁,或据以作出仲裁裁决的证据是伪造、变造的等。② 相比之下,拒绝承认或不予执行投资仲裁裁决的法定事由与撤销的事由存在一定的重叠,但并不当然一致。以前述《纽约公约》的第五条为例,尽管其与一些国家的法定撤销程序存在通用的审查事由,如不存在仲裁协议或仲裁协议无效、仲裁程序违反正当程序原则、仲裁庭在送达不合法的前提下进行缺席裁决而未听取缺席方的陈述申辩、争议事项不具有可仲裁性等,第五条中也存在一些相对独特的不予执行理由,例如仲裁裁决对各当事方尚无拘束力或已经被仲裁地国或准据法所属国主管机关撤销或停止执行、承认或执行有违法院地的公共政策等。既然审查的范围不必然一致,这也表明了两类审查机制作出的裁决不可同日而语。

---

① 安哥拉于2017年3月6日加入《纽约公约》,成为公约的第157个成员国,公约自2017年4月6日起对安哥拉生效。关于《纽约公约》的全部成员国名单、公约的准备资料、公约在各成员国适用的国内法院判决等详尽信息,http://www.newyorkconvention.org,最后访问日期:2017年12月6日。

② 常英主编:《仲裁法学》,中国政法大学出版社2013年版,第230页。

第四章
境外仲裁机构在北京"两区"所作裁决的司法审查与协助

第四，裁决被撤销与裁决被不予执行的法律后果有别。正如艾伦·雷德芬（Alan Redfern）所描述，以 ICSID 为例，仲裁裁决被撤销，特指由世界银行行长指派的三名仲裁员组成专门委员会，对 ICSID 裁决进行审查，一旦确定对裁决予以撤销，即溯及既往地清楚和抹除仲裁裁决，使其全面丧失确定力、拘束力、执行力；而 ICSID 裁决本身是由争端当事双方所选定的仲裁员组成的仲裁庭作出的裁决；专门委员会对仲裁庭的裁决予以撤销，这近乎一套精心筹划、耗资昂贵的蛇棋游戏（game of Snakes and Ladders）。[1] 可见，被专门委员会决定撤销的 ICSID 仲裁裁决，是不可能在《华盛顿公约》缔约国境内得到承认或执行的。而对于非 ICSID 仲裁裁决，在被仲裁地法院撤销后，原则上也是不可能在其他国家得到承认与执行的，但作为少数例外，在美国、法国等法院审查承认与执行外国裁决时，曾出现过一系列对在仲裁地已撤销的裁决仍予以承认并执行的实践。[2] 与仲裁裁决被撤销后原则上丧失执行力不同，仲裁裁决在一国被拒绝执行，并不意味着其丧失在其他国家的执行力。被一国拒绝执行的裁决的胜诉方当事人仍然可以向被执行人财产所在地的其他国家法院申请承认及执行。[3] 简言之，尽管撤销与不予执行二者都涉及对仲裁裁决的事后审查，但在对裁决作出消极、否定的结论后，其审查力度、法律后果、对裁决当事人权益的影响是明显有别的。当国际投资仲裁裁决（特别是 ICSID 裁决）被撤销后，原则上裁决本身将不复存续，但当裁决未被撤

---

[1] Alan Redfern, ICSID—Losing its Appeal? in Arbitration International, Vol. 3, 1987, pp. 98-99.

[2] 执行地法院主要通过宽泛解读《纽约公约》的相关条款，尽量遵循支持仲裁裁决执行的角度，对已撤销裁决予以承认并执行。这方面存在一系列代表性的案例，如 Hilmarton 案、Putrabali 案等法国案件，以及 Chromalloy 案、Pemex 案等美国案件。参见张潇剑：《被撤销之国际商事仲裁裁决的承认与执行》，《中外法学》，2006 年第 3 期；傅攀峰：《未竟的争鸣：被撤销的国际商事仲裁裁决的承认与执行》，《现代法学》，2017 年第 1 期，第 156~157 页；Andrews Kurth, Winning the Battle and Losing the War: Enforcement of Awards Set Aside in the Seat, available at: https://www.andrewskurth.com/assets/pdf/article_1106.pdf, last visited on December 23th 2017; Albert Jan van den Berg, Should the Setting Aside of the Arbitral Award be Abolished? in ICSID Review-Foreign Investment Law Journal, Vol. 29, 2014, p. 279; Jared Hanson, Setting Aside Public Policy: The Pemex Decision and the Case for Enforcement International Arbitral Awards Set Aside as Contrary to Public Policy, in Georgetown Journal of International Law, 2014, Vol. 15, No. 2, p. 826-859.

[3] 在国内仲裁的语境下，撤销与不予执行也是有功能侧重的，被裁定不予执行的仲裁裁决，其对案件事实的认定依然有效，对实体权利义务的确定力依然存续，某一法院作出的裁决不予执行的裁定，理论上不排除其他有执行管辖权的法院独立决定是否执行。史飚：《商事仲裁监督与制约机制研究》，知识产权出版社 2011 年版，第 269 页。

销而仅仅被某国拒绝承认或执行，则效力仅及于该国领土范围内，不当然延伸至别国。

二、我国法院撤销仲裁裁决的法律依据及实践运用

通过之前的论述可知，仲裁司法审查包括对仲裁协议的司法审查、对仲裁程序的司法审查、对仲裁裁决的司法审查三个层面。在处理仲裁与司法的关系时，法院应当秉持"谦抑性"原则，将对仲裁的干预和介入降至最低。其中对仲裁裁决的司法审查包括撤销与不予执行两种机制，针对涉外裁决与国内裁决的审查标准不同，《民事诉讼法》修改后，仲裁裁决的司法审查从"双层双轨制"向"单层双轨制"发展。

具言之，对于国内仲裁裁决的撤销事由，我国《仲裁法》第五十八条做出了详细规定。根据该条款，当事人提出证据证明裁决有下列情形之一的，可以向仲裁委员会所在地的中级人民法院申请撤销裁决："（一）没有仲裁协议的；（二）裁决的事项不属于仲裁协议的范围或者仲裁委员会无权仲裁的；（三）仲裁庭的组成或者仲裁的程序违反法定程序的；（四）裁决所根据的证据是伪造的；（五）对方当事人隐瞒了足以影响公正裁决的证据的；（六）仲裁员在仲裁该案时有索贿受贿，徇私舞弊，枉法裁决行为的。人民法院经组成合议庭审查核实裁决有前款规定情形之一的，应当裁定撤销。人民法院认定该裁决违背社会公共利益的，应当裁定撤销。"

对于涉外仲裁裁决的撤销，我国《仲裁法》第七十条规定，当事人提出证据证明涉外仲裁裁决有民事诉讼法第二百五十八条（现为《民事诉讼法》二百七十四条）第一款规定的情形之一的，经人民法院组成合议庭审查核实，裁定撤销。《民事诉讼法》第二百七十四条规定："对中华人民共和国涉外仲裁机构作出的裁决，被申请人提出证据证明仲裁裁决有下列情形之一的，经人民法院组成合议庭审查核实，裁定不予执行：（一）当事人在合同中没有订有仲裁条款或者事后没有达成书面仲裁协议的；（二）被申请人没有得到指定仲裁员或者进行仲裁程序的通知，或者由于其他不属于被申请人负责的原因未能陈述意见的；（三）仲裁庭的组成或者仲裁的程序与仲裁规则不符的；（四）裁决的事项不属于仲裁协议的范围或者仲裁机构无权仲裁的。"根据《民事诉讼法司法解释》第五百五十一条的说明，人民法院审理涉及香港、澳

门特别行政区和台湾地区的民事诉讼案件,可以参照适用涉外民事诉讼程序的特别规定。

有仲裁实务人士针对申请撤销仲裁裁决的案件进行检索,发现2019年度全国共有4 639起申请撤销仲裁裁决案件。部分案件中,当事人申请撤销的对象是仲裁调解书或仲裁决定,而非仲裁裁决书(见表4-5、表4-6)。鉴于国内的重要机构主要分布于北京、上海、广州、深圳四地,故对这四个城市的仲裁裁决撤销案件进行分析与整理,能够在一定程度上反映全国撤销仲裁的总体情况。①

表4-5 全国法院裁定撤销仲裁裁决的主要事由

序号	法院撤销仲裁裁决的事由	案件数量（件）	占撤销仲裁裁决案件比例（%）
1	仲裁庭的组成或者仲裁程序违反法定程序的	40	37.38
2	没有仲裁协议的	25	23.36
3	裁决的事项不属于仲裁的范围或者仲裁委员会无权仲裁的	19	17.76
4	对方当事人隐瞒了足以影响公正裁决的证据的	12	11.22
5	裁决所依据的证据是伪造的	9	8.41
6	违背社会公共利益的	2	1.87

表4-6 北京、上海、广州、深圳四地法院撤销仲裁裁决的主要事由

序号	法院撤销仲裁裁决的事由	案件数量（件）	占四地法院撤裁案件比例（%）
1	没有仲裁协议	3	27.27
2	仲裁庭的组成或者仲裁的程序违反法定程序	3	27.27
3	对方当事人隐瞒了足以影响公正裁决的证据	2	18.18
4	裁决所依据的证据是伪造的	2	18.18
5	裁决的事项不属于仲裁协议的范围或者仲裁委员会无权仲裁	1	9.10

---

① 朱华芳等:《2019年度仲裁司法审查实践观察报告:大数据分析》,https://mp.weixin.qq.com/s/aYVM_h80uh6y4raYij0IRA,最后访问日期:2020年3月11日。

三、我国法院不予执行仲裁裁决的法律依据及实践运用

关于我国仲裁裁决的不予执行事由，具体规定在我国《民事诉讼法》第二百三十七条。根据该条规定，对依法设立的仲裁机构的裁决，一方当事人不履行的，对方当事人可以向有管辖权的人民法院申请执行。受申请的人民法院应当执行。被申请人提出证据证明仲裁裁决有下列情形之一的，经人民法院组成合议庭审查核实，裁定不予执行："（一）当事人在合同中没有订有仲裁条款或者事后没有达成书面仲裁协议的；（二）裁决的事项不属于仲裁协议的范围或者仲裁机构无权仲裁的；（三）仲裁庭的组成或者仲裁的程序违反法定程序的；（四）裁决所根据的证据是伪造的；（五）对方当事人向仲裁机构隐瞒了足以影响公正裁决的证据的；（六）仲裁员在仲裁该案时有贪污受贿，徇私舞弊，枉法裁决行为的。人民法院认定执行该裁决违背社会公共利益的，裁定不予执行。裁定书应当送达双方当事人和仲裁机构。仲裁裁决被人民法院裁定不予执行的，当事人可以根据双方达成的书面仲裁协议重新申请仲裁，也可以向人民法院起诉。"

关于涉外仲裁裁决的不予执行事由，我国《仲裁法》第七十一条规定："被申请人提出证据证明涉外仲裁裁决有民事诉讼法第二百五十八条（现为《民事诉讼法》二百七十四条）第一款规定的情形之一的，经人民法院组成合议庭审查核实，裁定不予执行。"据此，涉外仲裁裁决的撤销与不予执行均适用《民事诉讼法》第二百七十四条规定。根据该条款，对中华人民共和国涉外仲裁机构作出的裁决，被申请人提出证据证明仲裁裁决有下列情形之一的，经人民法院组成合议庭审查核实，裁定不予执行："（一）当事人在合同中没有订有仲裁条款或者事后没有达成书面仲裁协议的；（二）被申请人没有得到指定仲裁员或者进行仲裁程序的通知，或者由于其他不属于被申请人负责的原因未能陈述意见的；（三）仲裁庭的组成或者仲裁的程序与仲裁规则不符的；（四）裁决的事项不属于仲裁协议的范围或者仲裁机构无权仲裁的。"

有仲裁实务人士针对申请不予执行仲裁裁决的案件进行检索，发现2019年度全国审结并公开662起申请不予执行仲裁裁决案件。其中，法院裁定不予执行的案件共132件，占比19.94%。总体来看，程序违法、违背社会公共利益、虚假仲裁损害案外人利益是法院裁定不予执行仲裁裁决的主要理由。此外，法院在另外

一些案件中驳回了执行仲裁裁决的申请，主要理由涵盖金钱给付等执行内容不明确、权利义务主体不明确等。[①] 法院裁定不予执行仲裁裁决与裁定驳回仲裁裁决的执行申请两类结果殊途同归，均否定了仲裁裁决的执行力，但是二者在裁判形式上存在差异，故采取不同列表予以对比列明（见表4-7、表4-8）。

表4-7 法院裁定不予执行仲裁裁决的主要事由

序号	不予执行仲裁裁决的事由	案件数量（件）	所占比例（%）
1	仲裁庭的组成或仲裁程序违反法定程序	55	41.67
2	执行裁决违背社会公共利益	28	21.21
3	虚假仲裁损害案外人利益	21	15.91
4	裁决的事项不属于仲裁协议的范围或仲裁机构无权仲裁	8	6.06
5	当事人在合同中没有订立仲裁条款或者事后没有达成书面仲裁协议	6	4.54
6	裁决所依据的证据是伪造的	6	4.54
7	对方当事人向仲裁机构隐瞒了足以影响公正裁决的证据	5	3.79
8	先予仲裁	1	0.76
9	互负债务、申请执行人未履行而申请执行	1	0.76
10	法院以多项事由裁定不予执行	1	0.76

表4-8 法院驳回仲裁裁决执行申请的主要事由

序号	不予执行事由	案件数量（件）	案件占比（%）
1	概括表示执行内容不明确	39	42.86
2	金钱给付具体数额不明确或者计算方法不明确导致无法计算出具体数额	15	16.48
3	权利义务主体不明确	14	15.38

[①] 朱华芳等：《2019年度仲裁司法审查实践观察报告：大数据分析》，https：//mp.weixin.qq.com/s/aYVM_h80uh6y4raYij0IRA，最后访问日期：2020年3月11日。

续表

序号	不予执行事由	案件数量（件）	案件占比（%）
4	行为履行标准、对象、范围不明确	9	9.89
5	继续履行的权利义务或者履行的方式、期限等具体内容不明确	7	7.69
6	交付的特定物不明确或无法确定	2	2.20
7	仲裁程序违反法定程序	2	2.20
8	仲裁员未在裁决上签名视为未作出裁决	2	2.20
9	申请执行主体不适格	1	1.10

（一）仲裁协议效力认定标准不一

合法有效的仲裁协议是仲裁庭取得管辖权的基础，同时也是仲裁裁决合法性的重要前提，[1] 仲裁协议在法院对仲裁的司法审查过程中的重要作用自不待言。但是就笔者收集的样本来看，各法院对仲裁协议的效力，尤其是仲裁协议独立性问题仍然存在不同认识，另外就租约中仲裁条款并入提单后的效力问题也有不同判断。

1. 对仲裁协议独立性的理解有分歧

仲裁协议的独立性理论（doctrine of independence of arbitration agreement），又称仲裁协议的自治权（autonomy）、可分离性（separability）或可分割性（severability）理论或学说，"是指仲裁协议在与包含它或与它相关的主合同的关系问题上的自治或相分离"[2]。1994 年《仲裁法》第十九条确立了仲裁协议的独立性[3]，2006 年《仲裁法司法解释》第十条则将其适用范围做了进一步扩大。[4] 仲裁协议独立性理论是仲裁实践发展的重要成果，但是法院

---

[1] N. Blackaby, C. Partasides, et al., Redfern and Hunter on International Arbitration, Oxford University Press, 2009, p. 85.

[2] 宋连斌主编：《仲裁法》，武汉大学出版社 2010 年版，第 130 页。

[3] 《仲裁法》第十九条规定："仲裁协议独立存在，合同的变更、解除、终止或者无效，不影响仲裁协议的效力。"

[4] 《仲裁法司法解释》第十条规定："合同成立后未生效或者被撤销的，仲裁协议效力的认定适用仲裁法第十九条第一款的规定。当事人在订立合同时就争议达成仲裁协议的，合同未成立不影响仲裁协议的效力。"

第四章
境外仲裁机构在北京"两区"所作裁决的司法审查与协助

在对仲裁裁决进行司法审查时经常出现错误地理解仲裁协议独立性的问题。

以"乌克兰尤尼康合资公司与苏州天宝工贸有限公司申请承认及执行乌克兰工商会国际仲裁庭第28K/2008号仲裁裁决案"[①]为例,苏州中院认为:"……尤尼康公司和天宝公司均提供相同销售合同文本,虽前八页仅有尤尼康公司印章(其中仲裁条款位于销售合同第七页——作者注),但天宝公司未提供相反证据推翻销售合同前八页的内容,对销售合同的中文翻译也无异议,故本院认定尤尼康公司和天宝公司之间存在仲裁条款,天宝公司异议不成立。"该案中法院实际上肯定当事人无须对合同中的仲裁条款单独做出合意,值得赞同。仲裁协议独立性的真正含义是仲裁条款的效力独立于主合同的效力。不因主合同的效力存在瑕疵而影响仲裁协议的效力[②],仲裁协议的独立性不意味着其在文本上独立于主合同。[③] 事实上,仲裁条款同合同的其他条款共同构成了所在合同的有机组成部分。

2. 当事人对仲裁协议准据法的约定

我国法律允许当事人对涉外仲裁协议选择准据法,但是在这种选法是否需要针对仲裁协议特别作出这一问题上,中国法院却往往仅承认当事人对仲裁条款单独选法。[④] 这一做法并非毫无争议,因为理论上而言,仲裁条款的独立性实际上是一种"法律的拟制",而非"法律的事实"。[⑤] 仲裁条款的独立性既然是为实现特定的政策目标和法律功能而作的"法律拟制",就没必要为其专门选法。

在2006年的一个案例中,最高院认为当事人在合同中作出的"本协议适用中华人民共和国香港特别行政区法律"的法律选择仅适用于主合同,当事

---

① (2010) 苏中商外仲审字第0001号。
② N. Blackaby, C. Partasides, et al., Redfern and Hunter on International Arbitration, Oxford University Press, p.117-120.
③ 宋连斌:《合同转让对仲裁条款效力的影响——评武汉中苑科教公司诉香港龙海(集团)有限公司确认仲裁条款效力案》,《中国对外贸易》,2001年第12期,第46页。
④ 事实上,在国际商事交往中,当事人几乎不会为特地为仲裁条款选择其适用的准据法。
⑤ [法]戈德曼·盖拉德、[英]萨维奇编:《国际商事仲裁》,中信出版社2004年版,第200页。

243

人并没有为仲裁协议选法。① 在《最高人民法院关于对中海发展股份有限公司货轮公司申请承认伦敦仲裁裁决一案的请示报告的答复》中②，最高院也持有相同的观点。面对"在香港仲裁，适用英国法"这一仲裁条款，最高院认为："……上述仲裁条款应理解为仲裁地在香港，适用英国法作为解决租船合同实体争议的准据法，而关于仲裁条款的准据法并未约定，故本案仲裁条款的准据法应适用仲裁地香港的《仲裁条例》及其指向适用的《国际商事仲裁示范法》……"作为仲裁条款的准据法。在该案中，最高院也秉承当事人应为仲裁条款单独选法的态度。

但是在2007年，最高院的态度似乎发生了转变。以《最高人民法院关于不予承认蒙古国家仲裁法庭76/23-06号仲裁裁决的报告的复函》为例③，该案所涉纠纷是建筑施工合同纠纷，双方当事人在合同中约定"协商无效，应通过国内注册地法院和仲裁机关判决和仲裁"以及"本合同未尽事宜，依据蒙古国有关法律法规解决"。蒙古国仲裁机构依此作出仲裁裁决后，当事人申请承认与执行该裁决，浙江省高院认为："……当事人在合同中约定的适用于解决合同争议的准据法，不能用来确定涉外仲裁条款的效力，而合同第十条虽对仲裁事项作出了约定，但未明确约定仲裁地，故应适用法院地法即我国法律确定仲裁条款的效力。"最高院却认为："……根据《纽约公约》第五条第一款（甲）项的规定，只有当'协定依当事人作为协定准据法之法律系属无效，或未指明以何法律为准时，依裁决地所在国法律系属无效者'，才得以拒绝承认及执行。以我国法律认定仲裁条款无效从而拒绝承认涉案裁决，不符合上述规定。"最高院的此份复函事实上否定了我国法院长期坚持的"当事人选择的法律为实体合同准据法，仲裁条款的准据法则是仲裁地法"的观点④，这种态度上的转变究竟是一时失误还是有意为之，恐怕只有等待以后的

---

① "中国恒基伟业集团有限公司、北京北大青鸟有限责任公司与广晟投资发展有限公司、香港青鸟科技发展有限公司借款担保合同纠纷案"（（2006）民四终字第28号），《中华人民共和国最高人民法院公报》2008年第1期，第28-31页。
② （2008）民四他字第17号。
③ （2009）民四他字第46号。
④ 《最高人民法院关于申请人番禺珠江钢管有限公司与被申请人深圳市泛邦国际货运有限公司申请确认仲裁协议效力一案的请示的复函》（（2009）民四他字第7号），最高人民法院民四庭编：《涉外商事海事审判指导》，人民法院出版社2009年版，第85页。

案例出现才能再做判断了。

3. 合同未成立时仲裁条款的效力问题

有些法院在审查仲裁裁决时，认为当事人之间的合同未成立，因此不存在有效的仲裁协议。在笔者收集的样本中，不乏此类案件。以《最高人民法院关于新加坡益得满亚洲私人有限公司申请承认及执行外国仲裁裁决一案的请示的复函》为例①，当事人之间就抽样的 FFA 指标、付款条件以及价格不断磋商并未取得一致意见，因此一方在执行程序中以双方之间并没有达成合意为由申请不予执行仲裁裁决。最高院认为："……根据新加坡益得满亚洲私人有限公司与无锡华新可可食品有限公司之间的来往传真，双方当事人之间未就购买可可豆事宜产生的争议达成通过仲裁解决的合意。英国伦敦可可协会以新加坡益得满亚洲私人有限公司单方拟订的仲裁条款仲裁有关纠纷缺乏事实和法律依据。"虽然我们不能从有限的案件信息中得知当事人之间最初磋商的条件是否包含仲裁条款，但是法院在审查仲裁条款的裁判方法存在瑕疵：法院一方面未对仲裁协议准据法做出判断，而是径行得出结论，显然忽略了本应考虑的外国法问题②；另一方面，该案仲裁协议是否成立牵涉主合同的成立问题，而后者属于实体问题，在仲裁庭已作出裁决的情况下，法院更应保持审慎态度，不应轻易否定仲裁庭对仲裁协议效力的认定。③

4. 合同发生变更时仲裁条款的效力问题

在合同发生变更时仲裁条款是否仍具有约束力，这一问题曾经引起广泛争议。在《最高人民法院关于不予执行香港欧亚科技公司与新疆啤酒花股份有限公司仲裁裁决一案的请示的复函》中④，香港欧亚公司与新疆啤酒花公司买卖啤酒花生产线，因新疆啤酒花公司没有代理权，其委托新疆农垦进出口公司代理进口，后者与香港欧亚公司签订了合同（中含两个附件），合同中约

---

① （2001）民四他字第 43 号。

② 事实上，益得满公司就曾提出抗辩："该合同中约定的'合同：按 C.A.L 规则'作为仲裁协议，也符合《国际商事仲裁示范法》第 7 条 (2)'……在合同中提出参照载有仲裁条款的一项文件即构成仲裁协议，如果该合同是书面的而且这种参照足以使该仲裁条款构成该合同的一部分的话'的规定。"

③ 关于涉外仲裁协议效力认定的裁判方法，宋连斌：《涉外仲裁协议效力认定的裁判方法——以〈仲裁地在香港适用英国法〉为例》，《政治与法律》，2010 年第 11 期，第 8~9 页。

④ （2006）民四他字第 48 号。

定了仲裁条款。后新疆啤酒花公司与香港欧亚公司签订修改协议，并约定修改协议是原合同的组成部分。合同发生争议且仲裁裁决作出后，新疆啤酒花公司主张没有仲裁协议而抗辩仲裁裁决的执行。最高院认为："……新疆啤酒花股份有限公司与香港欧亚科技公司在修改协议中明确约定了该修改协议是原合同的组成部分，而原合同中有仲裁条款。因此，原合同中的仲裁条款对新疆啤酒花股份有限公司和香港欧亚科技公司双方具有约束力……"合同变更后，法院是将之后的修改协议视为原合同组成部分、抑或是全新的合同，是判断原合同仲裁条款的效力问题的关键所在。该案最高院的解释方法显然有利于仲裁协议的成立，殊为可取。

5. 租约中的仲裁条款并入提单的问题

租约中的仲裁条款能否并入提单以及提单的受让人是否受并入的仲裁条款的约束这一问题在理论和实践中一直都没有统一的答案。1993年《中华人民共和国海商法》第九十五条规定了合同与提单的适用①，《仲裁法司法解释》第十一条也规定了仲裁条款并入的问题。② 从实践案例来看，各法院在审查此种类型的案件时观点也不一致。

在《最高人民法院关于香港东丰船务有限公司申请执行香港海事仲裁裁决请示的复函》中③，最高院并没有对下级法院请求确认并入提单的租船合同中仲裁条款的效力问题做出回应，仅以程序违法裁定不予执行仲裁裁决。最高院的此种回应是令人费解的，其答复只是对下级法院的请示做出部分回应，却对实质问题回避回答。事实上，如果提单中并入的仲裁条款无效，那么当事人之间的仲裁就缺乏基础，也就不存在程序违法的问题。

而在《最高人民法院关于对韩进船务有限公司申请承认和执行英国仲裁裁决一案请示的复函》中，④ 最高院认为："……本案所涉提单虽然在正面载明了'与租船合同一并使用'，且在背面条款中载明了'提单正面所注明的租

---

① 《中华人民共和国海商法》第九十五条规定："对按照航次租船合同运输的货物签发的提单，提单持有人不是承租人的，承运人与该提单持有人之间的权利、义务关系适用提单的约定。但是，提单中载明适用航次租船合同条款的，适用该航次租船合同的条款。"
② 《仲裁法司法解释》第十一条第一款规定："合同约定解决争议适用其他合同、文件中的有效仲裁条款的，发生合同争议时，当事人应当按照仲裁条款提请仲裁。"
③ （2006）民四他字第12号。
④ （2005）民四他字第53号。

船合同中的所有条件、条款、权利和除外事项,包括法律适用和仲裁条款,都并入本提单',但韩进船务有限公司不能证明其提交的包运合同就是提单所载明的租船合同,而且该包运合同的当事人并非韩进船务有限公司,因此应认定该包运合同没有并入提单,包运合同文本中的仲裁条款也没有并入提单,韩进船务有限公司与广东富虹油品有限公司之间不存在书面仲裁协议或者仲裁条款……"另外,在"美景公司申请承认与执行伦敦仲裁裁决案"中[①],广州海事法院认为提单受让人接受仲裁条款约束的意思表示必须是明确的,不能以受让提单行为推断提单持有人接受了并入提单的租约仲裁条款的约束。

我国现行法并没有详细规定提单中并入的仲裁条款的效力问题,实践中法院一般主张只有明确地写明了所并入的具体的租约的,而且在提单的正面做出特定的提示,仲裁条款才能对提单的受让人具有拘束力。这样的做法也引发了不少争议。事实上,提单的受让人在受让提单时一定会尽到充分的注意义务以妥善地保护自己的权利。如果其没有对并入提单中的仲裁条款提出明确的反对意见,应推定提单的受让人接受了提单中的仲裁条款。因此只要提单中并入的仲裁条款是有效的,无论其是作为正面条款还是背面条款,都是应视为是有效的。因为虽然提单持有人通过商业流转获取提单,其更多关心的是商业利益,对争议解决条款未必尽到充分的注意,但是不能因为当事人一方的自我主观上的疏于表态就否定仲裁条款的效力。[②]

(二) 送达瑕疵的认定摇摆不定

根据《仲裁法司法解释》第二十条的规定,仲裁法第五十八条规定的"违反法定程序",是指违反仲裁法规定的仲裁程序和当事人选择的仲裁规则可能影响案件正确裁决的情形。鉴于我国国内仲裁裁决不予执行的理由中同样有"仲裁的程序违反法定程序"[③],对此理应参照《仲裁法司法解释》第二十条做相同理解。

[①] (2004) 广海法他字第 1 号。
[②] 林源明:《浅论提单并入租约仲裁条款》,《海商法研究》(1999 年第 1 辑),法律出版社 2000 年版,第 40 页。
[③] 《民事诉讼法》第二百三十七条第二款:"被申请人提出证据证明仲裁裁决有下列情形之一的,经人民法院组成合议庭审查核实,裁定不予执行:……(三) 仲裁庭的组成或者仲裁的程序违反法定程序的……"

仲裁中的送达（在涉外或国际仲裁程序中则通常表述为"指定仲裁员或者进行仲裁程序的通知"[①]）是指"仲裁机构将有关仲裁材料送交给仲裁当事人及其他仲裁参与人的活动"[②]，这一环节对于当事人能否进行充分陈述意义重大。由于我国《仲裁法》未对如何有效送达做出具体要求[③]，实践中对有效送达的方式和标准往往理解不一，而法院在仲裁裁决执行程序中对于送达瑕疵问题的审查也恰恰体现了这一点。从现有的 42 份不予执行的裁定看（含 5 份部分执行的裁定），至少有 6 份裁定涉及送达的问题。

1. 确定送达依据

在判断送达依据的问题上，"江阴市新长江继电有限公司与广东奇正电气有限公司货款纠纷执行案"颇具代表性。[④] 该案中，继电公司就其与奇正公司货款纠纷，向无锡仲裁委员会提出仲裁申请。无锡仲裁委受理后，即以 EMS 特快专递邮寄仲裁申请书、仲裁通知书、仲裁员名册及仲裁规则给奇正公司。仲裁裁决作出后，由于奇正公司不履行裁决义务，继电公司向广东省佛山市中级人民法院申请强制执行。针对奇正公司所辩称的仲裁委邮寄资料的地址并非其住所地、签收人不是其员工等，法院认为："……但从其后提出的仲裁异议书、答辩状所附的授权委托书内容来看，委托代理人代理权限为代为承认、放弃、变更民事请求，代签法律文书等，并注明委托代理人的工作地址，仲裁委按此地址邮寄上述法律文书，根据《民事诉讼法》第七十八条关于'受送达人有诉讼代理人的，可以送交其代理人签收'的规定，仲裁委向奇正公司送达上述法律文书，符合法律规定。"可见，由于《仲裁法》没有就送达

[①] 《民事诉讼法》第二百七十四条："对中华人民共和国涉外仲裁机构作出的裁决，被申请人提出证据证明仲裁裁决有下列情形之一的，经人民法院组成合议庭审查核实，裁定不予执行：……（二）被申请人没有得到指定仲裁员或者进行仲裁程序的通知，或者由于其他不属于被申请人负责的原因未能陈述意见的……"

[②] 邱冬梅、宋连斌：《从一起撤销仲裁裁决案看仲裁中的送达问题》，《北京仲裁》，2006 年第 1 期，第 71 页。

[③] 《仲裁法》第二十五条规定："仲裁委员会受理仲裁申请后，应当在仲裁规则规定的期限内将仲裁规则和仲裁员名册送达申请人，并将仲裁申请书副本和仲裁规则、仲裁员名册送达被申请人。被申请人收到仲裁申请书副本后，应当在仲裁规则规定的期限内向仲裁委员会提交答辩书。仲裁委员会收到答辩书后，应当在仲裁规则规定的期限内将答辩书副本送达申请人。被申请人未提交答辩书的，不影响仲裁程序的进行。"

[④] （2008）佛中法执二字第 39 号裁定书。

第四章
境外仲裁机构在北京"两区"所作裁决的司法审查与协助

问题做出具体规定，也没有"仲裁法律文书的送达参照《民事诉讼法》有关规定"之类的法律条文，故该案法院实际上是将仲裁类比诉讼，而根据《民事诉讼法》的有关规定来判断是否存在送达瑕疵。但是，法院这一做法的正当性并非毫无争议，因为在仲裁规则已经对仲裁文件的送达提供有效判断标准的情况下①，应当首先根据仲裁规则来作出认定，参照适用诉讼上的送达规定虽然在结果上难称错误，但显然对仲裁的自治原则缺乏足够尊重，也并不符合《仲裁法》有关规定的潜在立法意图。②

但在《最高人民法院关于中基宁波对外贸易股份有限公司申请不予执行香港国际仲裁中心仲裁裁决一案的审核报告的复函》中③，最高院则明确根据仲裁规则来判断送达效力："……根据《UNCITRAL 仲裁规则》第 2 条'通知和时间计算'有关规定，中基宁波公司在合同中载明的传真号码，为其在本案中最后确定的通讯方式，香港国际仲裁中心按该传真号码所发送的指派仲裁员通知，应视为中基宁波公司业已收到……"类似观点也可见于最高院的其他复函。④ 最高院的这一做法值得肯定。

2. 事实上的送达与法律上的送达

我国法院在判断送达瑕疵问题时，往往偏重于关注事实上是否送达，而非从仲裁规则的角度判断是否成立法律上的送达。在《最高人民法院关于润和发展有限公司申请不予执行仲裁裁决一案的审查报告的复函》中⑤，法院认为："……仲裁庭按照申请人深圳妈湾电力有限公司（以下简称'妈湾公司'）

---

① 《无锡仲裁委员会仲裁规则》（2002 版）第八十二条第一款规定："除当事人另有约定或者仲裁庭另有要求外，仲裁文书、通知、材料可以直接送达当事人或者代理人，也可以邮寄、传真、电报、留置、公告等方式送达当事人或者代理人。"

② 《仲裁法》第二十五条规定"应当在仲裁规则规定的期限内"送达，另外《仲裁法》第三十二条、四十一条也都有"在仲裁规则规定的期限内"这一表述。所以在《仲裁法》没有就送达事宜作进一步具体规定的情况下，送达合法有效的依据应当是仲裁双方当事人选定适用的仲裁规则。韩健：《仲裁文件有效送达的判定标准》，载韩健主编：《涉外仲裁司法审查》，法律出版社 2006 年版，第 289 页。

③ （2009）民四他字第 42 号。

④ 如在《最高人民法院关于博而通株式会社申请承认外国仲裁裁决一案的请示的复函》[（2006）民四他字第 36 号] 中，最高院认为："仲裁程序中的送达不适用《中华人民共和国和大韩民国关于民事和商事司法协助的条约》和《关于向国外送达民事或商事司法文书和司法外文书公约》，而应依照仲裁规则确定送达是否适当。"

⑤ （2008）民四他字第 1 号。

在仲裁申请书中提供的地址向润和公司邮寄了仲裁通知、仲裁规则、仲裁员名册和申请人提交的仲裁申请书等文件后,被以'无此公司'为由退回,此后,妈湾公司通过中国国际经济贸易仲裁委员会华南分会委托律师代为查询的被申请人登记情况表明,被申请人的公司注册地址为'231 Wing Lok Street 3rd FLR'。按照该注册地址,华南分会秘书处向润和公司又邮寄了上述文件,此后又按照该地址邮寄了仲裁庭组成和开庭通知等,但均被以'无人领取'或'无人居住'为由退回。"据此,法院以"仲裁庭送达地址错误,没有依法送达仲裁文件"为由,裁定不予执行仲裁裁决。需要注意的是,被申请人的法定注册地址为"3/F 231 WING LOK STREET HK",与仲裁机构所查询的注册地址相差无几,理应认为仲裁机构尽到了谨慎的义务,也已符合贸仲仲裁规则的有关规定①,此时仍要申请人与仲裁机构承担送达不成功的风险,显然于理不合。

而在一年之后的《最高人民法院关于不予承认蒙古国家仲裁法庭73/23-06号仲裁裁决的报告的复函》中②,类似的看法再次出现:"……编号为1677283941的快件并不涉及仲裁程序的通知,而包括'决议程序及仲裁听证会日期'的编号为1681469484的快件并未送达……导致展诚公司未能出庭陈述意见。故本案符合《纽约公约》第五条第一款(乙)项得以拒绝承认及执行的规定情形。"③该案法院的观点同样不乏可争议之处:第一份快件确已签收,但绍兴中院与江苏省高院均认为该签收人不能确认是否为被申请人公司员工,所以不能确认是否实际送达。这一观点等于要求仲裁机构在送达文件时,如要确认签收人员是被送达人的职员或正式送达的其他人员,只能要求被送达人当面出具授权委托书,或要求签收人出具书面证明,这在实践中显

---

① 《中国国际经济贸易仲裁委员会仲裁规则》(2000版)第八十七条规定:"向当事人及/或其仲裁代理人发送的任何书面通讯,如经当面递交收讯人或投递至收讯人的营业地点、惯常住所或通讯地址,或者经合理查询不能找到上述任一地点而以挂号信或能提供作过投递企图的记录的其他任何手段投递给收讯人最后一个为人所知的营业地点、惯常住所或通讯地址,即应视为已经送达。"

② (2009)民四他字第46号。

③ 最高院在复函中认为"编号为1677283941的快件并不涉及仲裁程序的通知",这一观点令人困惑。查本案案情,编号为1677283941的快件内容为仲裁庭4/153号函及相关索赔文件(包括索赔请求、所附凭证等),由于被申请人只有获悉申请人的仲裁请求才能有效提出答辩意见,故该快件理应属于涉及仲裁程序的通知。

然难以操作。①

实践中经常发生被送达人未将迁址事宜通知对方当事人或仲裁机构,一般认为由此产生的未收到仲裁文书的后果应当由被送达人自己承担。以"东地物产私人有限公司与浙江天台鑫星橡胶有限公司申请承认和执行外国仲裁裁决纠纷案"为例。② 该案裁定书称:"……关于被申请人主张未接到适当通知的抗辩,本院认为,首先,从申请人提供的证据看,被申请人的工商登记地址为浙江省天台县丽泽杨柳河村,双方签订的销售合同中被申请人的地址也为浙江省天台县丽泽杨柳河村,被申请人以其与第三方签订的租房协议为据,主张已变更公司地址,但其既未告知申请人,也未到工商部门办理变更登记手续,故浙江省天台县丽泽杨柳河村应为被申请人的法定地址,仲裁庭将相关手续送达到该地址,应视为有效送达……"③

3. 适当送达的证明责任

在究竟由哪一方当事人对送达适当与否承担证明责任问题上,最高院在2006年发布的两个复函虽然在时间上相隔不远,但态度迥异。在2006年6月发布的《最高人民法院关于香港东丰船务有限公司申请执行香港海事仲裁裁决请示的复函》中④,最高院仅用寥寥数语阐述立场:"……根据请示报告认定的事实,申请执行人香港东丰船务有限公司并未提供相关书面证据证明被执行人中国外运沈阳集团公司接到另行指定仲裁员的适当通知,也无证据证明仲裁庭向被执行人发出仲裁开庭的书面通知……对香港东丰船务有限公司提交的香港海事仲裁裁决应裁定不予执行。"按照这一复函的意见,似乎应当由申请执行人承担证明送达适当的责任。但在2006年12月的《最高人民法院关于博而通株式会社申请承认外国仲裁裁决一案的请示》中⑤,北京市二中院认为"本案申请人未举证证明大韩商事仲裁院已合法送达,且被申请人否

---

① 韩健:《仲裁文件有效送达的判定标准》,载韩健主编:《涉外仲裁司法审查》,法律出版社2006年版,第296页。

② (2009)浙台仲确字第4号。

③ 《最高人民法院关于博而通株式会社申请承认外国仲裁裁决一案的请示的复函》((2006)民四他字第36号):"……被申请人地址变更后未给予通知,由此导致其未及时收到邮件,不属于《承认及执行外国仲裁裁决公约》第5条第1项(乙)款规定的情形。"

④ (2006)民四他字第12号。

⑤ (2006)民四他字第36号。

认收到过大韩商事仲裁院邮寄送达的开庭通知及仲裁裁决书……应当裁定驳回申请人博而通株式会社的申请,拒绝承认及执行",但最高院却认为应予承认和执行,且有"被申请人不能证明邮寄送达违反有关仲裁规则"这一表述,似乎转而认为应当由被申请人执行人举证证明有送达不适当的情况①。

无论是依据我国国内关于不予执行国内仲裁裁决和涉外仲裁裁决的理由的立法,还是依据《纽约公约》的相关规定,除仲裁裁决违反我国社会公共利益等少数情形外,其他不予执行的理由都需要被申请人提供证据来加以证明②。这一立法模式大大降低仲裁执行的难度,充分体现出支持仲裁的立法政策。由此可知,《最高人民法院关于香港东丰船务有限公司申请执行香港海事仲裁裁决请示的复函》中的观点显然是错误的,所幸的是最高院马上纠正了自己的立场。

(三) 超裁问题凸显法院解释技术薄弱

许多国家法律都将"超裁"作为拒绝执行仲裁裁决的法定理由之一③,《纽约公约》第五条之第一款第(3)项也有类似规定。④ 同样,我国不管对于国内仲裁还是涉外仲裁,均规定了超裁事项标准,《民事诉讼法》第二百三十七条和第二百七十四条中的"裁决的事项不属于仲裁协议的范围或者仲

---

① 类似观点可见"德国舒乐达公司与江苏华达食品工业有限公司申请承认和执行德国汉堡交易所商品协会仲裁裁决纠纷案"((2009)镇民三仲字第2号)中,江苏省高院认为:"……且根据《承认及执行外国仲裁裁决公约》第五条之规定,被申请人应向法院提出证据证明其所提主张,而在整个审查过程中,华达公司既未提供证据证明申请人舒乐达公司提供的有关送达的材料系伪造或具有其他不应予以采信的情形,也未对其通信地址或传真号码提出异议,且未曾向法院提出调查、取证的申请。因此本院对被申请人华达公司提出的关于其法定代表人未收到相关仲裁文件的抗辩理由不予支持。"

② 宋连斌主编:《仲裁法》,武汉大学出版社2010年版,第262、321页。

③ 《示范法》第三十六条规定:"(1)只有在下列情况下才可拒绝承认或执行不论在何国作出的仲裁裁决:(a)经根据裁决被提出要求的当事一方请求,如果该当事一方向被要求承认或执行裁决的主管法院提出证据证明:……(c)裁决处理了不是提交仲裁的条款所考虑的或不是其范围以内的争议,或裁决包括有对提交仲裁以外的事项作出的决定,但如果对提交仲裁的事项所作出的决定与对未提交仲裁的事项所作出的决定能分开的话,可以承认并执行包括有就提交仲裁的事项作决定的那一部分裁决……"

④ 《纽约公约》第五条规定:"一、裁决唯有于受裁决援用之一造向声请承认及执行地之主管机关提具证据证明有下列情形之一时,始得依该造之请求,拒予承认及执行:……(丙)裁决所处理之争议非为交付仲裁之标的或不在其条款之列,或裁决载有关于交付仲裁范围以外事项之决定者,但交付仲裁事项之决定可与未交付仲裁之事项划分时,裁决中关于交付仲裁事项之决定部分得予承认及执行……"

机构无权仲裁的"一项就是对这一理由的规定。一般认为,超裁包括两个方面:一是仲裁超越仲裁协议约定的范围;二是仲裁超越当事人仲裁请求的范围。① 法院对当事人提出的超裁抗辩进行审查,"涉及对当事人的仲裁请求、仲裁裁决及仲裁所依据的仲裁协议的解释问题,涉及法院对超裁抗辩本身的解释"。② 由是观之,法院在审查超裁抗辩时涉及实体问题几乎不可避免,而由于法院的解释在其中居于核心地位,故能在相当程度上体现出一国法院的仲裁理念以及司法水平。

"黄某某等与天水宏业房地产开发有限责任公司商品房买卖合同纠纷执行案"或可成为近年来法院认定仲裁裁决超出仲裁协议范围的典型。③ 该案中,申请人黄某某等与被申请人天水宏业房产公司签订《商品房买卖合同》,并在合同中约定"合同在履行过程中发生争议协商不成的,提交天水仲裁委仲裁"。申请人缴纳首付款后尚欠部分房款,之后又从某资产管理公司处拍得建行对于被申请人的一项贷款债权,并以此项债权主张与其所欠剩余房款进行抵销。被申请人不同意遂起纠纷,提交天水仲裁委后,天水仲裁委裁决应予以抵销。被申请人不服,以"仲裁委的裁决超出仲裁协议的范围"为由向天水市人民法院请求不予执行该仲裁裁决。法院经审理认为:"……根据《仲裁法司法解释》第二条规定'当事人概括约定仲裁事项为合同争议的,基于合同成立、效力、变更、转让、履行违约责任、解释、解除等产生的纠纷都可以认定为仲裁事项'。本案中申请人提出的'债务抵销购房款的主张'不是基于该房屋买卖合同履行而发生的纠纷,属另一法律关系,不能认定为该合同的仲裁事项。且双方发生争议后亦未对'债务抵销'达成书面仲裁协议。仲裁委的裁决超出了仲裁协议的范围。故被申请人请求法院不予执行天水市仲裁委(2011)天仲裁字第 8 号裁决书的主张,应予支持。"

该案法院的论证过程颇为粗糙简陋,需要详细展开进行评析。④ 根据该案

---

① 宋连斌、陈文君:《因"超裁"拒绝承认与执行仲裁裁决的案例分析》,《北京仲裁》,2006年第 59 期,第 112 页。
② 林一飞:《仲裁裁决抗辩的法律与实务》,武汉大学出版社 2008 年版,第 155 页。
③ (2012)天执字第 02 号。
④ 就本案法院裁定书所载内容而言,除了超裁问题值得注意外,还存在以当事人未提出的理由(无仲裁协议、认定事实的主要证据不足)来拒绝执行仲裁裁决的问题。在笔者所收集的案例样本中,这一问题并非孤立,此处不做深入探讨。

仲裁条款（"合同在履行过程中发生争议协商不成的，提交天水仲裁委仲裁"），认定是否超裁的关键理由是判断债务抵消是否属于在履行过程中发生的争议。1999年《中华人民共和国合同法》（以下简称《合同法》）第九十九条第一款将债务法定抵销规定为："当事人互负到期债务，该债务的标的物种类、品质相同的，任何一方可以将自己的债务与对方的债务抵销，但依照法律规定或者按照合同性质不得抵销的除外。"而根据《合同法》第九十一条的规定，债务抵销又与"债务已经按照约定履行"同属于合同权利义务终止的原因。① 民法理论上讲，申请人的"债务抵销购房款的主张"属于合同履行中发生的争议，仲裁庭对此所作出的仲裁并未超出仲裁协议的范围。而天水法院认为，如果发生抵销，只能在该房屋买卖合同项下发生，基于拍卖购得的对于被申请人的债权不应在此项法律关系中仲裁，这显然将当事人约定的纠纷解决条款的内容做了过分限缩性的解释，因为当事人仅规定了"合同在履行过程中发生的争议"，并没有限定发生争议的原因，只要因履行行为发生的争议，应当认为都属于仲裁协议中约定的仲裁事项。因此该案中人民法院以仲裁委的裁决超出了仲裁协议的范围为由不予执行仲裁裁决显为不当。

而就法院认定仲裁裁决超出当事人请求范围的情形，不妨以"三亚市旅游总公司与海南光大国际投资总公司合作开发房地产仲裁纠纷执行案"为例。② 在此案中，光大公司依照合同规定承接盛丰公司与旅游公司的联营合同中的权利义务后，光大公司因存在未能依约及时开发建房的违约事实，导致纠纷发生。光大公司与旅游公司于联营合同中明确约定，双方的联营纠纷协商不成提交海口仲裁委员会仲裁，根据该约定，旅游公司以"解除联营关系，由光大公司赔偿损失"为仲裁请求提请仲裁，海口仲裁委员会就双方的联营纠纷进行审理后，作出"解除联营关系，光大公司将联营土地使用权变更至旅游公司名下"的裁决。旅游公司而后向三亚中院申请执行仲裁裁决，被申请人光大公司以"旅游公司仲裁请求为解除合同并由光大公司赔偿损失，而

---

① 有观点认为债务抵销实为单个债权债务消灭的原因，并不必然导致合同权利义务终止。如此立法是由于我国尚没有民法典和"债法总则"，加上《民法通则》的规定过于简单，作为适应现实需要的权宜之计，便在《合同法》第六章汇集本属于债法总则的"债务的消灭"及合同法中的"合同解除"两部分内容。韩世远：《合同法总论》（第三版），法律出版社2011年版，第500~501页。

② （2008）三亚执字第6号。

没有请求将项目过户到旅游公司名下,明显超出了旅游公司申请仲裁事项范围"为由,申请不予执行。三亚中院经审理认为:"旅游公司尽管未提出书面的要求退还土地的仲裁请求,但旅游公司提出了解除联营关系的请求,解除合同关系后,法律规定可以恢复原状,据此,仲裁庭在裁决解除联营关系后,随之裁决返还土地并无不妥。综上,被执行人海南光大国际投资总公司所提的不予执行申请理由不充分,应予驳回。"

根据《合同法》第九十七条的规定:"合同解除后,尚未履行的,终止履行;已经履行的,根据履行情况和合同性质,当事人可以要求恢复原状、采取其他补救措施,并有权要求赔偿损失。"因此,在合同解除后,可以根据当事人的请求采取"恢复原状"、"其他补救措施"或"赔偿损失"等方式,而这些补救方式的采用全赖当事人的选择,以当事人的选择而定。反映到该案中,旅游公司的仲裁请求是"解除联营关系,由光大公司赔偿损失",这就说明旅游公司的选择是"解除合同关系+赔偿损失",而仲裁庭的裁决则是"解除合同关系+变更联营土地使用权","变更联营土地使用权"并没有在旅游公司的仲裁请求范围之内,仲裁庭的裁决当属超出旅游公司申请仲裁事项范围。因此,三亚中院"解除合同关系后,法律规定可以恢复原状,据此,仲裁庭在裁决解除联营关系后,随之裁决返还土地并无不妥"的认定结论实则为不妥的。

在《最高人民法院关于玉林市中级人民法院报请对成伟投资有限公司涉外仲裁一案不予执行的请示的复函》[①]中,此案的申请执行人成伟公司与被申请执行人恒通公司签订了合作合同,而为担保恒通公司履行合同玉柴集团提供了合同担保。合作合同约定"按照本合同规定的各项原则订立的附属协议文件及广西玉柴机器集团公司出具的承诺函均为本合同的组成部分"。因恒通公司未依约履行,成伟公司依合作合同中的仲裁条款申请贸仲仲裁,贸仲裁决结果之一要求担保人玉柴集团承担其担保责任。申请人向玉林市中级人民法院申请执行,玉柴集团以合作合同的签订双方为成伟公司和恒通公司,玉柴集团并未在仲裁条款上签字、不受仲裁条款约束为由,申请不予执行。玉林中院及广西高院的意见均是玉柴集团应受仲裁条款约束,经请示最高人民

---

① (2006)民四他字第25号。

法院，最高院认为："尽管合作合同约定将玉柴集团出具的担保函作为合作合同的组成部分，但合作合同中的仲裁条款明确约定"合作双方"在解释或履行合同中发生的争议应交付仲裁，而玉柴集团并非合作合同的当事人，因此，其不应受合作合同中仲裁条款的约束。玉柴集团提供的担保函中没有约定仲裁条款，玉柴集团与成伟公司之间亦未就他们之间的担保纠纷的解决达成仲裁协议。因此，仲裁庭亦无权对玉柴集团与成伟公司之间的担保纠纷作出仲裁裁决。"

在此案中，虽然合作合同中的仲裁条款约定为"合作双方"，同时合作合同明确约定"按照本合同规定的各项原则订立的附属协议文件及广西玉柴机器集团公司出具的承诺函均为本合同的组成部分"，玉柴集团的承诺函作为本合同的组成部分，应视为玉柴集团对合作合同的全部内容表示了承诺，同时也应认可了仲裁条款，当合作合同发生争议时应受该案合同仲裁条款所约束。因此，玉柴集团的异议理由不能成立，应认定玉柴集团受仲裁条款的约束，是适格的仲裁主体。

上述几个案例分别从仲裁协议的范围与仲裁请求的范围两个角度分析"超裁"事由，就仲裁协议而言，其是仲裁庭就特定案件取得仲裁权的基础，因此仲裁协议中约定的仲裁事项实际上也限定了仲裁庭对案件进行审理和裁决的范围。对于仲裁协议中没有约定的事项，仲裁庭是无权进行审理并作出裁决的，同时也应该看到当事人对于仲裁协议中约定仲裁事项条款的形式五花八门，一般包括"全括式、特定式和混合式"① 三种。想具体厘清仲裁事项的范围比较困难，现在法院和仲裁员一般将仲裁协议的涵盖面解释得尽可能宽泛，只要不存在当事人明确界定的仲裁事项范围或明确约定不能仲裁的事项，一般认为仲裁庭都有权仲裁。对于仲裁请求，根据"没有授权就没有仲裁，没有请求就没有仲裁的"观点，仲裁庭只能在当事人仲裁请求的范围内作出裁决，对于当事人在仲裁请求中没有涉及的事项，仲裁庭不得进行主动裁决，这完全是当事人意思自治原则和尊重当事人自由处分权的体现，法院在以"超裁"为事由审查仲裁裁决执行案件时，也应该从这两个方面加以

---

① 乔欣：《支持仲裁、发展仲裁——对最高人民法院关于适用〈中华人民共和国仲裁法〉若干问题的解释之解读与评析》，《北京仲裁》，2006年第60期，第49页。

把握。

(四) 实体审查界限不清

1. 关于法院对仲裁裁决实体审查的界限

对于国内仲裁裁决,我国在《民事诉讼法》修改之前,国内仲裁裁决的撤销和不予执行的理由具有不同的规定,且在不同程度上赋予了法院对国内仲裁裁决实体审查的权力。在此次调查的样本之中,当事人申请撤销和不予执行国内仲裁裁决案件中也不乏实体理由的提出。然而,大多数国家的立法都将仲裁裁决司法审查的范围主要限于程序性事项,原则上不对仲裁裁决的实体内容进行监督。除争议事项的可仲裁性和公共政策问题可能涉及裁决的实体内容外,其他均仅与程序有关。①

1991年《民事诉讼法》和2007年《民事诉讼法》对于国内仲裁裁决的执行都规定有不予执行的实体理由,即"认定事实的主要证据不足"和"适用法律确有错误"。法院在就有关实体问题进行审查时拥有何种权限,答案是不明确的。根据对样本的分析,我们发现,法院在对当事人提出的实体理由进行审查时,实质上是对仲裁案件的再一次审理。

例如在"徐州恒泰中石化管道技术工程有限责任公司与新疆塔里木管道防腐涂料有限公司仲裁裁决纠纷异议案"中②,对于北京仲裁委员会作出的仲裁裁决③,法院以认定的主要事实证据不足为由裁定不予执行,在裁定书中,法院推翻仲裁裁决的理由不乏以下用语:"……经当庭质证,上述生产日报表并非连续、相互对应地记载生产情况,与塔里木公司答辩所称均有三方签字、连续真实反映生产情况的说法不相符合""……双方当事人对实际工作量的认定标准存有争议""……被申请人恒泰公司在仲裁中提出了因工程质量造成的损失问题,应属于抗辩,仲裁庭应予合并审理而未审理。"

同样,在"上海管易地下管线工程技术有限公司诉安徽电信工程有限责

---

① 宋连斌主编:《仲裁法》,武汉大学出版社2010年版,第233页。
② (2010) 徐执异字第005号。
③ 根据申请人新疆塔里木管道防腐涂料有限公司(以下简称"塔里木公司")与被申请人徐州恒泰中石化管道技术工程有限责任公司于2007年5月12日签订的《协议书》中的仲裁条款,以及申请人塔里木公司提交的书面仲裁申请,北京仲裁委于2008年5月5日受理了上述合同项下的争议仲裁案,并于2009年4月13日作出(2009)京仲裁字第0281号仲裁裁决。

任公司申请仲裁裁决案"中①，法院在审理仲裁裁决的不予执行案件中，其文书表达形式与判决书并无二致。在总结申请人理由与被申请人的抗辩之后，写道："……经查明……，以上事实，有授权委托书、徐州市天然气高压管道房亭河定向穿越施工合同、内部工程承包责任书、租赁合同、徐州港华出具的《关于房亭河穿越工程有关情况说明》、付款凭证、裁决书、当事人陈述等证据证实。本院认为……管易工程公司无任何事实与理由足以相信奚向阳能代表安徽电信公司对外签订合同。故仲裁裁决认为奚向阳的行为构成表见代理证据不足。管易工程公司的仲裁请求中并未要求确认合同无效，以及奚向阳的行为构成表见代理之请求，裁决书确认奚向阳以安徽电信公司的名义与管易公司签订的两份施工合同无效及奚向阳的行为构成表见代理系诉外裁决，程序违法。"

通过对此种类型裁定书的分析，不难发现其与法院在审理案件时所作出的判决书是一样的，唯一的区别在于对案件事实认定之后，对仲裁裁决认定的事实以证据不足予以否定。对于"认定事实的主要证据"的审查，其包含了法院对证据证明事实的证明力的判断，实质是法院对仲裁案件的再一次审理。试想，如果当事人在执行程序中提出此抗辩，则法院要对仲裁案件再次进行自己的判断，根据已有的证据进行审查然后确定案件的事实，其后果是司法干预仲裁而不是司法监督仲裁，造成司法不信任仲裁的不良影响，使得仲裁制度形同虚设。②

在"适用法律确有错误"这一抗辩理由的规定中，经过对样本分析，没有法院单独以"适用法律错误"为由不予执行国内仲裁裁决的。但在上文所提到两个案例中，法院在阐述不予执行的过程中提到了法律适用错误，然而在最后的法律依据中却并没有援引2007年《民事诉讼法》第二百一十三条第二款第五项的规定。在援引第五项的规定时，通常与第四项一同引用。在"上海管易地下管线工程技术有限公司诉安徽电信工程有限责任公司申请仲裁裁决案"中，法院认为："……仲裁庭未能就黄娟的抗辩理由联系本案的事实

---

① （2009）合执申裁字第07号。
② 李广辉：《仲裁裁决撤销制度之比较研究——兼谈我国仲裁裁决撤销制度之完善》，《河南大学学报（社会科学版）》，2012年第4期，第58页。

第四章
境外仲裁机构在北京"两区"所作裁决的司法审查与协助

及相关的法律规定予以审理和裁决。故申请人黄娟认为仲裁裁决认定主要事实不清的不予执行裁决理由成立，本院予以支持。"

就我国目前仲裁领域而言，仲裁员由于多由知名学者或领域专家构成，其专业能力应当能够胜任选择法律的适用，故此方面的案例较少。但如果涉及事实部分认定错误的，自然涉及相应的法律适用问题。应当指出的是，在美国的司法判例中，法院指出：不能因为自己在法律的理解或适用上可能与仲裁庭意见不同而随意撤销仲裁裁决。[①]

《民事诉讼法》统一了国内仲裁案件撤销与不予执行的理由。即将原来的第四项认定事实的主要证据不足变为了裁决所根据的证据是伪造的以及对方当事人隐瞒了足以影响公正裁决的证据的，从而限定了法院的审理范围，即限定在证据的伪造以及新证据上，对其他问题则不做处理。另外，对于适用法律确有错误这一点的删除，笔者认为，修改后的民事诉讼法限制了法院审理法律适用的权力，这也是对仲裁更为有力的支持。

但是，在仲裁裁决不予执行的理由第四项和第五项中，也存在一些问题。对于"裁决所依据的证据是伪造的"这一条款，法院只要判定该证据为裁决所依据，又确定为伪造证据的，则应当撤销仲裁裁决。法院只需就该证据本身进行真伪性的审查，而无须对全部案件的事实进行全面复审。即便是法院认为案件在仲裁裁决的实体上存在问题，但若就案件的事实难以看出裁决是否以伪造的证据作为其裁判的依据，则其实体问题也不能构成撤销仲裁裁决的理由。[②] 然而，对于第五项当事人隐瞒了足以影响公正裁决的证据的"这一条款，依然有很多的不确定性。对于"公正裁决"其实是仁者见仁、智者见智的问题。法院在判断某一证据是否影响到"公正裁决"时，不可避免要对案件事实本身做出自己的判断，这样一来，其实体审查的范围就扩大了。

仲裁机构作为解决纠纷的一种方式，理应受司法监督，然而司法监督的界限应止于程序，而非对仲裁案件的二次审理。

[①] H. Holtzmann & D. Donovan, National Report United States in Intl. Handbook on Comm. Arb. Suppl. 28 January 1999. 转引自宋连斌主编：《仲裁法》，武汉大学出版社 2010 年版，第 231 页。

[②] 宋连斌主编：《仲裁法》，武汉大学出版社 2010 年版，第 238 页。

2. 对于相同理由的认定有待详细的解释

在对样本的调查中我们发现，"深圳赣某物流有限公司与深圳市正某某检测有限公司申请不予执行仲裁裁决纠纷案"①、"上海管易地下管线工程技术有限公司诉安徽电信工程有限责任公司申请仲裁裁决案"以及"佛山市圣饰鸿图装饰设计有限公司与张某某等工程款仲裁纠纷执行案"② 三个案例中均涉及一个问题为：当事人申请撤销仲裁裁决，在申请被驳回的情况下，在仲裁裁决的执行阶段又提出了不予执行的请求。那么在这种情况下，根据《仲裁法司法解释》第二十六条的规定，法院应当驳回当事人的申请。③ 然而，对于何为"相同理由"的理解，在法院的裁定中存在论证不充分的情况。

例如，在"佛山市圣饰鸿图装饰设计有限公司与张某某等工程款仲裁纠纷执行案"中，对于当事人的基本情况未做介绍，虽列出了当事人申请撤销仲裁裁决之理由与不予执行之理由，但在两者有差距的情况下，裁定书写道："……申请不予执行仲裁裁决的事由为仲裁裁决认定事实的主要证据不足，表面上与申请撤销仲裁裁决的事由不同，但从其申请撤销仲裁裁决与申请不予执行仲裁裁决的具体理由来看，均是围绕其未对工程做修改、变更，2006年1月22日的工程报价单不是结算单及其于次日的付款行为不能证实工程已经验收，工程施工合同未履行完毕等理由而提出申请撤销仲裁裁决或申请不予执行仲裁裁决的，即实质上申请撤销仲裁裁决的理由与申请不予执行仲裁裁决的理由相同。"以此为由驳回了当事人不予执行的抗辩。在"深圳赣某物流有限公司与深圳市正某某检测有限公司申请不予执行仲裁裁决纠纷案"中，法院这样写道："……另查明，赣某公司以前述理由向本院申请不予执行上述仲裁裁决，其理由与申请撤销仲裁裁决程序中的理由并不完全一致。本院认为：涉案申请不予执行仲裁裁决纠纷的理由与此前申请撤销仲裁裁决纠纷的理由并不完全相同，应依法予以审查。"

笔者认为，对于法院在审查当事人申请撤销与不予执行的抗辩理由是否相同时，应当做出严谨的论证，比较当事人是否根据同一法律条款再次提出

---

① （2011）深中法民初字第135号。
② （2008）佛中法执二字第14号。
③ 《仲裁法司法解释》第二十六条规定："当事人向人民法院申请撤销仲裁裁决被驳回后，又在执行程序中以相同理由提出不予执行抗辩的，人民法院不予支持。"

不予执行仲裁裁决。若是根据同一法律条款提出，则需要再次判断其两次提出理由是否相同。即使是在理由相同的情况下，两次提出的证据材料是否应该有所不同，这一过程应充分地论证，而不是简单地得出裁定的结论。

（五）运用公共政策条款时存在裁判说理不充分的问题

社会公共利益条款作为法院裁定不予执行仲裁裁决的理由之一，长期缺乏统一的认定标准，法院在适用此款时常带有很大的任意性。[1] 在笔者研究的98份案件中，当事人以仲裁裁决"违反社会公共利益/公共政策"为由请求法院不予执行有17起（含国内裁决、涉外裁决、区际裁决、外国裁决），但法院认定以违反公共利益条款不予执行的仅有1起。[2] 在这17起案件中，至少在四个是否违反社会公共利益/公共秩序的判定上，各级法院的裁判说理及论证存在不充分之处。

1. 违反法律、行政法规的强制性规定是否意味着违反"社会公共利益"

涉及这一法律问题的案件包括3件，分别是：《最高人民法院关于对海口中院不予承认和执行瑞典斯德哥尔摩商会仲裁院仲裁裁决请示的复函》[3]《最高人民法院关于ED&F曼氏（香港）有限公司申请承认及执行伦敦糖业协会仲裁裁决案的复函》[4]《最高人民法院关于申请人天瑞酒店投资有限公司与被申请人杭州易居酒店管理有限公司申请承认仲裁裁决案的请示报告的复函》[5]。

《合同法》第五十二条第五项规定"违反法律、行政法规的强制性规定的合同无效"，而对于"违反法律、行政法规的强制性规定"的合同效力问题在理论和司法实践上也历经了从一概认定合同无效到仅认定违反法律或行政法规中效力性强制性规定的合同无效这样一个转变过程。2009年《最高人民法院关于适用〈中华人民共和国合同法〉若干问题的解释（二）》第十四条已

---

[1] 李梦园、宋连斌：《论社会公共利益与商事仲裁的司法监督——对我国法院若干司法实践的分析》，《北京仲裁》，2006年第1期，第80页。
[2] 《最高人民法院关于北京市第一中级人民法院不予执行美国制作公司和汤姆·胡莱特公司诉中国妇女旅行社演出合同纠纷仲裁裁决请示的批复》[他（1997）35号]。
[3] (2001) 民四他字第12号。
[4] (2003) 民四他字第3号。
[5] (2010) 民四他字第18号。

经对司法实践中的这种转变进行了确认①，该司法解释中所谓的"效力性强制性规定"着重强调的是对相关法律行为价值的评价，并以否认其法律效力为目的；而"管理性规定"，亦称"取缔性规范"，则着重强调对违反该类规定的合同当事人之事实行为价值的评价，并以禁止该法律行为为目的，管理性规范的作用在于对合同当事人加以制裁以禁止其行为，但不否认其行为在私法上的效力。只有违反效力性强制性规定的合同才会被认定为无效，而违反管理性规定的合同则并不必然无效。②值得注意的是，即便违反效力性强制性规定导致法律行为被评价为无效，也并非等价于违反仲裁裁决执行中的社会公共利益。在《最高人民法院关于ED&F曼氏（香港）有限公司申请承认及执行伦敦糖业协会仲裁裁决案的复函》中，被申请人抗辩伦敦糖业协会第158号仲裁裁决所承认的是通过非法期货交易合同取得的非法利益，承认及执行该裁决与我国公共政策相抵触，8008合同及其附件违反了我国法律禁止进行境外期货投机交易的规定，158号裁决认可双方通过规避中国期货交易管理法律非法从事境外期货交易取得的非法利益。③最高院的态度是违反我国法律的强制性规定不能完全等同于违反我国的公共政策，即不存在《纽约公约》第五条第二款规定的公共政策情形，应当承认和执行本案仲裁裁决，但仅做出立场陈述而未做任何论证。

2. 违反国家行政机关的进口禁令是否意味着违反"社会公共利益"

涉及这一法律问题的案件包括2件，分别是《最高人民法院关于舟山中海粮油工业有限公司申请不予执行香港国际仲裁中心裁决一案的请示报告的复函》④ 和《最高人民法院关于申请人瑞士邦基有限公司申请承认和执行英国仲裁裁决一案的请示的复函》。⑤ 最高院在两案中关于转基因大豆进口禁令是否体现一国社会公共利益的态度上存在共性，以前者为例："仲裁裁决生效后，因中粮公司未主动履行义务，来宝公司向宁波市中级人民法院申请执行

---

① 《最高人民法院关于适用〈中华人民共和国合同法〉若干问题的解释（二）》第十四条规定："合同法第五十二条第（五）项规定的'强制性规定'，是指效力性强制性规定。"

② 刘仁山：《"直接适用的法"在我国的适用——兼评〈涉外民事关系法律适用法〉解释一第10条》，《法商研究》，2013年第3期，第77页。

③ 齐湘泉：《外国仲裁裁决承认及执行论》，法律出版社2010年4月版，第43~47页。

④ （2009）民四他字第2号。

⑤ （2006）民四他字第41号。

第四章
境外仲裁机构在北京"两区"所作裁决的司法审查与协助

香港国际仲裁中心于 2006 年 8 月 25 日作出的终局裁决及同年 10 月 16 日作出更正的仲裁裁决。在执行过程中，中粮公司以其因遵守中国政府针对来宝公司的进口禁令而无法履行协议，应根据不可抗力的原则免除合同项下的责任。同时，执行裁决将违反我国的社会公共利益等为由，向法院申请不予承认和执行仲裁裁决。宁波市中级人民法院经审查认为，中粮公司之所以没有按期开立信用证，是因为国家市场监督管理总局发现该公司向来宝公司购买的巴西大豆存在严重质量问题，为保护国内食品安全和消费者生命健康而发布了进口禁令。中粮公司是遵守政府禁令，没有违约的故意。如认可和执行上述裁决，将损害我国行政命令的权威性，从而违反社会公共利益，据此，拟不予执行并上报浙江省高院。浙江省高院的倾向性意见认为，执行本案仲裁裁决既有损行政命令的权威，又有损社会公众的健康，从而以违反社会公共利益为由，决定不予执行仲裁裁决。最高院在复函中指明：在该批货物已由承运人装船并启运后，国家市场监督管理总局发布〔2004〕322 号特急警示通报，决定从即日起暂停来宝公司及其他三家巴西供货商从巴西向我国出口大豆，但已启运在途的大豆符合进境检验检疫要求的准予入境。该案中，特急警示通报发出前，涉案货物已装船系为起运在途的货物。同年 6 月 23 日，国家市场监督管理总局终止了该进口禁令，恢复来宝公司等供货商向中国出口的资格，来宝公司取得了大豆转基因生物安全证书，中粮公司也取得了大豆进口许可证。该批货物符合进境检验检疫要求，不在禁止入境的货物之列。此外，并无证据表明涉案货物会带来安全卫生问题，也不存在有损公众健康的事实，因此执行该案裁决不违反社会公共利益，根据《最高人民法院关于内地与香港特别行政区相互执行仲裁裁决的安排》的规定，裁决应予执行。"[1]

从宁波市中院与浙江省高院的报告中可以看出，一方面存在对国家市场监督管理总局所发布的禁令适用范围认知和理解上的偏差，另一方面将国家进出口禁令以涉及公众健康和安全卫生为由，简单等同于社会公共利益，而不问其程度和后果，显然是以社会公共利益的"主观说"掩盖"客观说"，

---

[1] 林一飞：《最新商事仲裁与司法实务专题案例》，对外经济贸易大学出版社 2010 年版，第 32~33 页。

亦属不合时宜。涉案裁决由香港仲裁中心作出，应属涉港区际仲裁裁决在内地承认执行的情形，而宁波中院在裁判中曾纠结于被申请人是否因国家禁令导致不可抗力而违约，这显然已牵涉实体审查，因而该案从侧面折射出对仲裁的司法监督范围尚不明朗

3. 未按报经我国文化和旅游部审批的演出内容进行演出，演出了不适合我国国情的"重金属歌曲"能否认定为违反社会公共利益

各国法院司法实践中普遍认为，应严格限制公共政策作为执行的抗辩，《纽约公约》中的公共政策（public policy）应当做最狭义的解释，仅在违反法院国最基本的道德与正义观念时方拒绝承认和执行。[1]我国立法采用"社会公共利益"这一概念表述本身即存在倾向性，最高院指出，当仲裁裁决违反中国法的基本原则、国家主权或安全或社会伦理和根本道德价值时，此公共利益原则得以适用，但是其并未对国际公共秩序与国内公共秩序进行区分。最高院在批复京高法（1996）239号《关于同意北京市第一中级人民法院不予执行美国制作公司、汤姆·胡莱特公司诉中国妇女旅行社演出合同仲裁裁决请示的请示》时，首次以违反社会公共利益为由拒绝执行涉外仲裁裁决，在该案中，法院认定："美国制作公司和汤姆·胡莱特公司因雇佣美国演员来华演出签订'合同与演出协议'。该'合同与演出协议'第2条B款明确规定：'演员们应尽全力遵守中国的规章制度和政策并圆满达到演出的娱乐效果。'同年9月该两公司又签订'合同附件'，第7条第2款规定：'中国有权审查和批准演员演出的各项细节。'美国两公司依据上述合同与协议于1992年12月与中国妇女旅行社签订了来华演出的'合同与协议'。约定美国南方派乐队自1993年1月25日到同年2月28日在华演出20至23场。但是，在演出活动中美方演员违背合同协议约定，不按报经我国文化和旅游部审批的演出内容进行演出，演出了不适合我国国情的'重金属歌曲'，违背了我国的社会公共利益，造成了很坏的影响，被我国文化和旅游部决定停演。由此可见，停演及演出收入减少，是由演出方严重违约造成的。中国国际经济贸易仲裁委员会（94）贸仲字第0015号裁决

---

[1] N. Blackaby, C. Partasides, et al., Redfern and Hunter on International Arbitration, Oxford University Press, p. 658–659.

书无视上述基本事实,是完全错误的。人民法院如果执行该裁决,就会损害我国的社会公共利益。"

这一裁定曾遭受法学界的诸多诟病,不足为奇。但考虑到我国在20世纪90年代的政治、经济、社会发展状况,这一裁判倒也不难理解。总体上讲,法院在本案中裁判说理和逻辑上的欠缺确实值得深思。

4. 当外国仲裁的裁决实体审理结果明显"有悖于公平正义的仲裁精神"时,能否启用公共政策这一"安全阀"从而不予承认和执行

在《最高人民法院关于 GRD Minproc 有限公司申请承认并执行瑞典斯德哥尔摩商会仲裁院仲裁裁决一案的请示的复函》中①,申请人 GRD Minproc 公司向上海市一中院申请承认并执行瑞典斯德哥尔摩商会仲裁院于2006年11月20日作出的第024/2003号仲裁裁决,被申请人上海飞轮实业有限公司的抗辩理由之一称仲裁裁决与我国公共秩序相抵触,即系争设备在投产运行时产生的铅尘浓度超标,污染环境及损害工人健康,因此请求不予执行。上海市高院的倾向性意见表示:"当事人双方的争议起源于买卖的特殊生产设备不能达到行业安全生产标准,从而对于被申请人厂区环境和职工身体造成严重污染和伤害,进而有损公共利益而被长期关闭和停止使用,由此导致被申请人合同目的的实质落空和经济利益的重大损失。而对此非常重要情节,仲裁院竟然未能给予应有的注意,而仅仅是简单按照合同形式条款来判定卖方提供的设备没有构成违约,显然这一做法有悖于公平正义的仲裁精神,并且客观上造成不利于我国社会公共利益的后果。而所有这些又恰恰与《纽约公约》第五条第二款第(2)项中规定的条件相符,因此,对于该仲裁裁决应当不予承认和执行。"

但上海市高院的这一意见最终被最高院的复函所否定,最高院主张:"飞轮公司从境外购买的设备经过有关主管部门审批同意,并非我国禁止进口的设备。该设备在安装、调试、运转的过程中造成环境污染,其原因可能是多方面的。在飞轮公司根据合同中有效的仲裁条款就设备质量问题提请仲裁的情况下,仲裁庭对设备质量作出了评判,这是仲裁庭的权力,也是当事人通过仲裁解决纠纷所应当承受的结果。不能以仲裁实体结果是否公平合理作为

---

① (2008)民四他字第48号。

认定承认和执行仲裁裁决是否违反我国公共政策的标准。承认和执行本案所涉仲裁裁决并不构成对我国社会根本利益、法律基本原则或者善良风俗的违反。"

值得注意的是，尽管法院对仲裁的司法监督通常限定在程序性事项的审查，但既然《纽约公约》赋予法官对裁决是否违反公共秩序的自由裁量权，就意味着并不完全排除在特殊情形对仲裁的实体审理进行判断。在该案情形下，卖方所售的特殊生产设备因未达安全生产标准而对厂区环境造成严重污染、对职工人身健康产生致命损害，致使买方合同目的落空而构成根本违约，但最高院仅简单阐明仲裁庭既已作出评判，无论实体结果是否公平当事人都应当承受，如此这般说理显然不足以令被申请人接受。须知学界关于公共秩序内涵的通说是包括所谓法律基本原则的[①]，"有悖于公平正义的仲裁精神"虽然表述不甚清晰、抽象概括，但结合具体案情来判断，是可以视为法律基本原则进而纳入公共秩序考量的视野之内的。

5. 可仲裁性不应与涉案合同的合法性相混淆

争议事项具有可仲裁性是仲裁协议的有效要件，也是保障仲裁裁决顺利执行的先决要件。而我国部分中级人民法院在处理这一问题时，显然混淆了涉案合同的合法性问题（legality）与基于非法合同而产生的争议事项的可仲裁性问题（arbitrability），认为基于非法合同而产生的争议是不可仲裁的。所幸最高人民法院对此加以纠正，提出此类纠纷基于其"契约性"属可仲裁事项。以《最高人民法院关于ED&F曼氏（香港）有限公司申请承认及执行伦敦糖业协会仲裁裁决案的复函》为例，被申请人提出依据我国法律涉案争议事项不可以仲裁方式解决：①涉案的中糖集团与曼氏公司于1994年12月14日签订的8008合同及附件是以规避法律为目的、具有欺诈性的期货交易性质的违法合同。②8008合同是排除在我国法律认可的期货交易合同关系之外，进而也不属于我国法律认可的契约或非契约性商事关系。综上所述，根据《承认及执行外国仲裁裁决公约》第五条第二款的规定，对于排除在我国法律

[①] 一般认为国际私法中的公共秩序是一国在特定时期内、特定条件下和特定问题上的重大或根本利益所在，它可以表现为法律的基本原则以及诸如宪法、刑法、警察与公共治安法、财政法和税法之类的强行法。参见黄进：《国际私法上的公共秩序问题》，黄进：《宏观国际法学论》，武汉大学出版社2007年版，第226页。

认可的契约或非契约性商事关系之外的非法的期货交易合同争议，我国法院依据我国法律应当认定为不能以仲裁方式解决的争议。最高院的意见则主张双方当事人因履行期货交易合同产生的纠纷，在性质上属于因契约性商事法律关系产生的纠纷，依照我国法律规定可以约定提请仲裁。最高院的意见无疑具备合理性，但遗憾的是，对此问题的澄清最高院复函中仅此一句说明，同样缺少进一步的说理、论证、解释。

就以上分析可初步归纳，我国对仲裁裁决的执行制度经历了从无到有、从无法可依到有法可依、从制度相对僵化到相对完善的发展过程。但法院在个案审理中所暴露的问题也不容忽视，如仲裁协议效力认定标准不一、送达瑕疵的认定摇摆不定、超裁问题凸显法院解释技术薄弱、实体审查界限不清及运用公共政策条款时存在裁判说理不充分等问题，若不加以关注并探求出路，则必将对我国仲裁这一纠纷解决机制的良性运作产生桎梏。客观地反思与评析我国目前仲裁裁决执行的司法实践，明晰其中所隐藏的"痼疾"，有益于法官有针对性地提升法律解释与法律运用的能力，进而促使法院合理的支持并监督商事仲裁，也是我国仲裁法治实现现代化、迈向国际化的应有之义。

第五节　国际商事仲裁临时措施发布权的归属与司法协助

一、国际商事仲裁临时措施的含义及其特征

在境外仲裁机构准入的基础上，其在中国领土内受理仲裁案件并进行仲裁程序的过程中，常会因具体个案的需要而发布相应的临时措施。所谓国际商事仲裁的临时措施，在不同国家立法和仲裁机构的仲裁规则中有不同的称谓。《示范法》、《UNCITRAL 仲裁规则》以及《美国仲裁协会仲裁规则》称其为临时性保全措施；《国际商会仲裁规则》称其为临时措施或保全措施；《斯洛伐克工商会仲裁院仲裁规则》称其为初步措施；《米兰国际仲裁院仲裁规则》称其为临时性的禁令措施；我国的《民事诉讼法》及《仲裁法》则将此类措施称为财产保全、行为保全和证据保全；还有一些国家的立法和学者

在著作中将其称为临时性救济措施、保全性救济、中间措施、临时救济、临时禁令等。①

在国际商事仲裁程序中，结合《示范法》、国内商事仲裁立法、国际仲裁规则的相关规范，为了确保仲裁程序的顺利进行和裁决能够得到有效执行，在情况紧迫时，仲裁庭得发布相应的临时措施，对一方当事人的财产、涉案证据予以保全，使之维持现状，或者要求当事人进行或不得进行某种行为，制止其采取有碍于仲裁程序正常进行的行动。② 值得一提的是仲裁庭在决定是否发布临时措施时，除了需要满足紧迫性、必要性等条件，还必须符合相应的程序要求，具体包括：仲裁当事人提出了采取某种临时措施的请求；仲裁庭对案件具有合法的管辖权；仲裁庭必须平等地听取双方当事人对是否应采取临时措施的陈述，确保遵守正当程序。③

（一）临时措施原则上只能依当事人申请采取

在与国际商事仲裁相关的立法中，大多明确仲裁庭仅可依据一方当事人的申请来决定是否采取临时措施，而不宜依职权自行主动决定采取某种临时措施。譬如，《示范法》第十七条、《瑞士联邦国际私法》第一百八十三条第一款、《荷兰民事诉讼法》第一千零五十一条第一款、《德国民事诉讼法》第一千零四十一条第一款等均规定，必须在当事人提出相关请求时，仲裁庭才会启动临时措施的审查和决定程序。其原因在于仲裁程序的合意性强于法定性，仲裁庭的权限和行为在某种程度上受到当事人自主意愿的约束，其对当事人未提出的事项无权自行决断，否则可能涉嫌超越权限。正因为如此，仲裁庭原则上无权主动依职权发布临时措施，且当事人原则上必须通过书面方式提出临时措施申请。作为例外，国际投资争端解决中心（ICSID）仲裁庭在审理国际投资仲裁案件时，有权依据《ICSID 仲裁规则》第三十九条第三款主动建议采取临时措施或者建议采取某种不同于当事人所请求的临时措施，且 ICSID 仲裁庭有权在任何时候修改或撤回其关于

---

① 任明艳：《国际商事仲裁中临时性保全措施研究》，上海交通大学出版社 2010 年版，第 14 页。
② Stephen Benz, "Strengthening Interim Measures in International Arbitration", in Georgetown Journal of International Law, Vol. 50, No. 1, 2018, p. 144.
③ 徐伟功：《论我国商事仲裁临时措施制度之立法完善——以〈国际商事仲裁示范法〉为视角》，《政法论丛》，2021 年第 5 期，第 139 页。

临时措施的建议。①

(二) 临时措施的发布以仲裁庭有管辖权为前提

只有存在有效成立的仲裁协议,且仲裁庭对涉案争议拥有管辖权的前提下,仲裁庭方有权依当事人的请求发布临时措施。对于发布临时措施所要求的管辖权的审查标准,有观点提出,此时只需要确保仲裁庭拥有表面意义上的初步管辖权(prima facie jurisdiction)即可。② 尤其是对于紧急仲裁员而言,其在决定采取仲裁前临时措施时尚未最终确定仲裁管辖权是否成立,但并不影响其行使临时措施的审查权。此外,在某一方仲裁当事人对仲裁庭提出管辖权异议或对仲裁协议的效力提出反对意见时,并不能阻碍或否定仲裁庭依另一方的申请采取临时措施。换言之,临时措施的主要功能在于暂时性地保全相应的现状,只要仲裁庭认定其对涉案争议具有管辖权,即可受理当事人的请求。

(三) 仲裁庭在审查临时措施请求时应听取双方的陈述

除了国际商事仲裁中备受争议的单方面临时措施以外,出于公平和公正的考虑,仲裁庭必须遵循正当程序原则和自然公正的理念。仲裁庭的权力来自争议双方的合意授予,其必须充分尊重双方当事人的权利,在程序中平等地对待各方。③ 因此,在决定是否采取临时措施时,仲裁立法和仲裁规则均明示或默示地要求仲裁庭必须在听取一方的请求和对方的辩解后才能做出决定,而不宜在仅听取单方当事人一面之词的基础上就妄下结论。值得一提的是,提出临时措施申请的一方当事人有权在裁决作出之前提出相应请求,但是并不要求其只能在仲裁庭组建之后才提出请求。紧急仲裁员制度的逐步推广,使得当事人在仲裁庭组建之前提出临时措施申请有了程序保障。④

---

① 张春良、周大山:《论 ICSID 仲裁临时措施的约束力理据与中国启示》,《中国政法大学学报》2020 年第 4 期,第 55 页。

② Julian D. M. Lew, Loukas A. Mistelis & Stefan Kroll, Comparative International Commercial Arbitration, Kluwer Law International, 2003, p. 605.

③ Mohammed Zaheeruddin, "Due Process of Law in International Commercial Arbitration with Special Reference to Production of Documents", in Journal of Law and Criminal Justice, Vol. 4, No. 1, 2016, p. 89.

④ 傅攀峰:《论 ICC 仲裁规则中的紧急仲裁员制度》,《北京仲裁》,2015 年第 1 期,第 47 页。

二、国际商事仲裁庭采取临时措施的权限及其范围

从历史来看，许多国家和地区的仲裁立法曾经明确规定仲裁庭无权发布临时措施，法院拥有排他的临时措施发布权，理由是基于公共政策，属于民间性质的仲裁庭没有强制力执行临时措施，由具备公权力的法院发布临时措施能够更好地解决执行方面的困境。[①] 不过，这种认识实际上混淆了临时措施的发布权和临时措施的执行权。固然，无论是法院作出的临时措施抑或仲裁庭作出的临时措施，最终的强制执行权都掌握在国内司法机关手中。但是，在审查临时措施是否符合发布条件方面，由于仲裁庭对于涉案争议的事实和法律更为熟悉，其往往能够作出更加合理的决定，故而临时措施的发布权不能由法院排他享有。至于临时措施的发布权究竟归属于法院抑或仲裁庭，取决于仲裁程序准据法的相关规定。[②] 在国际商事仲裁中，仲裁庭在仲裁程序方面的权限来自当事人的协议，同时受制于仲裁法和仲裁规则的约束。在临时措施方面，仲裁庭究竟有权发布哪些类型的临时措施，不同的仲裁规则在规定上不尽一致（见表4-9）。

表4-9 与国际商事仲裁临时措施相关的主要规则

仲裁规则	仲裁庭采取临时措施的类型	仲裁庭与法院的权限分配
《UNCITRAL仲裁规则》（2010年修订）	经一方当事人请求，临时措施是仲裁庭在下达决定争议的终局裁决之前的任何时候下令一方当事人采取的任何临时性措施，比如且不限于：（a）争议未决之前维持或恢复现状；（b）采取行动防止，或者避免采取行动造成（i）当前或即将发生的损害（ii）对仲裁过程本身的妨碍；（c）为其后使用资产执行仲裁裁决提供一种资产保全手段；（d）保全与解决争议可能有关的实质性证据	任何一方当事人向司法当局提出临时措施请求，不得视为与仲裁协议不符，或视为放弃仲裁协议

[①] 张圣翠：《中国仲裁法制改革研究》，北京大学出版社2018年版，第88页。
[②] 胡荻：《论国际商事仲裁中仲裁庭的临时保全措施决定权》，《南昌大学学报（人文社会科学版）》，2013年第4期，第102页。

续表

仲裁规则	仲裁庭采取临时措施的类型	仲裁庭与法院的权限分配
《国际商会仲裁规则》（2021年修订）	除非当事人另有约定，案卷移交仲裁庭后，经当事人申请，仲裁庭可以裁令实施其认为适当的临时措施或保全措施。仲裁庭可以要求提出请求的当事人提供适当的担保，以作为裁令采取该等措施的条件。这些措施应以裁令的形式作出并附具理由，或者在仲裁庭认为适当的时候，采用裁决的形式	在案卷移送仲裁庭之前，以及在案卷移送之后的适当情形下，当事人可向有管辖权的司法机关申请采取临时措施或保全措施。当事人向司法机关申请采取该等措施，或申请执行仲裁庭作出的前述裁令，均不视为对仲裁协议的破坏或放弃，并不得影响仲裁庭保留的有关权力。该等申请及司法机关采取的任何措施必须毫无迟延地通知秘书处。秘书处应将这些情况通知仲裁庭
《美国仲裁协会国际争议解决中心国际仲裁规则》（2021年修订）	应任何一方的请求，仲裁庭可命令或裁决其认为必要的任何临时或保全措施，包括禁令救济和保护或财产保全。临时措施可采取临时命令或裁决的形式，仲裁庭可要求为此类措施的费用提供担保	一方当事人向司法机关提出的临时措施请求，不得视为与仲裁协议或放弃仲裁权不符
《伦敦国际仲裁院仲裁规则》（2020年修订）	应一方当事人申请，仲裁庭有权从事下列行为，但应事先给予所有其他各方当事人合理机会对该申请作出回应。（i）命令任何请求、反请求或交叉请求的被申请人一方以定金或银行保证或其他任何方式为全部或部分争议金额提供担保；（ii）命令保管、仓储、拍卖或以其他方式处置任何一方当事人控制下的且与仲裁标的相关的任何货币、文件、货物、样品、财产、场所或物品；及（iii）在不违反裁决书中最终裁定的情况下，命令仲裁庭作出其有权在裁决书中准许的任何临时救济，包括在任何当事人之间支付金钱或处置财产	一方当事人可以向有管辖权的国家法院或其他法律机关申请采取仲裁临时措施，直至作出最终裁决。此种申请（i）可以在仲裁庭组庭前提出；及（ii）在特殊情况下经仲裁庭授权后，可以在仲裁庭组庭后提出。在启动日后，对此类措施的任何申请及任何命令在仲裁庭组庭前应由申请方以书面形式立即通知书记员；在仲裁庭组庭后，还应及时通知仲裁庭；且在这两种情况下都应通知所有其他各方当事人

续表

仲裁规则	仲裁庭采取临时措施的类型	仲裁庭与法院的权限分配
《联合国国际商事仲裁示范法》（2006年修订）	除非当事人另有约定，仲裁庭经一方当事人请求，可以准予采取临时措施。临时措施是以裁决书为形式的或另一种形式的任何短期措施，仲裁庭在发出最后裁定争议的裁决书之前任何时候，以这种措施责令一方当事人实施以下任何行为：（a）在争议得以裁定之前维持现状或恢复原状；（b）采取行动防止目前或即将对仲裁程序发生的危害或损害，或不采取可能造成这种危害或损害的行动；（c）提供一种保全资产以执行后继裁决的手段；或（d）保全对解决争议可能具有相关性和重要性的证据	法院发布与仲裁程序有关的临时措施的权力应当与法院在法院诉讼程序方面的权力相同，不论仲裁程序的进行地是否在本国境内。法院应当根据自己的程序，在考虑到国际仲裁的具体特征的情况下行使这一权力
《香港国际仲裁中心机构仲裁规则》（2018年修订）	临时措施，无论采取指令或裁决或其他形式，是指仲裁庭在最终解决争议的裁决作出前暂时指令一方作出例如但不限于以下行为：（a）在争议解决前维持或恢复现状；或（b）采取措施以阻止现时的或临近的、对仲裁程序本身的伤害或损害发生，或克制而不为可能导致这类伤害或损害的行为；或（c）保全财产，以确保可据以执行随后作出的裁决；或（d）保全与解决争议相关的重要证据	任何一方当事人向具管辖权的机关申请临时措施，不得视为与仲裁协议相抵触或放弃该仲裁协议

　　值得一提的是，联合国国际贸易法委员会（UNCITRAL）在起草《示范法》第十七条关于仲裁庭权限的条文时，曾经向会员国征求过意见并收到了各国国内相关立法现状及意见的反馈。通过对各国仲裁立法中关于临时措施条款的比较考察和工作组历次会议的讨论，最终形成了《示范法》的文本。值得注意的是，《示范法》第十七条关于临时措施的分类仅仅是大体上的归类，主要以临时措施的功能和作用作为区分的标准，以此体现出制度设计的

灵活性，表明《示范法》并不旨在提供一份穷尽性的列举。[1] 如表 4-9 所示，《示范法》最终将临时措施归类为四种，分别是：旨在维持或恢复现状的措施；防范对仲裁程序造成损害的措施；财产保全；证据保全。实践中还引发了关于临时措施的其他争论，譬如，仲裁庭是否有权力发布禁诉令，各界的分歧尤为激烈。所谓禁诉令，原本是英美民事诉讼立法中的一项特有制度。[2] 国际商事仲裁中的禁诉令则是指仲裁庭发布一项命令或裁定，用以禁止当事人就特定案件所涉争议向法院提起诉讼或在其他仲裁庭进行仲裁。[3] 有观点认为，禁诉令的性质仅仅是仲裁庭针对当事人下达的指令，鉴于其初衷是为了维护仲裁管辖权和保障仲裁程序正常进行，故而并不存在干预其他司法或仲裁机构管辖权的嫌疑。[4] 与此相反，另一些学者则指出，尽管禁诉令是针对当事人发布，但其对法院或其他仲裁庭的管辖权有着直接的消极影响。[5] 在国际商事仲裁中，已经确立了仲裁庭自裁管辖权原则，即应由仲裁庭自行决定自身的管辖权，但是并没有授权仲裁庭否定其他司法或仲裁机构的管辖权。[6] 基于国际礼让，每个仲裁庭都应当尊重其他仲裁庭和法院的管辖权。[7]

在 UNCITRAL 第 37 届大会上，与会者曾就禁诉令是否应当纳入仲裁庭的权限范围之内展开了辩论。正方对《示范法》第十七条授予仲裁庭发布禁诉令的权力持肯定意见，提出禁诉令在国际仲裁中正日益成为普遍现象，其在国际贸易中具有独特的功能，通过签发禁诉令，可以有效地维护仲裁庭的管

---

[1] Ilias Bantekas et al., UNCITRAL Model Law on International Commercial Arbitration: A Commentary, Cambridge University Press, 2020, p. 343.

[2] 张建：《国际商事仲裁中禁诉令的适用问题研究——兼论我国仲裁禁诉令制度的立法构建》，《国际法学刊》，2021 年第 3 期，第 55 页。

[3] 翟颖：《仲裁禁诉令的合理性、可操作性及其在我国的应用前景》，《商事仲裁与调解》，2021 年第 5 期，第 117 页。

[4] Ewelina Kajkowska, "Anti-Suit Injunctions In Arbitral Awards: Enforcement In Europe", in The Cambridge Law Journal, Vol. 74, Issue 3, 2015, p. 412.

[5] Nicholas Poon, "The Use and Abuse of Anti-Arbitration Injunctions: A Way Forward for Singapore", in Singapore Academy Law Journal, Vol. 25, No. 3, 2013, p. 244.

[6] John J. Barceló III, "Who Decides the Arbitrators' Jurisdiction? Separability and Competence-Competence in Transnational Perspective", in Vanderbilt Journal of Transnational Law, Vol. 36, 2003, p. 1115.

[7] Emmanuel Gaillard, "Coordination Or Chaos: Do The Principles Of Comity, Lis Pendens, And Res Judicata Apply To International Arbitration", in American Review of International Arbitration, Vol. 29, No. 3, 2018, p. 205.

辖权，保障仲裁程序的正常推进。换言之，仲裁庭签发禁诉令，只不过是阻止当事人将关于仲裁协议效力方面的异议提交至法院解决，但是并没有剥夺当事人的诉权，因为相关争议仍可通过仲裁庭加以解决。[1] 反方对《示范法》第十七条直接或间接地允许仲裁庭发布禁诉令持保留意见，主要原因是禁诉令并没有成为国际仲裁中的通行实践，恰恰相反，仲裁庭发布禁诉令在全球范围内尚属罕见，其被某些国家的法律体系所不容。有观点认为，仲裁庭发布的禁诉令在不容许此类实践的国家将构成对当地公共政策的违反，因此难于得到承认和执行。[2] 甚至有观点认为，仲裁庭发布禁诉令制约了当事人依据宪法所享有的诉权。[3] 经过反复商讨，UNCITRAL 最终通过的《示范法》第十七条对仲裁庭能否签发禁诉令的问题没有给出明确的规定：既未明确授权，亦未明文禁止，从而给实践留下了灵活的裁量空间。

概言之，各国的仲裁立法及不同机构的国际仲裁规则在仲裁庭发布临时措施的权限方面往往没有特别严格的限制，而是采取了相对宽松、灵活的制度设计。譬如，运用"适当的"或"必要的"等措辞允许仲裁庭自身在个案中加以酌定和把握，或者采取非穷尽式列举的方式对仲裁庭有权发布的临时措施类型加以明确，但同时并没有排除清单以外的临时措施。还有的仲裁规则（如《伦敦国际仲裁院仲裁规则》），则泛泛规定仲裁庭可采取任何临时救济，但不应违反裁决中的最终认定，这实际上赋予了仲裁庭在临时措施方面较大的自由裁量权。特别是，仲裁庭发布的临时措施不仅可针对仲裁地领土内的财产或证据，还可及于仲裁地以外的域外财产或证据。就类型而言，尽管各个仲裁机构稍有差异，但其中亦不乏共性，有三类临时措施被普遍规定在不同的仲裁规则中，即为便于仲裁程序的进行所采取的措施；避免损失或损害扩大所采取的措施，以及旨在解决争端之前维持现状的措施；便于裁决以后能够顺利执行而采取的措施。当然，尽管仲裁庭在临时措施方面享有

---

[1] 任明艳：《国际商事仲裁中临时性保全措施研究》，上海交通大学出版社2010年版，第97页。

[2] Emily Seiderman, "The Recognition Act, Anti-Suit Injunctions, The DJA, and Much More Fun: The Story of the Chevron-Ecuador Litigation and the Resulting Problems of Aggressive Multinational Enforcement Proceedings", in Fordham Urban Law Journal, Vol. 41, No. 1, 2013, p. 265.

[3] Jorge L. Contreras and Michael A. Eixenberger, "The Anti-Suit Injunction-A Transnational Remedy for Multi-Jurisdictional SEP Litigation", in Cambridge Handbook of Technical Standardization Law-Patent, Antitrust and Competition Law, Vol. 5, 2017, p. 3.

较为充分的裁量权,但此种权限的行使仍然受到仲裁程序准据法方面的限制。譬如,《英国仲裁法》第 38 条规定,仲裁员的权力主要是针对当事人所拥有或占有的物件,或在其托管或控制范围内的证据,此类限制反映出仲裁庭在行使临时措施方面受到约束。[①] 鉴于仲裁庭的权力源自争议所涉双方当事人的授予,其权限及权力的边界不能超出仲裁协议,故而仲裁庭发布的临时措施原则上只能及于当事人而不能延伸至第三人。

三、国际商事仲裁庭发布临时措施的形式

在国际商事仲裁中,对于仲裁庭发布临时措施的形式并没有达成统一的通例,不同国家的做法独具特色。仲裁庭在决定发布临时措施时,可能以不同的方式作为载体(见表 4-10),常见的形式主要包括:指令或者命令(order)、中间裁决(interim award)、决定(decision)、建议(recommendation)、指令(directive)等。

表 4-10 国际商事仲裁中临时措施的不同表现形式

临时措施的形式	相关法律依据
指令或命令	《比利时仲裁与调解中心仲裁规则》(2020 年修订)第 28 条;《大韩商事仲裁院仲裁规则》(2000 年修订)第 41 条;《新加坡国际仲裁中心仲裁规则》(2016 年修订)第 30 条;《德国仲裁协会仲裁规则》(2021 年修订)第 25 条;《意大利仲裁协会仲裁规则》(2016 年修订)第 17 条
裁决	《UNCITRAL 仲裁规则》(2013 年修订)第 26 条;《美国仲裁协会国际争议解决中心国际仲裁规则》(2021 年修订)第 27 条;《芬兰中央商会仲裁院仲裁规则》(2020 年修订)第 38 条;《荷兰仲裁协会仲裁规则》(2015 年修订)第 44 条;1996 年《英国仲裁法》第 47 条;2000 年《美国统一仲裁法》第 8 条
命令或裁决	《国际商会仲裁规则》(2021 年修订)第 28 条
建议	1965 年《华盛顿公约》第 47 条;《ICSID 仲裁规则》(2006 年修订)第 39 条
指令	《印度仲裁委员会仲裁规则》(2016 年修订)第 57 条;《毛里求斯国际仲裁中心仲裁规则》(2018 年修订)第 26 条
决定	《波兰商会仲裁院仲裁规则》(2019 年修订)第 30 条

---

① 罗楚湘:《英国仲裁法研究》,武汉大学出版社 2012 年版,第 161 页。

通过对不同仲裁规则和仲裁立法的比较可以发现,目前世界上对于国际商事仲裁临时措施最为常用的形式是"裁决"和"命令"两类。相比之下,这两种形式各有利弊:一方面,将临时措施称之为"命令",更加突出其属于仲裁程序中的内部环节,仲裁庭在作出命令方面比作出仲裁裁决更加高效便捷,且可以有效地防止临时措施受到法院的事后审查和撤销;另一方面,将临时措施称之为"裁决",则可以使临时措施具有更加正式的外观,对当事人而言更具威慑力、说服力,且在域外承认和执行时将面临更少的障碍,但却可能受到法院的司法审查和监督,有可能会被法院撤销。尽管二者存在这些区别,但在实践中,采取不同的形式颁布临时措施,并不会产生实质性的差别待遇。因此,2006年修订的《示范法》采取了相对灵活的制度设计,《示范法》第十七条第一款规定:"临时措施是任何采用裁决书形式或另一种形式的短暂措施。"这实际上表明,仲裁庭在发布临时措施时究竟采取裁决抑或裁决以外的形式,完全取决于当事人的请求和仲裁庭的自由裁量。至于仲裁庭发布的临时措施,无论是以仲裁裁决的正式形式抑或以非正式的形式呈现,在一方拒不履行时,都需要由法院予以协助并强制执行。在依据法院地的仲裁裁决撤销制度或不予执行制度对临时措施予以监督时,临时措施究竟是否构成裁决,其并不取决于此类命令的名称或形式,而是取决于相关临时措施决定的具体内容和法律性质。为了实现仲裁程序的自治性和灵活性,应当允许仲裁庭在充分考虑争议解决成本、当事人心理预期、临时措施可执行性等因素的基础上,自行决定临时措施的法律形式。

四、国际商事仲裁临时措施的中止、更改、撤销

临时措施的特殊性之一体现为其法律效力的临时性,即在仲裁庭作出最终裁决之前,结合案件审理的具体情况和推进仲裁程序的特殊需要,如果一项已经发布的临时措施不再有必要性,或者需要予以修改,则仲裁庭可以视情况决定对临时措施予以审查、修改、撤销或发布新的临时措施。实践中,有些临时措施本身对当事人的权利义务具有十分重要的影响,可能会引起无法扭转的重大后果,一旦作出,即使该项措施后来根据最终裁决作出了变更或被撤销,也无济于事。故而,仲裁庭在决定是否作出某项临时措施时,必须本着谨慎的态度,在衡量双方权利义务关系的基础上,以符合比例原则和

必要性原则作为审查的主要标准。

在国际商事仲裁实践中，如果仲裁庭在发布临时措施时采取的形式是命令或其他非裁决的形式，那么仲裁庭通常可以较为灵活地通过新的命令对其加以修改或撤销。很多仲裁规则都明确了仲裁庭对其发布的临时措施命令拥有修改权。《示范法》第十七条第五款规定："仲裁庭可以在任何一方当事人提出申请时修改、中止或终结其准予采取的临时措施或初步命令，在非常情况下并事先通知各方当事人后，仲裁庭亦可自行修改、中止或终结其准予采取的临时措施或初步命令。"但是，如果临时措施是以裁决的形式作出的，则对其进行修改时会受到更加严格的约束，不应过于随意，必须符合裁决更正的相关要件。

五、国际商事仲裁临时措施的承认与执行

（一）仲裁庭作出的临时措施的域外承认及执行

在国际商事仲裁中，当事人所选择的仲裁地常常较为中立，与当事人本身及仲裁标的物并无实际联系，这就意味着仲裁庭作出的临时措施可能需要在其他国家或地区的法院申请承认及执行，此即临时措施的域外承认及执行问题。由于仲裁的有效性日益仰赖于临时措施执行可能性，自1999年以来，UNCITRAL即启动了对于仲裁临时措施的跨国执行问题的研究。[①] 与仲裁裁决的域外执行一样，临时措施的域外执行既可能依据执行法院所属国的国内法予以审查，也可能依据多边或双边国际公约的规定予以审查，这里主要涉及两个具体问题：一方面，并不是所有国家的国内立法都对本国法院承认和执行仲裁地位于境外的仲裁庭所作的临时措施持积极立场，实际上只有极少数国家和地区的仲裁立法规定了法院应当承认和执行域外仲裁庭发布的临时措施，如德国、澳大利亚、中国香港；另一方面，《纽约公约》是国际商事仲裁领域最具影响力的国际公约，其对于促进仲裁裁决的域外承认及执行具有重要意义，但是其适用范围主要针对外国仲裁裁决，是否适用于外国的仲裁临时措施，尚且存疑。各国的实践也互有矛盾，没有形成普遍一致的共同态度，

---

① 池漫郊：《国际仲裁体制的若干问题及完善——基于中外仲裁规则的比较研究》，法律出版社2014年版，第240页。

故而有必要分析和探讨《纽约公约》对于临时措施的可适用性。

就国内立法而言，德国是世界上第一个明确在立法中要求法院执行仲裁庭所发布的临时措施的国家，执行的对象不仅涵盖德国境内的仲裁庭发布的临时措施，也包括仲裁地在德国境外的仲裁庭发布的临时措施。《德国民事诉讼法》第一千零四十一条首先规定了德国法院应当对仲裁提供协助，执行仲裁庭所发布的临时措施；第一千零六十二条又进一步规定了执行仲裁临时措施的管辖法院，即通常由仲裁协议所指定地区的高等法院负责执行，在仲裁协议中没有对执行法院作出约定时，则由仲裁地的地区高等法院执行，当仲裁地不在德国境内但是需要德国法院予以执行时，则可由被申请人住所地、营业所所在地、惯常居所地或临时措施所涉及的财产所在地的法院予以执行，当这些与案件有联系的地点均不在德国境内时，则由柏林地区高等法院负责执行。由此可见，德国立法对于本国法院执行境外仲裁庭发布的临时措施采取了高度支持和非常宽容的态度。① 与德国相似，我国香港特别行政区颁布的《香港仲裁条例》第六百零九章第四十三条亦明确规定，香港法院应当执行香港或香港以外地区的仲裁庭作出的临时措施命令或指示。② 除此之外，《澳大利亚仲裁法》第二十二条、《瑞士联邦国际私法》第一百八十三条亦对国内法院执行境外仲裁庭发布的临时措施持肯定立场。相比之下，世界上绝大多数国家对该问题保持沉默，这在一定程度上表现出本国法院在决定是否对境外仲裁提供协助时犹疑不决的状况。毋庸置疑的是，当仲裁地所属国与法院地所属国缺乏相互执行仲裁临时措施的多边合作时，采用单边方法殊为必要，这意味着法院地法在某种程度上扮演着主导性角色。③ 尤其是考虑到仲裁地常常在涉案当事人及财产所在地以外的第三国进行，如果不授予临时措施以域外执行力，将导致临时措施的实际效果大打折扣。④

从国际立法来看，虽然在一缔约国领土内作出的仲裁裁决能够依据《纽

---

① 韩赤风：《德国仲裁临时措施制度及其借鉴》，《商事仲裁与调解》，2021年第3期，第33页。
② 王泽左：《2011年香港仲裁条例第609章——评论及指南》，洪亮、许伊音译，法律出版社2015年版，第69页。
③ 黄凯绅：《仲裁临时保全措施及法院本位主义：法制变革上的建议》，《交大法学》，2019年第3期，第142页。
④ 邹晓乔：《国际商事仲裁中的临时措施域外执行研究》，武汉大学2016年博士学位论文，第166页。

约公约》在另一缔约国法院顺利得到承认和执行，但仲裁临时措施能否得到域外承认和执行，则欠缺多边公约的保障。如上所述，除了少数国家的国内立法对这一问题作出明确规定外，大多数国家的仲裁立法对此采取了回避的方式，再加上缺乏统一的多边公约予以规制，导致临时措施在域外法院的承认与执行面临更为复杂的法律障碍。具体而言，仲裁庭发布的临时措施在仲裁地法院的承认与执行相对而言是确定的，但仲裁庭发布的临时措施在境外法院的承认与执行则充满不确定因素。为了解决这一法律困境，少数国家通过双边或三边条约的方式在小范围内确立了相互承认及执行对方仲裁临时措施的互惠协议。譬如，阿塞拜疆、格鲁吉亚、土耳其三国签订东道国政府协议，其中第18条第11款就三国之间相互承认和执行其他缔约国领土内仲裁庭发布的临时措施作出了明确规定。① 但是，毕竟大多数国家并没有缔结此类专门针对临时措施承认及执行的协定，故而有不少学者将视野投放在《纽约公约》的适用范围上，希冀借此探求临时措施在《纽约公约》框架内实现跨国承认及执行的可能性。② 支持者认为，由于《纽约公约》本身并没有给仲裁裁决给出精确的定义，也没有排除临时措施的适用，故而该公约实际上是可以适用于临时措施的域外承认及执行的。对此，有学者注意到，尽管《UNCITRAL仲裁规则》第二十六条第二款明确仲裁庭可以通过仲裁裁决的形式作出临时措施，但是《纽约公约》本身无论在条款上还是在起草公约的历史性文件中，都没有提及临时措施问题，如果强行将临时措施解释为《纽约公约》项下的仲裁裁决，可能因超出文义射程而构成不合理的扩大解释。③ 为此，有观点提出，鉴于《纽约公约》第五条第一款e项之规定，如果仲裁裁决对当事人尚无拘束力，或者裁决已被裁决作出地或裁决适用的法律所属国的司法当局撤销或停止执行，则裁决将不具有可执行力，而临时措施正是尚未产生最终拘束力的临时性命令，故而不具有可执行力。④ 但亦有观点对此种

---

① Ali Yesilirmak, "Provisional Measures in International Commercial Arbitration", Kluwer Law International, 2005, p. 350.
② 唐奥平:《国际商事仲裁中临时措施的域外执行问题研究》,《延边党校学报》2016年第6期,第53页。
③ 张聪聪:《论〈纽约公约〉项下仲裁临时措施决定的承认与执行》,《黑龙江省政法管理干部学院学报》2015年第3期,第118页。
④ [美] 加里·博恩:《国际仲裁法律与实践》,白麟等译,商务印书馆2015年版,第282页。

表述持怀疑态度，毕竟，《纽约公约》本身并没有解释如何去确认一份仲裁裁决是否具有拘束力，拘束力的有无应当结合仲裁地及法院地的国内法加以甄别和审查，故而单纯从《纽约公约》中无法直接得出一个确凿无疑的或肯定或否定的答案，这一问题需要综合考虑国际法与国内法加以判定。① 通过概括不同的观点，分歧的关键聚焦于两个方面：第一，仲裁庭发布的关于临时措施的仲裁裁决是否构成《纽约公约》项下的仲裁裁决？第二，仲裁庭发布的关于临时措施的仲裁裁决是否具有约束力和终局性，从而可以适用《纽约公约》在其他国家得到承认和执行？（具体分歧点见表4-11）

表4-11 关于国际商事仲裁临时措施是否构成仲裁裁决的主要分歧

分歧点	主张临时措施构成仲裁裁决	反对临时措施构成仲裁裁决
对裁决的界定	对仲裁裁决这项基本概念应采取扩张解释，临时措施并不是纯粹的程序事项，其功能旨在规制当事人的关系、维持现状、保障裁决执行，构成对当事人实体权利义务的分配	裁决应当是仲裁庭对实体争议的裁断，而临时措施的本质是程序性命令，且不具有终局性，仲裁庭得以任意更改、中止、撤销，故临时措施并非仲裁裁决
《纽约公约》的目的与宗旨	《纽约公约》并未对终局性作出规定，仅要求可执行的裁决应具有约束力，将裁决限定为终局裁决有悖于《纽约公约》的本意和宗旨	仲裁裁决应当与程序性命令、临时措施区分开来，只有狭义的实体裁决方可适用《纽约公约》
《纽约公约》的适用范围	《纽约公约》的目的涵盖了旨在保障裁决的临时措施的承认及执行	《纽约公约》的适用范围应当限于实体裁决的域外承认及执行
代表性法域的典型案例	美国法院在Sperry案②中明确临时措施属于仲裁裁决，原因是临时措施是为实体裁决服务的，尽管在特定时间内是临时的，但对于所解决的事项是最终的	澳大利亚法院在Resort案③中明确否定临时措施属于仲裁裁决，原因是仲裁庭发布的禁令本质上具有中间性、程序性，从根本上不能促进争议的最终解决

---

① 张镭：《国际商事仲裁裁决既判力制度》，《仲裁研究》，2021年第1期，第25页。
② Sperry Intern. Trade, Inc. v. Government of Israel, 532 F. Supp. 901 (S. D. N. Y. 1982).
③ Resort Condominiums International Inc. v. Ray Bolwell and Resort Condominiums, Pty. Ltd., Supreme Court of Queensland, Australia, 29 October 1993, XX Y. B. Com. Arb. (1995).

通过表4-11的对照不难发现，无论是学术观点上还是不同国家的仲裁司法审查实践中，对于仲裁临时措施是否构成仲裁裁决存在争论。其中，主要的分歧在于如何理解《纽约公约》所适用的仲裁裁决。对此，需要明确的是《纽约公约》本身没有对仲裁裁决给出特别具体的界定，而仅仅规定不具有约束力的裁决不应得到承认及执行。事实上，《纽约公约》将不裁决不具有约束力列入拒绝承认及执行的理由，这被视为对1927年《日内瓦公约》的重大改进。1927年的《日内瓦公约》要求申请人举证证明裁决在原作出国已成为终局的裁决，这就产生了"双重执行许可制度"，即裁决的执行力取决于裁决作出地法律和执行地法律的双重审查，导致申请执行的一方当事人负担着较为繁重的证明义务。而《纽约公约》将仲裁裁决"终局的"一词改为"有约束力"，并改为由被执行人在提出抗辩时予以举证，实现了证明责任由执行申请人向被执行人的转变。但是，《纽约公约》并未对"有约束力"一词给出更加具体的阐释，也未规定适用何种法律来判断仲裁裁决的约束力。从《纽约公约》的立法史来看，裁决有约束力应解释为裁决已经不存在诉诸普通追索（如上诉或申请再审）的可能性。[①] 实践中，大多数的仲裁裁决，只要遵守了相关的法律，一经作出即产生了约束力。因《纽约公约》各成员国关于裁决承认及执行的国内规则各有不同，特别是有些国家的法律将司法核准裁决和裁决的执行相互区分，这就导致以临时措施为内容的仲裁裁决在执行阶段同样存在不确定因素。

与此同时，许多仲裁规则允许仲裁庭以裁决的形式作出临时措施，并赋予此类临时措施以约束力，例如《国际商会仲裁规则》《UNCITRAL仲裁规则》均有此类规定。那么，如果仲裁庭在适用此类仲裁规则的基础上作出关于临时措施的仲裁裁决，不排除一些国家的国内法院适用《纽约公约》得到承认及执行。事实上，尽管《纽约公约》制定之际没有对临时措施给出特别的关注，但是对临时措施予以承认与执行，总体上是符合该公约的宗旨的。这是因为临时措施的执行对于提高仲裁的效率、制止当事人的不当行为，从而保障仲裁裁决的切实有效执行具有重要的价值。正如有学者所言，如果仲裁裁决能够依据《纽约公约》得到域外执行，有什么理由拒绝执行为保障裁

[①] 宋航：《国际商事仲裁裁决的承认与执行》，法律出版社2000年版，第165页。

决执行而发布的临时性决定呢？如果一方面声称支持承认及执行仲裁裁决，另一方面却拒绝执行用于保障裁决执行的临时措施，那无疑是不合乎逻辑的。[1] 不过，即便认可《纽约公约》可适用于临时措施的域外承认及执行，但难以否认的是，该公约的初衷主要是为了促进仲裁裁决的跨境承认及执行，故而其核心条款重点围绕着仲裁裁决展开制度设计，并不能够解决临时措施的全部问题。譬如，从《纽约公约》的文本中并不能看出法院和仲裁庭对临时措施方面的权限分配，也无法看出临时措施的发布要件。特别是对于实践中存在较大争议的单方面临时措施，由于此类决定是在另一方当事人不在场的情况下作出的，故而在一定程度上偏离了正当程序原则的基本要求，可能难以在《纽约公约》下得到合法性确认，遑论依据该公约在域外得到承认及执行。因此，必须承认，《纽约公约》只能作为缔约国法院审查是否承认及执行域外临时措施的参考，但其作用是相对有限的。结合《纽约公约》的规定及当前国际商事仲裁的主流实践，在下列情形下，法院有权拒绝承认及执行境外的临时措施：第一，临时措施的发布超越了仲裁庭的权限或仲裁庭对涉案争议无管辖权；第二，临时措施的申请、审查、决定、发布违反正当程序原则；第三，当事人未按照仲裁庭的要求和仲裁规则的规定提供相应的担保；第四，该临时措施已被仲裁庭撤销、修改或终结，或者被仲裁地所在国的法院予以撤销、中止或终结；第五，当事人请求执行的域外临时措施不符合执行地法律赋予法院的执行权限；第六，承认或执行该临时措施有悖于法院地的公共政策。

综上所述，临时措施的承认与执行是当前国际社会在跨国民商事争议解决方面面临的重大挑战，由于只有极少数国家在国内立法中解决了域外临时措施在本国的承认与执行问题，故而最为理想的方案是在国际商事仲裁临时措施的承认与执行方面构建多边的仲裁司法协助公约。然而，这一构想虽然完美，但是其并不现实，更具有可行性的路径是在现有的《纽约公约》框架下或者在《示范法》的条款中探讨临时措施跨境承认及执行规则的建构及完善。由此，一方面有必要对仲裁裁决的含义进行适当的扩张解释，另一方面

---

[1] Tijana Kojovic, "Court Enforcement of Arbitral Decisions on Provisional Relief-How Final is Provisional?", in Journal of International Arbitration, Vol. 18, No. 1, 2001, p. 471.

也有必要对公约现有的拒绝承认及执行外国仲裁裁决的规定进行必要的调适，使之符合于临时措施承认及执行的制度需求。

（二）境外仲裁机构在内地所作出临时措施的域外执行

在开放我国内地涉外仲裁市场的基础上，境外仲裁机构在我国境内准入并开展仲裁业务在合法性上不再受到障碍，但鉴于仲裁地的选择很可能与争议事实及当事人的财产、证据并没有必然的联系，故而常会涉及临时措施的域外执行。无论是法院发布的仲裁临时措施，还是仲裁庭发布的仲裁临时措施，都有可能需要进行跨国执行。正如同仲裁裁决的跨境承认与执行一样，临时措施的域外承认和执行也需要相应的法律依据作为前提，换言之，被请求国的法院原本没有义务必然承认另一国家的仲裁庭所作出的保全措施，而必须有相应的法律规则作为支撑。此种法律依据既可以是被请求国的国内法单边所规定的，也可通过双边或者多边方法予以规定，还可以通过某一国际组织制定示范法的方式对各国仲裁法的制定和修订起到借鉴作用。

不过，截至目前世界上仅有极少数的国家和地区在其国内仲裁立法中直接规定了对外国仲裁庭发布的临时措施予以承认和执行的条件，这些国家和地区包括德国、澳大利亚及我国香港特别行政区。德国是世界上首个在国内立法中规定法院应执行仲裁庭发布的临时措施的国家，其执行对象既包括仲裁地位于德国的仲裁庭发布的临时措施，也包括仲裁地位于德国境外的仲裁庭发布的临时措施。具言之，《德国民事诉讼法》第一千零四十二条明确规定了法院执行仲裁庭发布的临时措施，第一千零六十二条则进一步规定了执行仲裁庭发布的临时措施的法院。通常情况下，仲裁庭发布的临时措施由仲裁协议中指定的地区高等法院或无此指定时由仲裁地所在的地区高等法院执行，当仲裁地不在德国境内时，则可以由被申请人住所地、营业所所在地、惯常居所地或财产所在地的高等法院管辖，在无上述任何联系时，则由柏林地区高等法院执行。由此可见，德国立法在执行域外仲裁临时措施方面采取了宽松和支持的态度。

在我国香港特别行政区，由仲裁庭在仲裁程序中作出的临时措施，具体体现为仲裁庭发布的裁决、命令、指示，其具有与法院判决同等的执行力，且法院对仲裁临时措施的协助执行不仅及于仲裁地在香港的仲裁庭所作出的裁决、命令、指示，还涵盖仲裁地在香港以外的仲裁庭所作出的裁决、命令、指示。2019年4月，我国最高人民法院与香港特别行政区政府律政司在香港特区签署《关于内地与香港特别行政区法院就仲裁程序相互协助保全的安排》，该安排自2019年10月1日生效，为两地在仲裁保全方面铺平道路。根据该安排第1条：本安排所称"保全"，在内地包括财产保全、证据保全、行为保全；在香港特别行政区包括强制令以及其他临时措施，以在争议得以裁决之前维持现状或者恢复原状、采取行动防止目前或者即将对仲裁程序发生的危害或者损害，或者不采取可能造成这种危害或者损害的行动、保全资产或者保全对解决争议可能具有相关性和重要性的证据。在该安排生效7日后，上海海事法院受理了一起香港仲裁程序中的当事人申请财产保全案并于当时裁定准许。2020年11月26日，最高院发布《关于内地与香港特别行政区相互执行仲裁裁决的补充安排》，取消了不能同时在两地申请执行仲裁裁决的限制。此后，香港特区政府于2021年3月18日颁布《2021年仲裁（修订）条例》（于2021年5月19日全面生效），此次修改前《仲裁条例》中对"内地裁决"的定义是指必须经过香港律政司司长公布的受认可的仲裁机构在内地所作的仲裁裁决。此次修改取消了先前认可内地仲裁当局的"名单制"，从一方面来看，修改后的《仲裁条例》对内地裁决的定义与国际上普遍采用的《纽约公约》的"仲裁地"定义方式保持一致；另一方面，考虑到临时仲裁近年来在中国内地自由贸易试验区的突破，此次修改在字面上去除了必须由仲裁机构作出裁决的限制，似乎在一定程度上也为将来中国内地临时仲裁裁决在香港的执行留有空间。

除了德国和我国香港特别行政区外，《澳大利亚仲裁法》第二十二条和第二十三条、《瑞士联邦国际私法》第一百八十三条也对本国法院执行外国仲裁庭所作的临时措施给出了明确规定。不过，大多数国家的国内立法对于本国法院执行外国仲裁庭的临时措施并没进行规定。与此同时，世界上也不存在多边国际公约对该问题作出规定，即使是作为国际商事仲裁领域最重要的《纽约公约》，其也没有将临时措施涵盖在内。实践中，仲裁庭发布的临时措施，其既可能涉及在仲裁地法院的执行，也可能涉及在境外法院的执行。落实到北京"两区"建设下境外仲裁机构准入后所作临时措施，在缺乏多边合作协议的情况下，其能否得到域外其他国家或地区法院的执行，存在一定的不确定性。也正因如此，如果保全所涉及的证据或财产位于我国国内，由我国法院对该类临时措施予以执行，显得更为必要。

第五章
境外仲裁机构准入下我国《仲裁法》的立法完善

　　仲裁法律制度建设的好坏，关系到国际社会对我国法治营商环境的整体评价，也关系到我国商事从业者的财产权益保护。法律作为上层建筑，其制度的构建与完善理应紧密围绕经济社会发展的需求而进行与时俱进的修订。如前所述，对于境外仲裁机构准入的问题，我国最高人民法院已经通过司法审查实践进行了适当的扩张解释和软化处理，从而在原则上认可了当事人约定境外仲裁机构在我国内地仲裁的仲裁协议的有效性，事实上解决了境外仲裁机构准入的法律障碍。至于境外仲裁机构准入后究竟如何进行登记注册，如何具体开展涉外业务、承办仲裁案件、进行司法审查等，现行的仲裁立法并没有提供相应的法治保障。所以严格来讲，我国关于境外仲裁机构准入后的法律制度建设仍然处于相对初始且不成熟的阶段。在较长一段历史时期内，我国《仲裁法》对涉外仲裁协议的法律适用、仲裁协议的有效性、仲裁裁决的籍属等采取的是以仲裁机构为本位的机构中心主义，并没有采纳国际上通用的仲裁地标准，这实际上不利于我国法院对在境外仲裁的境外机构进行相应的监督与协助、规制和保障。为此，最高人民法院分别通过颁布司法解释和个案司法审查两个层面对《仲裁法》所存在的诸多不合时宜的方面进行合理的完善，对中国仲裁法治的现代化、国际化起到了积极的作用。但是，严格来讲，我国毕竟属于典型的成文法国家，而非判例法国家，故而司法机关的能动性是受限的，要想从根本上为境外仲裁机构的准入提供坚实的法治保障，必须从立法层面寻求突破口，即借助于《仲裁法》的修订构筑起相应的法律框架。

第一节 《仲裁法》修订的顶层设计与基本理念

一、《仲裁法》总体的修订方向

自 1995 年实施以来，我国《仲裁法》走过了二十七载的历史征程，见证了中国仲裁事业从无章到有序、从小规模到不断向现代化和国际化迈进的历程。伴随着我国仲裁事业的蓬勃发展，截至 2021 年 12 月全国仲裁机构的数量已达 259 家，且这些仲裁机构在处理案件的数量、质量以及机构管理等方面都有很大提高。多年以来，尽管学界一直不乏修法的呼声，但立法者并未全面修订《仲裁法》，只对其做了两次小修小补。立法修订的推动虽然较为迟缓，但最高人民法院坚持支持仲裁的司法理念，通过总结我国仲裁司法审查实践中的经验，参考域外先进立法，相继出台了一系列司法解释和司法文件。2018 年 9 月 7 日，第十三届全国人大常委会公布 116 件立法规划，将《仲裁法》的修订正式列入二类立法规划，这标志着我国《仲裁法》修订工作开始正式提上日程。①

《仲裁法》颁布实施以来，通过审理大量国内、国际仲裁案件，我国仲裁机构积累了较为丰富的经验，取得了较大的成就。在此基础上，十八届四中全会提出了"完善仲裁制度，提高仲裁公信力"的战略。中国共产党第十八届中央委员会第五次全体会议上进一步提出，坚持开放发展，必须顺应我国经济深度融入世界经济的趋势，积极参与全球经济治理和公共产品供给，提高我国在全球经济治理中的制度性话语权；形成对外开放新体制，完善法治化、国际化、便利化的营商环境，健全服务贸易促进体系，有序扩大服务业

---

① 所谓一类立法项目，是指当年必须提请常委会审议的项目，属于指令性计划；相比之下，二类项目是指已经启动法规调研起草工作，条件成熟也可以提请本年度审议的项目，属于指导性计划。在第十三届全国人大常委会立法规划中，区分了三类项目：第一类是条件比较成熟、任期内拟提请审议的法律草案；第二类是需要抓紧工作、条件成熟时拟提请审议的法律草案；第三类是立法条件尚不完全具备、需要继续研究论证的立法项目。

第五章
境外仲裁机构准入下我国《仲裁法》的立法完善

对外开放。鉴于此,仲裁法的研究人士理应积极地响应中央的要求,顺应对外开放的持续发展,主动发挥自身的优势,尽快形成关于全面深化仲裁制度改革的若干意见,将修订《仲裁法》提上议程。修订《仲裁法》、完善我国的民商事纠纷解决机制,对维护我国社会稳定、促进经济发展具有重要意义,涉外商事仲裁制度的健全更有利于从根本上实现我国仲裁的独立性与公正性,进而增强中国涉外仲裁的公信力、国际影响力,从而发挥我国商事仲裁在解决国际经贸争议方面的作用,改善中国投资环境、促进对外经贸合作发展。

国际贸易与跨境投资的快速发展,使得采用国际商事仲裁方式解决国际贸易纠纷逐渐得到重视,并被商人团体广为接受。一方面,商事领域与法律界都主张,仲裁相较于法院诉讼之所以发展愈来愈快,在于其争议解决的经济、公允、迅速,而这三点正符合当今国际商业社会之需要。[1] 另一方面,早在中世纪,国际贸易社会即因循交易需要订立大量的习惯法、惯例法,乃至成型的"商人法",这类规则明显脱离于纯粹的国内法规范束缚而相对独立。尽管在主权概念兴起后"商人法"曾被并入国内商法范畴,但在第二次世界大战后,联合国国际贸易法委员会等国际组织的编纂活动又使新的商人习惯法概念重新焕发生机。[2]"商人法"的萌发与适用,在争议解决方面上相应地也要求尽量避免采用某一国国内诉讼的方式,而求助于国际商事仲裁。

不过,现代化的商事仲裁,除了主要解决私法性的经贸争议,又被时代注入了新的使命:第一,仲裁可借由争议解决,作为争夺国际投资与贸易规则界定权和解释权的平台;第二,仲裁的发展状况被世界银行集团视为衡量投资环境与法治环境的重要指标;第三,仲裁作为法律服务业,本身亦可带动良好的经济与社会效益。由此可见,如何在一国商事仲裁立法、仲裁实践、司法监督、仲裁研究等各个角度构建良性、健康、充满活力的机制,有赖于准确理解仲裁的定位。正如北京仲裁委员会秘书长陈福勇在中国人民大学的讲座中所提及的,仲裁界要将自身定位在时代脉搏开启的广阔市场中,直接

---

[1] 柯泽东:《国际私法》,中国政法大学出版社2003年版,第276页。
[2] [英]施米托夫:《国际贸易法文选》,赵秀文译,中国大百科全书出版社1993年版,第4页。

面对争议解决法律服务的各种挑战，与诉讼、调解、ADR等其他争议解决机制相竞争，而不是所谓仲裁机构相互之间竞争案源。具体而言，如今的仲裁业无论在国内还是在国际上都呈现出新的发展趋势。

就仲裁在国内的发展趋势来看：第一，跨地区的竞争明显加剧，越来越多的仲裁机构开始在异地设立分会或办事处，例如CIETAC即使经历了2012年分会独立风波，其仍然在进一步扩展自身在全国各地的仲裁案件受理业务，尽管总部设立在北京，分会却延伸至深圳、上海、天津、重庆、杭州、武汉、福州七地，并设立了香港仲裁中心；第二，国内各仲裁机构对战略机遇的争夺日益激烈，例如北京仲裁委员会（BAC）在仲裁员之间成立了各研究领域的专门小组，其业务触角广泛涉及国际贸易、金融投资、广告传媒、民间借贷、能源乃至通用航空各领域，再如上海国际经济贸易仲裁委员会（SIETAC）2014年设立了世界首个航空仲裁平台——上海国际航空仲裁院；2015年又成立了首个金砖国家间争议解决平台以及首个中非间争议解决平台。又如广州仲裁委在互联网时代对网络仲裁的探索与尝试皆着眼于最前沿的专业化仲裁业务潜能，抢占先机。

我国仲裁国际化的发展趋势为：第一，国内市场国际化是仲裁界的首要趋势，各国仲裁业都呈现出开放的趋势，例如在2013年安徽龙利得公司与英国BP Agnati案中，我国法院认可了约定外国仲裁机构在我国境内仲裁的条款为有效，这使得我国国内的仲裁机构直接遭遇国际机构的市场竞争[1]；第二，国际竞争国内化，自1995年《仲裁法》实施以来，我国共设立270多家仲裁机构，累计办理仲裁案件400余万件，涉案标的额5万多亿元。按常规逻辑推断，我国国内机构数量如此之多似乎足以消化所有国内及涉外商事争议，然而事实情况却是国内企业不仅倾向于对涉外纠纷约定境外机构仲裁，即使对无涉外因素的纠纷，也希冀通过国外机构来解决，这无疑是国际竞争波及国内的直接体现。[2]

---

[1] 张建：《中国商事仲裁的国际化挑战》，《上海政法学院学报（法治论丛）》，2016年第1期，第64页。
[2] 张建：《非涉外纠纷约定境外仲裁的条款效力问题探微》，《北京邮电大学学报（社会科学版）》，2016年第1期，第20页。

二、中国仲裁国际化与国际仲裁中国化的厘定

如前所论,中国仲裁与国际仲裁的市场界限正在日益模糊,打通国内仲裁与国际仲裁两相区分是不可逆的必然趋势,所需的只是时间长短的问题。对仲裁国际化的问题,国内学界与实务界都有新的思考,但考虑到概念的厘定是沟通与交流的前提,仍有必要从既有现象抽离出中国仲裁国际化与国际仲裁中国化的某些基本要义。

(一) 中国仲裁的国际化举要

首先,何为国际化?显然,在十年以前对中国仲裁的思考,与如今对中国仲裁的思考并不在一个问题维度上。众所周知,中国仲裁的发展与西方迥异。对于国外的仲裁程序,学界以由早期到晚近的时间脉络为序,在国际商事仲裁程序诉讼化方面做了细致入微的观察与思考:就整体来看,西方争议解决体系中的仲裁程序,基本是先有仲裁,再有诉讼,商事仲裁的历史源远流长,可溯至古希腊、古罗马,以至有日本学者提出国家审判制度源于仲裁,仲裁制度乃是原始社会私力救济向国家审判制度发展的中间过渡形态。[①] 现代化的商事仲裁制度在我国的发展脉络则恰恰相反,仲裁程序几乎长期"先天不足",公权力赋权的色彩太过浓重。这种状况直至1994年《仲裁法》的颁行才有所改观。在这种现状之下,国内的一些代表性的仲裁机构,在办理仲裁案件的过程中不断总结经验,探索规律,适时地评估仲裁程序是否符合商事仲裁活动的特点与规律,并着力发挥商事仲裁的优势特色。[②] 从这个角度来看,遵守世界仲裁的惯例和最基本的仲裁规律、实现协议仲裁制度以贯彻当事人意思自治的基本理念、尽可能使仲裁机构还原其应有的民间化属性是早期中国仲裁国际化的使命所在。[③] 不过,从更加客观的仲裁机构所面临的情况来看,中国仲裁的国际化应强调如下几方面:第一,案件来源的国际化,这也是任何一个国际仲裁中心的首要特征;第二,服务水准的国际化,包括仲裁员的多元化国籍及多样化背景;第三,品牌塑造的国际化,即商事仲裁以

---

① 三月章:《日本民事诉讼法》,汪一凡译,(台北)五南图书出版公司1997年版,第9页。
② 谭兵:《中国仲裁制度的改革与完善》,人民出版社2005年版,第26页。
③ 曹培忠等:《论入世条件下中国仲裁制度的国际化挑战》,《浙江海洋学院学报(人文科学版)》,2004年第1期,第40页。

瞄准高端法律服务市场为导向，在形成品牌辐射的同时恰恰可以带动吸引国际案源，相反，商事仲裁并非劳动仲裁，并不旨在对小微型民商事纠纷进行全面顾及。

(二) 国际仲裁的中国化论略

国际仲裁的中国化又指何种面貌？早在20世纪80年代，就存在国际仲裁"美国化"的论调，即美国的仲裁实践被移植进国际仲裁机制，并进而向全球各国的法律从业者当中进行扩散，当然也有不少仲裁界人士对防止国际仲裁的美国化提供了各方面建言。[①] 此外，也有人特别注意到国际仲裁的"西方化"问题，例如英美国家的证据开示制度对国际仲裁庭审的渗透，再如英国伦敦仲裁普遍通用的证据表（Redfern Schedule），因其有助高效推进证据事项而颇受青睐。而所谓国际仲裁的中国化，至少涵盖两个方向：第一，国际仲裁的理论被中国改良后，被继受为实践日常；第二，中国的某实践做法被国际仲裁界广为接受，典型的例证如调解与仲裁相结合的推行，尽管作为东方经验的实践智慧这一做法早期颇受其他国家抵触，现在却有越来越多的国家愿意做这方面的尝试。再比如仲裁庭开庭时仲裁秘书与仲裁员助理能在多大尺度内予以必要协助，原本是我国实践中颇受争执的话题，现在也成为国际商事仲裁委员会（ICCA）所关注的议题。可见，当西方仲裁界掉转过头时，与我国正在大踏步前进的仲裁实践不时相遇，我国对国际仲裁界贡献出中国智慧是完全可能的。国际仲裁中国化究竟能够推进到何种程度，路途有几多艰难遥远，则尚未可知，仍然需要继续不断探索。

三、我国仲裁在国际化进路中的优势与困惑

(一) 仲裁的专业性优势

事实上，商事仲裁发展迄今已成为国内外民商事争议解决方式中的"佼佼者"，其在仲裁裁决执行上的国际性优势、当事人自主把握是否选择仲裁以及程序进程的自治性优势、由经贸、金融、建筑工程、法律等各行业内部人士组成仲裁员的专业性、对商业信息的保密性优势等，已经被商事交易的当

[①] Eric Bergsten, "Americanization of International Arbitration", in Pace International Law Review, Vol. 18, No. 1, 2006, p. 289.

事人所肯定。仲裁与诉讼是并行的争议解决方式,尤其在当下,原本被视为替代性、非诉讼性争议解决机制的仲裁,现已一跃而成为主流。不过,也有仲裁从业人士适时对此反思,即仲裁的优势是天然存在的吗?应当说,商事仲裁专业性的要求不仅要仲裁员具备各自行业技能的高操作水准,亦须强调仲裁作为纠纷解决方式其独到的专业性,因此仲裁员的培训对提升争议解决质量不可或缺。在一些新型问题上尤其需要仲裁员之间互相切磋打磨,例如近几年热议的"对赌协议"问题、VIE结构问题、系统性风险等问题具有很强的不确定性,如果仲裁员未能及时充电,其在仲裁实践操作中便会陷入困境。毕竟争议解决不同于学术研究,针对新型实践问题,学者可以经过多年深入思考和研究撰写著述,而仲裁员则有义务在特定的较短审限内得出相对确定的结论,否则面临裁决正当性的风险。

(二) 仲裁国际化进程中的困惑

在仲裁国际化进程中,还受到另外一些质疑:第一,商事仲裁会否有朝一日取代商事领域的司法审判而成为唯一的或主流的争议解决方法?第二,仲裁将来是否有可能被通识化、普及化,为每一位百姓在日常纠纷解决中提供平台?应当说,这两个问题互相关联。同时也要注意商事仲裁并不存在完全取代司法审判、令司法无以立足的定位,而是更多针对高额标的的商业化、专业化、高端化交易。试举一例,曾有实践人士在全球最知名的仲裁中心英国伦敦街头做过调研,针对随机样本的百人进行问卷调查,结果却发现,即使在全球的商事仲裁中心英国伦敦,也有90%的普通人士不知晓或未采用过仲裁的争议解决方式,那么我国仲裁又何须以拉低仲裁的定位为代价以实现其日常化?显然不存在这种必要。毋宁说,我国仲裁在国际化进程中应该更多地以复杂和精细的法律技艺,伴随灵活、自治、高效的程序设计来保证裁决的水平。

(三) 商事仲裁国际化的发展模式

早自20世纪80年代,国际商事仲裁"非内国化"或称"非当地化"的理论即得到提倡:首先是国际仲裁法律适用方面,商人法的国际性得到了回归,仲裁的实体法律适用并不局限于仲裁地国内法的范围,非国内法的适用已不再成为问题;其次,仲裁地并不局限于某一国之内,其中仲裁员可来自不同国家;仲裁程序问题允许当事人意思自治,也可选用国际通行仲裁规则;

仲裁庭取证的地点、仲裁庭听审地点、仲裁裁决作出的地点可跨越多国。① 不过，我国现行的仲裁立法却在诸多方面为商事仲裁的国际化设置了法律障碍，具言之，我国仲裁法所规定的可仲裁事项范围狭窄、对仲裁协议的生效要求过严、不承认在我国开展临时仲裁与友好仲裁等，这与国际主流背景相悖。② 尤为值得一提的是，我国政府当下正推行"一带一路"投资战略，沿线国家的投资环境各异，未来可以预见会产生大量的投资者争议，但对此类争议，我国两百多家仲裁机构受制于仲裁立法要求以平等主体的争议作为裁判对象的限制，从未受理过此种混合型投资仲裁案件，以至于我国与其他国家签订双边投资协定时，只能选择ICSID或ICC等国际机构解决此类争端。这显然不利于我们主动把握国际投资规则的解释权。当然，当下也有声音提出，2020年成立的国际商事争端预防与解决组织（ICDPASO）的重要职能之一就是以国际投资仲裁或调解方式解决投资者与国家间争端。但也应注意到，一个仲裁机构的成长非一日之功，以BAC为代表的仲裁机构在1995年仲裁法生效后设立迄今已近30年，经验的积累与实务的打磨使得其仲裁机制日臻成熟，而一个新设立的仲裁机构若要发展成熟，非简单的人力、物力、财力可达，更为重要的是积累经验的时间成本。因此在既有的成熟体制中通过目的性扩张，将投资者与东道国争端纳入我国国内仲裁机构的管辖权之下，实在值得决策者考察。

（四）对中国国际仲裁发展规律的透析

如宋连斌教授所言，近些年来，我国仲裁界的思考渐渐集中到对中国仲裁的国际化、本土化、民间化上来。③ 所谓国际化，意味着适用国际共同规则以打破外国商业从业人士对选择中国仲裁的固有偏见；所谓本土化或中国化，更多是一种规则的变通，即以仲裁的灵活性引领部分行业的规则变革，以解决法律的滞后性问题；而民间化本就是商事仲裁的固有特色，我国《仲裁法》

---

① 胡永庆：《论仲裁的国际化和我国仲裁法律制度的变革》，《江海学刊》，2000年第5期，第61页。

② 唐建辉、李如虎：《我国涉外仲裁国际化发展中的法律障碍分析》，《国际经贸探索》，1999年第1期，第61页。

③ 宋连斌：《中国仲裁的国际化、本土化与民间化》，《暨南学报（哲学社会科学版）》，2006年第5期，第81页。

生效后，越来越强调尽量摆脱行政性。还原民间性，但仲裁从业人士较少愿意放弃事业单位编制而以服务的姿态来处理仲裁案件，因此国内仲裁机构的定位问题一直都颇有争议。一定意义上讲，外界多质疑仲裁的灵活性是否会偏离法律的天平。然而事实上，仲裁员往往是最了解规则的人士，因为最了解规则的才是最清楚、最精准地了解哪些领域是规则的边界，边界以外触碰不得，而边界以内则是可灵活应变的空间。

对于国内企业在订立合同的争议解决条款，也要适当注意在国际商务游戏规则的博弈中，选择仲裁地或仲裁机构并不是唯一可以较量的谈判砝码，选择具备本国国籍或本国法律教育背景的仲裁员、选择适用本国母语作为仲裁庭审的主要语言文字都是可以博弈的关键点。例如，中国公司在与美国公司谈判争议解决问题时，并不一定要以约定在中国境内仲裁的问题上计较，也不一定非要约定中立的伦敦作为仲裁地，这将徒然增加争议解决的成本。实际上，通过约定首席仲裁员是第三国国籍的仲裁员，已经足以在相当程度上满足对中立的需求。因此，仲裁国际化并非仲裁的西方化，仍然要以中立、公正、高效为最终宗旨。

伟大的时代孕育着无限的潜力，中国的商事仲裁界正在步入国际化的轨道，也正在向国际仲裁界贡献自己的东方智慧。当然，强调仲裁的国际化并不是推行仲裁的全球模式，后者是以崇尚"非当地化"、淡化地域因素、仲裁立法全球化、法律适用自治趋同审理地点任意化为特征完全抵消了仲裁地因素的作用，实不可取。[①] 而强调国际仲裁的中国化，也并不同于将国际仲裁沦为与国内仲裁一视同仁，在程序上施加严格限制。毋宁说，两类趋势旨在确立的是中国仲裁未来的应然发展趋势，既应体现市场化、国际化背景下对商事争议解决的需求，又要在现有法律框架下愈发尊重当事人的意思自治，使程序更加灵活高效，规则更加透明开放，在国际最新仲裁前沿发挥领军作用。

四、《仲裁法》修订的指导思想

（一）革新仲裁理念

仲裁在纠纷解决中的优势不断显现，无论是对于当事人还是对于国家司

[①] 张丽英：《不可取的绝对模式：国际商事仲裁全球模式倾向》，《国际贸易》，2000 年第 11 期，第 48 页。

法机关来说，无论是在涉外仲裁还是非涉外仲裁中，仲裁都展现出强劲的生命力和优越性。支持仲裁就是鼓励国际贸易和吸引外资，已经成为国际共识。仲裁优势的实现在很大程度上取决于"鼓励与支持仲裁"这一基本理念的坚守和推进。该理念既是构成仲裁法律体系得以完善的基石，也是《仲裁法》修订应遵循的首要原则；偏离该理念的法律修改都不会经得住考验。即便是致力于构建有中国特色的仲裁制度，该基本理念也不应背离。首先，依法确立并保障仲裁的独立性和公正性是仲裁的本质要求，尊重当事人的意思自治，凸显仲裁本色。仲裁应有的独立和公正价值是仲裁的本质之所在，欠缺该价值的仲裁无法称为真正意义上的仲裁。其次，强化当事人的主角地位并限定权力机构的配角地位是仲裁发展的基本路径。仲裁源于当事人并最终回到当事人，偏离于该逻辑路径的方式有悖于仲裁应有的发展之路。当然，权力机构的参与亦是仲裁有序、良性发展的重要保障，但其在仲裁中应扮演的配角角色不容突破。当事人和权力机构在仲裁中严格的角色定位是仲裁推进的根本保障，我国仲裁法律体系的革新必须定位好两者各自分饰的角色。最后，在国际贸易和国际商事仲裁蓬勃发展的大环境下，我国《仲裁法》的修改还需要遵循国际化为主、兼顾本土化的原则，既与国际规则相一致，又不脱离中国实际。

(二) 促进仲裁法律体系的现代化

仲裁法律的现代化是实现我国仲裁发展的基本依托。针对我国仲裁法律的基础薄弱以及发展中所衍生出的一系列问题，我国仲裁法律体系的现代化应当围绕以下三个方面的基本内容展开：第一，尊重并强化当事人的意思自治，确立契约性在仲裁中的主导地位。我国现有的仲裁法律已将意思自治置于仲裁展开的原则性地位，然而该原则的实现在诸多方面尚受到较大的拘囿，仲裁的契约性本质未能贯穿整个仲裁立法的始终，即仲裁机制的自主性、灵活性及注重效率性等未予以有效地保障。在涉外仲裁或国际商事仲裁的语境下，仲裁的契约性更应受到更大的尊重和凸显。第二，限制国家权力的干涉，严格界定司法权介入涉外仲裁领域的范围，司法介入应以支持仲裁为限。第三，支持仲裁的理念应转化为支持仲裁的具体规范。

(三) 推动仲裁体制改革

《仲裁法》制定时中国正处于从计划经济向市场经济转型的大环境，故一部分法律内容不可避免地带有计划经济体制的色彩。《仲裁法》作出了仲裁机构独立于行政机关的原则性规定，但保障仲裁机构独立性的组织形式与模式的缺失，造就了在实践中仲裁机构基本依照行政事业单位体制来设立。2011年中共中央、国务院印发的《关于分类推进事业单位改革的指导意见》在事业单位类别划分上，根据职责任务、服务对象和资源配置方式等情况将从事公益服务的单位划分为两类，即承担义务教育、基础性科研、公共文化、公共卫生及基层的基本医疗服务等基本公益服务，不能或不宜由市场配置资源的是"公益一类"以及承担高等教育、非营利医疗等公益服务；可部分由市场配置资源的是"公益二类"。但是，这两种分类对于已经实行"事业单位企业化管理"的仲裁机构而言不啻为一种倒退。这是因为，一方面，事业单位在监督管理上需要对相关主管部门负责，其机构的独立性难免受到削弱与质疑。另一方面，事业单位行政化的运行模式导致其在人、财、物等事项上缺乏自主权，这不仅影响仲裁业务的正常进行，亦无法吸引人才甚至造成人才流失，遏制了仲裁机构的活力与市场竞争力。作为我国未来十年改革的总纲领和总规划，十八届三中全会审议通过的《中共中央关于全面深化改革若干重大问题的决定》提出了加快事业单位分类改革，加大政府购买公共服务力度，推动公办事业单位与主管部门理顺关系和去行政化，创造条件，逐步取消学校、科研院所、医院等单位的行政级别，建立事业单位法人治理结构，推进有条件的事业单位转为企业或社会组织。在这一大背景下，涉外仲裁体制改革是大势所趋，而让仲裁机构回归彰显其独立性的特征是大方向所在。

(四) 创造仲裁法治环境，借鉴国际成功经验

仲裁法治环境包括国内法治环境和国际法治环境两个方面，这两个方面构成了仲裁制度发展的土壤；在国际仲裁法治环境尚未充分发展的情况下，国内法治环境的创造和维护成为具有决定意义的环节。就国内仲裁法治环境而言，最根本的方面在于恰当确立仲裁和司法之间的和谐关系。就国际仲裁法治环境来说，重要国际组织引领下的仲裁公约的达成以及示范性文件的表率作用至关重要，我国《仲裁法》的修改应充分地考虑并借鉴该方面的公约或文件，这将为我国的涉外仲裁与国际社会的接轨提供重要途径。《示范法》为各国仲裁法的修改提供了绝佳的蓝本，其意在协助各国在充分考量当前国

际商事仲裁的特征及需要的情况下更新有关仲裁程序的法律。尽管《示范法》的基础原则和精神已被我国的仲裁法律制度大量吸收，但我国目前却没有将其纳入国内法的计划。我国仲裁法律制度的修改可有效地借鉴了《示范法》的规定。

五、《仲裁法》修订中的重点问题

作为中国加入 WTO 以来一部从未修订过的法律，《仲裁法》已经与实践发展严重脱节，这实际上成为我国仲裁实现法治化、国际化并获取国际公信力的严重障碍，亟待予以重视并尽快开始修订。具体来看，现行立法在以下几个方面尤其滞后，亟待改进。

第一，对可仲裁事项的限定过于狭窄，其仅限于平等主体之间的合同纠纷或其他财产权益纠纷，排除了我国仲裁机构对外国投资者与东道国政府之间的投资争端，从而将投资仲裁的管辖权拱手让与境外仲裁机构，丧失了争端解决的主导权。

第二，由于历史原因，现行立法区分了国内仲裁机构与涉外仲裁机构，但在实践中我国各仲裁机构均可同时受理国内案件与涉外案件，上述区分已经不符合现实状况，对我国仲裁机构的管辖权形成了制约。

第三，对国际仲裁中通行的、符合仲裁程序自身规律的法律制度与原则，我国现行立法不但未予以借鉴，反倒予以排斥。例如"仲裁庭自裁管辖权原则"、临时仲裁、友好仲裁、紧急仲裁员等规定。

第四，现行立法对仲裁程序的具体规定较为严格、存在诉讼化倾向，这不利于保持仲裁程序的灵活性、当事人意思自治等优势。例如，现行法规定仲裁应当开庭进行、当事人应当对自己的主张提供证据、鉴定部门应当派鉴定人参加开庭、证据应当在开庭时出示、辩论终结时仲裁庭应当征询当事人的最后意见等等。

第五，现行立法中没有赋予仲裁庭在程序事项上充分的自由裁量权，例如在当事人申请保全、财产保全时，只能向仲裁委员会提出，并由仲裁委员会转交法院决定是否保全，这不仅忽视了仲裁庭的权力，而且降低了仲裁程序的效率。且现行立法中只规定了仲裁程序中的保全，没有规定仲裁前的保全，这与《民事诉讼法》的规定相冲突。

第六，现行立法规定了应成立中国仲裁协会，但《仲裁法》实施二十多年来却从未成立该协会，应及时反思该协会的成立是否仍有其必要性及可行性，如无法成立，是否可由其他机构代行其职能。

第七，现行立法没有明确我国仲裁机构的性质、对仲裁协议的有效性要件规定得过于严格、对仲裁裁决申请撤销及主张不予执行的法定事由的审查过于苛刻，这些与国际上通行的《示范法》等不相符合。

2020年10月，作为第二届"一带一路"国际合作高峰论坛成果清单之一，国际商事争端预防与解决组织15日在北京正式成立。该国际组织将为中国当事人提供国际商事仲裁、国际投资仲裁、国际商事调解、国际争端预防等多重法律服务。应当看到，现行《仲裁法》的严重滞后已成为该国际组织运行的最大障碍。为了使该国际组织将来能够充分保持公信力、吸引全球尤其是"一带一路"沿线国家的当事人在中国解决争端，必须尽快将《仲裁法》的修订提上日程，使法律制度与仲裁规则保持与时俱进，推动法治进步与仲裁事业的长远与可持续发展。

六、《仲裁法（修订）（征求意见稿）》的主要变动与创新之处

作为国际争端解决的主要方式之一，仲裁对经济贸易的促进与发展发挥了重要的积极作用。现行《仲裁法》颁布于1994年，并于2009年、2017年进行了部分条款的修正。2021年7月30日，司法部在其官网公布了《中华人民共和国仲裁法（修订）（征求意见稿）》（以下简称《仲裁法（修订）（征求意见稿）》），这意味着我国仲裁法迎来了第三次、也是最为重大的修订。本次《仲裁法》的修订可谓"大刀阔斧"，在各类问题上均发生了重大变化，体现了中国仲裁法国际化的趋势。

（一）主从合同仲裁管辖的确认

《仲裁法（修订）（征求意见稿）》新增第二十四条规定："纠纷涉及主从合同，主合同与从合同的仲裁协议约定不一致的，以主合同的约定为准。从合同没有约定仲裁协议的，主合同的仲裁协议对从合同当事人有效。"这是我国《仲裁法》首次对主从合同的仲裁协议问题进行确认。《最高人民法院关于适用〈中华人民共和国民法典〉有关担保制度的解释》第二十一条第一款规定："主合同或者担保合同约定了仲裁条款的，人民法院对约定仲

裁条款的合同当事人之间的纠纷无管辖权。"该条规定体现了仲裁制度的当事人意思自治原则，保护了当事人对纠纷解决机制的合理期待，基于此，主合同与从合同约定的仲裁条款只约束该合同当事人。然而，《仲裁法》（修订）（征求意见稿）第二十四条改变了担保合同争议解决条款的独立性，即只要主合同约定了仲裁条款，则无论担保合同是否约定仲裁条款，法院对主合同及担保合同都没有管辖权，事实上否认了担保合同（从合同）争议解决条款的独立性（见表5-1）。

表5-1 主从合同争议解决方式

主合同	从合同（保证合同）	争议解决方式
仲裁	无约定	主合同仲裁条款约束从合同
无约定	仲裁	仲裁条款不约束主合同当事人
诉讼	仲裁	
仲裁	诉讼	《征求意见稿》对此类情形未进行规定

（二）公司/有限合伙企业仲裁管辖的确认

公司与合伙企业的派生制度见于我国《公司法》第一百五十一条与我国《合伙企业法》第六十八条。其中，《公司法》第一百五十一条规定，董事、监事、高级管理人员执行公司职务时违反法律、行政法规或者公司章程的规定，给公司造成损失时，公司连续180日以上单独或者合计持有公司1%以上股份的股东有权代表公司提起派生诉讼；《合伙企业法》第六十八条规定，执行事务合伙人怠于行使权利时，有限合伙人有权督促其行使权利或者为了企业的利益以自己的名义提起诉讼。

当出现上述公司股东或合伙企业以自己名义代表公司或合伙企业向对方当事人主张权利时，根据《仲裁法（修订）（征求意见稿）》第二十五条新增的规定，公司或合伙企业与对方当事人签订的仲裁协议可以直接约束该股东或有限合伙人与对方当事人。具体而言，《仲裁法》（修订）（征求意见稿）》第二十五条规定，公司股东、合伙企业的有限合伙人依照法律规定，以自己的名义，代表公司、合伙企业向对方当事人主张权利的，该公司、合伙企业与对方当事人签订的仲裁协议对其有效（见表5-2）。

表 5-2 仲裁协议与现行法律的关系

主要内容	涉及条款	与现行法律的关系
主合同的仲裁协议对从合同有效	第 24 条	与最高人民法院此前的裁判意见存在冲突
股东代表公司进行派生诉讼，受仲裁协议约束	第 25 条	对现行法律的细化
可以提起民事上诉讼，又未规定不能仲裁的，仲裁协议有效	第 26 条	首次明确了可仲裁事项由法律以"负面清单"形式确定
约定送达、视为送达以及最后地址送达	第 34 条	以法律形式确立了最高人民法院的司法解释有关规定

以上规定的新颖程度各不相同，但整体上看还是体现了尽量使仲裁协议有效、尊重意思自治以及支持仲裁程序更加高效灵活的立场。

(三) 对仲裁协议的形式与内容要求进一步放宽

1. 仲裁协议的形式

《仲裁法（修订）（征求意见稿）》对于仲裁协议书面形式的规定与现行法律并无实质变更，但增加了当事人通过参与仲裁且放弃异议达成仲裁协议的特殊方式，即"一方当事人在仲裁中主张有仲裁协议，其他当事人不予否认的，视为当事人之间存在仲裁协议。"该条款参考了《示范法》的规定，具有积极意义。不过，该条款在国内也并非全新事物，部分法院在个案中裁定对仲裁协议有异议的一方，通过参与仲裁庭审且未提出异议，视为达成了仲裁协议。

2. 仲裁协议的内容

我国现行仲裁立法对仲裁协议内容的要求为需要指定仲裁机构，要求较为严格。尽管其后的有关司法解释对该规定做出了软化，但还是有为数不少的仲裁协议因在仲裁机构方面有欠明确说明而被认定为无效。《仲裁法（修订）（征求意见稿）》对此做出了重大的改变，主要体现在涉外仲裁协议和非涉外仲裁协议两方面。

在涉外仲裁协议方面，《仲裁法（修订）（征求意见稿）》明确承认了临时仲裁（专设仲裁、特设仲裁、ad hoc）的有效性，并制定了临时仲裁的司法辅助机制，包括法院可以为当事人提供仲裁庭的组成以及成员回避、替换服务，并为临时仲裁的仲裁庭保管裁决书。这一规定与国际上通行做法高度接轨，但在我国内地属于全新的制度，能否顺利落地还有待时间检验。

在非涉外仲裁协议方面，尽管仍然坚持机构仲裁，但大幅放宽了仲裁协议有效性标准，引入了先受理/先立案机构原则：①仲裁机构约定不明的，又不能通过补充协议或者仲裁规则明确的，先立案的仲裁机构具有管辖权；②没有约定仲裁机构的，由共同住所地仲裁机构管辖，没有共同住所地的则由先受理的第三地仲裁机构管辖。先受理机构原则基本涵盖了当事人对仲裁机构约定确实、不明确的种种情形。

《仲裁法（修订）（征求意见稿）》第二十一条规定，仲裁协议包括合同中订立的仲裁条款和以其他书面方式在纠纷发生前或者纠纷发生后达成的具有请求仲裁的意思表示的协议。一方当事人在仲裁中主张有仲裁协议，其他当事人不予否认的，视为当事人之间存在仲裁协议。与此同时，《仲裁法（征求意见稿）》第三十五条规定，当事人申请仲裁应当符合下列条件："（一）有仲裁协议；（二）有具体的仲裁请求和事实、理由；（三）属于本法规定的仲裁范围。当事人应当向仲裁协议约定的仲裁机构申请仲裁。仲裁协议对仲裁机构约定不明确，但约定适用的仲裁规则能够确定仲裁机构的，由该仲裁机构受理；对仲裁规则也没有约定的，当事人可以补充协议；达不成补充协议的，由最先立案的仲裁机构受理。仲裁协议没有约定仲裁机构，当事人达不成补充协议的，可以向当事人共同住所地的仲裁机构提起仲裁；当事人没有共同住所地的，由当事人住所地以外最先立案的第三地仲裁机构受理。仲裁程序自仲裁申请提交至仲裁机构之日开始。"

3. 仲裁协议的效力异议及其救济

对于仲裁协议效力有异议的，我国现行法律有关规定可以总结如下：第一，可以选择向法院或者仲裁机构提出，法院先受理的以法院为处理异议的机构；第二，选择法院程序的，进入诉讼程序以后，仲裁程序中止；第三，可以选择确认仲裁协议的法院有多个。

《仲裁法（修订）（征求意见稿）》第二十八条则基本采纳了《仲裁示范法》第16条的"自裁管辖权"原则，根据该条，当事人如对仲裁协议或者仲裁管辖有异议的，必须先经过仲裁庭的审理，如对仲裁庭的管辖意见有异议的，再向仲裁地法院提起诉讼，请求法院审查仲裁庭对管辖的意见，且明确了该诉讼不影响仲裁程序进行（见图5-1）。

仲裁机构根据表面证据决定 ➡ 向仲裁庭提出异议 ➡ 向仲裁地法院申请审查管辖决定 ➡ 消极决定可向上级法院申请复议

图 5-1 仲裁司法审查流程图

"自裁管辖权"原则的确立意味着法院原则上不会先于仲裁庭判断仲裁协议效力或者仲裁管辖问题，能够有效避免实践中常见的当事人以仲裁协议效力异议之诉阻击仲裁程序。不过，由于需要等到仲裁庭的组成才能提出异议，对于一些涉及格式仲裁条款的纠纷（如消费者合同纠纷），"自裁管辖权"原则有可能不利于弱势一方主张自身权利，在互联网时代这也是各国所面临的普遍问题。

此外，《仲裁法（修订）（征求意见稿）》对仲裁管辖异议的提出期限，由现行规定的开庭前提前到了答辩期，一方面与国际通行制度接轨，另一方面也契合了随着互联网仲裁的不断发展，异步仲裁甚至书面审理所占比例不断提高的趋势。

（四）明确仲裁地标准

仲裁地是指由当事人选定或者通过其他方式确定的仲裁法律重心地。换言之，仲裁地不是一个地理概念，而是一个法律概念。选择某处作为仲裁地往往意味着仲裁协议、仲裁程序以及仲裁后的救济程序（如撤销仲裁裁决）都受到该地法律约束。在国际商事仲裁实践中，仲裁地（seat/place）往往不同于仲裁开庭地（venue），与仲裁机构所在地之间也不当然画上等号。

按照域外法律及其实践，仲裁地往往通过当事人约定或者由当事人授权的第三方指定。例如，1996年的《英国仲裁法》第三条规定了仲裁地的确立方法包括：①当事人的约定；②仲裁庭或者其他由当事人授权的个人或者机构决定；③当事人授权仲裁庭决定，或者在当事人没有指定的情况下，由仲裁庭基于合同或者所有相关情况决定。从理论上来说，仲裁地的确定完全由当事人自行约定，甚至可以与仲裁当事人的国籍、争议发生地、纠纷财产所在地、仲裁机构所在地等连结点毫无地理上的关系。

我国现行《仲裁法》并没有采取仲裁地概念，部分与涉外仲裁协议有关的法律、司法解释或者最高法院文件虽然引入了这一概念，但对仲裁地缺乏详细的解释。《仲裁法（修订）（征求意见稿）》第二十七条引入了仲裁地概念，具体总结如下：第一，仲裁地的确定：以当事人约定为准；没有约定或约定不明的，以管理案件的仲裁机构所在地为仲裁地。第二，仲裁地与仲裁裁决：仲裁裁决视为在仲裁地作出。第三，仲裁地与仲裁活动：当事人可以在仲裁地以外进行仲裁活动。

以上规定与国际通行的做法基本一致，其中，第二十七条第三款关于当事人可以在仲裁地以外进行活动的规定，更是契合了近年来部分仲裁机构纷纷异地设点，在注册地以外进行开庭、合议、裁决等仲裁活动的趋势，有助于仲裁的高效、灵活进行。

在引入仲裁地概念的基础上，《仲裁法（修订）（征求意见稿）》对涉仲裁民事诉讼的管辖法院做出了巨大的改变，明确了仲裁管辖问题的审查、仲裁裁决的撤销以及临时仲裁的协助程序均由仲裁地法院而非仲裁机构所在地法院执行。这一改变如果最终被采纳，将具有深远的影响，尽管我国内地适用统一的法律，但出于各种原因，不同地区法院对同一或类似法律问题作出不同裁判意见的情形客观存在。具体而言，在一些经济较为发达、拥有知名仲裁机构，法院在审判仲裁司法审查案件经验更丰富、业务能力更强的地区（如北京、上海、广州等），对于仲裁的司法审查会更贴近当事人意思自治和商事仲裁的特点，其裁判结果也更加"仲裁友好"，相对不容易被认定为仲裁协议无效或者仲裁裁决应当被撤销。

如《仲裁法（修订）（征求意见稿）》的该规定被最终采纳，则仲裁协议和仲裁裁决的管辖法院可以由当事人自由选定，那么前述那些对仲裁比较友好的地区可能会因为当事人的青睐而成为仲裁司法审查案件的"高发区"。这是一把双刃剑，从好的方面来说，有助于那些"仲裁友好"地区打造"仲裁高地"，并方便在全国范围内统一裁判观点；从坏的方面来说，则容易导致不同地区案件受理量进一步失衡。

此外，由于仲裁司法审查的管辖法院从现行的以仲裁机构所为重，变为以仲裁地为重,也使得律师在审查合同、确定仲裁策略等方面必须转变思路,充分发挥当事人意思自治的作用。

《仲裁法(修订)(征求意见稿)》新增第二十七条首次引入仲裁地的概念,并明确了仲裁地与开庭地并非同一概念。该条规定:"当事人可以在仲裁协议中约定仲裁地。当事人对仲裁地没有约定或者约定不明确的,以管理案件的仲裁机构所在地为仲裁地。仲裁裁决视为在仲裁地作出。仲裁地的确定,不影响当事人或者仲裁庭根据案件情况约定或者选择在与仲裁地不同的合适地点进行合议、开庭等仲裁活动。"

在此之前,我国仲裁立法并未明确仲裁地与开庭地二者之间的界限,但近年来受国际仲裁中仲裁地标准的影响,司法实践上也逐渐出现了仲裁地标准的相关认定。在《最高人民法院关于申请人DMT有限公司(法国)与被申请人潮州市华业包装材料有限公司、被申请人潮安县华业包装材料有限公司申请承认和执行外国仲裁裁决一案请示的复函(〔2010〕民四他字第51号)》中,最高人民法院则承认了国际商会(ICC)在仲裁地新加坡作出的该裁决应属于新加坡裁决。在国际仲裁实务中,"仲裁地"的确定具有重要意义,这将会决定该仲裁裁决的国籍,直接影响仲裁裁决适用的程序法、效力以及法院能否干预等,从而在本质上影响到当事人权利的实现。此次征求意见稿在确立仲裁地概念的同时,更进一步地确认了仲裁地的影响。例如《仲裁法(征求意见稿)》第二十八条规定,当事人对仲裁庭关于仲裁协议的效力或管辖权的决定有异议的,应提请仲裁地法院审查;第七十七条规定,仲裁地法院根据法律规定撤销仲裁裁决的申请。《仲裁法(修订)(征求意见稿)》对仲裁地概念的确认,既是与国际接轨的选择,也是鼓励了当事人利用好仲裁地对实现仲裁权利带来的影响,从而更好地实现自己的权益。

(五)撤销仲裁裁决申请期限的缩短

《仲裁法(修订)(征求意见稿)》对于撤销仲裁裁决的期限由原来的当事人收到裁决书之日起六个月改为三个月,同时还减少了执行程序中可供被申请执行人抗辩的情形(《仲裁法(修订)(征求意见稿)》第八十二条),可以说是较大地压缩了败诉当事人可以对仲裁裁决主张救济的期限与空间。若按照征求意见稿修改我国现行仲裁法,则可以预见,在仲裁裁决作出之日起三个月内，会有大量败诉当事人提起撤销仲裁裁决之诉，从而增加了司法审查的压力。

（六）举证制度的灵活化

《仲裁法（修订）（征求意见稿）》第六十三条修改了现行《仲裁法》第四十五条，规定了当事人可以约定质证的方式，或者通过仲裁庭认为合适的方式进行举证，这对于现行仲裁法只单纯规定"当事人可以质证"是一个新的突破。同时，《仲裁法（修订）（征求意见稿）》第六十三条还规定了仲裁庭有权对证据效力、证明力作出判断，从而依法合理分配举证责任。这将在现行仲裁法第四十三条规定的"谁主张谁举证"原则之下赋予仲裁庭举证责任分配的自由裁量权，有利于更灵活地在举证上平衡当事人之间的利益。除此以外，《仲裁法（修订）（征求意见稿）》第六十一条也规定了必要时，当事人也可以请求人民法院协助收集证据，这将为当事人举证提供必要的协助，从而尊重案件事实，有利于维护当事人的合法权益。

法律制度的演进与沿革以现实需要为依托，《仲裁法》亦不例外。应当承认，《仲裁法》在颁布以来曾经为我国仲裁事业的发展起到了重要的制度保障作用，但仲裁事业的蓬勃发展反过来也对仲裁法律制度提出了新的要求，这正是法治现代化、涉外仲裁法治国际化的必然趋势。最近二十年关于修订《仲裁法》的呼声从未曾中断，但关于这项改革的指导思想和基本理念还有待进一步论证。在理论层面，仍然需要对仲裁的性质形成准确的认识，在尊重当事人意思自治原则与仲裁庭自由裁量权的基础上，要对仲裁程序设定有基本的正当性要求，以维护自然公正的要义。同时，对于司法与仲裁的关系应予以重构，司法对仲裁应提供更充分的支持与协助，而不仅仅是监督和制约。商事仲裁的现代化发展当以公正与效率作为基本要求，汲取和借鉴《示范法》的合理内核，从原理、规则、实证等多重视角设计文本结构。尤其是当前我国仲裁机构的仲裁实践、司法机关的仲裁司法审查经验、从事仲裁行业的律师、仲裁员及理论研究者从不同的角度集思广益，共同致力于符合新时代要求的中国特色的《仲裁法》。鉴于此，作为法律人，值得对我国未来仲裁立法改革心怀期待、贡献智慧。

第二节 对仲裁协议效力及临时仲裁的制度更新

一、仲裁协议效力认定的传统规则

目前，全国已有近 270 家仲裁机构①。除了 CIETAC 和 CMAC 受理涉外仲裁案件外，按照 1996 年《国务院办公厅关于贯彻实施〈中华人民共和国仲裁法〉需要明确的几个问题的通知》②，依据《仲裁法》设立或重新组建的仲裁机构也有权受理涉外仲裁案件。按惯常逻辑推断，国内的仲裁机构足以消化我国企业间的商事仲裁案件，然而实际却并非如此，因受到公信力、仲裁成本、便利性、仲裁程序及实体法适用等因素影响，国内企业约定境外仲裁机构仲裁的案件比重持续攀升③。其中不乏纯国内纠纷约定境外仲裁的案件，即中国公司与中国公司之间签订的非涉外合同，合同中约定争议提交境外某仲裁机构仲裁或临时仲裁。对该类仲裁条款的效力，国际商事仲裁的基本原理如何回应？从我国现行法角度应当如何解读？我国法院在既有司法实践中又究竟持何种态度？这不单是值得深入研判的理论课题，也是亟待寻求解决方案的实务焦点。

学界通常认为，商事仲裁以凝结当事人合意的仲裁协议作为基石，因而仲裁协议效力异议案件的妥当审理对仲裁制度整体良性运作的意义不言而喻。在当事人将无涉外因素的纠纷约定提交仲裁时，仲裁协议独立原则要求仲裁庭对仲裁条款的效力判断须独立于主合同的效力，管辖权/管辖权原则要求仲裁庭有管辖权自行确认仲裁协议的效力以判断对案件的管辖权。例如无涉外因素的中国合同关系中，当事人双方缔结的商业合同约定纠纷提交新加坡国际商事仲裁中心（SIAC），SIAC 在仲裁案件受理阶段，有管辖权自行确认此类仲裁条款的效力，并且不受到主合同效力瑕疵的干扰，除非中国法院先行

---

① 国务院法制办：《仲裁年受案量首次突破 10 万件》，http://www.legaldaily.com.cn/index/content/2014-06/06/content_5579303.htm? node=20908，最后访问日期：2015 年 7 月 15 日。
② 该通知第三条规定："新组建的仲裁委员会的主要职责是受理国内仲裁案件；涉外仲裁案件的当事人自愿选择新组建的仲裁委员会仲裁的，新组建的仲裁委员会可以受理。"
③ 林一飞：《中国公司约定境外仲裁若干法律问题》，《北京仲裁》，2014 年第 1 期，第 106 页。

受理了涉案仲裁协议效力确认的请求，否则仲裁庭有权作为判断条款效力的适格主体，这一点已为有关国际条约与各国立法所肯定。①

应当讲，自1995年我国《仲裁法》实施以来，最高人民法院发布的仲裁司法解释、批复数目繁多，但总体上反映出强调仲裁协议可执行性的趋势，即仲裁协议虽存在瑕疵，但只要可以执行，则不应当轻易认定其为无效的仲裁协议。②如1997年最高人民法院《关于实施〈中华人民共和国仲裁法〉几个问题的通知》强调《仲裁法》之前订立的仲裁协议继续有效；1998年最高人民法院针对山东省高级人民法院的请示发布的《关于确认仲裁协议效力几个问题的批复》指出，"只要根据当事人的协议可以确定仲裁机构，就应该确认仲裁协议是可执行的"；2006年《仲裁法司法解释》延续了支持执行仲裁协议的政策取向。但经过考证，除对典型案件的批复外，我国现行成文立法及司法解释并未正面规定无涉外因素纠纷却提交境外仲裁的仲裁条款的效力，以及外国仲裁机构依据此类仲裁条款所作出的仲裁裁决的承认和执行问题。此问题本身缘起于商事仲裁的实践，对该问题的厘定，也有必要回归司法实践中，据此，笔者拟通过对典型实证案例中我国法院的裁判观点进行梳理，以此窥探问题之堂貌并剖析其法理。

二、案例一：2011年六盘水恒鼎实业有限公司与张洪兴采矿权转让合同争议管辖权异议案

2007年12月6日，盘县乐民洪兴煤矿（张洪兴个人独资企业，以下简称"洪兴煤矿"）与六盘水恒鼎实业有限公司（以下简称"恒鼎公司"）签订《采矿权转让合同》，其中约定："若发生纠纷双方同意提交有管辖权的人民法院处理。"后发生纠纷，原告张洪兴诉至贵州省高级人民法院。在一审审理过程中，恒鼎公司提交了其与洪兴煤矿签订的《采矿权转让合同补充协议》，其中约定："双方同意将《采矿权转让合同》引起的任何争议提交香港国际仲裁

---

① 我国《仲裁法》第二十条规定："当事人对仲裁协议效力有异议的，可以请求仲裁委员会作出决定或请求法院作出裁定。一方请求仲裁委员会作出决定，另一方请求人民法院作出裁定的，由人民法院裁定。"可见，我国的仲裁机构而非仲裁庭有认定仲裁协议效力的权力，这与国际通行方法相比稍显独特。

② 宋连斌：《国际商事仲裁协议及其效力的认定（一）》，《商事仲裁评论》，2010年第3期，第142页。

第五章 境外仲裁机构准入下我国《仲裁法》的立法完善

中心,由该中心按照该中心届时有效的规则仲裁解决,仲裁地在香港。"张洪兴对该《补充协议》的效力提出质疑,主张其系恒鼎公司所伪造。贵州省高院一审认为:《民事诉讼法》第二百七十一条仅规定"涉外经济贸易、运输和海事中发生的纠纷",当事人可以约定提交我国的涉外仲裁机构或其他仲裁机构解决,而该案所涉的张洪兴、恒鼎公司、洪兴煤矿皆系内地的自然人及法人,无论合同的主体、标的等皆无涉外因素,因而不属于此条款规定的当事人不得向人民法院起诉的涉外纠纷,贵州省高院依法享有本案管辖权,并驳回了被告的管辖权异议[①]该案上诉后,最高院的态度如出一辙,指出:非涉外民事案件双方当事人约定发生争议由我国大陆境外的仲裁机构裁决,因违反司法主权原则,应当认定该约定无效,据此驳回上诉,确认了贵州省高院对本案有管辖权。

该案经两审终审,从正面确认了贵州省高院对案件管辖权的同时,也间接否认了当事人有权约定纯国内纠纷约定 HKIAC 仲裁的权利。案件交锋直指当事人之间无涉外因素纠纷却约定境外仲裁的仲裁条款效力问题:初审法院否定的法律依据在于《民事诉讼法》未授权当事人做如此约定,"法未授权即禁止";上诉人恒鼎公司则据理力争,国内当事人对国内纠纷约定境外仲裁并未违反内地法律的禁止性规定,"法无禁止即自由";最高院一锤定音,非涉外纠纷约定境外仲裁违反司法主权原则,仲裁条款因此无效。一石激起千层浪,实务界对最高院的裁判褒贬不一:支持者从我国仲裁业的国际竞争出发,我国并未对外开放国内仲裁业,当事人对非涉外纠纷约定境外仲裁似有违司法主权;批评者就个案而论,"违反司法主权原则"表面上似乎门槛很高,但遍寻国内成文法,并未有针对"司法主权原则"内涵的明确界定,现行法也未清晰设定"违背司法主权原则"的法律后果,遑论以此否定当事人的真实合意。[②] 通常而言,对纯粹国内纠纷的当事人而言,如其系出于双方真实意愿达成争议解决的协议,通常法院应尊重仲裁条款并就其进行解释,而不宜过限行使司法权否定当事人的合意,认定仲裁协议无效必须寻求法定依据。在

---

① 最高人民法院立案一庭、最高人民法院立案二庭编:《最高人民法院民事立案工作指导》(第28辑),人民法院出版社 2011 年版,第 94~98 页。

② 牟笛:《无涉外因素的争议能否在国外仲裁》,《商法》,2014 年第 3 期,第 10 页。

理解与适用《民事诉讼法》时，单纯的文义解释方法并不能当然得出其禁止非涉外纠纷提交境外仲裁的结论，因而该案裁判的关键实则在于究竟应奉行"法无授权即禁止"还是"法未禁止即可为"的解释方向？最高院搬出"违反司法主权原则"作为盾牌，但说理上却难以令人信服：如何认定"司法主权"只是一方面，允许当事人约定非涉外纠纷提交境外仲裁缘何违反"司法主权"才是认定仲裁协议效力的关键，因果关系的链条并不能凭空虚设。换言之，法律不经解释则无法适用，法院如果仅有立场而没有论证，往往才是最危险的司法状态。①

三、案例二：2012 年江苏航天万源风电设备制造有限公司与艾尔姆风能叶片制品（天津）有限公司申请确认仲裁协议效力纠纷案②

2005 年 12 月 23 日，江苏航天万源风电设备制造有限公司（以下简称"江苏公司"）与艾尔姆风能叶片制品（天津）有限公司（以下简称"天津公司"）所签订的《风力发电叶片贸易协议》（以下简称《贸易协议》）中约定了仲裁条款，该协议第 19.3 条约定："如首次提出善意协商请求后 30 天内未开始协商，争议事项可提交国际商会根据其仲裁规则仲裁。"纠纷发生后，对《贸易协议》中的仲裁条款效力问题，当事人发生争执，江苏公司于 2011 年向南通市中级人民法院申请确认仲裁协议无效，其理由称：根据《中华人民共和国合同法》（以下简称《合同法》）第一百二十八条③，只有涉外合同的当事人方可选择境外仲裁机构仲裁，而该案《贸易协议》的双方当事人、标的物制造、运输、销售、合同签订地与履行地均在国内，并非涉外合同，因而案件系争仲裁条款无效。天津公司抗辩称：该案中江苏公司为中外合资企业，天津公司为外商独资企业；《贸易协议》的附件 C 与附件 E 中分别约定了丹麦公司与西班牙公司的担保责任，保函载明适用丹麦法，且附件

---

① 梁慧星：《裁判的方法》，法律出版社 2013 年版，第 67 页。
② 万鄂湘：《涉外商事海事审判指导（第 25 辑）》，人民法院出版社 2013 年版，第 126 页。
③ 《合同法》第一百二十八条第二款规定："当事人不愿和解、调解或者和解、调解不成的，可以根据仲裁协议向仲裁机构申请仲裁。涉外合同的当事人可以根据仲裁协议向中国仲裁机构或者其他仲裁机构申请仲裁。当事人没有订立仲裁协议或者仲裁协议无效的，可以向人民法院起诉。"

D 约定了丹麦公司的保修责任，合同以美元作为结算货币，这些因素显示《贸易协议》为涉外合同，而涉外合同当事人选择境外仲裁机构并不违反禁止性法律规定，仲裁条款应为有效。

南通市中级人民法院将该案的审理归结于两项关键问题的认定，即该案合同是否具有涉外性、当事人约定境外仲裁的条款是否有效。首先，根据《最高人民法院关于贯彻执行〈中华人民共和国民法通则〉若干问题的意见（试行）》（以下简称《民通意见》）第一百七十八条①，该案合同法律关系无论主体、客体、法律事实均不具有涉外性，《贸易协议》附件所约定的外国人的担保与保修法律关系具有相对独立性，其并不能影响或改变合同本身的性质；其次，《合同法》第一百二十八条第二款仅规定涉外民商事案件的当事人可以约定提请外国仲裁机构仲裁，结合《江苏省高级人民法院关于审理民商事仲裁司法审查案件若干问题的意见》第十七条②，该案《贸易协议》中约定国际商会仲裁的条款无效。江苏省高院经审查，同意南通中院的意见，并层报最高人民法院请示。最高人民法院在〔2012〕民四他字第 2 号复函中，首先认定涉案《贸易协议》不属于涉外合同，其次重点强调"仲裁管辖权系法律授予的权力，而我国法律没有规定当事人可以将不具有涉外因素的争议交由境外仲裁机构或我国境外临时仲裁"，据此同意该案仲裁协议无效。

该案系我国法院首次明示否定无涉外因素的纠纷约定境外仲裁的仲裁条款效力，在裁判说理上相对比较清晰，尽管各级法院的裁判结论基本一致，但侧重点实则有微妙的不同。南通中院侧重对《合同法》第一百二十八条的反对解释，从涉外案件允许境外仲裁推断出非涉外案件不允许境外仲裁的结论；江苏高院则寻求了法律推理进一步明确化的大前提，即《民事诉讼法》第二百七十一条③的措辞；最高院在法条解释的基础上，阐明"仲裁管辖权系

---

① 《民通意见》第一百七十八条规定："凡民事关系的一方或者双方当事人是外国人、无国籍人、外国法人的；民事关系的标的物在外国领域内的；产生、变更或者消灭民事权利义务关系的法律事实发生在外国的，均为涉外民事关系。"

② 该意见第十七条规定："对没有涉外因素的民商事纠纷，当事人约定提请外国仲裁机构仲裁或者在外国进行仲裁的，仲裁协议无效。"

③ 《民事诉讼法》第二百七十一条规定："涉外经济贸易、运输和海事中发生的纠纷，当事人在合同中订有仲裁条款或者事后达成书面仲裁协议，提交中华人民共和国涉外仲裁机构或者其他仲裁机构仲裁的，当事人不得向人民法院起诉。"

法律授予的权力"，言外之意即法无明文规定即禁止、法未授权不可为，仲裁庭管辖权源于有效的仲裁协议①，而仲裁协议的有效性必须建构在法律所肯认的框架下由当事人的真实意愿所达成，这意味着当事人的意思自治不能突破法律的界限（如约定不可仲裁事项提交仲裁），而这一点实为对《合同法》第一百二十八条进行反对解释的合理性基础。

该案还触及国际私法的基本实务问题，即究竟如何认定民商事纠纷或民商事案件的"涉外性"问题，2013年《法律适用法司法解释》第一条与2015年《民事诉讼法司法解释》第五百二十二条分别对"涉外民事关系"与"涉外民事案件"的界定确立了基准。② 应当讲，现行规则对原有的涉外性认定标准进行了扩充与重构：除却原本的三要素标准，"可以认定为涉外民事案件的其他情形"兜底条款为法官提供了裁量的空间，使司法对涉外性的认定呈现更趋于灵活的趋向。但《法律适用法司法解释》与《民事诉讼法司法解释》的这种认定同样受到质疑，即现实中某些形式涉外而实质并不涉外的案件（例如"返程投资"现象）无法排除，某些实质涉外但形式并不涉外的案件（如外资企业间的交易）无法纳入，兜底式条款给予法官的裁量权没有清晰的边界限制且缺乏适用标准，适用时可能遭遇困境。③

四、案例三：2014年北京朝来新生体育休闲有限公司申请承认韩国仲裁裁决案

2007年7月20日，北京朝来新生体育休闲有限公司（以下简称"朝来新生公司"）与北京所望之信投资咨询有限公司（韩国人持有的外商独资企业，以下简称"所望之信公司"）签订的《合同书》中约定：发生纠纷时双方应先协商，协商不成则向大韩商事仲裁院提起仲裁。后双方因土地补偿款发生争议，所望之信公司于2012年向大韩商事仲裁院提起仲裁，大韩商事仲裁院

---

① Morris, The Conflict of Laws, Sixth Edition, London: Sweet&Maxwell Press, 2009, p.190.
② 《解释一》第一条规定："民事关系具有下列情形之一的，人民法院可以认定为涉外民事关系：……（五）可以认定为涉外民事关系的其他情形。"《民诉法司法解释》第五百二十二条规定："有下列情形之一，人民法院可以认定为涉外民事案件：……（五）可以认定为涉外民事案件的其他情形。"
③ 王小骄：《对涉外民事关系涉外性界定的再思考》，《新疆大学学报（哲学人文社会科学版）》，2014年第4期，第52页。

依据《合同书》载明的仲裁条款受理了案件并作出裁决。朝来新生公司向北京市第二中级人民法院申请承认该裁决,法院于 2014 年 1 月 20 日作出〔2013〕二中民特字第 10670 号裁定书,驳回朝来新生公司的承认申请。

法院在裁判理由中阐明:首先,该案仲裁裁决由大韩商事仲裁院作出,属于大韩民国仲裁裁决,而我国与该国均加入 1958 年《承认及执行外国仲裁裁决公约》(以下简称《纽约公约》),因而应重点考察涉案裁决是否存在《公约》第五条所规定的拒绝承认及执行的法定情形;其次,我国《民事诉讼法》与《仲裁法》仅允许涉外经贸、海事、运输纠纷约定境外仲裁,并未允许国内当事人将其不具有涉外因素的争议提请外国仲裁,该案合同当事人所望之信公司是韩国自然人控股在中国成立的外商独资企业,属于中国法人,且合同也并无其他涉外因素,因此合同并无涉外性,进一步讲,该案合同约定韩国仲裁的条款因不符合中国立法而无效;最后,法院依据《纽约公约》第五条第一款(甲)项、第五条第二款(乙)项判定不予承认该裁决,并驳回了当事人的申请。

该案因在社会公众中产生的影响力及案件法律适用的典型性,被编入《2014 年北京市高级人民法院公报》,并入选《中国仲裁》2014 年十大有影响力仲裁案例,一度受到国内外实务界的重点关注与讨论。总体来看,该案中我国法院明确无涉外因素纠纷提交外国仲裁时,该外国裁决将因仲裁协议的无效而被拒绝承认及执行。仅就裁判书的论证而言,有几点似乎有待澄清。

第一,法院裁判适用《纽约公约》固然不存在障碍,但就具体理由方面却没有足够充分的解释:裁判所援引的第五条第一款(甲)项是关于仲裁协议当事人无行为能力或仲裁协议无效,所援引的第五条第二款(乙)项是公共政策保留。[①] 对前者,法院阐明韩国仲裁中所适用的准据法为中国法,依中国法,《合同书》中的仲裁条款为无效条款,因而该案仲裁条款无效,但仲裁案件中主合同的准据法是否当然是仲裁协议的准据法?我国既有判例对此向来持审慎态度并倾向于认为二者的准据法应分别判断,如番禺珠江钢管有限

---

① 董萧:《中国最高法院进一步澄清涉外仲裁条款效力的判断标准》,《商法》,2015 年第 3 期,第 10 页。

公司与深圳泛邦国际货运代理公司仲裁协议效力案①，而该案裁定中却一笔带过，实在令人匪夷所思。而对于该案仲裁裁决如何违背第五条第二款（乙）项的公共政策，裁定书中竟未有论证，留给仲裁实务界讨论空间的同时似乎暗示公共政策作为"安全阀"条款的宽泛，而这究竟是司法的积极适用抑或仲裁的被动谦抑？殊难判断。

第二，该案触及的另一问题在于认定仲裁协议是否具有涉外性，是否当然适用仲裁裁决执行地（法院地）国家的法律？进一步追问，法院应当适用何国法律来认定仲裁协议是否具备涉外性？由于涉外仲裁协议的效力认定涉及国际私法中的法律选择问题，而各国立法不仅对仲裁协议有效要件的规定差异悬殊，对商事仲裁"国际性"的认定标准也宽严有别②，因此该问题的处理具备较强的实践意义。③ 与案例二发生在仲裁程序启动前的仲裁管辖权确定阶段不同的是，该案系在仲裁程序结束后的跨国承认阶段提出类似问题，这使得涉外性的判定问题复杂化。必须明确的是，在仲裁程序启动前，法院在受理仲裁协议效力认定案件时，通常须依据法院地法来认定案件是否具有涉外性；而在外国仲裁裁决承认阶段，显然外国裁决的涉外性与仲裁协议的涉外性并不当然等量齐观。以《纽约公约》为例，仲裁裁决是否属于外国裁决，主要采用"仲裁地标准"并辅之以"非内国标准"；而仲裁协议是否具有涉外性，《纽约公约》并无具体规定，除了通常的法律关系三要素标准，是否仍有更为灵活的判断因素须依成员国国内法规定；对仲裁协议的法律适用，《纽约公约》明确应遵循当事人选择的法律，当事人没有选择时则适用裁决作出地的法律。据此，该案直接适用我国法律来认定仲裁协议的效力，受到部分学者的指摘。④ 另外，即便适用我国法律来认定仲裁协议的效力，该案发生

---

① 宋连斌：《涉外仲裁协议效力认定的裁判方法》，《政治与法律》，2010年第11期，第2页。
② 艾伦·雷德芬等：《国际商事仲裁法律与实践》，林一飞、宋连斌译，北京大学出版社2005年版，第15页。
③ 值得思考的是，仲裁协议准据法的适用范围是否包括对仲裁协议涉外性的认定，即在逻辑上应先确定具有涉外性再依冲突法指引确定准据法，抑或先确定仲裁协议的准据法再适用准据法所属国的法律体系判断涉外性的有无？这种思考容易导向逻辑悖论。为简明扼要论证，笔者依循国际私法的一般原理，即仅有涉外仲裁协议方有可能适用外国法，而涉外性的有无应按照我国《法律适用法》第八条，即依据法院地法进行定性。
④ 李鹏：《试论无涉外因素争议的外国仲裁裁决》，《行政与法》，2013年第10期，第121页。

时,《解释一》已生效,但裁定书中显然并未考虑到其中对"涉外民事关系"认定的兜底性条款,换言之"可以认定为涉外民事关系的其他情形"被架空了。

五、对涉及外商投资企业商事纠纷解决的思考

以上案例中可以看出,我国法院对待无涉外因素纠纷提交境外仲裁的仲裁条款效力显然持否定态度,这为国内企业今后从事商事实践提供了清晰的指导意义:考虑到内地尚不承认临时仲裁,中国主体间签订的非涉外合同,要么约定境内的仲裁机构通过仲裁方式解决其商事争议,要么通过传统的诉讼方法或替代性纠纷解决机制(ADR)来作为救济渠道,而约定境外仲裁机构或境外临时仲裁的条款则会被认定无效。但从外国仲裁裁决承认与执行的角度讲,朝来新生与所望之信之间的纠纷产生了另一个疑问:即当此类仲裁条款缔结后,双方并未在仲裁前对仲裁条款效力发生争议,一致履行仲裁条款的约定前往境外仲裁,而仲裁庭基于国际普遍认可的"管辖权/管辖权原则",若对仲裁协议作出了正面积极的效力判断并进而行使了仲裁管辖权,经审理后作出的仲裁裁决,其在多大程度上能实现商事仲裁高效解决纠纷的功能?一味以此类仲裁条款无效而拒绝承认及执行,是否符合商事环境下的经济理性,不得而知。另外,这些案件中所涉及的约定境外仲裁有违"公共政策""司法主权"而无效,也有实践限度问题:如之前所论证,这类概念相对抽象,公共政策被区分为"国际公共政策"与"国内公共政策","国际公共政策"又一度被区分为"东道国观念下的"国际公共政策与"国家共同体观念下的"国际公共政策,其内涵与外延都需要在个案裁判中进行廓清,司法适用中亦须秉持谨慎立场,这一点不容忽视。[1]

通过观察以上代表性案例,不难发现其在交易主体上有某种微妙的共性,即虽均为国内当事人之间的无涉外因素争议,但多涉及外商投资类的企业(包括中外合资经营企业、中外合作经营企业、外商独资经营企业相互之间及其与内资企业之间)的合同。这类拥有外资背景的企业往往在决策上及交易规划、商事争议解决中拥有一定的企业话语权,但 2014 年《中华人民共和国

---

[1] 菲利普·福盖德,伊曼纽尔·盖拉德,贝托尔德·戈德曼:《国际商事仲裁(影印版)》,中信出版社 2004 年版,第 9 页。

公司法》第一百九十一条规定:"本法所称外国公司是指依照外国法律在中国境外设立的公司",据此在我国成立的外商投资企业属于中国法人,此类交易主体在法律上不具有涉外因素,但在资本来源上却具有涉外因素。出于各种因素考量,此类主体不愿选定国内的仲裁机构而青睐境外仲裁机构,但在其所订立的无涉外因素纠纷约定境外仲裁的仲裁条款效力认定上,是否与两个纯内资企业间的该类条款等量齐观?有待分析。但这一共性至少表露出现代商事环境中的当事人对国际化、非内国化、中立化的争议解决方式的期待,同时有必要对我国过去以"法律关系三要件说"来认定"涉外性"的实践进行适当的反思与重构。值得注意的是,近期我国法院的司法实践对于本问题的反面,即外国当事人约定境外仲裁机构在中国内地仲裁的仲裁条款效力,法院给出了开放、包容的回应:2013年最高人民法院在《关于申请人安徽省龙利得包装印刷有限公司与被申请人BP Agnati S.R.L.申请确认仲裁协议效力案的复函》(〔2013〕民四他字第13号)中,认可选择国际商会仲裁院仲裁、仲裁地为上海的仲裁协议有效。① 从长远来看,内地对境外仲裁机构开放仲裁服务市场不仅存在可能性,也有一定的必要性,但先决条件是构建良性的法治环境。2015年7月最高人民法院发布《关于人民法院为"一带一路"建设提供司法服务和保障的若干意见》,其中第八条明确规定:"依法加强涉沿线国家当事人的仲裁裁决司法审查工作,促进国际商事海事仲裁在'一带一路'建设中发挥重要作用",在时代背景的推力下,对商事仲裁协议效力认定案件的有序运作应当持积极的期待。

第三节 对仲裁机构和仲裁程序现代化的调适

一、国际商事仲裁中的程序管理

仲裁机构本身并不具有审理案件的职责,其主要职能在于对提交仲裁的

---

① 《最高人民法院关于申请人安徽省龙利得包装印刷有限公司与被申请人BP Agnati S.R.L.申请确认仲裁协议效力案的复函》(2013年3月25日〔2013〕民四他字第13号),载江必新主编:《涉外商事海事审判指导》(第26辑),人民法院出版社2013年版,第125~129页。

第五章 境外仲裁机构准入下我国《仲裁法》的立法完善

案件进行日常的行政管理，目的在于协助仲裁庭更加高效、合规地组织仲裁程序，同时协助当事人及其代理人更加有效地利用仲裁机制，保障仲裁程序的顺利进行，进而使国际商事争议得到及时、妥善和彻底地解决。[1]究其本质，仲裁机构对仲裁程序的管理是一种对当事人提供的争议解决服务。[2]至于仲裁机构在多大程度上、多大范围内参与仲裁程序的管理，与仲裁机构本身的定位密切相关。有学者以仲裁机构在仲裁程序中可能起到的实际作用为标准，将仲裁机构划分为全面管理型与程序促进型两类。前者以 ICC 和 CIETAC 为代表，后者则以 HKIAC、SIAC 为代表。该分类对于准确认识仲裁机构在程序管理方面的角色和职能具有一定的帮助，但是其划分并不绝对。[3]

通过对比来看，国内法院对诉讼案件的程序管理与国际商事仲裁中的程序管理都可以通过整理和决定争点、引导当事人积极参与程序、培养当事人之间的协调关系、减少当事人之间的对抗气氛等，促使其在程序的早期阶段达成和解或为此后的开庭奠定基础。相比于诉讼，国际商事仲裁中的程序问题通常没有严格的拘束，而是取决于仲裁机构与仲裁庭的裁量和把控。具体来看，在临时仲裁当中，仲裁庭是唯一的程序管理者，而在机构仲裁当中，仲裁庭与仲裁机构都享有一定的程序管理权，至于二者如何分配权力，则因机构而异。譬如，ICC 对仲裁程序的介入程度堪称与仲裁庭"平分秋色"，仲裁机构对案件的管理体现在多个方面：第一，除了仲裁规则明文允许当事人自由约定的事项，其他具体事宜多由仲裁机构决断，且仲裁机构对仲裁规则的适用与解释拥有决定权；第二，在立案与受理阶段，仲裁机构有权力审核申请人提交的申请书是否合乎要求，以及当事人是否按照规定预缴了相应的仲裁费用；第三，仲裁员的指定需要得到 ICC 仲裁院秘书长的确认；第四，当事人和仲裁庭发出的任何书面通信及附件材料都须向 ICC 秘书处提供；第五，在具体的个案中，审理范围书（terms of reference）必须得到当事人与仲裁庭的共同签署，并需 ICC 仲裁院批准；第六，仲裁庭的裁决书草案需要提交 ICC 仲裁院进行核阅，在裁决书的形式经过仲裁院批准之前，仲裁庭不得

---

[1] 杨玲：《国际商事仲裁程序研究》，法律出版社 2011 年版，第 215 页。
[2] 康明：《商事仲裁服务研究》，法律出版社 2005 年版，第 65 页。
[3] 李剑强：《香港仲裁机构的临时仲裁及其启示》，《北京仲裁》，2006 年第 3 期，第 82 页。

径行作出案件裁决。与此相似，我国内地的多数仲裁机构都采取的是全面管理模式，其对于国际商事仲裁程序的监督与管理是全方位的，贯穿于立案、组庭、开庭、证据调查、合议、裁决等各个环节。对于境外仲裁机构而言，其在我国内地设立机构或受理仲裁案件，需要了解中外仲裁机构在治理结构和程序管理方面的差异并因地制宜地进行调试，从而适应我国内地的现代化仲裁模式。

相比之下，HKIAC、SIAC等境外仲裁机构对于国际商事仲裁的介入相对较少。譬如，在仲裁案件管理过程中，HKIAC并不直接向当事人收取费用，也不向仲裁员收取费用，其作为案件管理者，职责主要在于委任仲裁员、提供仲裁员名册供当事人选用。根据香港特别行政区《仲裁条例》第12条的规定，HKIAC在当事人未能就仲裁员的选任达成一致时，有权代为委任仲裁员或公断人。在委任仲裁员后，仲裁员的收费及案件后续程序的具体推进则由仲裁庭与当事人共同商定。实际的仲裁费用由当事人和仲裁员私下议定，与HKIAC无关。HKIAC只为仲裁员、当事人提供各种行政协助和后勤服务，包括但不限于提供开庭场所、指定仲裁秘书、安排翻译人员、提供视频会议服务、存放与保管案件资料等，这些服务需要另外收取相应的费用，有别于向仲裁员支付的报酬。HKIAC甚至不为国际商事仲裁程序提供专门的仲裁规则，一般适用《UNCITRAL仲裁规则》进行仲裁程序。

二、《仲裁法》修订内容对仲裁程序的完善

《仲裁法（修订）（征求意见稿）》对仲裁程序规范的完善重点体现在以下五个方面：一是新增"正当程序"、"程序自主"、"仲裁与调解相结合"、"放弃异议权"和"送达"五条一般规定，同时将现行法中的仲裁保密性原则提升为仲裁程序一般规定。(《仲裁法（修订）（征求意见稿）》第二十九条至第三十四条）二是增加"临时措施"一节。为快速推进仲裁程序，提高纠纷解决效率，体现司法对仲裁的支持态度，增强我国作为仲裁地的竞争力，将原有的仲裁保全内容与其他临时措施集中整合，增加行为保全和紧急仲裁员制度，明确仲裁庭有权决定临时措施，并统一规范临时措施的行使（《仲裁法（修订）（征求意见稿）》第四十三条至第四十九条）。三是增加仲裁可以通过网络方式进行，可以进行书面审理、灵活决定质证方式，增加关于网络

信息手段送达的规定,为互联网仲裁提供法律依据,支持、规范互联网仲裁发展(《仲裁法(修订)(征求意见稿)》第三十条、第五十八条、第六十三条)。四是创新发展仲裁与调解相结合的中国特色制度,增加"仲裁确认"条款,允许当事人选择仲裁庭之外的调解员进行单独调解,并规定了与原有仲裁程序的衔接(《仲裁法(修订)(征求意见稿)》第六十九、第七十条)。五是增加了中间裁决的规定,并与部分裁决相结合,以利于发挥仲裁特色,促进纠纷快速解决(《仲裁法(修订)(征求意见稿)》第七十四条)。

2020年以来,由于新冠肺炎疫情的影响,全世界范围内仲裁网络听证会激增,这引发了关于仲裁中是否存在实地听证权的问题。例如,当事人要求实地听证但仲裁庭决定网络听证,是否违反仲裁程序?仲裁裁决是否会因此被撤销或不予执行?各国立场如何?以罗马第三大学大学法学院贾科莫·罗贾斯·埃尔格塔(Giacomo Rojas Elgueta)教授为首的课题组与国际商事仲裁理事会(ICCA)联合开展了该主题的研究项目。

从中国的情况来看,2020年初开始,各机构纷纷出台疫情期间推进网络开庭的指引。譬如,最高人民法院于2020年2月发布了《关于新冠肺炎疫情防控期间加强和规范在线诉讼工作的通知》,作为对在线庭审提供进一步支持的法律依据。2020年3月,司法部发布《疫情防控和企业复工复产公共法律服务工作指引》,其中重点提出要加强仲裁信息化和仲裁调解工作力度,加快推进互联网仲裁的系统建设,协调区域内仲裁机构间互联网仲裁系统技术的对口支援。2020年4月,中国国际经济贸易仲裁委员会发布《关于新冠肺炎疫情期间积极稳妥推进仲裁程序指引(试行)》,该指引自2020年5月施行,疫情结束后废止。2020年5月9日,中国海事仲裁委员会发布《中国海事仲裁委员会网上视频庭审规范(试行)》,以规范视频庭审程序,维护庭审秩序,该规范自发布之日起施行。北京仲裁委员会根据《北京仲裁委员会仲裁规则》第二条第三款、第四款制定了《北京仲裁委员会关于网上开庭的工作指引(试行)》,作为个案实践的参考。该指引不构成仲裁规则的组成部分,试用期间为整个疫情防控期间。成都仲裁委员会充分运用科技手段,搭建网上庭审平台,于2020年6月对案件开展在线开庭。2020年5月14日,香港国际仲裁中心发布《香港国际仲裁中心在线庭审指南》。据统计数据显示,新冠肺炎疫情下,当事人在约定该中心仲裁的同时,对在线庭审服务的需求明显增加。2020年4月与5月，该中心约有85%的庭审部分或全部采用在线庭审。在2021年2月至9月期间，该中心收到与庭审有关的询问中有65%涉及在线庭审服务，多数当事人选择继续推进庭审而非延期，并适当采用在线庭审。

据此，《仲裁法（修订）（征求意见稿）》第三十条第三款中明确了仲裁程序可以通过网络方式进行。同时，并未明确规定当事人有实地庭审的权利。如果当事人之间明确约定必须实地庭审，原则是仲裁庭不得违背当事人的约定而采取网络开庭，否则可能会被认定为程序违法，乃至构成撤销仲裁裁决的事由。但如当事人没有这一明确约定，仲裁庭则可依照仲裁法上述规定或仲裁规则的授权，采取其认为适当的开庭方式，包括网络开庭。仅是采取网络开庭本身并不构成对当事人权利的侵犯。

除了网络仲裁以外，关于临时措施的规定也是本次修订仲裁法的重要亮点和创新之处。2012年《民事诉讼法》修订后，新增了行为保全的规定。但《仲裁法》经2017年修订，仍未纳入行为保全的规定。因此，仲裁过程中是否可以请求行为保全，就成为仲裁实践和司法实践中一个含糊不清的突出问题。海南省第一中级人民法院（2019）琼96财保13号、（2019）琼96财保13号之一、（2019）琼96证保1号、（2019）琼96行保1号、（2019）琼96行保1号之一民事裁定书就申请人海南亨廷顿医院管理咨询有限公司与被申请人慈铭博鳌国际医院有限公司一案，首次对中国国际经济贸易仲裁委员会进行的仲裁案中采取行为保全，对这一问题给出了肯定回答，以司法实践填补了立法和司法解释中的空白。

《仲裁法（修订）（征求意见稿）》第四十三条规定："当事人在仲裁程序进行前或者进行期间，可以请求人民法院或者仲裁庭采取与争议标的相关的临时性、紧急性措施。依照规定，临时措施包括财产保全、证据保全、行为保全和仲裁庭认为有必要的其他短期措施。"这一规定从立法上明确包括了行为保全以及其他短期措施，不仅扫除了行为保全问题上的法律障碍，也预留了其他措施的制度空间，其中也包括了禁诉令或禁止仲裁令的作出。

事实上，我国法院在实践中已尝试以行为保全方式作出过禁诉令。特别是2020年，最高院知识产权法庭就华为技术有限公司、华为终端有限公司、华为软件技术有限公司与康文森无线许可有限公司确认不侵害专利权及标准必要专利许可纠纷三案分别作出2019最高法知民终732、733、734号之一民事裁定，上述裁定是首个最高院层面的禁诉令。其审查标准如下："被申请人申请执行域外法院判决对中国诉讼的审理和执行是否会产生实质影响；采取行为保全措施是否确属必要；不采取行为保全措施对申请人造成的损害是否超过采取行为保全措施对被申请人造成的损害；采取行为保全措施是否损害公共利益；采取行为保全措施是否符合国际礼让原则；其他应予考虑的因素。关于被申请人申请执行域外法院判决对中国诉讼的审理和执行是否会产生实质影响，可以考虑中外诉讼的当事人是否基本相同、审理对象是否存在重叠、被申请人的域外诉讼行为效果是否对中国诉讼造成干扰等。关于采取行为保全措施是否确属必要，应着重审查不采取行为保全措施是否会使申请人的合法权益受到难以弥补的损害或者造成案件裁决难以执行等损害；该损害既包括有形的物质损害，也包括商业机会、市场利益等无形损害；既包括经济利益损害，也包括诉讼利益损害；既包括在华利益损害，也包括域外利益损害。关于国际礼让原则，可以考虑案件受理时间先后、案件管辖适当与否、对域外法院审理和裁判的影响适度与否等。"上述案例及审查标准对下级法院的未来审判无疑将产生指导作用。

紧急仲裁员程序下，当事人在仲裁庭组成前即可申请紧急临时措施，紧急仲裁员被任命后，将在仲裁规则规定的较短期限内作出裁令，以决定是否采取紧急措施。2017 年底北京仲裁委员会受理了中国内地首例适用紧急仲裁员程序的案件（GKML 案），通过紧急仲裁员决定的临时措施，申请人在域外顺利获得了相关法院的执行命令。2019 年 8 月 20 日，中国国际经济贸易仲裁委员会紧急仲裁员戴雯也作出了首个紧急仲裁员决定。在国际层面，《ICC 报告概览：紧急仲裁员程序七年来的成绩与问题》系统介绍了 2019 年 4 月 1 日，国际商会工作小组发布关于紧急仲裁员程序的最终报告，报告分析了 2012 年推出的紧急仲裁员程序的使用情况，以及取得的成绩和存在的问题。

《仲裁法（修订）（征求意见稿）》第四十九条第二款规定："仲裁庭组成前，当事人需要指定紧急仲裁员采取临时措施的，可以依照仲裁规则向仲裁机构申请指定紧急仲裁员。紧急仲裁员的权力保留至仲裁庭组成为止。"上述规定从立法上明确了紧急仲裁员制度合法性。但紧急仲裁员裁决如需要在与外执行，仍取决于执行地法院的司法立场。例如，2021 年 8 月 6 日，印度最高院在 Amazon v. Future Retail, Judgment of the Supreme Court of India 案中首次明确了外国紧急仲裁员裁决（该案中为 SIAC 紧急仲裁员裁决）也可以在印度境内获得承认与执行。

《仲裁法（修订）（征求意见稿）》第五十一条规定了仲裁庭的组成方式，"三人仲裁庭由各自选定一名仲裁员，未能选定的由仲裁机构指定；第三名仲裁员由当事人共同选定；当事人未能共同选定的，由已选定或者指定的两名仲裁员共同选定；两名仲裁员未能共同选定的，由仲裁机构指定。第三名仲裁员是首席仲裁员。一人仲裁庭由当事人共同选定；当事人未能共同选定的，由仲裁机构指定。"这一规定吸收了联合国示范法的修订，相比之前规定实践性有明显提升。

实践中，更复杂的是多人仲裁庭的组成。例如，2020 年 12 月底，最高院国际商事法庭就张兰、盛兰控股集团（BVI）有限公司、俏江南发展有限公司与甜蜜生活美食有限公司申请撤销仲裁裁决案，张兰、盛兰控股集团（BVI）有限公司与甜蜜生活美食集团控股有限公司申请撤销仲裁裁决案分别作出民事裁定，驳回申请人撤销贸仲委裁决申请。两案裁定是最高院国际商事法庭首次就多方当事人仲裁庭组成问题作出裁定，且同样涉及中当事人约定与仲裁机构的管理权力这一关系问题，意义深远。2021 年 1 月 26 日，巴黎上诉法院就 Vidatel 案作出裁定，驳回 Vidatel 公司撤销国际商会仲裁院五人仲裁庭裁决的申请。[①] 该案中 Vidatel 公司以仲裁员指定违反了案涉股东协议中的仲裁协议以及以仲裁庭主席和其中一名共同仲裁员缺乏独立性为由提出撤销仲裁裁决申请，上述理由均被法院驳回。该案国际商会仲裁裁决由五名仲裁员作出，这五名仲裁员均为国际商会仲裁院指定。

第四节　对仲裁裁决司法审查机制的完善建议

一、仲裁司法审查的理论逻辑与正当性基础

商事仲裁与法院诉讼是解决商事争议的两大基本途径，二者的关系是理

[①] Vidatel Ltd c/ PT Ventures SGPS SA, Mercury Servicios de Telecomunicacoes SA et Geni SA, Cour d'appel de Paris, No. 19/10666.

论界与实务界常谈常新的话题。为了明确诉讼与仲裁的关系，确保仲裁以中立、高效、公平的方式发挥解决纠纷的作用，各国都宽严不同地确立了法院对仲裁予以支持和监督的法律制度。法院对仲裁实施司法审查，是仲裁司法监督的一项重要环节，特指一国的司法机关依照法律赋予的监督权，对商事仲裁不同阶段的诸多事项所给予的支持、审查、控制和干预。法院如何平衡仲裁的监督与支持，主要涉及对司法审查范围的划定。从最宽泛的意义分析，法院对仲裁的司法审查包括对仲裁员资质、中立性及公正性的审查，对仲裁管辖权是否成立及范围宽窄的审查，对仲裁程序是否公正合法的审查（含送达、证据、临时措施等方面），对裁决合法性及其可执行性的审查等。由于商业环境、文化及历史背景、法律制度与传统等方面的差异，各国对审查"适度"、审查范围、审查程度、审查后果的理解不尽相同，但也存在一定的趋同化倾向：限制法院的过度干预，维持仲裁的独立性与自治性是总体趋势，多数国家将法院实施仲裁司法审查的范围限定为严重违法的程序事项，只有少数国家允许法院对仲裁实体事项（含事实认定、法律适用、证据可采性等）予以全面地重新审查。从确保裁决终局性、提升仲裁效率的目的考虑，法院既审查实体又审查程序，与商事仲裁自治的理念不符，且有浪费司法与仲裁资源之嫌。基于此，多数国家未授权法院对仲裁庭已裁决的证据认定、法律适用等实体问题再展开二次审查，而是要求法院尽可能克制司法审查权的行使。

在我国现行立法中，关于仲裁司法审查的规定不仅包括在《民事诉讼法》《仲裁法》中，而且频繁出现在最高人民法院颁布的一系列司法解释、批复、复函中。例如，2006年《仲裁法解释》具体明确了《仲裁法》实施中出现的仲裁协议效力认定、申请撤销仲裁裁决、请求不予执行裁决的细节内容。再如，《最高人民法院关于正确审理仲裁司法审查案件有关问题的通知》（法〔2013〕194号）对中国国际经济贸易仲裁委员会华南分会、上海分会独立所引发的仲裁管辖权争议做了明确界定；《最高人民法院关于仲裁司法审查案件归口办理有关问题的通知》（法〔2017〕152号）为仲裁司法审查案件的归口集中管辖提供了法律依据。此外，各地的高级人民法院、中级人民法院也对仲裁司法审查案件的规范化审理制定了相应的规则，例如广东省高级人民法院、江苏省高级人民法院、河南省高级人民法院、深圳市中级人民法院、上海市二中院等。

以上法律规范的相继出台，足可见仲裁司法审查工作在我国受到了高度重视，但同时也反映出仲裁司法审查案件多头审理、裁判尺度不尽一致的情况。由于仲裁司法审查案件实行一审终审，不允许当事人申请再审和检察机关提起抗诉，一旦错误，难以救济。因此，对于此类案件进行归口管理、统一裁判标准实有必要。自2016年以来，我国最高人民法院即组织司法与仲裁实务界展开了统一司法解释的起草工作。2017年，经过反复研讨、深入论证，最高人民法院发布了《仲裁司法审查规定》。本研究以该规定为依据，紧密围绕着北京"两区"建设中境外仲裁机构准入后对仲裁司法审查制度的法治需求，探讨我国商事仲裁司法审查工作中的若干具体问题。

二、仲裁司法审查案件的范围与诉讼管辖权

（一）仲裁司法审查案件的范围

根据《仲裁司法审查规定》，仲裁司法审查案件主要包括以下案件类型：①申请确认仲裁协议效力案件（实践中常称为"确仲案件"）；②申请执行我国内地仲裁机构的仲裁裁决案件（实践中常称为"内地仲裁执行案件"）；③申请撤销我国内地仲裁机构的仲裁裁决案件（实践中常称为"撤裁案件"）；④申请认可和执行香港特别行政区、澳门特别行政区、台湾地区仲裁裁决案件（实践中常称为"区际仲裁执行案件"）；⑤申请承认和执行外国仲裁裁决案件（实践中常称为"外国裁决承认与执行案件"）；⑥其他仲裁司法审查案件。值得注意的是，《仲裁司法审查规定》所适用的仲裁司法审查案件特指狭义的商事仲裁的司法审查，不涵盖投资者与国家间根据投资条约提起的国际投资仲裁案件的司法审查，亦不包括劳动仲裁、人事争议行政仲裁、农村集体经济组织内部的土地仲裁等非商事仲裁的司法审查。但在商事仲裁内部，本规定既适用于国内仲裁，亦适用于涉外仲裁、涉港澳台区际仲裁、外国仲裁。此外，最高人民法院于2016年12月发布了《关于为自由贸易试验区建设提供司法保障的意见》，其中第九条为在自贸试验区内部进行注册的企业采用临时仲裁的方式解决商事纠纷提供了法律依据，但并未明确自贸试验区司法机关进行仲裁司法审查的条件、程序、方式等细节。《仲裁司法审查规定》对案件适用范围采取兜底条款的方式赋予法官亦自由裁量权，允许援用本规定裁判其他的仲裁司法审查案件，自然也涵盖了对自贸试验区纠

纷的临时仲裁司法审查。

(二) 审理仲裁司法审查案件的诉讼管辖权

从仲裁司法审查的受案范围可以概括出,法院对仲裁的审查可根据程序所处的不同阶段区分为事前、事中、事后,但受案范围不包括事中审查。其中,事前审查特指当仲裁管辖权存在争议时,当事人向法院申请确认仲裁协议的效力;事中审查主要是法院协助组建仲裁庭,决定和执行财产保全、行为保全等临时措施,协助仲裁庭获取证据;事后审查是指当仲裁裁决作出且生效后,当事人向法院申请撤销裁决,请求不予执行仲裁裁决,法院通知仲裁委员会重新仲裁等。相比之下,《仲裁司法审查规定》在制定时有意排除了事中审查问题,主要是考虑到临时措施及证据问题具有一定的特殊性,各方难以达成共识,为了尽可能促成条文的顺利通过,制定者拟对其进行另行规定,并未在本法中做出专门规定。

考虑到不同案件类型各具特性,为了与现行《民事诉讼法》《仲裁法》及司法实践相衔接,《仲裁司法审查规定》对各类仲裁司法审查案件分别规定了其地域管辖与级别管辖,概述如下:

第一,申请确认仲裁协议效力的案件,由仲裁协议约定的仲裁机构所在地(无论是否已经向该机构提出立案申请)、仲裁协议签订地、申请人或者被申请人住所地(不含经常居所地)的中级人民法院或者专门人民法院管辖,相比于现行法,该解释明确增加了申请人自身的住所地可予管辖,主要是出于民事诉讼的"两便原则"。

第二,申请撤销仲裁裁决的案件,由仲裁机构所在地的中级人民法院管辖,足可见"仲裁机构所在地"标准仍然是我国立法者固守的审查依据,国际仲裁中已经根深蒂固的"仲裁地"概念并未撼动我国惯有的司法审查实践。

第三,申请执行我国内地仲裁机构的仲裁裁决案件,由被申请人住所地或财产所在地的中级人民法院或者专门人民法院管辖。这实际上与我国现行法保持了高度一致,仅有的变通是在专门法院的问题上,由于利益涉及不同类型的专门法院,参与司法解释起草的专家对是否纳入后半句曾产生过激烈论辩,最终予以纳入,实际上也是妥协的产物。

第四,申请承认和执行外国仲裁裁决的案件,由申请人或被申请人住所地、被申请人财产所在地的中级人民法院或者专门人民法院管辖,与撤裁案件相似，本项也增加了申请人住所地法院的管辖权，这有利于确保我国法院行使对外国裁决予以承认及执行的管辖权。

第五，就关联案件行使管辖权的地域与级别要求。如外国裁决与中国法院或中国仲裁机构正在审理的诉讼案件或仲裁案件存在关联，且申请人及被申请人住所地、被申请人财产所在地均不在我国内地，申请人申请承认外国仲裁裁决的，由受理关联案件的法院或机构所在地中级人民法院管辖。在级别管辖的问题上：受理关联案件的法院如果恰好是中级人民法院，则不存在障碍；如果是基层法院，则由该院的上一级中院管辖；如果是高级法院或者最高院管辖关联案件，则应由该法院决定是否自行审查抑或指定某中院审查。值得一提的是，通过关联案件来确定承认与执行外国裁决案件的牵连管辖，是现行《民事诉讼法》未曾规定的，但在最高院此次起草涉及仲裁的《仲裁司法审查规定》及《最高人民法院关于承认和执行外国法院民商事判决若干问题的规定》中均专门予以规定，其在实践中如何发挥作用还有待观察，但这的确为破解"诉讼无门"的问题提供了一种颇为可行的具体方案。

此外，考虑到实践中存在较多的仲裁协议效力延伸的案件，尽管当事人对仲裁协议的有效性不存在异议，但对于仲裁协议的范围、仲裁协议的解释、某当事人之间涉及的具体纠纷是否受仲裁协议约束却可能存在异议，并向法院主张确认。对这类案件，《仲裁司法审查规定》明确规定法院应当作为确认仲裁协议效力案件予以受理，并对仲裁协议是否约束申请人和被申请人之间的纠纷作出裁定。

最后，考虑到对于每类仲裁司法审查案件都存在多重的管辖权根据，现实中很可能出现多地法院均有权管辖的情况。为了避免管辖权冲突，并保障司法裁判的稳定性和可预见性，《仲裁司法审查规定》作出了明确规范：当申请人先后向两个或多个均有法定管辖权的法院申请司法审查的，应当由最先立案的法院实际行使管辖权，其他法院应中止审理。这一规定与2015年涉台仲裁新规定及内地民事诉讼的通行实践都是相吻合的。

三、仲裁司法审查案件的申请与受理

（一）当事人提出仲裁司法审查申请时应提交的文件

《仲裁司法审查规定》要求，申请人向法院申请确认仲裁协议的同时，应予提交的文件主要包括：①确认效力申请书；②仲裁协议正本或者证明无误的副本；③其他材料。其中，申请书当中一般应载明下列必备事项：①无论双方当事人是自然人还是法人，都需明确披露其个人信息，包括名称、住所等资料，以便验证身份的真实性；②仲裁协议的内容；③具体的请求和理由；④其他需要说明的情况。上诉材料或文件如果是外文的，则应当按要求附具中文正式译本。如当事人所提交的仲裁协议、证据或其他材料系在中国领域外形成，则适用民事诉讼证据的证明要求，应当及时、依法办理公证认证手续，以确保其可信度及可靠性。

申请人向法院申请执行或者撤销我国内地机构所作裁决、申请执行外国裁决时，亦应当按时提交相应的申请材料。其中，申请书应当载明的具体事项与申请确仲案件基本一致，此处不再赘述。类似的外文文件及证据需经过法定的公证、认证、翻译等必要步骤。

如前所述，仲裁司法审查的主要对象是仲裁过程中出现的各类程序性瑕疵，在对仲裁协议或对仲裁裁决提出异议时，如果确实存在程序上的瑕疵，往往会导致法院认定仲裁协议无效、对仲裁裁决予以撤销或不予执行。不过，基于司法对仲裁的支持力度不同，如果程序方面的微小瑕疵不足以导致裁决结果有失公正，则应当允许法院予以宽容对待。这种自由裁量权的存在，不仅可以避免对社会资源和司法资源的浪费，而且可以使当事人的权益处于相对稳定的状态。在这种理念的引导下，如果当事人申请司法审查时提交的材料不符合案件受理的规定，法院应当给予一定的释明。《仲裁司法审查规定》恰恰体现了这一点，其中指出申请人提交的文件如不合规定，经法院释明后仍然不符合文件要求则裁定不予受理。申请人向无管辖权的法院提申请时，法院应当告知其向有管辖权的法院提出，申请人仍不变更申请的，应裁定不予受理。通常认为，不予受理的法院裁定同判决、决定、其他裁定共属一类，是司法活动行使的具体方式，因而具有公权属性，须严格基于法律的事先规定，不能由法院依裁量权滥用。同时，不予受理构成了对当事人起诉权的否定，因而影响到了私人当事方的私权救济。由于材料方面的瑕疵导致当事人的司法审查请求不予受理，并没有产生当事人诉权被消耗的后果，也不受"一事不再理"或"既判力原则"的束缚，因此待材料补充齐备后，应允许当事人再次提出审查申请。同时，对不予受理的裁定本身，申请人亦有权上诉。

（二）法院立案后的处理方式及当事人的救济途径

《仲裁司法审查规定》明确，如果法院在立案后才发现仲裁不符合受理要件，应裁定驳回相应的审查请求；对因材料问题导致申请被驳回的案件，申请人补齐相应的形式要件后，再次提申请且能够符合受案条件，法院应予受理。若对法院驳回申请的裁定不服，当事人拥有上诉权。为保障平等的程序权利，对此类申请法院应在7日内向申请人和被申请人双方均发出通知书，无所偏袒地告知其受理情况及相应的权利义务。法院受理仲裁司法审查案件后，被申请人如对管辖权有异议的，应自收到通知之日起15日内提出。法院对被申请人提出的异议，应当审查并做出裁定，若对裁定不服，当事人有权上诉。考虑到外籍当事人在接受诉讼通知方面耗时较长，为保障其权益《仲裁司法审查规定》做了变通，在中国境内无住所的被申请人如欲对法院提出管辖权异议，不应迟于收到通知之日起30天。

就案件归类而言，仲裁司法审查案件除了涉及仲裁与司法的关系外，在具体的审理程序方面，与普通的民商事纠纷并无本质不同。依照《仲裁司法审查规定》，人民法院对仲裁司法审查案件应当组成合议庭，并可参照适用《民事诉讼法》第一审普通程序的相关规定进行审查。仲裁司法审查案件的当事人申请不公开审理的，法院应当按照有关规定决定是否准许。

根据《仲裁司法审查规定》法院在仲裁司法审查案件中作出的裁定，除不予受理、驳回管辖权异议、驳回申请的裁定外，一经送达即发生法律效力。当事人提出上诉、申请复议或再审的，法院都不得受理。检察机关对法院在仲裁司法审查案件中作出的裁定提起抗诉的，法院亦不应予以受理。可见，只有不予受理、驳回管辖权异议、驳回司法审查申请这三类裁定可以寻求向法院地的上一级法院提出上诉；其他的裁定不存在进行复议、上诉或再审的可能，而是贯彻一裁终局、一审终审的基本原则。

四、司法审查中涉外仲裁协议的法律适用

仲裁协议成立且有效，是当事人将纠纷提交仲裁解决的前提，对于特定的商事争议，如果属于当事人约定的仲裁范围内，则具有妨诉抗辩的功能，即原则上可排除法院行使司法管辖权，除非法院认定仲裁协议未成立、无效、

失效。正如其他涉外民商事纠纷的法律适用，我国法院在认定涉外仲裁协议的效力时，并不当然适用中国《仲裁法》作为准据法，而是需要根据法院地冲突规范的指引确定仲裁协议应适用的法律，再根据准据法认定仲裁协议的效力。即便理论上如此，立法与司法实践却经历了一系列的演变。在我国《仲裁法》实施初期，限于法官与仲裁员运用国际私法的实践经验不足，无论是仲裁机构还是行使监督权的管辖法院，发现仲裁协议准据法的规则与方法都乏善可陈，甚至未说明任何理由而径直适用法院地法。但通常认为仲裁协议归根结底是当事人合意的产物，可隶属于特殊类型的合同，因此合同冲突法中的当事人意思自治原则对仲裁协议的法律适用也具有重要价值，即订立涉外仲裁协议的当事人如果基于真实意愿合意选择的法律，可以用于支配仲裁协议的有效性及其效力。然而就实践观察，当事人专为涉外仲裁协议尤其是仲裁条款选择准据法的情况极为罕见。相反，绝大部分这类案件中，当事人都没有明确选择仲裁协议的准据法，即使仲裁协议所在的合同中有法律选择条款，所选择的的准据法也主要针对合同争议的实体问题，而较少明确指出其是否适用于仲裁协议。就我国涉外民商事司法审判实践来看，法院确定仲裁协议准据法的方式包括适用法院地法、仲裁地法、机构所在地法等不同系属。

《法律适用法》第十八条规定：当事人有权协议选择涉外仲裁协议所应适用的准据法，当事人若无选择或选择无效的，则适用机构所在地或仲裁地法。《仲裁司法审查规定》在制定中尽可能凸显司法支持仲裁的基本理念，明确了三点要求：第一，《法律适用法》所规定的仲裁协议法律适用中的意思自治，特指当事人必须做出明确的意思表示，协议选择涉外仲裁协议本身单独适用的法律，仅约定合同适用的法律，不能作为确认合同中仲裁条款效力适用的法律；第二，我国法院依据《法律适用法》确认涉外仲裁协议准据法时，如果当事人没有协议，且适用仲裁机构所在地法与适用仲裁地法将对仲裁协议的效力做出不同认定的，法院应当适用能够确认仲裁协议有效的法律，以此凸显尽可能使仲裁协议为有效的裁判思路；第三，如果当事人既未单独约定仲裁协议准据法，也未明确机构或仲裁地，作为有条件选择冲突规范的最后顺位，按《法律适用法司法解释》第十四条，则应以法院地法即中国法作为最后的兜底式选择，据此来认定仲裁协议的有效性。但是为了避免法院地法的扩张和滥用,《仲裁司法审查规定》明确,如果当事人约定了某机构仲裁规则或临时仲裁规则,而根据该规则能够间接地确定具体哪一机构或者在何地仲裁,则应当视为已按《法律适用法》第十八条有效约定了机构或者仲裁地,这种尽可能使当事人约定有效的处理立场符合当前争议解决的主流。

《仲裁司法审查规定》还明确,涉外仲裁协议与外国仲裁协议应适用不同的冲突规范所指引的准据法认定其效力。涉外仲裁协议特指符合《法律适用法司法解释》第一条规定的情形,对此类仲裁协议的效力认定,适用上述《法律适用法》第十八条;而我国法院适用《纽约公约》审查外国裁决承认与执行的申请时,被申请人以协议无效为由提出抗辩的,此时属于外国仲裁协议的情形,法院应当依照该公约第5条第1款a项的规定确认仲裁协议应当适用的法律,即当事人依意思自治所选定的准据法与裁决作出地的法律。

五、商事仲裁司法审查的其他问题

（一）继续保留国内仲裁与涉外仲裁司法审查的"双轨制"

2013年之前,我国《民事诉讼法》与《仲裁法》对涉外仲裁裁决与国内仲裁裁决司法审查施行所谓的双重双轨制:无涉外因素的国内裁决与涉外仲裁裁决适用不同的司法审查条件,前者的审查更为宽泛,涉及实体事由;同为国内仲裁裁决,撤销与不予执行也适用不同的法定条件,前者仅限于隐瞒证据或证据伪造等严重情形,后者则针对法律适用与事实认定进行全面审查。经过法律修订,《民事诉讼法》第二百三十七条与《仲裁法》第五十八条基本实现了一致,统一了国内仲裁裁决撤销与不予执行的条件,缩小了实体审查的范围,但是仍然与涉外仲裁裁决的司法审查相去甚远。《仲裁司法审查规定》没有突破《民事诉讼法》的双轨制,仍然以仲裁裁决是否具有涉外因素为标准区分适用不同的审查条件。

（二）对境外仲裁机构在中国内地所作裁决的司法审查

随着法律服务业市场的对外开放和国际仲裁界竞争的深入化,外国或境外仲裁机构在中国内地设置分支机构或办事处,并进而进行仲裁活动的问题开始受到社会各界（尤其是法律人士）的高度重视。2011年《深圳前海深港现代服务业合作区条例》第五十三条明确鼓励前海合作区引入国际商事仲裁,这是我国立法首次明确允许引入境外仲裁机构。2015年,国务院对上海自贸

第五章
境外仲裁机构准入下我国《仲裁法》的立法完善

试验区发出指示："支持国际知名商事争议解决机构入驻"，在更大的地理范围内允许境外仲裁机构入驻我国。2015年底，首家境外仲裁机构落户上海自贸试验区，标志着引入境外机构的构想走向现实。随后，2016年2月和3月，国际商会仲裁院（ICC）和新加坡国际仲裁中心（SIAC）也相继在上海设立了代表处，目前，上海自贸试验区内部还有大韩商事仲裁院、国际体育仲裁院等多家境外机构的代表处，这为我国引进境外仲裁机构拉开了帷幕。

2017年7月11日，国务院向北京市人民政府与商务部回复了《关于深化改革推进北京市服务业扩大开放综合试点工作方案的批复》（国函〔2017〕86号），同意并肯定了试点工作方案中关于加快构建与国际规则相衔接的服务业扩大开放的基本框架。特别是试点工作方案的第二十二条明确：为完善多元化商事争议解决体系，支持国际知名商事争议解决机构在符合京津冀协同发展战略总体要求的前提下，在北京设立代表机构。这意味着，国际商事仲裁机构可入驻北京，并为中国商事交易从业者提供纠纷解决的新选项。该批复发布后，引发仲裁界的激烈讨论：有观点对外国机构入驻北京与中国机构相互竞争仲裁案源的可能现象表达出"狼来了"的担忧；也有观点认为，中国仲裁机构至少对中国本土企业而言仍然具有独特的受案优势，外国机构入驻后如果不能较好地适应中国的法制状况与争议解决的文化背景，未必能够对中国仲裁业构成冲击，"纸老虎"本身并不可怕。值得肯定的是中国政府层面始终致力于推进共建原则下的"一带一路"倡议，向外国机构打开中国的仲裁服务市场只是手段，盘活中国商事仲裁界自身的核心竞争力才是目的。

那么，当外国和境外仲裁机构入驻后，在中国内地作出的仲裁裁决，如何确定该裁决的国籍？裁决应受何地法院的司法审查？对于前一问题，由于我国向来区分国内裁决、涉外裁决、外国裁决、港澳台裁决等不同情况，裁决的国籍决定了应适用哪种审查条件。而我国在加入《纽约公约》之际提出过"互惠保留"，公约在我国法院的适用范围仅限于在另一缔约国领土内作出的裁决，这意味着我国是不认可所谓"非内国裁决"的。而境外机构在中国内地做的裁决，受到我国法院的特别认可，显然不属于"非内国裁决"的范畴，应适用我国的《民事诉讼法》《仲裁法》予以解决。对于后一问题，现有《民事诉讼法》以仲裁机构所在地的法院为管辖权基础的模式并不能适用，原因是机构的所在地并不在中国境内，而只是仲裁地在中国境内，因此，以自贸试验区法治创新为契机，在不突破现有《民事诉讼法》和《仲裁法》的前提下，推动构建以仲裁地法院实施司法审查管辖权的模式颇有必要。具体对此类仲裁裁决的司法审查条件，《仲裁司法审查规定》明确，对境外机构在中国内地所作裁决，法院应依《民事诉讼法》第二百七十四条进行司法审查，而该条款正是专门针对涉外裁决所做的制度设计。

最后，内地法院受理申请确认涉港澳台仲裁协议效力的案件，申请执行或者撤销内地仲裁机构作出的具有涉港澳台因素的裁决，此类案件均参照适用涉外案件的规定予以审查。值得一提的是，在香港、澳门特别行政区回归祖国后，因奉行"一国两制"的方针国策，中国四大法域之间相互认可及执行裁决的法律基础也受到了影响，《纽约公约》不复适用于内地与香港裁决的相互执行。内地与香港特区签署了关于认可与执行裁决的专门互惠安排，针对外国裁决在香港的执行还受到主权豁免抗辩的影响，香港作为商事争议解决的国际中心，具有得天独厚的优势。《仲裁司法审查规定》仅调整内地机构所裁决的具有涉港因素的仲裁案件，并不影响两岸四地区际仲裁的合作，此处有必要予以强调。

结 论

为北京市国家服务业扩大开放综合示范区和中国（北京）自由贸易试验区建设提供有力的法治服务和保障，认真落实《北京市推进"一带一路"高质量发展行动计划（2021—2025年)》，围绕如何打造国际一流争端解决机构研究，形成研究思路与共识，协调各项配套政策支持，整合研究资源和支持机构，国内外学者已经展开了一系列研究和探讨。但总体来看，现有成果要么聚焦于仲裁立法的修订，要么着眼于仲裁司法审查机制的现代化，要么关注于境外仲裁机构在内地准入后的政策保障，却没有将这几方面进行有机融合，对于法律的实施而言不无欠缺。具体来看，法律的实施包括主动实施和被动实施两种情况：前一类指的是受约束的主体自主遵循相关规则，即法律的遵守；后一类指的是由执法机关或司法机关以强制执行者的角色使受约束的主体被动履行法律所规定的义务和责任，即法律的执行，其中涵盖通过司法方式和执法方式将法律所载明的规则加以贯彻。针对境外仲裁机构入驻北京"两区"所需要构建的法治保障体系而言，过去受限于《仲裁法》修订工作的迟滞，故而仲裁主要聚焦并依赖于行政先导与司法能动。现如今随着《仲裁法》修订的推进，尤其是《仲裁法（修订）（征求意见稿）》的发布，这一问题开始从行政与司法层面步入立法层面，从法律的实施迈进了法律的创制环节，使境外仲裁机构入驻有了更加强有力的法律依托和规则保障。

如本书第一章所梳理，近年来，国务院就境外仲裁机构入驻我国内地开展仲裁业务的问题已经发布了一系列支持性的政策文件，明确提出允许境外仲裁机构在北京、上海的特定区域设立业务机构、提供仲裁服务。[1] 如何具体落实政策方案中支持境外仲裁机构在中国内地仲裁的条款是一个兼具理论价值和实践意义的重要问题。

就其外观而言，境外仲裁机构在我国内地仲裁是一个具有中国特色的老问题，长久以来一直困扰着我国仲裁界。在我国仲裁法律体系下，境外仲裁机构能否在内地仲裁一度饱受争议。但是，近年来就境外仲裁机构在我国内地仲裁这一问题，我国行政、司法和立法层面均出现了新变化。并且，随着中国当事人越来越广泛地参与国际仲裁，支持境外仲裁机构在我国内地仲裁的现实需求也日益迫切。

从 2011 年《深圳前海深港现代服务业合作区条例》中首次明确鼓励在前海合作区引入国际商事仲裁[2]，到 2015 年 4 月国务院首次提出支持国际知名商事争议解决机构入驻上海自贸试验区[3]，并且进一步允许境外机构在上海自贸试验区临港新片区设立业务机构[4]，再到 2020 年 9 月国务院将类似政策扩展至除上海自贸试验区以外的北京特定区域。[5] 我国对境外仲裁机构来华仲裁逐渐松绑与扩大支持力度的态度日益明朗。截至目前，已有包括香港国际仲裁中心、国际商会仲裁院、新加坡国际仲裁中心在内的多家境外知名仲裁机构入驻上海自贸区。未来，这些境外机构如何在内地开展仲裁业务，亦是我国仲裁业界热切关注的问题。

---

[1]《国务院关于印发中国（上海）自由贸易试验区临港新片区总体方案的通知》，中国政府网，http://www.gov.cn/zhengce/content/2019-08/06/content_ 5419154.htm，最后访问日期：2021 年 7 月 16 日；《国务院关于深化北京市新一轮服务业扩大开放综合试点建设国家服务业扩大开放综合示范区工作方案的批复》，中国政府网，http://www.gov.cn/zhengce/content/2020 - 09/07/content _5541291.htm，最后访问日期：2021 年 7 月 16 日。

[2] 程佳丽：《境外仲裁机构落地中国的法律问题研究》，《仲裁研究》，2019 年第 2 期，第 55 页。

[3]《国务院关于印发进一步深化中国（上海）自由贸易试验区改革开放方案的通知》（国发〔2015〕21 号），中国政府网，http://www.gov.cn/zhengce/content/2015 - 04/20/content_ 9631.htm，最后访问日期：2021 年 7 月 19 日。

[4]《国务院关于印发中国（上海）自由贸易试验区临港新片区总体方案的通知》，中国政府网，http://www.gov.cn/zhengce/content/2019-08/06/content_ 5419154.htm，最后访问日期：2021 年 7 月 16 日。

[5]《国务院关于深化北京市新一轮服务业扩大开放综合试点建设国家服务业扩大开放综合示范区工作方案的批复》，中国政府网，http://www.gov.cn/zhengce/content/2020 - 09/07/content _5541291.htm，最后访问日期：2021 年 7 月 16 日。

结　论

　　从司法实践的角度，在 2020 年的大成产业案和布兰特伍德案中，上海第一中级人民法院（以下简称"上海一中院"）和广州市中级人民法院（以下简称"广州中院"）分别就境外仲裁机构在中国内地仲裁的仲裁协议的效力以及此类仲裁裁决的承认与执行作出判决，为境外仲裁机构在内地仲裁这一问题提供了最新的司法回答。更令人期待的是，2021 年，《仲裁法》的修订工作被第十三届全国人大常委会纳入立法规划①，使得在立法层面从根本上解决境外仲裁机构在中国内地仲裁这一困扰我国二十多年的问题成为可能。新的时代背景赋予了这个老生常谈的问题新的活力，探讨如何解决境外仲裁机构在中国内地仲裁面临的法律障碍，正当其时。透过现象看本质，这一问题在实践中的体现可以概括为两个方面：第一，约定境外仲裁机构在中国内地仲裁的仲裁协议或条款的效力；第二，境外仲裁机构在中国内地作出的仲裁裁决的承认与执行。纵观我国仲裁制度的发展，《仲裁法》的滞后和我国法院在司法层面对仲裁的大力支持，形成了以司法实践变相弥补立法不足的特征，在境外仲裁机构在我国内地仲裁这个问题上也不例外。

一、仲裁立法的滞后是境外仲裁机构准入的主要法律障碍

　　境外仲裁机构在我国内地仲裁之所以困难重重，其主要原因之一在于我国立法层面的滞后性。我国现行的仲裁立法体系主要包括《仲裁法》《民事诉讼法》及相关司法解释。《仲裁法》自颁布至今仅进行过小幅度修补，并没有进行系统性修改。可以说，我国《仲裁法》的概括与滞后是司法实践中一系列问题出现的根源。② 具体到境外仲裁机构的问题上，首先，《仲裁法》通篇使用"仲裁委员会"这样本地化的措辞，与国际通行做法不符。并且，《仲裁法》对"仲裁委员会"设立的诸多要求，似乎将境外仲裁机构排除在我国《仲裁法》所规定的"仲裁委员会"之外。第二，《仲裁法》高度强

---

　　① 《十三届全国人大常委会立法规划》，中国政府网，http://www.gov.cn/xinwen/2018-09/08/content_5320252.htm，最后访问日期：2021 年 7 月 15 日。
　　② 刘晓红，冯硕：《改革开放 40 年来中国涉外仲裁法律制度发展的历程、理念与方向》，《国际法研究》，2019 年第 6 期，第 107 页。

调"仲裁委员会"的重要性,扩张仲裁机构的法律功能①,使得"仲裁委员会"对仲裁协议效力、仲裁裁决国籍等的认定都具有关键作用。这一中国仲裁在立法上所"独有"的标准②,不仅与国际通行标准相悖,也为境外仲裁机构在内地仲裁造成了全面的障碍。第三,《仲裁法》缺失了对境外仲裁机构在中国内地从事仲裁活动的规定,使得这一实践完全处于法律规管的"真空地带"。

概言之,境外仲裁机构在中国内地仲裁之所以成为我国仲裁体系下的顽疾,其根源就在于我国《仲裁法》与国际商事仲裁通行的标准存在不一致和不兼容之处,这些内容涉及仲裁协议效力的认定、仲裁裁决国籍的确认、仲裁裁决的承认与执行等诸多方面。

在《仲裁法》颁布的 1994 年,我国的社会主义市场经济体制、改革开放和国际化的广度与深度与现在有着天壤之别,并且根据时任全国人大法工委主任顾昂然的说明,1994 年《仲裁法》主要解决的是仲裁行政化的问题,其总的精神是将仲裁委员会与行政机关分开。由此可知,限于当时的时代背景,《仲裁法》在制定之时无暇顾及境外仲裁机构在中国内地仲裁这一类随着对外开放和国际化程度加深而出现的问题也情有可原。但时至今日,这样的立法缺陷已经严重影响到我国的仲裁实践。

二、涉及境外仲裁机构准入的司法审查及其实践演进

《仲裁法》施行后近 30 年,我国法院对于境外仲裁机构在中国内地仲裁的案件在司法审查上的立场和态度呈现出逐渐变化的趋势。总的来说,对于境外仲裁机构主体的合法性、约定境外仲裁机构在中国内地仲裁的仲裁协议或条款的有效性,我国法院逐渐从否定到认可;对于境外仲裁机构在中国内地作出的仲裁裁决的国籍的认定,法院也呈现出从采用"仲裁机构所在地标准"向采纳"仲裁地标准"的转变,对此类裁决的承认与执行亦呈现出从拒绝到支持的转向。

---

① 杨玲:《仲裁机构法律功能批判——以国际商事仲裁为分析视角》,《法律科学(西北政法大学学报)》,2016 年第 2 期,第 175 页。

② 刘晓红,冯硕:《制度型开放背景下境外仲裁机构内地仲裁的改革因应》,《法学评论》,2020年第 3 期,第 132 页。

(一) 约定境外仲裁机构在中国内地仲裁的仲裁协议效力的认定

约定境外仲裁机构在中国内地仲裁的仲裁协议或条款的效力认定，可以进一步细分为两个问题：第一，主体的合法性，即境外仲裁机构是否属于我国《仲裁法》下"选定的仲裁委员会"；第二，仲裁协议或条款的有效性，即约定境外仲裁机构在中国内地仲裁的仲裁协议是否有效。

1. 境外仲裁机构在内地仲裁的合法性

境外仲裁机构在中国内地仲裁之所以成为一个探讨已久却未有定论的问题，有观点认为，问题的症结在于对《仲裁法》第十六条"选定的仲裁委员会"长期采取狭义的解释。[①] 我国《仲裁法》第十六条将"选定的仲裁委员会"作为仲裁协议有效的必备要件之一。[②] 因此，确认仲裁协议效力的关键在于第十六条中"选定的仲裁委员会"是否包括选定的境外仲裁机构。换言之，境外仲裁机构入驻我国内地开展仲裁，首要解决的就是主体的合法性问题，即境外仲裁机构是否构成或属于我国《仲裁法》中规定的"仲裁委员会"。

但是，从我国《仲裁法》第二章关于"仲裁委员会"的规定可知，第一，仲裁委员会的设立"应当经省、自治区、直辖市的司法行政部门登记"[③]，而境外仲裁机构显然没有经我国司法行政部门登记，因此有人认为境外仲裁机构不属于我国《仲裁法》中规定的"仲裁委员会"，故而约定由境外仲裁机构在中国内地仲裁的协议无效。[④] 第二，仲裁委员会在组织形式上应当具备名称、住所、章程、财产、组成人员和聘任的仲裁员，且由一定数量的主任、副主任和委员组成。[⑤] 但通观境外仲裁机构的组织形式，或多或少都难以满足这些条件。因此，从立法层面而言，若严格按照我国《仲裁法》的规定，境外仲裁机构恐怕难以构成"仲裁委员会"。

在司法实践层面，我国法院在境外仲裁机构是否构成我国国内法下的

[①] 王生长：《从"龙利得案"到"布兰特伍德案"：境外仲裁机构在中国内地仲裁的突破》，https://mp.weixin.qq.com/s/7Tvehm4dJDT3igeRFblKfQ，最后访问日期：2021年7月18日。

[②] 《仲裁法》第十六条："仲裁协议应当具有下列内容：（一）请求仲裁的意思表示；（二）仲裁事项；（三）选定的仲裁委员会。"

[③] 《仲裁法》第十条。

[④] 李健：《外国仲裁机构在中国内地仲裁不可行》，《法学》，2008年第12期，第135页。

[⑤] 《仲裁法》第十一条、第十二条。

"仲裁委员会"这一问题上也有过自相矛盾的判决。例如，在2013年神华煤炭案①中，最高人民法院认为《仲裁法》第二十条的仲裁委员会系依据《仲裁法》第十条和第六十六条设立的仲裁委员会，不包括境外仲裁机构。而在龙利得案中，最高人民法院则将《仲裁法》第十六条"选定的仲裁委员会"解释为"选定了明确具体的仲裁机构"，从而认定境外仲裁机构属于"仲裁委员会"。②从过去二十多年间我国司法实践的演进与变化上可以看出，虽然存在争议，我国法院倾向于将境外仲裁机构认定为我国《仲裁法》所规定的"仲裁委员会"，进而认可此类仲裁协议有效性的趋势已经越来越明显。

2. 约定境外仲裁机构在我国内地仲裁的仲裁协议的可执行性

从司法实践演进的角度来看，从1996年到2020年的20多年间，围绕境外仲裁机构在中国内地仲裁的仲裁协议的有效性问题产生了很多有争议的案件。我国法院在此类仲裁协议的效力认定上，大致经历了从否定到肯定的转变。表1具体列举了我国法院在判断约定境外仲裁机构在内地仲裁的仲裁协议有效性上裁判思路的历史沿革，从相关的司法实践可以清晰地看出，一方面，法院在该问题上存在观点的游离、矛盾和混乱，另一方面，从时间顺利来看，认可此类仲裁协议的效力是目前的趋势（见表1）。

表1 仲裁协议有效性司法审判思路历史沿革

年份	案件	仲裁条款	法院裁定
1996	富源企业案	约定争议"进行友好协商解决或以国际商会仲裁为准"	仲裁协议有效
2003	旭普林案	约定适用《国际商会仲裁规则》在上海仲裁	仲裁协议无效
2004	厦门象屿集团案	约定适用《国际商会仲裁规则》在北京仲裁	仲裁协议有效
2006	达利特案	约定适用《国际商会仲裁规则》在北京仲裁	仲裁协议无效
2006	沧州东鸿案	约定适用《国际商会仲裁规则》在北京仲裁	仲裁协议无效

① 神华煤炭运销公司与马瑞尼克船务公司确认之诉仲裁条款效力案（〔2013〕民四他字第4号）。
② 《最高人民法院关于申请人安徽省龙利得包装印刷有限公司与被申请人 BP Agnati S. R. L. 申请确认仲裁协议效力案的请示的复函》（〔2013〕民四他字第13号）。

续表

年份	案件	仲裁条款	法院裁定
2009	夏新电子案	约定适用《国际商会仲裁规则》在厦门仲裁	仲裁协议无效
2011	江苏外贸公司案	约定适用《国际商会仲裁规则》在北京仲裁	仲裁协议无效
2011	布兰特伍德案	约定国际商会仲裁院（ICC）在广州仲裁	仲裁协议有效
2013	龙利得案	约定国际商会仲裁院（ICC）在上海仲裁	仲裁协议有效
2013	北仑利成案	约定适用《国际商会仲裁规则》在北京仲裁	仲裁协议有效
2020	大成产业案	约定新加坡国际仲裁中心（SIAC）在上海仲裁	仲裁协议有效

境外仲裁机构与我国《仲裁法》第一次有据可查的碰撞发生在1996年富源企业案。① 该案中，最高人民法院认可了当事人在购销合同中约定适用《国际商会仲裁规则》（以下简称《ICC仲裁规则》）的仲裁协议的效力。

但是业内公认的境外仲裁机构在内地仲裁协议效力认定的首个重要案件是2003年的旭普林案。在该案中，德国旭普林国际有限责任公司与无锡沃可通用工程橡胶有限责任公司于2000年签署了工程承包合同，其中的争议条款约定适用《ICC仲裁规则》在上海仲裁。该案的争议焦点在于该仲裁协议是否有效。最高院认为，案涉仲裁条款仅指明仲裁规则，并没有指明仲裁机构，不满足《仲裁法》第十六条"选定的仲裁委员会"这一效力要件，故认定仲裁协议无效。② 据此，无锡市高新技术产业开发区人民法院最终裁定仲裁协议无效。③

此后，在2006年的"达利特案"④"沧州东鸿案"⑤，以及2009年的"夏

---

① 《最高人民法院关于厦门维哥木制品有限公司与台湾富源企业有限公司购销合同纠纷管辖权异议案的复函》（法函〔1996〕78号）。参见牟笛：《外国和境外仲裁机构在华仲裁的源流与演变》，《上海律师》2016年第09期，http://www.lawyers.org.cn/info/80dbcbd9c0c54441aeffd5401bc120dd，最后访问时间2021年7月18日。

② 《最高人民法院关于德国旭普林国际有限责任公司与无锡沃可通用工程橡胶有限公司申请确认仲裁协议效力一案的请示的复函》（〔2003〕民四他字第23号）。

③ 德国旭普林国际有限责任公司与无锡沃可通用工程橡胶有限公司申请确认仲裁协议效力案，无锡高新技术产业开发区人民法院（2004）新民二初字第154号裁定书。

④ 《最高人民法院关于仲裁条款效力请示的复函》（〔2006〕民四他字第6号）；河北省高级人民法院（2006）冀民三初字第2-1号裁定书；最高人民法院（2007）民四终字第15号裁定书。

⑤ 沧州东鸿包装材料有限公司诉法国DMT公司买卖合同纠纷一案仲裁条款效力案（〔2006〕民四他字第6号）。

新电子案"①，2011年的"江苏外贸公司案"②中，最高院延续了类似的逻辑，对于约定境外仲裁机构在中国内地仲裁的仲裁协议的效力（尤其是约定适用《ICC仲裁规则》在中国内地仲裁的条款），均作出了无效的认定。

值得一提的是，"旭普林案"之后，国际商会仲裁院于2012年发布了新的《ICC仲裁规则》，与1998年版相比，不仅修改了第1条第2款关于适用的规定，要求国际商会仲裁院是唯一经授权对《ICC仲裁规则》项下仲裁活动实施管理的机构，更特意新增了第6条第2款，规定"经同意适用《ICC仲裁规则》，当事人即同意由国际商会仲裁院管理仲裁案件"。在《ICC仲裁规则》修改之后，如后文所述，最高院的态度也有所转变。

我国法院对此类仲裁协议效力持续否定的态度到2013年的"龙利得案"终于得以改变，在该案中，最高院一改之前的否定态度，认可了国际商会仲裁院在上海仲裁的仲裁协议的效力。值得注意的是，在2013年"龙利得案"之前，我国部分地方人民法院已突破了旭普林案的桎梏，在司法实践中承认此类仲裁协议的效力。例如，在2004年的"厦门象屿集团案"③中，厦门市中级人民法院认可了约定适用《ICC仲裁规则》在北京仲裁的仲裁条款的效力。广州中院也在其于2012年2月作出的（2011）穗中法仲异字第11号民事裁定书中确认国际商会仲裁院在广州进行仲裁的仲裁条款有效。④

在2013年"龙利得案"中，安徽省龙利得包装印刷有限公司（以下简称"龙利得公司"）与BP Agnati S. R. L.（以下简称"BP公司"）在合同中约定，将争议提交国际商会仲裁院进行仲裁，管辖地为中国上海。该案的关键在于仲裁协议的效力认定。合肥市中级人民法院和安徽省高级人民法院逐级层报至最高院。最高院在复函中认为，案涉条款中"管辖地应为中国上海"的表述应理解为仲裁地在上海，并明确指出，该仲裁条款"有请求仲裁的意

---

① 《最高人民法院关于夏新电子股份有限公司与比利时产品有限公司确认经销协议仲裁条款效力的请示的复函》（〔2009〕民四他字第5号）。
② 《最高人民法院关于Salzgitter Mannesmann International GmbH与江苏省对外经贸股份有限公司之间仲裁协议效力的复函》（〔2011〕民四他字第32号）。本案情况稍微不同，合同中文本约定由设在中国北京的国际商会仲裁委员会仲裁，英文本约定依据《国际商会仲裁规则》在北京仲裁，最高院最终以双方当事人不能就仲裁机构达成一致为由认定所涉仲裁协议无效。
③ 福建省厦门市中级人民法院（2004）厦民认字第81号裁定书。
④ （2011）穗中法仲异字第11号民事裁定书。

思表示，约定了仲裁事项，并选定了明确具体的仲裁机构"，故根据《仲裁法》第十六条的规定，认定仲裁协议有效。① 可以说这一复函为境外仲裁机构在中国内地仲裁打开了大门，从 2003 年的"旭普林案"到 2013 年的"龙利得案"，境外仲裁机构在中国内地步履维艰地走过了十年之后，似乎终于见到了曙光，"龙利得案"也因此被认为是中国仲裁的一个里程碑。②

2013 年 12 月，最高院又在"北仑利成案"③ 中认可了"在北京适用《ICC 仲裁规则》进行仲裁"的仲裁协议的效力。2020 年 6 月在"大成产业案"中，上海第一中级人民法院贯彻了龙利得案中最高院批复的精神，认为约定发生争议由新加坡国际仲裁中心（SIAC）在上海仲裁的仲裁协议有请求仲裁的意思表示，约定了仲裁事项，并选定了明确具体的仲裁机构，因此认定仲裁协议有效。④

通过梳理司法实践的演进历程，有学者准确总结道，我国法院自 2013 年起改变了不认可约定境外仲裁机构在中国内地仲裁的仲裁协议效力的立场，开始承认其合法性和有效性。⑤

在 2020 年"大成产业案"之前，此类仲裁协议几乎都是与国际商会仲裁院及《ICC 仲裁规则》有关。考虑到国际商会仲裁院在 2012 年专门修改其仲裁规则，以应对我国法院对于仅约定使用境外仲裁规则未明确仲裁机构的条款效力不予承认的情况，有律师曾指出，除国际商会仲裁院之外的其他境外仲裁机构并非均有类似的规定，因此若当事人选择其他境外仲裁机构，可能依然存在仲裁条款被认定为无效的风险。而"大成产业案"中认定 SIAC 在上海仲裁的协议有效，也为这一问题提供了最新的司法回答，明确了我国法院认定境外仲裁机构在中国内地仲裁的仲裁条款有效的司法态度。

---

① 《最高人民法院关于申请人安徽省龙利得包装印刷有限公司与被申请人 BP Agnati S. R. L. 申请确认仲裁协议效力案的复函》（〔2013〕民事他字第 13 号）。
② 胡科，林溪：《旧文新推 | 论外国仲裁机构在中国大陆境内仲裁的程序法》，http://jingtian.com/Content/2020/09-15/1813321812.html，最后访问日期：2021 年 7 月 16 日。
③ 《最高人民法院关于宁波市北仑利成润滑油有限公司与法莫万驰公司买卖合同纠纷一案仲裁条款效力问题请示的复函》（〔2013〕民四他字第 74 号）。
④ 大成产业气体株式会社、大成（广州）气体有限公司与普莱克斯（中国）投资有限公司申请确认仲裁协议效力案，（2020）沪 01 民特 83 号民事裁定书。
⑤ 李庆明：《境外仲裁机构在中国内地仲裁的法律问题研究》，《环球法律评论》，2016 年第 3 期，第 181 页。

(二) 境外仲裁机构在我国内地所作裁决的执行

除了认定仲裁协议效力之外，境外仲裁机构在中国内地仲裁面临的另一个关键法律问题是其作出的仲裁裁决的承认与执行。若要确定境外仲裁机构在中国内地作出的裁决如何承认执行，首要问题是确定此类仲裁裁决的性质或国籍。对仲裁裁决国籍的确认，是法院承认与执行仲裁裁决的先决条件，不仅关系到法院对案件的审查权限，而且决定着法院对裁决进行司法审查所适用的法律和程序等。[①] 仲裁裁决的国籍标志着其法律效力的来源，厘清我国对仲裁裁决国籍的判定标准，对于申请承认和执行国际商事仲裁裁决的案件具有非常重要的意义，所以下面从三个方面详细论述境外仲裁机构在中国内地作出的仲裁裁决的执行问题：第一，我国确定仲裁裁决国籍的标准；第二，境外仲裁机构在中国内地作出的仲裁裁决国籍的判定；第三，境外仲裁机构在中国内地作出的仲裁裁决的承认与执行情况。

1. 仲裁裁决国籍的确定标准："仲裁地标准" vs "仲裁机构所在地标准"

目前国际上公认的仲裁裁决国籍的确定标准是"仲裁地标准"，即裁决应视为仲裁裁决作出地所在国的裁决。以《纽约公约》为例，《纽约公约》第一条第一款在规定适用范围时就确立了判定仲裁裁决国籍的地域标准。然而，长期以来，我国仲裁法律体系却是以"仲裁机构所在地标准"来确定仲裁裁决的国籍，与《纽约公约》确立的"仲裁地标准"相悖，也与国际通行的仲裁实践不符[②]，从而导致境外仲裁机构在中国内地作出的裁决的国籍难以判定，在执行时陷入困境。早在 2009 年就有观点指出，"国外的仲裁机构在中国内地裁决的案件，是属于国外裁决还是国内裁决，目前还没有明确规定，这将必然导致裁决执行时的麻烦"[③]。

有观点认为我国仲裁立法及实践对仲裁裁决国籍的判定标准不甚明晰，实践中常用的仲裁机构所在地标准与国际上通行的仲裁地标准相距甚远，这并不利于我国法院对境外仲裁机构准入北京"两区"后作出的仲裁裁决进行

[①] 季境，温志军：《国际商事仲裁裁判国籍籍属的认定》，《人民司法》，2019 年第 14 期，第 70 页。

[②] 刘敬东，王路路：《"一带一路"倡议下我国对外国仲裁裁决承认与执行的实证研究》，《法律适用》，2018 年第 5 期，第 32 页。

[③] 万鄂湘：《〈纽约公约〉在中国的司法实践》，《法律适用》，2009 年第 3 期，第 6 页。

结 论

有效的司法审查。以我国《民事诉讼法》第二百九十条为例,其采用的措辞是"国外仲裁机构的裁决",这一表述似乎可以理解为所有的外国仲裁机构作出的裁决,而无论仲裁地在我国境内抑或境外,这显然采取的是机构主义标准。然而,根据我国在签署《纽约公约》之际所作出的互惠保留声明,我国并没有明确否认地域标准。[①] 有学者据此认为,我国在仲裁司法审查实践中对裁决的国籍采用了双重标准,即兼而采取机构标准和地域标准。具言之,通过对我国法院的撤销权及承认与执行外国仲裁裁决规定的分析可知,由我国仲裁机构作出的仲裁裁决是中国裁决,由外国仲裁机构作出的仲裁裁决是外国裁决,在这一意义上,我国目前判断仲裁裁决的国籍实际采用的是机构标准。但是,《纽约公约》采取的是地域标准,故中国作为缔约国,有义务遵循公约确立的地域标准。[②] 也有学者明确提出,我国采用的是仲裁机构所在地的标准,原因在于:根据我国《仲裁法》与《民事诉讼法》中关于国内裁决、涉外裁决以及外国裁决的相关规定,可以推断出仲裁机构是每一类划分标准的核心。同时《仲裁法》第五十八条明确规定,仲裁机构作出的裁决,机构所在地的中级人民法院具有司法撤销权。因此,他们总结我国是以仲裁机构所在地的标准来划分仲裁裁决的国籍。[③] 通过对司法案例的实证研究,可总结出3种我国法院识别仲裁裁决的国籍的标准,即仲裁地标准、仲裁机构所在国标准和申请人国籍标准。

概言之,我国现行立法实践中使用的是"仲裁机构所在地标准"兼顾"仲裁地标准",即在判定仲裁裁决国籍的实践中同时采纳了"仲裁机构标准"和"仲裁地标准",并且在近年司法实践中明显呈现出从"仲裁机构所在地标准"向"仲裁地标准"的转向。具体而言,我国早期的司法实践一般采用"仲裁机构所在地标准",而从2009年起,逐渐开始与国际通行标准保持一致,采纳"仲裁地标准"来判定仲裁裁决的国籍。

我国法院在早期司法实践中采取"仲裁机构所在地标准"来判定仲裁裁

[①] 赵秀文:《浅谈我国仲裁裁决的分类》,《北京仲裁》,2005年第4期,第7~11页。
[②] 高薇:《论仲裁裁决的国籍——兼论中国司法实践中的"双重标准"》,《西北大学学报(哲学社会科学版)》,2011年9月第41卷第5期,第153~158页。
[③] 宋连斌,董海洲:《国际商会仲裁裁决国籍研究——从最高人民法院的一份复函谈起》,《北京科技大学学报(社会科学版)》,2009年9月第25卷第3期,第46~54页。

决国籍的典型案例包括"成都华龙汽车配件公司案"[①]和"山西天利实业有限公司案"[②]。在2002年"成都华龙汽车配件公司案"中,案涉仲裁裁决为ICC在美国作出,但是法院最终以ICC机构所在地为法国为由,认定该裁决为法国裁决,并未考虑该案的仲裁地美国。[③] 在2004年"山西天利实业有限公司案"中,双方约定"适用ICC仲裁规则和英国法在香港进行仲裁"。但是最高院在复函中认为,由于ICC系在法国巴黎设立的仲裁机构,其在香港作出的仲裁裁决属于法国裁决,而非我国香港地区裁决,因此法院判定该案裁决的承认与执行应适用《纽约公约》,而不应适用《最高人民法院关于内地与香港特别行政区相互承认和执行仲裁裁决的安排》的规定。[④]

值得肯定的是,近年的发展显示出我国正逐渐从"仲裁机构所在地标准"向"仲裁地标准"转变。2009年,最高院出台了《关于香港仲裁裁决在内地执行的有关问题的通知》(以下简称《香港通知》),其中规定"当事人向人民法院申请执行在香港特别行政区作出的临时仲裁裁决、国际商会仲裁院等国外仲裁机构在香港特别行政区作出的仲裁裁决的,人民法院应当按照《最高人民法院关于内地与香港特别行政区相互承认和执行仲裁裁决的安排》(以下简称《内港安排》)的规定进行审查"[⑤]。虽然《香港通知》仅涉及在香港特别行政区所作仲裁裁决的性质,并未提及在中国内地作出的境外仲裁裁决,最高院也没有明确表明将会以"仲裁地标准"来确定仲裁裁决的国籍,但在此后的司法实践中,这样的转向已愈加明朗。

最高人民法院2010年10月发布的《关于申请人DMT有限公司(法国)与被申请人潮州市华业包装材料有限公司、被申请人潮安县华业包装材料有限公司申请承认和执行外国仲裁裁决一案请示的复函》中,明确将国际商会

[①] TH&T国际公司与被申请人成都华龙汽车配件有限公司申请承认和执行国际商会国际仲裁院裁决案 〔(2002)成民初字第531号裁定书〕。

[②] 《最高人民法院关于不予执行国际商会仲裁院10334/AMW/BWD/TE最终裁决一案的请示的复函》(〔2004〕民四他字第6号)。

[③] TH&T国际公司与被申请人成都华龙汽车配件有限公司申请承认和执行国际商会国际仲裁院裁决案〔(2002)成民初字第531号裁定书〕。

[④] 《最高人民法院关于不予执行国际商会仲裁院10334/AMW/BWD/TE最终裁决一案的请示的复函》(〔2004〕民四他字第6号)。

[⑤] 《最高人民法院关于香港仲裁裁决在内地执行的有关问题的通知》(法〔2009〕415号)。

仲裁院在新加坡作出的仲裁裁决认定为新加坡裁决，而非法国裁决。① 在2016年的"华夏保险案"中，案涉仲裁裁决为国际商会仲裁院在香港特别行政区作出的，北京市第四中级人民法院经审查认为，案涉仲裁裁决系国际商会仲裁院在香港特别行政区作出的，故应依据《内港安排》审查并确定执行。② 而在2016年"内地法院执行中国国际经济贸易仲裁委员会香港仲裁中心（以下简称"贸仲香港"）裁决第一案"中，法院也明确采纳了"仲裁地标准"来判定仲裁裁决的国籍。该案双方当事人意艾德建筑师事务所和富力南京地产开发有限公司分别来自美国和中国内地，贸仲香港作出仲裁裁决后，败诉方只履行了部分裁决事项，故胜诉方向南京市中级人民法院（以下简称"南京中院"）申请强制执行裁决的其余部分。2016年12月13日，南京中院依据《内港安排》裁定执行贸仲香港作出的"〔2015〕中国贸仲港裁字第0003号"仲裁裁决书。③ 这是贸仲香港自成立以来首例当事人向内地法院申请强制执行的案件。这起内地法院执行内地仲裁机构的境外分支机构所作裁决的"第一案"在业界引起了广泛关注，尤其是在该案中，南京中院以《内港安排》为依据承认执行贸仲香港的裁决，实际上是从司法层面将贸仲香港的裁决认定为香港裁决，即明确了对"仲裁地标准"的认可。

通过上述讨论可知，近年来我国已经开始逐步放弃"仲裁机构所在地标准"，转而接受国际通行的"仲裁地标准"。仲裁裁决国籍的确定标准对判定境外仲裁机构中国内地作出的仲裁裁决的性质有着至关重要的作用。下面重点分析境外仲裁机构在我国内地作出的裁决究是构成《纽约公约》下的外国裁决或非内国裁决，还是我国的涉外裁决。

2. 境外仲裁机构在北京"两区"所作裁决的国籍判定："非内国裁决"vs"涉外仲裁裁决"

我国现行法律没有对境外仲裁机构适用其规则且将仲裁地点设在我国内

---

① 《最高人民法院关于申请人DMT有限公司（法国）与被申请人潮州市华业包装材料有限公司、被申请人潮安县华业包装材料有限公司申请承认和执行外国仲裁裁决一案请示的复函》。
② （2016）京04认港1号
③ Ennead Architects International LLP与富力南京地产开放有限公司申请认可和执行香港特别行政区仲裁裁决特别程序民事裁定书〔（2016）苏01认港1号〕。

地时作出的仲裁裁决的法律地位作出明确规定。对此类裁决国籍的认定，我国法院最早在"旭普林案"①和"德高钢铁公司案"②中提到了"非内国裁决"的概念。在"旭普林案"中，无锡中级人民法院首次提出国际商会仲裁院适用其《ICC仲裁规则》在我国上海进行仲裁的裁决属于"非内国裁决"。在"德高钢铁公司案"中，宁波市中级人民法院则依据《纽约公约》裁定国际商会仲裁院在北京作出的仲裁裁决为"非内国裁决"，并予以承认和执行。自此，理论界和实务界就对外国仲裁机构在我国内地作出的仲裁裁决的国籍和性质展开了争论。

有观点称，此类裁决既非本国裁决，也不是外国裁决或者无国籍裁决，而是《纽约公约》项下的"非内国裁决"。③根据《纽约公约》第一条第一款的规定，"非内国裁决"指的是申请人向裁决地法院申请执行在法院地国境内作出的国际商事仲裁裁决。而以"旭普林案"中的ICC裁决为例，该裁决在我国境内作出，同时该裁决执行地法院是我国的人民法院，但我国法院依据我国法律认为此类裁决不能认定为我国裁决，而当事人向我国法院申请执行该裁决，故对于作为执行地国的无锡市中级人民法院而言，这一裁决正符合《纽约公约》中对"非内国裁决"的定义，应该被认定为"非内国裁决"。

另有学者认为，认定国际商会仲裁院在我国作出的仲裁裁决为"非内国裁决"缺乏法律依据。具言之，我国《仲裁法》和《民事诉讼法》中均未就"非内国裁决"作出规定，且我国加入《纽约公约》时明确声明对公约中"非内国裁决"的规定作出保留。④根据条约保留的效果，"非内国裁决"的规定不对我国发生法律效力，故我国法院不应依据《纽约公约》承认和执行

---

① 德国旭普林国际有限责任公司申请承认和执行国外仲裁裁决案[（2004）锡民三仲字第1号]。

② DUFERCOS.A（德高钢铁公司）申请承认与执行ICC第14006/MS/JB/JEM号仲裁裁决案（〔2008〕甬仲监字第4号）。

③ 赵秀文：《非内国裁决的法律性质辨析》，《法学》，2007年第10期，第16~23页。

④ 1986年12月2日发布的《全国人民代表大会常务委员会关于我国加入〈承认及执行外国仲裁裁决公约〉的决定》声明："中华人民共和国只在互惠的基础上对在另一缔约国领土内作出的仲裁裁决的承认和执行适用该公约。"1987年4月10日发布的《最高人民法院关于执行我国加入的〈承认及执行外国仲裁裁决公约〉的通知》第一条再次明确指出："根据我国加入该公约时所作的互惠保留声明，我国对在另一缔约国领土内作出的仲裁裁决的承认和执行适用该公约。"

"非内国裁决"。

还有学者认为，依据《纽约公约》地域标准的原则以及我国加入《纽约公约》时作出的互惠保留声明①，我国只对在另一缔约国领土内作出的仲裁裁决的承认和执行适用公约。因此，外国仲裁机构在我国领土内作出的仲裁裁决应该属于我国仲裁裁决。但也有学者认为，此类裁决应该被归类为外国仲裁裁决，因为我国的仲裁体系完全建基于机构仲裁制度之上，在机构仲裁中，仲裁地应为仲裁机构所在地，仲裁裁决的国籍也应当以仲裁机构所在地为准。以国际商会仲裁院为例，不论在何地作出裁决，其仲裁裁决的国籍应为法国，即以其机构所在地为准。②

从上述学界争鸣可知，我国虽然对境外仲裁机构在中国内地仲裁的态度逐渐开放，但就境外仲裁机构在我国内地所作出的裁决的性质（或国籍）及其执行问题，一直缺乏明确的司法和实践指引，而 2020 年最新发布的"布兰特伍德案"的判决为这一问题提供了极具价值的注解。2020 年 8 月 6 日，广州市中级人民法院（以下简称"广州中院"）就布兰特伍德工业有限公司与广东阀安龙机械成套设备工程有限公司、广州市正启贸易有限公司申请承认和执行外国仲裁裁决一案作出裁定，认定国际商会仲裁院在中国广州作出的仲裁裁决为中国涉外仲裁裁决，应当适用《民事诉讼法》第二百七十三条的规定，向被申请人住所地或财产所在地的中级人民法院申请执行。③ 广州中院的这一裁定不但维持了之前认定仲裁协议有效的立场，④ 而且明确了该案中国际商会仲裁院在中国广州作出的仲裁裁决的国籍属性（即认定为中国的涉外仲裁裁决）和执行裁决的法律依据（即《民事诉讼法》第二百七十三条）。值得注意的是，"布兰特伍德案"自 2015 年 4 月 13 日立案至 2020 年 8 月 6 日

---

① 1986 年 12 月 2 日发布的《全国人民代表大会常务委员会关于我国加入〈承认及执行外国仲裁裁决公约〉的决定》："中华人民共和国只在互惠的基础上对在另一缔约国领土内作出的仲裁裁决的承认和执行适用该公约。"1987 年 4 月 10 日发布的《最高人民法院关于执行我国加入的〈承认及执行外国仲裁裁决公约〉的通知》第 1 条："根据我国加入该公约时所作的互惠保留声明，我国对在另一缔约国领土内作出的仲裁裁决的承认和执行适用该公约。"
② 康明：《我国商事仲裁裁决服务市场对外开放问题初探——兼与生长同志商榷》，《仲裁与法律》，2003 年第 6 期，第 57 页。
③ 布兰特伍德工业有限公司（Brentwood Industries）、广东阀安龙机械成套设备工程有限公司申请承认与执行法院判决、仲裁裁决案件一审民事裁定书［（2015）穗中法民四初字第 62 号］。
④ （2011）穗中法仲异字第 11 号民事裁定书。

作出裁定历时5年，可见该判决是法院结合我国当下司法趋势经审慎考虑后作出的，对将来同类案件的判决可能起到重要的指引作用。①

从表2可以清晰地看出，我国法院曾认定境外仲裁机构在中国内地所作的裁决为"非内国裁决"，但晚近的司法实践则改判认定该等裁决性质为"中国涉外仲裁裁决"。考虑到当前我国构建开放型经济新体制、建设自由贸易试验区、推进"一带一路"建设等时代背景，建设面向全球的亚太仲裁中心、促进涉外法律服务业发展、提升中国仲裁的国际性和公信力的长远利益，以及随着我国对外开放程度的提高和国际纠纷的增加，我国内地当事人日益广泛地参与境外仲裁机构仲裁的现实需求，允许境外仲裁机构在中国内地仲裁，并且将与国际通行标准相一致的仲裁地标准确立为认定仲裁裁决国籍的标准是大势所趋。

表2 境外仲裁机构在中国内地所作仲裁裁决国籍认定裁判思路历史沿革

年份	案件	案涉裁决	法院判决
2004	旭普林案	ICC在上海作出的裁决	非内国裁决
2008	德高钢铁公司案	ICC在北京作出的裁决	非内国裁决
2020	布兰特伍德案	ICC在广州作出的裁决	中国涉外仲裁裁决

3. 境外仲裁机构在北京"两区"所作裁决的承认与执行

在我国仲裁法律体系下，国内法院对仲裁裁决的执行体制可依据仲裁裁决的来源（或者说仲裁裁决的国籍）分为三类：一是由国内仲裁机构作出的不含任何涉外因素的国内仲裁裁决；二是由国内仲裁机构作出的涉外仲裁裁决；三是由外国仲裁机构作出的外国仲裁裁决。② 相应地，执行仲裁裁决的路径也有三条，在不同路径下仲裁裁决将会受到不同的司法审查，承认执行裁决的法律依据也有所不同。表3清晰展现了这样的三元结构。

---

① 陈健斌：《营商·律智｜优化营商环境，懊糟国际商事仲裁之广州仲裁地》，https：//mp.weixin.qq.com/s/KRBgP8b2PNcHXvvAS2Y-HQ，最后访问日期：2021年7月17日。

② 沈伟：《地方保护主义的司法抑制之困：中央化司法控制进路的实证研究——以执行涉外仲裁裁决内部报告制度为切入视角》，《当代法学》，2019年第4期，第64页。

表3　中国的仲裁裁决执行体制：三元结构

仲裁裁决来源（国籍）	（不予）承认执行仲裁裁决的法律依据	撤销裁决的法律依据
1.（中国）国内仲裁裁决	《仲裁法》第六十三条、《民事诉讼法》第二百三十七条	《仲裁法》第五十八条
2.（中国）涉外仲裁裁决	《仲裁法》第七十一条、《民事诉讼法》第二百七十三和二百七十四条	《仲裁法》第七十条
3. 外国仲裁裁决	《民事诉讼法》第二百八十三条	非裁决地法院不可撤销国际仲裁裁决

从上述关于"布兰特伍德案"的讨论可知，我国法院已将境外仲裁机构在中国内地作出的仲裁裁决认定为中国的涉外仲裁裁决，因此在执行裁决时，只需要按照《民事诉讼法》第二百七十三条的规定，直接向被申请人住所地或财产所在地的中级人民法院申请执行即可。故将境外仲裁机构在中国内地作出的仲裁裁决判定为我国的涉外仲裁裁决，既符合国际公认的"仲裁地标准"，又可以为裁决在我国的承认与执行扫清了法律障碍，应成为未来境外仲裁机构在中国境内仲裁的范式。

三、关于中国内地引入境外仲裁机构的展望

（一）制度型开放背景下的政策创新

目前解决境外仲裁机构在中国内地仲裁这一问题的迫切性，很大程度上源于近年来我国在政策层面的一系列创新举措和积极探索。

2015年4月，国务院批准《进一步深化中国（上海）自由贸易试验区改革开放方案的通知》（以下简称《深化改革方案》），其中第十一条首次明确指出"支持国际知名商事争议解决机构入驻"。此后，HKIAC、ICC、SIAC以及韩国商事仲裁院（KCAB）先后在上海设立了代表处或办公室，但是这些代表机构仅可从事联络活动，并未获准在内地提供案件管理服务。[①] 换言之，《深化改革方案》并未开放境外仲裁机构在我国内地开展仲裁

---

① 史密夫斐尔律师事务所：《境外仲裁机构允许在北京设立业务机构》，https://mp.weixin.qq.com/s/keUaZ7C9v4fqXzY_kRIqCA，最后访问日期：2021年7月16日。

业务的权限。①

2019年8月6日，国务院发布《中国（上海）自由贸易试验区临港新片区总体方案》（以下简称《新片区方案》），首次规定"允许境外知名仲裁及争议解决机构经上海市人民政府司法行政部门登记并报国务院司法行政部门备案，在新片区内设立业务机构，就国际商事、海事、投资等领域发生的民商事争议开展仲裁业务"。允许境外机构设立业务机构、开展仲裁业务，标志着境外仲裁机构在我国内地仲裁的改革取得了实质性的进展、进入了崭新的阶段。据报道，目前已有多家境外仲裁机构正在按照《新片区方案》在临港新片区设立分支机构，不过允许分支机构开展的"仲裁业务"的具体类型仍有待观察。

2019年10月21日，上海司法局出台《境外仲裁机构在中国（上海）自由贸易试验区临港新片区设立业务机构管理办法》（以下简称《上海管理办法》）。根据该办法，2020年1月1日起，符合条件的境外仲裁机构可在上海自贸试验区临港新片区设立业务机构，并开展相关领域的仲裁业务。②《上海管理办法》的施行是开放境外仲裁机构在我国内地仲裁的又一突破性推进。

与上海相似，国务院也在北京出台了类似的政策方案。2017年，国务院出台《国务院关于深化改革推进北京市服务业扩大开放综合试点工作方案的批复》，允许境外仲裁机构在北京设立代表机构。③ 2020年9月7日，国务院进一步发布了《深化北京市新一轮服务业扩大开放综合试点建设国家服务业扩大开放综合示范区工作方案》，该方案允许境外仲裁机构在"北京特定区域"设立"业务机构"，"就国际商事、投资等领域发生的民商事争议提供仲裁服务"，并且"支持和保障在仲裁前和仲裁中的财产保全、证据保全、行为保全等临时措施的申请和执行"。

---

① 姚约茜，程冰露：《浅议境外仲裁机构在临港新区开展涉外仲裁业务》，https：//mp.weixin.qq.com/s/gzzhpkN-ah1mDPqBHu62mg，最后访问日期：2021年7月16日。
② 关于印发《境外仲裁机构在中国（上海）自由贸易试验区临港新片区设立业务机构管理办法》的通知，上海市司法局，http：//sfj.sh.gov.cn/2020jcgk_gfxwj/20201102/93cb5f7fd32e48229600d46caef2839f.html，最后访问日期：2021年7月16日。
③ 《国务院关于深化改革推进北京市服务业扩大开放综合试点工作方案的批复》（国函〔2017〕86号），中国政府网，http：//www.gov.cn/zhengce/content/2017-07/11/content_5209573.htm，最后访问日期：2021年7月19日。

结 论

国务院及相关部门晚近发布的这一系列指导性文件愈来愈明确地展现了我国法律服务市场逐步对境外仲裁机构开放的决心和态度。应当注意的是，境外仲裁机构在北京"两区"的准入，既具有引凤筑巢的积极意义，也面临着法律上的风险与挑战。

从积极层面而言，一方面，允许境外仲裁机构在中国内地仲裁有助于满足我国当事人参与国际仲裁实践的现实需要。随着我国商事主体日益广泛深入地参与跨境投资贸易活动，由此发生的跨境商事纠纷也随之增多。若我国不允许境外仲裁机构在中国内地仲裁，那么，当事人在解决纠纷时，极有可能不得不远赴境外参与仲裁，徒增争议解决成本和风险，最终损害我国商事主体的利益。[①] 另一方面，引入境外仲裁机构在我国内地仲裁，有利于我国内地仲裁业和涉外法律服务业的发展，并且有利于将北京、上海等城市打造为国际仲裁中心。具体而言，允许境外仲裁机构在内地仲裁，实质上扩大了我国内地仲裁服务市场，并有可能吸引更多国际业务在我国内地展开，进一步提升我国仲裁国际化程度。我国的涉外法律人才也可以通过担任代理律师、仲裁员等各种方式深入参与到国际仲裁实践中，从而提升法律素养。另外，国务院在上海、北京率先实施支持境外仲裁机构入驻开展业务的鼓励政策，有助于这些特定城市建设成为具有国际竞争力和吸引力的仲裁中心。据统计，目前全球最受欢迎的五大仲裁地为伦敦、新加坡、中国香港、巴黎和日内瓦。[②] 在亚太地区，中国香港与新加坡通过不懈努力，已成为毋庸置疑的国际领先的仲裁中心，值得内地学习。从仲裁发展的历史维度和比较法的广度来看，引进境外仲裁机构参与本国仲裁市场的竞争，是国际知名法域之所以成为知名仲裁地或者仲裁中心的主要原因。[③] 从这些城市建设仲裁中心的经验可知，引入境外仲裁机构有利于形成国际仲裁的凝聚效应，境外仲裁机构与本

---

① 牛磊，刘震：《静待花开——境外仲裁机构中国之路的机遇与挑战》，http://www.zhonglun.com/Content/2019/11-14/1438587233.html#，最后访问日期：2021年7月16日。

② Queen Mary University of London and White & Case, 2021 International Arbitration Survey: Adapting Arbitration to a Changing World.

③ Anselmo Reyes & Weixia Gu (eds.), The Developing World of Arbitration: A Comparative Study of Arbitration Reform in the Asia Pacific, Oxford: Hart, 2018.

地仲裁机构的竞争与合作，亦可助力当地仲裁的快速发展。①

此外，支持境外仲裁机构在我国内地开展仲裁业务，也是我国进一步改革开放的宏大背景下的需求，更是推动我国由商品和要素流动型对外开放、政策型对外开放向制度型对外开放转变的应然选择。

（二）解决境外仲裁机构准入的政策措施与现行法不兼容的方案

通过全书的论述及学理上的阐释可以发现，在北京"两区"建设背景下，境外仲裁机构准入涉及多个层次的法律问题。落实到《仲裁法》修订层面，其涵盖：仲裁机构的界定、仲裁协议效力认定、仲裁裁决国籍判定、仲裁地的确定、仲裁裁决的司法审查等多个层面。换言之，境外仲裁机构准入虽然是中国仲裁法律制度现代化、国际化进程中的一个"小切口"，但鉴于中国过往的仲裁法律制度与实践主要建立在机构仲裁的基础上，故而引入境外仲裁机构对整个中国仲裁法律制度体系而言具有牵一发而动全身的效果。随着中国进一步深化改革和扩大开放，北京"两区"建设实际上为推动中国涉外仲裁制度创新提供了一个契机。因此，对该问题亟待从理论和实践层面给出理性的回应，特别是从立法和司法层面给出相应的具体解决方案。

概言之，为了应对境外仲裁机构入驻北京"两区"并设立业务机构开展仲裁业务这一重要的政策创新，法律层面必须从三个视角进行积极的回应：首先，就仲裁机构组织法而言，现有的仲裁立法对于仲裁委员会的定义仅限于境内仲裁机构，亟待增加关于境外仲裁机构及其代表机构的专门规定，从而使境外仲裁机构在内地的合法性得以构建，并明确相应的治理和监管体系，同时在制定及更新《仲裁委员会登记管理办法》时明确肯定境外仲裁机构在内地所设立机构的性质及其业务范围，并且对我国境内仲裁机构在境外设立分支机构作出规范；其次，就仲裁程序而言，我国现行的仲裁立法强制性有余而灵活性不足，为了使境外仲裁机构入驻后不至受困于刻板的程序束缚，有必要在设定最低限度正当程序原则的基础上，赋予当事人意思自治以最大的尊重，同时明确仲裁庭在程序方面拥有较为灵活的自由裁量权，减少仲裁程序中的强制性规定；再次，就境外机构在我国所作裁决的司法审查而言，

---

① 冯硕：《境外仲裁机构内地仲裁的政策动因与法治保障》，《商事仲裁与调解》，2021年第1期，第79页。

一方面需要改变固有的以仲裁机构为标准确定裁决籍属的做法，使之变为以仲裁地为标准的裁决籍属确定方法，从而合乎于国际通行实践的同时为我国人民法院审查境外仲裁机构在我国所作裁决奠定坚实的基础，另一方面有必要对现有的国内仲裁与涉外仲裁司法审查"双轨制"做法予以调整，申明法院的司法审查权不及于仲裁实体争议而限于仲裁中的程序性违法，对隐瞒和伪造证据、仲裁员枉法裁决等实践中颇具争议性的裁决撤销事由进行调整，实现并轨，从而保障涉外仲裁司法审查中法律适用的确定性、可预见性和一致性。

我国在境外仲裁机构在内地仲裁这一问题上，存在现行《仲裁法》与晚近最新发布的政策方案等不兼容的问题。虽然行政层面的政策创新和司法层面的实践演进彰显了我国政府和法院日益明朗的支持态度，但由于立法的滞后性，境外仲裁机构在中国内地业务的开展仍将面临很多的风险、挑战和不确定性。因此，若要从根本上落实境外仲裁机构在中国内地仲裁，亟须修改《仲裁法》以回应最新仲裁实践的发展。

有学者指出，"现行界定规则没有给伟大的时代实践创新预留规则空间，不是对这些实践创新这些实践创新作积极的正向牵引，而是作消极的束缚限制，这是其在当前最突出和最重要的问题。"[1] 可以说，我国引入境外仲裁机构在内地仲裁的创新实践在开放性和探索性的扩张中已经触及了现行仲裁法律体系的极限，北京"两区"建设下涉外仲裁实践与《仲裁法》的滞后之间产生了的强烈冲突。在《仲裁法》修订已被提上议事日程的背景下，本书提出如下建议：第一，法律修订应以弱化仲裁机构的法律功能为核心，消除一些诸如"仲裁委员会"的本地化措辞[2]，统称为仲裁机构。弱化对诸如仲裁机构成立要件、组织形式等的强制性规定，并且要注意对接仲裁协议效力认定上的国际通行做法，删除仲裁协议有效性目前必须规定"仲裁委员会"的门槛。第二，应当废除我国仲裁法律体系中的"仲裁机构所在地标准"，明确将"仲裁地"作为认定仲裁裁决国籍的标准，与国际主流做法接轨。第三，

---

[1] 张春良：《制度型对外开放的支点：私法关系涉外性之界定及重构》，《中国法学》，2019年第6期，第98页。

[2] 刘晓红，王徽：《论中国引入国际商事仲裁机构的法律障碍与突破进路——基于中国自贸区多元化争议解决机制构建的几点思考》，《苏州大学学报（法学版）》，2016年第3期，第17页。

《仲裁法》修订过程中，也有必要考虑纳入仲裁庭临时措施发布权、友好仲裁、紧急仲裁员制度等，从而使得我国仲裁法律制度可以更好地与境外仲裁机构规则配合、与国际仲裁实务衔接。第四，可以考虑在《仲裁法》中新增"境外仲裁机构的规管"条款，就境外仲裁机构在中国境内的设立、运营等各方面在法律层面予以明确。总而言之，若想发挥引凤筑巢的最大效益，使得境外仲裁机构真正实现与中国内地仲裁市场的良性互动、互融互补，还需要从修改《仲裁法》的角度，进一步为境外仲裁机构在我国内地仲裁扫除法律障碍。

缩 略 语 表

中文全称	简称
《联合国国际贸易法委员会国际商事仲裁示范法》	《示范法》
《承认及执行外国仲裁裁决公约》	《纽约公约》
《解决国家与他国国民间投资争端公约》	《华盛顿公约》
英国皇家御准仲裁员协会	CIArb
解决投资争端国际中心	ICSID
国际商事争端预防与解决组织	ICDPASO
国际律师协会	IBA
德国仲裁协会	DIS
美国仲裁协会	AAA
国际商会仲裁院	ICC
瑞典斯德哥尔摩商会仲裁院	SCC
美国律师协会	ABA
伦敦国际仲裁院	LCIA
新加坡国际仲裁中心	SIAC
香港国际仲裁中心	HKIAC
吉隆坡区域仲裁中心	KLRCA
中国国际贸易促进委员会	CCPIT
中国国际经济贸易仲裁委员会	CIETAC
中国海事仲裁委员会	CMAC
北京仲裁委员会	BAC
联合国国际贸易法委员会	UNCITRAL
国际商事仲裁理事会	ICCA
国际体育仲裁院	CAS
意大利仲裁协会	AIA
印度仲裁协会	ICA

续表

中文全称	简称
日本商事仲裁协会	JCAA
苏黎世商会仲裁院	ZCC
荷兰仲裁协会	NAI
国际油（油籽）和油脂协会	FOSFA
《联合国国际贸易法委员会仲裁规则》	《UNCITRAL 仲裁规则》
《国际投资争端解决中心仲裁规则》	《ICSID 仲裁规则》
《国际律师协会国际仲裁员伦理规则》	《IBA 仲裁员伦理规则》
《国际律师协会国际仲裁利益冲突指引》	《IBA 利益冲突指引》
《国际商会关于披露仲裁员潜在利益冲突的指引》	《ICC 利益冲突的指引》
《中华人民共和国仲裁法》	《仲裁法》
《中华人民共和国民事诉讼法》	《民事诉讼法》
《中华人民共和国涉外民事关系法律适用法》	《法律适用法》
《最高人民法院关于适用〈中华人民共和国仲裁法〉若干问题的解释》	《仲裁法司法解释》
《最高人民法院关于适用〈中华人民共和国民事诉讼法〉的解释》	《民事诉讼法司法解释》
《最高人民法院关于适用〈中华人民共和国涉外民事关系法律适用法〉若干问题的解释（一）》	《法律适用法司法解释》
2010 年司法部《律师和律师事务所违法行为处罚办法》	司法部第 122 号令
2016 年司法部《律师执业管理办法》	司法部第 134 号令
《中国国际经济贸易仲裁委员会仲裁员守则》	《贸仲仲裁员守则》
《北京仲裁委员会仲裁员守则》	《北仲仲裁员守则》
《上海仲裁委员会仲裁员守则》	《上仲仲裁员守则》
《杭州仲裁委员会仲裁员守则》	《杭仲仲裁员守则》
《贵阳仲裁委员会仲裁员守则（试行）》	《贵仲仲裁员守则》
《深圳国际仲裁院仲裁员行为规范》	《深国仲仲裁员规范》
《中国海事仲裁委员会仲裁员行为考察规定》	《海仲仲裁员考察规定》
《香港国际仲裁中心仲裁员道德行为规范》	《HKIAC 仲裁员道德行为规范》
《美国仲裁协会与美国律师协会商事争议中仲裁员的行为道德规范》	《AAA/ABA 道德规范》

续表

中文全称	简称
《新加坡国际仲裁中心仲裁员道德守则》	《SIAC 仲裁员道德守则》
《国际冲突预防与解决研究院商事争议仲裁员伦理准则》	《CPR 仲裁员伦理准则》
《最高人民法院关于人民法院办理仲裁裁决执行案件若干问题的规定》	《仲裁裁决执行规定》
《最高人民法院关于审理仲裁司法审查案件若干问题的规定》	《仲裁司法审查规定》
《最高人民法院关于仲裁司法审查案件报核问题的有关规定》	《仲裁司法审查报核规定》
《最高人民法院关于仲裁司法审查案件归口办理有关问题的通知》	《仲裁司法审查归口通知》

参考文献

(一)中文著作

[1]高菲,徐国建.中国临时仲裁实务指南[M].北京:法律出版社,2017.

[2]肖建国.仲裁法学[M].北京:高等教育出版社,2021.

[3]陈福勇.未竟的转型:中国仲裁机构现状与发展趋势实证研究[M].北京:法律出版社,2010.

[4]陈燕红."非内国化"理论及其对国际商事仲裁一体化的影响[M].北京:中国政法大学出版社,2015.

[5]陈辉萍.国际投资仲裁程序问题研究:以ICSID仲裁规则修订为背景[M].北京:法律出版社,2021.

[6]袁发强.中国商事仲裁机构现状与发展趋势研究[M].上海:复旦大学出版社,2011.

[7]袁忠民.仲裁机构的学理与实证研究[M].北京:法律出版社,2008.

[8]涂卫.仲裁机构监管与治理机制研究[M].北京:法律出版社,2015.

[9]魏艳茹.ICSID仲裁撤销制度研究[M].厦门:厦门大学出版社,2007.

[10]傅攀峰.仲裁裁决既判力问题研究[M].北京:中国社会科学出版社,2020.

[11]张圣翠.国际商事仲裁强行规则研究[M].北京:北京大学出版社,2007.

[12]张圣翠.中国仲裁法制改革研究[M].北京:北京大学出版社,2018.

[13]张圣翠.仲裁司法审查机制研究[M].上海:复旦大学出版社,2020.

[14]张美红.国际商事仲裁程序"非国内化"研究[M].上海:上海人民出版社,2014.

[15]张建.国际投资仲裁管辖权研究[M].北京:中国政法大学出版社,2019.

[16]张建.国际投资仲裁法律适用问题研究[M].北京:中国政法大学出

版社,2020.

[17]马占军.仲裁法修改新论[M].北京:法律出版社,2011.

[18]马占军.商事仲裁员独立性问题研究[M].北京:法律出版社,2020.

[19]马军,杨晋东,邢富顺.商事仲裁司法审查案件审理规范指南[M].北京:法律出版社,2020.

[20]宋建立.涉外仲裁裁决司法审查:原理与实践[M].北京:法律出版社,2016.

[21]范愉,李浩.纠纷解决:理论、制度与技能[M].北京:清华大学出版社,2010.

[22]杨秀清.仲裁司法审查裁判规则理论与实务[M].北京:法律出版社,2021年版。

[23]杨玲.国际商事仲裁程序研究[M].北京:法律出版社,2011.

[24]韩健.现代国际商事仲裁法的理论与实践[M].北京:法律出版社,2000.

[25]赵秀文.国际商事仲裁现代化研究[M].北京:法律出版社,2010.

[26]宁红玲.投资者—国家仲裁与国内法院相互关系研究[M].北京:法律出版社,2020.

[27]于湛旻.国际商事仲裁司法化问题研究[M].北京:法律出版社,2017.

[28]刘晓红,袁发强.国际商事仲裁[M].北京:北京大学出版社,2010.

[29]汪祖兴,郑夏.自治与干预:国际商事仲裁当事人合意问题研究[M].北京:法律出版社,2016.

[30]齐湘泉.外国仲裁裁决承认及执行论[M].北京:法律出版社,2010.

[31]池漫郊.国际仲裁体制的若干问题及完善:基于中外仲裁规则的比较研究[M].北京:法律出版社,2014.

[32]崔起凡.国际商事仲裁中的证据问题研究[M].杭州:浙江工商大学出版社,2013.

[33]蔡高强.国际贸易争端解决诉讼机制研究[M].哈尔滨:哈尔滨工业大学出版社,2012.

[34]杜新丽.国际商事仲裁理论与实践专题研究[M].北京:中国政法大

学出版社,2009.

[35]何晶晶,石绍良. 临时仲裁制度的国际比较研究[M]. 北京:中国社会科学出版社,2020.

[36]林一飞. 商事仲裁实务精要[M]. 北京:北京大学出版社,2016.

[37]林一飞. 仲裁裁决抗辩的法律与实务[M]. 武汉:武汉大学出版社,2008.

[38]孙巍. 中国商事仲裁法律与实务[M].2 版. 北京:法律出版社,2020.

[39]孙佳佳,李静."一带一路"投资争端解决机制及案例研究[M]. 北京:中国法制出版社,2020.

[40]乔欣. 仲裁权研究:仲裁程序公正与权利保障[M]. 北京:法律出版社,2001.

[41]沈伟,陈治东. 商事仲裁法:国际视野和中国实践[M]. 上海:上海交通大学出版社,2020.

[42]罗楚湘. 英国仲裁法研究[M]. 武汉:武汉大学出版社,2012.

[43]李万强. ICSID 仲裁机制研究[M]. 西安:陕西人民出版社,2002.

[44]石现明. 东盟国家国际商事仲裁法律制度研究[M]. 昆明:云南大学出版社,2013.

[45]卢云华. 中国仲裁十年[M]. 上海:百家出版社,2006.

[46]钟澄. 国际商事仲裁中的弃权规则研究[M]. 北京:法律出版社,2012.

(二)中文论文

[1]李庆明. 境外仲裁机构在中国内地仲裁的法律问题研究[J]. 环球法律评论,2016(3).

[2]刘晓红,冯硕. 制度型开放背景下境外仲裁机构内地仲裁的改革因应[J]. 法学评论,2020(3).

[3]冯硕. 境外仲裁机构内地仲裁的政策动因与法治保障[J]. 商事仲裁与调解,2021(1).

[4]赵秀文. 国外仲裁机构裁决不等于外国仲裁裁决[J]. 法学,2006(9).

[5]闵敢. 论国外仲裁机构在中国裁决的承认与执行[J]. 国际关系学院

学报,2011(5).

[6]杜焕芳,李贤森.国际商事仲裁当事人程序自治边界冲突与平衡[J].法学评论,2020(2).

[7]梅傲.仲裁机构地域性困局究因[J].河北法学,2020(9).

[8]林一飞.中国公司约定境外仲裁若干法律问题[J].北京仲裁,2014(3).

[9]秦南.论选择境外仲裁机构仲裁协议效力的司法审查路径[J].法律适用,2021(10).

[10]沈健,张迎.境外仲裁机构在中国内地的裁决国籍认定[J].商事仲裁与调解,2021(5).

[11]杨灵一.非涉外合同可否约定境外仲裁:考察中国和印度的司法实践[J].北京仲裁,2018(2).

[12]桑远棵.无涉外因素案件不得提交境外仲裁机构之研究:以十个法院案例为研究对象[J].北京仲裁,2017(2).

[13]袁发强,刘弦,邓伟龙,等.中国仲裁机构往何处去:国内部分仲裁机构运行情况调研报告[J].北京仲裁,2010(1).

[14]杨玲.论仲裁机构的法律地位:兼及我国仲裁法的修改[J].仲裁与法律,2005(3).

[15]杨玲.仲裁机构法律功能批判:以国际商事仲裁为分析视角[J].法律科学,2016(2).

[16]江保国,刘梦非.改革尚未成功:我国仲裁机构地域性困局论纲[J].仲裁研究,2020(1).

[17]莫旻丹.商事仲裁机构的经济法主体地位证成[J].仲裁研究,2019(3).

[18]李毅.商事仲裁机构内部治理结构实现路径之探析:以非营利性法人的机构定性为分析框架[J].武汉仲裁,2019(1).

[19]程佳丽.境外仲裁机构落地中国的法律问题研究[J].仲裁研究,2019(2).

[20]张建.论中国仲裁国际化发展方向及其演进规律[J].天津商务职业学院学报,2016(4).

[21]张建．中国商事仲裁的国际化挑战:以最高人民法院的裁判观点为视角[J]．上海政法学院学报,2016(1).

[22]黄亚英．我国仲裁机构的发展定位探讨:兼谈仲裁机构的"国际化"新视野[J]．北京仲裁,2008(2).

[23]宋连斌．中国仲裁的国际化、本土化与民间化:基于2004年《北京仲裁委员会仲裁规则》的个案研究[J]．暨南学报(哲学社会科学版),2006(5).

[24]赵秀文．21世纪中国国际仲裁法律制度现代化与国际化的发展方向[J]．河南省政法管理干部学院学报,2001(3).

[25]张丽英．不可取的绝对模式:国际商事仲裁全球模式倾向[J]．国际贸易,2000(11).

[26]王利明．中国商事仲裁国际化水平亟待提升[J]．中国对外贸易,2016(10).

[27]齐力．打造中国成为国际仲裁中心[J]．中国对外贸易,2016(10).

[28]郭玉军,付鹏远．当代中国仲裁的国际化发展:现状、挑战与应对[J]．武汉仲裁,2018(1).

[29]杨常雨,江岚．中国投资仲裁规则国际化创新的法律障碍[J]．西南石油大学学报(社会科学版),2020(3).

[30]冯子涵．文化差异视角下中国商事仲裁的本土化与国际化研究:以〈仲裁法〉为例[J]．社会科学动态,2020(9).

[31]葛黄斌．境外仲裁机构将与国内仲裁机构正面PK[N]．法治日报,2015-12-15(10).

[32]陶景洲．对境外仲裁机构在中国前景充满信心[N]．法治日报,2015-12-15(10).

(三)英文著作．

[1]GARY B,BORN. International commercial arbitration[M]. Alphen aan den Rijn:Kluwer Law International,2009.

[2]BLACKABY N. Redfern and hunter on international arbitration[M]. 6th ed. Oxford:Oxford University Press,2015.

[3]ONYEMA E. International commercial arbitration and the arbitrator's contract[M]. London:Routledge,2010.

[4] VAN DE BERG A J. Report on the challenge procedure: the arbitral process and independence of arbitrators[M]. Paris: ICC Publication, 1991.

[5] RUBINS N, LAUGHTERBURG B. Independence, impartiality and duty of disclosure in investment arbitration [M]. Hague: Eleven International Publishing, 2010.

[6] REDFERN M, HUNTER. Law and practice of international commercial arbitration[M]. London: Sweet & Maxwell, 1991.

[7] CATHERINE A, ROGERS. The ethics of international arbitrators: leading arbitrators' guide to international arbitration [M]. New York: Juris Publishing, 2005.

[8] PETER W, EGGER. Independence impartiality and disclosure in international arbitration: recent developments yearbook on international arbitration [M]. Antwerp: Intersentia, 2010.

[9] GARY B, BORN. International arbitration: law and practice [M]. 2nd ed. Alphen aan den Rijn: Kluwer Law International, 2017.

[10] SALACUSE J W. The three laws of international investment: national, contractual, and international frameworks for foreign capital [M]. Oxford: Oxford University Press, 2014.

[11] TAO J Z. Arbitration law and practice in China[M]. 2nd ed. Alphen aan den Rijn: Kluwer Law International, 2008.

[12] RUBINO-SAMMARTANO M. International arbitration law and practice [M]. 3rd ed. New York: JurisNet, LLC, 2014.

[13] FOUCHARD P. Fouchard, Gaillard, Goldman on International Commercial Arbitration[M]. Alphen aan den Rijn: Kluwer Law International, 1999.

[14] SHAN W H, SU J Y. China and international investment law: twenty years of ICSID membership[M]. Leiden: Brill Nijhoff and Hotei Publishing, 2015.

[15] COHEN J. Commercial arbitration and the law, gale, making of modern law [M]. New Haven: Yale University Press, 2010.

[16] ENGELMANN J. International commercial arbitration and the commercial agency directive: a perspective from law and economics[M]. New York: Springer, 2018.

［17］MARGARET L. Moses. The principles and practice of international commercial arbitration［M］. 3rd ed. Cambridge：Cambridge University Press，2017.

［18］MARA G. International commercial arbitration：flaws and possible remedies［M］. Saarbrücken：Lambert Academic Publishing，2015.

［19］NOUSSIA K. Confidentiality in international commercial arbitration：a comparative analysis of the position under English，US，German and French law［M］. New York：Springer，2014.

［20］DERAINS Y，LEVY L. Is arbitration only as good as the arbitrator? status，powers and role of the arbitrator［M］. New York：Wolters Kluwer Law & Business，2015.

［21］KNAHR C. Investment and commercial arbitration – similarities and divergences［M］. Hague：Eleven International Publishing，2010.

［22］HEPBURN J. Domestic law in international investment arbitration［M］. Oxford：Oxford University Press，2017.

［23］TAMS C J，TZANAKOPOULOS A. The settlement of international disputes：basic documents［M］. Oxford：Hart Publishing，2012.

［24］BERMANN G. Recognition and enforcement of foreign arbitral awards：the interpretation and application of the New York Convention by National Courts［M］. New York：Springer，2017.

［25］O'MALLEY D. Rules of evidence in international arbitration：an annotated guide［M］. London：Routledge，2012.

［26］CARON D，CAPLAN L M. The UNCITRAL arbitration rules：a commentary［M］. Oxford：Oxford University Press，2013.

（四）英文论文

［1］KWAN J. Choosing a foreign arbitration institution in China：is the China arbitration market finally opening up［J］. Hogan Lovells，2020(14).

［2］ZOU M. An empirical study of reforming commercial arbitration in China［J］. Pepperdine dispute resolution law journal，2020(3).

［3］KUN F. Prospects of foreign arbitration institutions administering arbitration in

China[J]. Journal of international arbitration,2011(4).

[4] TZENG P. Self-appointment in international arbitration[J]. Max planck encyclopedia of international procedural law,2019(6).

[5] MARTINEZ L M. The ICDR's arbitrator appointment process: the institutional role and available options[J]. ABA Section of International Law,2015(3).

[6] L. TRAKMAN. The impartiality and independence of arbitrators reconsidered[J]. International arbitration law review,2007(10).

[7] FOUCHARD P. Relationships between the arbitrator and the parties and the arbitral institutionp[J]. Bulletin de la cour international d'arbitrage de la ICC,1995(12).

[8] BISHOP D, REED L. Practical guidelines for interviewing, selecting and challenging party: appointed arbitrators[J]. International Arbitration,1998(14).

[9] MALINTOPPI L. Remarks on arbitrators' independence, impartiality and duty to disclose in investment arbitration[J]. The Law and Practice of International Courts and Tribunals,2008(1).

[10] BRANSON D. Sympathetic party-appointed arbitrators: sophisticated strangers and governments demand them[J]. ICSID review-foreign investment law journal,2010(2).

[11] AL-HAWAMDEH. The effects of arbitrator's lack of impartiality and independence on the arbitration proceedings and the task of arbitrators under the UNCITRAL model law[J]. Journal of politics and law,2018(3).

[12] NOWROT, KARSTEN, SIPIORSKI. Approaches to arbitrator intimidation in investor-state dispute settlement: impartiality independence, and the challenge of regulating behaviour[J]. Law & practice of international courts and tribunals,2018(1).

[13] HORN, PETER. A matter of appearances: arbitrator independence and impartiality in ICSID arbitration[J]. New York university journal of law & business,2014(2).

[14] LEEMAN, MATTHIAS. Challenging international arbitration awards in switzerland on the ground of a lack of independence and impartiality of an arbitrator

[J]. ASA bulletin,2011(1).

[15]BEFFA,LUCA. Challenge of international arbitration awards in Switzerland for lack of independence and/or impartiality of an arbitrator: is it time to change the approach[J]. ASA Bulletin,2011(3).

[16] ANGOURA, STAVROULA. Arbitrator's impartiality under article V(1)(D)of the New York convention[J]. Asian international arbitration journal,2019(1).

[17] KETLER, MARKO. Independence on impartiality of an arbitrator in international commercial arbitration[J]. Pravnik,2011(3).

[18]BERG V D,JAN A. Justifiable doubts as to the arbitrator's impartiality or independence[J]. Leiden journal of international law,1997(3).

[19]GOTTFREDSON,HARRIS,MICHAEL. Should a judge,jury,or arbitrator decide your complex commercial case[J]. Trial practice,2020(2).

[20]SANDRU,DANIEL. The appointment of the arbitrator – fundamental pillar of the procedure:observations regarding the new rules of arbitration procedure of the court of international commercial arbitration attached to the chamber of commerce and industry of romania arbitration[J]. Revista romana de drept al afacerilor,2018(2).

[21] RINI A, HASSAN, MAHMOOD. Challenging arbitrator's appointment under dubai international arbitration center(the DIAC) and Abu Dhabi commercial conciliation and arbitration centre(the ADCCAC)law[J]. Court uncourt,2016(3).

后　记

目前，全球贸易区主要分为三大区域：第一是以美国为中心节点的北美自贸区（美加墨自贸区）；第二是以德国为中心节点的欧盟区；第三是以中国为中心节点的亚太经贸区。当今的全球经贸格局，就是从该三足鼎立的贸易拓扑图中拓展出来的。在推动构建以国内大循环为主体、国内国际双循环相互促进的新发展格局过程中，中国可以通过地区经贸合作助推经济外循环，同时在"一带一路"建设下不断推进贸易与投资的跨国合作。无论从进出口贸易，抑或从投资、金融等方面看，中国与东盟十国的合作体量都远高于其他"一带一路"沿线国家，更好地借助《区域全面经济伙伴关系协定》（RCEP）、《全面与进步跨太平洋伙伴关系协定》（CPTPP）以及《中欧全面投资协定》（CAI）实现中国对外经贸交往的法治保障，是促进和参与全球治理的重要依据。作为解决跨境贸易、投资、商事纠纷的重要机制，国际商事仲裁的发展与法治保障是据以评价营商环境市场化、法治化、国际化的重要指标，而打造国际商事仲裁中心恰恰是推进北京"两区"建设的重要法律服务支持措施。通过完善北京"两区"的法治保障及制度政策，成立北京国际商事法庭，北京将充分发挥首都在法律行业和国际仲裁等方面的突出优势，紧密结合"一带一路"建设、实现更高水平的对外开放和京津冀协同发展，深入实施涉外商事审判国际化战略，强化审判精细化管理，依法公正审理国际商事案件，着力提高涉外商事纠纷解决能力，构建诉讼、调解、仲裁一体化的多元纠纷解决体制，为中外当事人提供公开参与竞争、同等受法律保护的市场环境。从法治保障的视角探讨北京"两区"建设下境外仲裁机构准入的法律问题，正是本书写作的出发点。

本书系我所主持的 2021 年度北京市社科基金项目的阶段性研究成果，从初次尝试国际商事仲裁的研究至今，我对这一精深广博的法律领域一直保持着浓厚的兴趣，对学术研究的热情和对前沿问题的学术敏感度有增无减。2018 年，我进入首都经济贸易大学法学院工作，几年来同事们对教学科研工作的高度投入和高质量产出使我备受鞭策。但与此同时，申请科研项目屡屡不顺，论文投稿多次被拒，也让我备受打击。所幸，我有一种愈挫愈勇，不愿服输的韧劲和迎难而上的勇气，这些因素也正是促使我坚持完成本书写作的主要动力。

　　在本课题的研究过程中，特别感谢我的同事张世君院长和魏庆坡副教授。张院长将我推荐进学术创新团队，给予我鼓励、支持和指导。魏老师在我申请课题时，建议我对题目的具体措辞和语言文字的表达进行凝练，其意见具体而细致，使我深深受益。与此同时，感谢首都经济贸易大学出版社的策划编辑王玉荣老师，本书是我与王老师的第二次合作，她严谨认真、一丝不苟的工作态度深深感染着我，本书的顺利出版离不开她的付出和辛劳。

　　最近几年来，国家高度重视统筹推进国内法治与涉外法治，在国际私法、国际经济法、仲裁法等领域都有很多新动向，如《反外国制裁法》《阻断外国法律与措施不当域外适用办法》等国内立法的出台，《解决投资争端国际中心仲裁规则》《国际律师协会国际仲裁取证规则》《国际律师协会破产与仲裁工具包》等重要文件的修订，《区域全面经济伙伴关系协定》《中欧全面投资协定》等国际经贸新规则的问世，以及《中华人民共和国仲裁法（修订）（征求意见稿）》的颁布，等等。与此同时，中国政府及中国当事人参与的国际投资仲裁案件也在逐年增加。我深信，这些最新的规则与实践中有大量值得深入挖掘的学术"矿藏"，同时又深感需要学习的内容如同浩瀚的海洋，常慨叹力有不逮。有时我内心会激昂澎湃，有时却又会在大量的研究主题中困惑不已。相比于优秀的前辈和同事们，我的学术产出无论是数量还是质量都并不出众，我心中常怀着巨大的创作压力。但是，我很热爱自己的工作，在教学的过程中，与学生间的沟通、分享常常会让我颇受启发。每每站上讲台，都会不自觉地精神抖擞起来。在科研工作中，虽然我的产出不多，但却能够就自己所感兴趣的问题进行深度思考并付诸笔端。读得多了，写得多了，对很多学术问题会不自觉地形成一些个人的观点和认识，这也是我对研究工作始终保持热情的原因。我始终坚信，时刻保持自我约束和克制，随时处于一种阅读和思考的状态，发现并解决问题，实为学者之本分。希望自己在未来的工作当中，始终保持着对学术的一份热爱，不气馁、不骄躁、厚积薄发，讲好每一堂课，写好每一篇文章，踏踏实实过好每一天。正春华枝俏，待秋实果茂，与君共勉！

张建
2022 年 1 月 18 日